Accounting and Regulation | New Insights on Governance, Markets and Institutions

会计与监管
——基于监管、市场与制度的新见解

Roberto Di Pietra
Stuart McLeay   编
Joshua Ronen

中国人民银行会计财务司　译

中国金融出版社

责任编辑:陈　翎
责任校对:李俊英
责任印制:陈晓川

Translation from English language edition:
Accounting and Regulation
New Insights on Governance, Markets and Institutions.
by Roberto Di Pietra, Stuart McLeay and Joshua Ronen
Copyright © Springer Science + Business Media New York 2014
All Rights Reserved.
北京版权合同登记图字01－2015－5876
《会计与监管》一书中文简体字版专有出版权属中国金融出版社所有,不得翻印。

图书在版编目(CIP)数据

会计与监管(Kuaiji yu Jianguan):基于监管、市场与制度的新见解/中国人民银行会计财务司译.—北京:中国金融出版社,2016.4
ISBN 978－7－5049－8363－3

Ⅰ.①会… Ⅱ.①中… Ⅲ.①会计检查—文集 Ⅳ.①F231.6

中国版本图书馆 CIP 数据核字(2015)第 320834 号

出版 中国金融出版社
发行
社址　北京市丰台区益泽路2号
市场开发部　(010)63266347,63805472,63439533(传真)
网 上 书 店　http://www.chinafph.com
　　　　　　(010)63286832,63365686(传真)
读者服务部　(010)66070833,62568380
邮编　100071
经销　新华书店
印刷　北京市松源印刷有限公司
尺寸　185毫米×260毫米
印张　24.75
字数　450千
版次　2016年4月第1版
印次　2016年4月第1次印刷
定价　85.00元
ISBN 978－7－5049－8363－3/F.7923
如出现印装错误本社负责调换　联系电话(010)63263947

序　言

会计具备全面系统反映特定市场主体经济状况的功能，而且与金融市场监管关系密切。好的会计制度能够为监管当局提供充分有效的信息，并服务于监管决策，这使得会计准则具备了较强的监管政策属性。国际金融危机发生以来，主要经济体对金融监管体制进行了深入反思和重大改革，G20领导人峰会多次倡议建立全球统一的高质量会计准则，国际会计准则理事会据此修订发布了《国际财务报告准则第9号——金融工具》，将解决顺周期性问题作为主要内容之一。

在构建新型金融监管框架过程中，更好地发挥会计准则的作用是一个长期、复杂甚至反复的过程，推动这一过程持续进展是时代赋予我们的使命和责任。鉴于此，中国人民银行会计财务司组织编译了Roberto Di Pietra等编著的《Accounting and Regulation – New Insights on Governance, Markets and Institutions》，出版了《会计与监管——基于监管、市场与制度的新见解》一书。这部译作具有较高的阅读价值：一是主题鲜明，内容丰富。从公司治理、内外部审计、公允价值等会计热点领域入手，研究了监管政策对管理层决策和财务报告结果的影响，以及不当财务报告结果如何推动危机产生和发展，继而引发了监管政策及会计准则的变革。在两条作用路径中，政治和经济力量也得到了充分考虑，因而特点更加突出，内涵更加丰富。二是兼有理论总结和前沿创新。既有对会计原则、计量属性、财务报表质量等基础理论的全面总结和评述，也有对财务报表保险制度和会计准则制订中政治博弈的深入研究。三是研究方法运用得当，功底深厚。根据研究内容的不同，运用了比较分析、历史分析、博弈论、文本分析、统计分析等多种研究方法，通过研究方法的恰当选用，得到了许多令人信服的研究结论。

当前，全球经济结构性调整日益加深，我国经济亦已步入新常态，建立健全宏观审慎政策框架、加强防范和化解系统性金融风险事关重大，任务艰巨。习总书记在十八届五中全会上就《中共中央关于制定国民经济和社会发展第十三个五年规划的建议》进行说明时指出，要加快建立符合现代金融特点、统筹协调监管、有力有效的现代金融监管框架，坚持守住不发生系统性风险的底线。在此背景下，研究会计与监管的相互关系，探讨会计制度创新，辨析监管需求下会计理论基础的恰当性，不仅正当其时，而且确有必要。我们要不断结合金融会计实践，加强会计理论研究和创新，让相关制度更加契合宏观审慎政策以及现代金融监管框架，从而更好地服务于实体经济发展。同时，中央银行、国内外会计准则制定机构、有关金融监管部门、金融会计学界、系统重要金融机构等应加强合作，完善会计准则体系，促进会计准则执行，为推动我国金融事业健康发展贡献应有的力量。

范一飞

2016.3.16

缩略词

AAA	美国会计学会
AAER	会计与审计实施文告
AC	审计委员会
ACCA	特许公认会计师公会
AICPA	美国注册会计师协会
APB	会计原则委员会
ARC	会计监管委员会
ASAF	会计准则咨询论坛
ASB	会计准则委员会
BOD	董事会
CBCA	《加拿大公司法》
CEO	首席执行官
CFO	首席财务官
CNC	国家会计委员会
CNDCEC	意大利注册会计师全国理事会
CPA	注册（或特许）会计师
CSR	企业社会责任
DOJ	司法部
DP	讨论稿
DPA	延缓起诉协议
EAA	欧洲会计学会
EBIT	息税前利润
EBITDA	未计利息、税项、折旧及摊销前的利润
EC	欧盟委员会
ED	征求意见稿
EFRAG	欧洲财务报告咨询小组

EIASM	欧洲高级管理协会
EPS	每股收益
EU	欧盟
EVA	经济附加值
FAS	财务会计准则
FASB	会计准则委员会
FCPA	《海外反腐败法》
FRRP	财务报告审查组
FSI	财务报表保险
FV	公允价值
GAAP	一般公认会计准则
GAO	美国审计总署
GDP	国内生产总值
GFC	全球金融危机
HC	历史成本
IAASB	国际审计与鉴证准则理事会
IAS	国际会计准则
IASB	国际会计准则理事会
IASC	国际会计准则委员会
IASCF	国际会计准则委员会章程
ICAC	西班牙会计与审计协会
ICAEW	英格兰及威尔士特许会计师协会
IFRIC	国际财务报告解释委员会
IFRS	国际财务报告准则
IOSCO	国际证监会组织
MC	管理层评论
MD&A	管理层讨论与分析
MEP	欧洲议会议员
NPA	不起诉协议
NPV	净现值
NSS	国内准则制定者

OFR	经营和财务审查
OFT	公平交易局
OIC	意大利会计准则制订导向委员会（Organismo Italiano di Contabilità）
PAT	实证会计理论
PCAOB	公众公司会计监督委员会
PHC	完整历史成本
PIIGS	葡萄牙、爱尔兰、意大利、希腊、西班牙
PV	现值
RI	剩余收益
RICO	《反勒索及受贿组织法》
ROE	股本回报率
ROI	投资回报率
ROS	销售利润率
SAC	准则咨询委员会
SARG	会计准则建议小组
SEC	证券交易委员会
SFAS	美国财务会计准则
SIC	会计解释常务委员会
SOX	《萨班斯—奥克斯利法案》
SPE	特殊目的实体
TEG	技术专家小组
US	美国

目 录

1 **导论**
  罗伯特·迪彼特拉 斯图尔特·麦克里 乔舒亚·罗恩（Roberto Di Pietra, Stuart McLeay and Joshua Ronen） ················ 1

2 **公司倒闭：监管、会计和道德的丧失**
  弗兰克·克拉克 格雷姆·迪恩（Frank Clarke and Graeme Dean） ················ 10

3 **后安然时代的改革：财务报表保险（FSI）制度与重新审视下的一般公认会计原则（GAAP）**
  乔舒华·罗恩（Joshua Ronen） ················ 32

4 **两种政治背景下的会计准则制定**
  罗兰·柯尼斯格鲁伯（Roland Königsgruber） ················ 57

5 **国际会计准则制定应循程序中的 IASC／IASB 成员参与度：纵向分析**
  安·夏路易 纳丁·利巴尔特 拉夫·欧伦斯 里奥·范德塔斯（Ann Jorissen, Nadine Lybaert, Raf Orens and Leo van der Tas） ················ 77

6 **地位危机？审计师责任及审计价值**
  克里斯托弗·汉弗莱 安娜·萨姆索诺娃（Christopher Humphrey and Anna Samsonova） ··· 109

7 **审计委员会机制的公司治理影响**
  斯图亚特·特利 马哈布卜·扎曼（Stuart Turley and Mahbub Zaman） ················ 128

8 **债务合同与债务契约在公司治理中的作用：基于演变和创新的思考**
  朱迪·戴伊 彼得·泰勒（Judy Day and Peter Taylor） ················ 155

9 **监管、"绑定"与财务报表质量**
  克里斯蒂娜·达吉尼多 阿齐兹·法尔 斯图尔特·麦克利（Christina Dargenidou,

Aziz Jaafar and Stuart McLeay) ·················· 183

10　公允价值与 IASB/FASB 概念
　　框架项目：一种替代观点
　　　杰弗雷·惠廷顿（Geoffrey Whittington） ·················· 218

11　历史成本和公允价值会计制度的比较：总体监管事项和部分监管事项
　　　迈克尔·布隆维奇（Michael Bromwich） ·················· 254

12　国际会计准则委员会（IASB）对管理层报告的征求意见稿与欧洲监管
　　的比较研究
　　　——基于对意大利证券交易所上市公司管理层报告的影响
　　　丹妮拉·亚根托　罗伯托·迪皮特罗（Daniela Argento and Roberto Di Pietra） ······· 275

13　管理层财务业绩分析的归因特征对分析师重要吗
　　　——基于国际视角的研究
　　　沃尔特·尔茨　安·塔卡（Walter Aerts and Ann Tarca） ·················· 293

14　财务虚假陈述对经理人造成的后果
　　　乔纳森·卡普夫　斯科特·李　杰拉德·马丁（Jonathan M. Karpoff, D. Scott Lee and Gerald S. Martin） ·················· 319

15　国家准则制定者的游说：游说行为在 IFRS 2 应循程序中的作用分析
　　　贝格纳·金内尔　米格尔·阿尔凯（Begoña Giner and Miguel Arce） ·················· 355

16　总评：对国际财务报告准则（IFRS）现状与未来挑战的一些看法
　　　贝格纳·金内尔（Begoña Giner） ·················· 378

后记 ·················· 385

1 导　　论

罗伯特·迪彼特拉（Roberto Di Pietra）
斯图尔特·麦克里（Stuart McLeay）　　乔舒亚·罗恩（Joshua Ronen）[①]

会计研究为认识监管提供了两种补充方法。第一种方法认为监管不仅在公司经营层面上，而且也在公司战略层面上影响管理行为。在此背景下，管理行为很大程度上受限于不同的公司治理模式，而且管理者和所有者之间可能存在的利益冲突也具有重要意义，这些冲突可能会对财务报表编制过程产生影响，进而影响内外部各方（包括监管机构）的决策。

第二种方法则以影响会计监管的因素为模型，同时考虑到在不同监管框架下编制和发布的会计信息的性质和质量。在此方法下，会计监管研究旨在提升国家和国际层面上的监管效果与效率。此类研究涵盖以下研究领域：会计准则演变理论；[②] 改进会计准则的监管工具；利益相关的监管特权体系所发挥的作用[③]，以及针对会计准则发布机构实施（通过游说等相关影响形式）的政治压力等。[④]

在此背景下，监管政策被认为指引和影响着一系列决策、举措和过程，进而引

[①] R. Di Pietra
联系地址：Department of Business and Law, University of Siena, Piazza San Francesco 7, 53100 Siena, Italy
电子邮箱：dipietra@unisi.it
S. McLeay
联系地址：The Business School, The University of Sydney, Room 314, Building H69, NSW 2006, Australia
电子邮箱：stuart.mcleay@sydney.edu.au
J. Ronen
联系地址：Stern School of Business, New York University, 44 West 4th Street, 10-71, New York, NY 10012, USA
电子邮箱：jronen@stern.nyu.edu

[②] 关于会计准则演变的理论参见沃茨与齐默曼（Watts & Zimmerman, 1978），布隆维奇（Bromwich, 1985）以及霍恩格伦（Horngren, 1985）等的著作。

[③] 参见本斯顿（Benston, 1980）、琼森（Jönsson, 1991）、米切尔（Mitchell & Sikka, 1993）、罗布森 Robson（1993）、库珀与罗布森（Cooper & Robson, 2006）等的著作。

[④] 参见沃克与罗宾逊（Walker & Robinson, 1993, 1994）以及科伦普（Klumpes, 1994）等的著作。

起新会计准则的发布。对国际会计准则理事会（IASB）发布的《国际财务报告准则》而言，针对上述过程的研究已变得尤为重要，因为过去十年来国际会计准则理事会发挥着日益重要的全球性作用，且其工作的政治重要性也在不断提升。

事实上，会计监管研究体现了对会计准则的政治、经济和社会属性及其应用的较强的认知。会计远不止是一门技术性强的学科：会计与经济和政治力量之间有着较深的相互作用，引导着国家甚至是国际层面的战略决策。为了充分了解采集与列报财务报表所含信息而采用的复杂的技术性解决方案，需要洞悉影响和决定现行的会计准则的各种力量。从这个意义上说，当代研究可从一系列不同但相关的思想领域（包括信息经济学、监管经济学、社会学和政治学等）中借鉴知识与技能。

为资本市场提供可信、可靠和完整的会计信息的必要性日益凸显，近年来公司丑闻频发即是明证。[①] 从这个意义上而言，就经济力量对会计监管的影响进行有力分析比以往任何时候都更为紧迫。同时，诸如国际会计准则委员会的突出作用、与财务会计标准委员会（FASB）的持续趋同以及欧盟委员会发起的会计现代化进程等方面均是政治与会计之间相互作用的有力证明。

克里斯汀·罗茨（Christian Leuz）、迪特尔·普法夫（Dieter Pfaff）与安东尼·豪普伍德（Anthony Hopwood）合著的《会计经济学与政治学：国际视野中的研究趋势、政策和实践》（*The Economics and Politics of Accounting, International Perspectives on Research Trends, Policy, and Practice*：牛津大学出版社，2004）即是探讨会计与政治经济力量之间的关联与相互作用的早期文献。在该书中，作者们考察了会计在诸多方面如何与政治之间存在千丝万缕的联系，不仅涉及从运用欧盟会计原则编制财务报表过渡到运用国际会计准则等的地缘政治方面，而且还包括会计立法和会计准则制定过程中的机构参与、与公司治理模式之间的更广泛关系以及会计方法变革背后的政治经济因素（如公允价值模式的采用与商誉估价）等方面。我们所做的基础工作有助于阐明在"会计与监管"这一实用研究领域，还存在多少亟待理解和深入考察的问题。

1.1 锡耶纳会计与监管研讨会

1998 年至 2010 年，在锡耶纳召开了五届会计与监管研讨会（每三年一届）。

[①] 涉及会计创新的公司丑闻与相关监管失灵的实例，参见克拉克等（Clarke, 2003）、克拉克与迪恩（Clarke & Dean, 2007）以及琼斯（Jones, 2011）等的著作。

第一届研讨会由锡耶纳大学（Università degli Studi di Siena）现任校长安杰洛·李嘉伯尼（Angelo Riccaboni）和斯图尔特·迈克立共同组织。① 从第二届研讨会起，该三年一度的会议即开始与欧洲高级管理学院（EIASM）联合组织。第一届会议在风景宜人的波利尼亚小镇诺塞尔托萨（Certosa di Pontignano）酒店（位于锡耶纳城外托斯卡纳山上的度假区）举行，自此之后，大量关注会计与监管领域的研究人员纷纷参加锡耶纳研讨会。从表 1-1 中可见，在五届研讨会期间，共汇报和交流了近两百份研究报告，包括特邀嘉宾在开幕全会上以及以会计的概念框架为主题的定期专题座谈会上的口头报告。

截至目前，研讨会上展示和讨论的 194 份报告是由来自 25 个国家的学者独立撰写或合著的。这群研究人员是一个国际化群体，来自若干国家（第一届研讨会有 12 个国家的代表参加，最近一届则有 16 个国家的代表参加）（参见表 1-2）。

从相关调查研究的国际关注重点中可看出，五届会计与监管研讨会过程中呈报了三种类型的报告。第一种类型是作者通过述及具体会计地域或国别的特定特点来切入主题；第二种类型是作者就单一议题在不同地域间进行了（或多或少的）国际比较；在第三种报告中，作者探讨的是性质上不限于特定国别但实质上反映了全球视角的议题（参见表 1-3）。

上述分类显示，在具体国别层面上考察会计与监管的研究活动在不断增加，而且这些报告一般研究的是在特定国家管辖范围内采用《国际财务报告准则》产生的影响。我们还可以发现，非局限于专门探讨特定背景或地理区域的研究报告数量增幅更大（例如专门探讨《国际财务报告准则》发布流程或涉及国际会计准则理事会框架等方面的报告）。

表 1-1　　　　　　　　　　锡耶纳会计与监管研讨会　　　　　　　　单位：个

项目	1998 年	2001 年	2004 年	2007 年	2010 年	合计
提交的报告数	52	68	44	86	93	343
纳入研讨会议程安排的报告数	29	27	28	46	64	194
研讨会参与者人数	56	78	53	83	91	361
平行分会场数	10	12	12	18	23	75
全会与专题座谈会数量	1	1	2	3	2	9

---

① 关于《会计与监管》的初步研究论文集，参见麦克雷伊与里卡博尼的著作（McLeay & Riccaboni, 2000）；关于意大利境内发表的相关著述，参见迪·皮特拉等（Di Pietra, 2001）、里卡博尼与迪·皮特拉（Riccaboni & Di Pietra, 2003）的著作。

表 1-2　　　　　　　　　锡耶纳研讨会上汇报的研究报告数量　　　　　　　单位：份

	国别	1998 年	2001 年	2004 年	2007 年	2010 年	合计
1	澳大利亚	4	2	1	4	3	14
2	奥地利	1	—	1	2	1	5
3	比利时	—	—	1	5	3	9
4	巴西	—	1	—	—	—	1
5	加拿大	—	1	—	1	—	2
6	塞浦路斯	—	—	—	—	1	1
7	捷克	—	—	—	—	1	1
8	丹麦	—	—	—	—	1	1
9	芬兰	—	—	1	2	—	3
10	法国	1	1	3	1	2	8
11	德国	—	2	3	1	6	12
12	希腊	1	—	1	—	—	2
13	爱尔兰	2	1	1	—	—	4
14	意大利	2	5	3	10	17	37
15	日本	1	—	—	—	—	1
16	荷兰	1	—	1	2	3	7
17	新西兰	—	—	—	—	2	2
18	波兰	—	—	—	—	1	1
19	葡萄牙	—	1	1	2	2	6
20	斯洛文尼亚	—	—	—	1	1	2
21	西班牙	1	1	1	3	3	9
22	瑞典	1	—	2	1	3	7
23	土耳其	—	—	—	—	2	2
24	英国	12	9	6	5	13	45
25	美国	2	3	2	3	2	12
合计		29	27	28	46	64	194

表 1-3　　　　　　　　　　　国际会计研究类型　　　　　　　　　　单位：份

报告类别	1998 年	2001 年	2004 年	2007 年	2010 年	合计
涉及具体会辖区的报告	15	9	10	18	31	83
进行跨国比较的报告	5	4	5	14	9	37
具有全球视角的报告	9	14	13	14	24	74
合计	29	27	28	46	64	194

那些反映两个或两个以上或更多样本国家之间相互比较的研究报告，其数量增

长相对温和。表1-4聚焦涉及特定国家的83份报告,结果显示总共涉及24个国家。

最后,对于过去12年间在锡耶纳举行的五届研讨会上提交的194份报告中探讨的具体研究议题,我们利用每份报告中提供的关键词(参见表1-5)对报告进行了分类。

表1-5显示出一定程度的统一性,即探讨频率最高的议题基本上维持不变。该表显示,锡耶纳会计与监管研讨会经常讨论如下议题:治理(23份)、披露(20份)和审计(19份)问题,监管理论(19份)、受监管行业的会计核算实例(17份)以及盈余管理等方面实践的监管后果(15份)。

表1-4　　针对具体辖区的会计监管研究报告　　单位:份

国别	1998年	2001年	2004年	2007年	2010年	合计
澳大利亚	4	1	—	—	2	7
奥地利	—	1	—	—	—	1
比利时	—	—	—	1	1	2
中国	—	—	1	—	—	1
塞浦路斯	—	—	—	1	—	1
法国	1	1	1	—	1	4
德国	—	1	1	1	4	7
希腊	2	—	1	—	—	3
爱尔兰	1	—	—	—	—	1
意大利	2	2	1	8	10	23
日本	1	—	—	—	—	1
韩国	—	—	—	—	1	1
荷兰	1	—	—	—	—	1
波兰	—	—	—	1	—	1
葡萄牙	—	1	1	—	1	3
俄罗斯	—	—	2	—	—	2
西班牙	—	1	—	1	2	4
斯洛文尼亚	—	—	—	1	1	2
南非	—	—	—	1	—	1
瑞典	—	—	1	1	3	5
土耳其	—	—	—	—	1	1
英国	3	1	1	1	3	9
美国	—	—	—	1	1	2
合计	15	9	10	18	31	83

表 1–5　　　　　　　　　　　　　　关键词　　　　　　　　　　　单位：份

关键词	1998年	2001年	2004年	2007年	2010年	合计
治理	3	4	6	3	7	23
披露	3	3	0	6	8	20
审计	1	1	2	9	6	19
监管理论	6	2	0	6	5	19
受监管行业的会计核算	3	3	2	3	6	17
盈余质量/管理	0	0	3	4	8	15
财务报告	1	3	1	1	6	12
准则制定	0	2	5	2	3	12
合规与执法	3	2	4	2	0	11
监管制度	4	2	0	3	0	9
中小企业	1	0	0	3	3	7
管理层报告	0	0	0	1	5	6
风险报告	0	2	1	0	3	6
会计标准化	1	3	1	0	0	5
金融工具	0	3	1	0	1	5
游说	0	1	1	2	1	5

此外，该研究群体在财务报告的监管影响（12份）、准则制定流程与机构（12份）以及合规与执法的程度（11份）等研究主题方面，提出了许多有帮助的新证据并开拓了新思路。

上述两表揭示出下列突出议题：经济—财务信息的重要性及其应用；准则制定机构（包括国际会计准则理事会）的作用，[①] 以及监督与执法制度框架。[②] 表 1–5 还明确地阐释出财务报告问题的重要性，包括信息披露范围与会计质量，以及围绕管理层报告等方面的新问题。[③] 这些研究发现决定并解释了《会计与监管》这本书的结构。

本书分为五个部分：

1. 导论。

[①] 关于国际准则制定的历史沿革与政治经济学，参见坎弗曼与泽夫（Camfferman & Zeff, 2007），及波特泽（Botzem, 2012）的著作。另见阿伦与拉玛纳（Allen & Ramanna, 2013）的著作。

[②] 关于社会与政治层面审计监督的洞见，参见保尔（Power, 1999, 2000, 2003）与希卡（Sikka, 2009）的著作。

[③] 关于监管理论对公司信息披露的影响的实用阐述，参见贝托谟与麦基（Bertomeu & Magee, 2011），及瓦根霍弗（Wagenhofer, 2011）的著作。

2. 审计。
3. 财务后果。
4. 公允价值。
5. 报告行为。

每一部分中，我们均纳入了一些自1998年以来锡耶纳会计与监管研讨会上汇报和讨论过的优秀研究报告，这些报告自其最初在锡耶纳研讨会上汇报，或最初出版，或在如今将过往变化（尤其是国际层面上的变化）纳入考虑的做法被证明有用后，已在后续年间被多次引用，本书作者对这些报告的某一方面增补了一份颇有见地的后记。

作为本书编辑和1998年至2010年锡耶纳会计与监管研讨会的联合组织人，对于众多权威研究者慷慨接受我们的邀请参与本书的编纂，我们颇感荣幸与欣慰。在此衷心感谢沃尔特·尔茨（Walter Aerts）、米格尔·阿尔塞（Miguel Arce）、丹尼尔·阿根托（Daniela Argento）、米歇尔·布朗维奇（Michael Bromwich）、弗兰克·克拉克（Frank Clarke）、克里斯汀·达尔根尼多（Christina Dargenidou）、朱迪·戴（Judy Day）、格雷姆·迪安（Graeme Dean）、比格那·金娜尔（Begoña Giner）、克里斯托弗·哈姆弗雷（Christopher Humphrey）、阿兹·杰尔福尔（Aziz Jaafar）、安·约里森（Ann Jorissen）、约翰逊·卡尔泊夫（Jonathan Karpoff）、罗兰·孔尼斯伯格（Roland Königsgruber）、斯科特·李（Scott Lee）、格拉德·马丁（Gerald Martin）、安娜·萨姆索诺瓦（Anna Samsonova）、安·塔卡（Ann Tarca）、皮特·泰勒（Peter Taylor）、斯图尔特·特尔利（Stuart Turley）、杰弗里·威丁顿（Geoffrey Whittington）以及马哈勃·扎曼（Mahbub Zaman）等同仁对本书编纂工作的支持。

参考文献

Allen, A., & Ramanna, K. (2013). Towards an understanding of the role of standard setters in standard setting. *Journal of Accounting and Economics*, 55 (1).

Benston, G. J. (1980). The establishment and enforcement of accounting standards: Methods, benefits and costs. *Accounting and Business Research*, 11 (41).

Bertomeu, J., & Magee, R. (2011). From low-quality reporting to financial crises: Politics of disclosure regulation along the economic cycle. *Journal of Accounting and Economics*, 52 (2/3).

Botzem, S. (2012). *The politics of accounting regulation: Organizing transnational standard setting in financial reporting*. USA: Edward Elgar Publishing.

Bromwich, M. (1985). *The economics of accounting standard setting*. Prentice – Hall: Hemel Hempstead.

Camfferman, K., & Zeff, S. (2007). *Financial reporting and global capital markets*: *A history of the international accounting standards committee*, 1973 – 2000. Oxford: Oxford University Press.

Clarke, F., & Dean, G. (2007). *Indecent disclosure*: *Gilding the corporate lily*. Cambridge: Cambridge University Press.

Clarke, F., Dean, G., & Oliver, K. (2003). *Corporate collapse*: *Accounting regulatory and ethical failure*. Cambridge: Cambridge University Press.

Cooper, D., & Robson, K. (2006). Accounting, professions and regulation: Locating the sites of professionalization. *Accounting, Organizations and Society*, 31 (4/5).

Di Pietra, R., McLeay, S., & Riccaboni, A. (2001). La regolazione del Bilancio di esercizio: Modelli teorici ed esperienza italiana. *Rivista dei Dottori Commercialisti*, 6.

Horngren, C. (1985). Institutional alternatives for regulating financial reporting. *Journal of Comparative Business and Capital Market Law*, 7.

Jones, M. (2011). *Creative accounting, fraud and international accounting scandals*. NewYork: Wiley.

Jönsson, S. (1991). Role making for accounting while the state is watching. *Accounting, Organizations and Society*, 16 (5/6).

Klumpes, P. (1994). The politics of rule development: A case study of Australian pension fund accounting rule – making. *Abacus*, 30 (2).

Leuz, C., Pfaff, D., & Hopwood, A. (2004). *The economics and politics of accounting, international perspectives on research trends, policy, and practice*. Oxford: Oxford Press.

McLeay, S., & Riccaboni, A. (2000). *Contemporary issues in accounting regulation*. Berlin: Kluwer Academic Publishers.

Mitchell, A., & Sikka, P. (1993). Accounting for change: *Institutions of accountancy*. *Critical Perspectives on Accounting*, 4, March.

Power, M. (1999). *The audit society*: *Rituals of verification* (Trans.). Oxford: Oxford University Press. La società dei controlli, Rituali di verifica, Edizioni di Comunità, Turin (2002).

Power, M. (2000). The audit society—second thoughts. *International Journal of Auditing*, 4 (1).

Power, M. (2003). Auditing and the production of legitimacy. *Accounting, Organizations and Society*, 28 (4).

Riccaboni, A., & Di Pietra, R. (2003). *Il caso italiano di regolazione contabile*: *Caratteri e recente evoluzione*. Atti del Convegno internazionale di Rimini, aprile 2002, RIREA, Roma, 2003 (pp. 59 – 104).

Robson, K. (1993). Accountingpolicy making and "interest": Accounting for research and development. *Critical Perspectives on Accounting*, 4 (1).

Sikka, P. (2009). Financial crisis and the silence of the auditors. *Accounting, Organizations and Soci-*

ety, 34 (6/7).

Wagenhofer, A. (2011). Towards a theory of accounting regulation: A discussion of the politics of disclosure regulation along the economic cycle. *Journal of Accounting and Economics*, 52 (2/3).

Walker, R., & Robinson, P. (1993). A critical assessment of the literature on political activity and accounting regulation. *Research in Accounting Regulation*, 7, jai Press.

Walker, R., & Robinson, P. (1994). Competing regulatory agencies with conflicting agendas: Setting standards for cash flow reporting in Australia. *Abacus*, 30 (2).

Watts, R., & Zimmerman, J. (1978). Towards a positive theory of the determination of accounting standards. *Accounting Review*, 54 (2).

2 公司倒闭：监管、会计和道德的丧失

弗兰克·克拉克（Frank Clarke）
格雷姆·迪恩（Graeme Dean）[①]

摘要：下文为《公司倒闭：监管、会计和道德的丧失》（*Corporate Collapse*：*Accounting，regulatory and ethical failure*）一书中（1997年出版第一版，2003年修订，2006年翻译成中译本）的一些基本观点。该书主要以案例为依据，研究了若干国家近几十年来的相关资料，但主要聚焦于澳大利亚轰动一时的案件。另一部详论为笔者于2007年出版的《不当披露：公司粉饰舞弊》（*Indecent Disclosure*：*Gilding the corporate lily*），该书按主题划分，回顾了类似资料，但涉及的时间为2000年以后。在10年的间隔期间，虽然监管机构和政府承诺积极推进公司改革，但变化极少。两本书的编撰都基于相同的研究背景，即官方对公司所披露的交易事项信息与其实际财务业绩之间的差异而进行了反复调查；它们所聚焦的都是过去几十年间广受关注的问题，而由于监管改革稀稀疏疏、方向失准，这些问题仍持续存在。近来的全球金融危机（GFC）暴露出的行为表明，在当前监管制度下，许多公司习惯性地"出现不轨行为"，这才更可能是所谓的"真相"。

[①] 本章内容包括一些最初以《公司倒闭：监管、会计核算和道德失败》（剑桥大学出版社，1997年和2003年）为书名出版的资料，作者以后记的形式对《公司倒闭》的进展进行了评述，对其进行了补充。本章内容基于1998年首届会计与监管国际研讨会上汇报的原始研究报告。

F. Clarke · G. Dean
联系地址：The Business School, The University of Sydney, Room 314, Building H69, Sydney, NSW 2006, Australia
电子邮箱：graeme. dean@ sydney. edu. au
F. Clarke
电子邮箱：frank. clarke@ sydney. edu. au

R. Di Pietra 等（主编），《会计与监管》
DOI：10.1007/978-1-4614-8097-6_2,
版权所有 Springer Science + Business Media，纽约，2014年

2 公司倒闭：监管、会计和道德的丧失

2.1 背景：审视部分调查与监管回应

随着21世纪初安然事件在美国的尘埃落定，安然也成为公司丑闻史上的分水岭。《惊天大骗局》（Crooked E）成为布什政府突然关注起美国公司界的财务报告履职不力，尤其是公司界在季度收益披露要求方面的糟糕表现的催化剂。先有阳光公司（Sunbeam）、胜腾公司（Cendant）、废物管理公司（Waste Management）、泰科（Tyco）、阿德菲尔（Adelphia）通信公司、奎斯特（Qwest）通信公司和维旺迪（Vivendi）等公司的相继倒闭，再加上21世纪初期季度收益预测数据的频繁下调（Clarke & Dean，2007），安然或许成为压垮公司界这匹骆驼的最后一根稻草。安然这个庞然大物与美国政府之间的关联匪浅，不容忽视。不久之后，随着世通公司倒闭，情况更是如此。但如某位评论人员所说，这段时期和这一系列事件都不是新鲜事——"他们镀金年代（gilded age）的前辈便是如此，即财务骗术与政治上的招权纳贿的应合。"①

与20世纪30年代一样，监管回应非常迅速。21世纪前10年的主旋律是"公司治理改革"，这从某种程度上而言，是在尝试效仿20世纪30年代罗斯福新政（New Deal）的"证券诚实"准则。2002年美国通过《萨班斯—奥克斯利法案》（*Sarbanes - Oxley Act*，SOX），确立了美国的规范公司契约关系的新规则。照理来说这应该是"搞定问题了"！

21世纪初，澳大利亚也上演了类似于安然丑闻的事件，如HIH保险公司和一电通公司（One.Tel）等公司的破产以及后续揭露的财务困境（《公司的崩溃》，2003年，第15章与第16章）。澳大利亚的监管响应同样迅速，但其处理方式却跟美国一样，并不明智，因为随着澳大利亚西点公司（Westpoint）、澳大利亚证券经纪与金融服务公司（Opes Prime）、ABC教育集团（ABC Learning）、中央地产集团（Centro）、Allco金融集团、柏克布朗投资公司（Babcock and Brown）等公司后来相继破产，局面进一步恶化。公司治理问题再度成为监管上的热点话题——这一次的说辞主要是为确保审计员的独立性、控制不合理的高管薪酬。至2001年中，澳大利亚联邦政府故作姿态，委托相关方开展一项调查并最终生成拉姆塞（Ramsay，2001）报告——《澳大利亚公司审计员的独立性：当前澳大利亚改革的必要性与提议》（*Independence of Australian Company Auditors：Review of current Australian require-*

---

① S. Jacoby, Skeel（2004）的评论，《商业史评论》（*Business History Review*），2005年第3期。

ments and proposals for reform)。当时，审计员的独立性成为了主要焦点，报告于同年 10 月报送相关部委审批；但对高管薪酬实践的调查却暂时搁置，直至近 2010 年澳大利亚生产力委员会（Productivity Commission）发布最终报告《澳大利亚高管薪酬》（2010 年），之后调查才开始进行。

澳大利亚后续立法行动耗费的时间比美国更长。政府强制制定的重要法条（black-letter law）条规通过遭遇的阻力也更大。

在澳大利亚，最终联邦政府把拉姆塞报告所提出的独立性和其他与审计相关的改革纳入企业与经济法律改革计划（CLERP）中。在历经冗长的提交和审核过程之后，2002 年 9 月的 CLERP 第 9 号讨论稿《公司披露——加强财务报告框架》最终提出立法改革。2004 年 6 月 30 日通过的《公司法与经济改革计划法案》（《审计改革与公司信息披露法案》）［Corporate Law Economic Reform Program（Audit Reform and Corporate Disclosure）］包含对《2001 年公司法》（联邦法案）［Corporations Act 2001（Cth）］的一系列改革。

鉴于上述发展态势，当时一些人提出了颇具争议的论调，他们认为公司治理制度已经过时，变革后的制度才"有威力"。但不久后便有人试图弱化法规。

在安然破产的同时，欧洲法院和监管机构则忙于解决意大利巴玛拉（Parmalat）公司的破产难题。在此事件中，不同于美国的"封闭型"持股所有制结构（与美国的分散型资本所有制模式形成对比）暴露出一个问题，即误导性信息披露是整个监管机构、银行和公众投资者受到蒙蔽的关键因素。原本享有声望与地位的坦齐（Tanzi）家族成员被视为公司的罪人。他们受指控的行为堪比距当时 25 年前意大利银行（Banco Ambrosiano）破产事件中有着"上帝的银行家"之称的迈克尔·桑多纳和罗伯托·卡尔维（Michele Sindona & Roberto Calvi），① 以及距当时 75 年前美国家喻户晓的查尔斯·庞兹，贡纳尔·埃凯洛夫和 塞缪尔·英萨尔（Carlo Ponzi, Ivar Kreuger & Samuel Insull）等。尤为重要的是，无论是帕玛拉特公司组建背后不

---

① 参见 AAP 文章，"随着帕玛拉特案开审，64 人面临指控"（64 face charges as Parmalat case starts），《澳大利亚金融评论》（*Australian Financial Review*），2006 年 6 月 7 日，第 66 页。巧合的是，在对五个嫌疑人被控谋杀 Calvi 一案的审判过程中，对 Calvi 的涉嫌自杀（有人发现他在伦敦黑衣修士桥（Blackfriars Bridge）下的脚手架上自缢身亡，死时腿上附有石头、衣袋里塞有几千英镑现金）实况进行了重新审查——参见 BBC 新闻节目《BBC 新闻》（BBC News）报道，2004 年 5 月 18 日；网址：（http://news.bbc.co.uk/go/pr/fr/1/hi/world/europe/3732485.stm）（于 2006 年 8 月 25 日下载）；以及"Calvi 被杀案在罗马开庭"（Calvi murder trial opens in Rome），BBC 新闻节目《BBC 新闻》报道，2005 年 10 月 6 日；网址：（http://news.bbc.co.uk/2/hi/europe/4313960.stm）（于 2006 年 9 月 20 日下载）。对 Calvi 之死的初始死因审理结论为自杀。另见 Raw（1992）。关于审理结果更新，参见维基百科（Wikipedia）相关报道，报道表示，"2010 年 5 月 7 日，上诉法庭确认 Calò、Carboni 和 Diotallevi 被判无罪。判决下达后，公诉检察官 Luca Tescaroli 评论道，对 Calvi 的家庭来说，"判决是对 Calvi 的第二次谋杀。"2011 年 11 月 18 日，作为最后上诉法院的意大利最高上诉法院（Court of Cassation）维持无罪判决。"（http://en.wikipedia.org/wiki/Roberto_Calvi，于 2012 年 11 月 12 日访问）。

2 公司倒闭：监管、会计和道德的丧失

同的法律框架还是不同的董事会结构，均未能避免帕玛拉特公司被指控的欺骗性行为与同时代美国公司之间惊人的相似之处。而且后续纳入《萨班斯—奥克斯利法案》的审计员委任相关规则也同样未能避免出现这种相似。

同时，澳大利亚证券投资委员会（ASIC）傲慢自负，对 HIH 保险公司的雷·威廉姆斯和罗德尼·阿德勒（Ray Williams & Rodney Adler）进行了轻判，而且相关指控与 2001 年 HIH 保险公司倒闭的根源并无直接关联。所以，澳大利亚公司监管机构——澳大利亚证券投资委员会向一电通公司的朱迪·瑞奇和马克·西尔伯曼（Jodee Rich & Mark Silbermann）追讨一笔涉及被指控的破产监督费用（9000 万澳元）也就不足为奇了——但澳大利亚证券投资委员会并未大获全胜。2009 年，法官罗伯特·奥斯汀（Robert Austin）判定瑞奇（Rich）无罪（参见澳大利亚证券投资委员会 2009 年诉瑞奇案，英文作 Australian Securities and Investment Commission v Rich, 2009，案件编号：NSWSC 1229）。在此之前，其他一电通公司的董事和高管成员均被证实犯有多项罪名。一电通公司破产案的审理过程中尤其值得深思的是，通过拉克兰·摩尔多和詹姆斯·派克（Lachlan Murdoch & James Packer）的揭露，人们得以洞察非执行董事的工作机制，他们表示，除了感觉自己被公司财务业绩和状况信息披露"严重误导"之外，还感觉对于自己在一电通公司的投资知之甚少。该公司的财务业绩和财务状况糟糕至极，最终付出的代价是 9 亿澳元！此外，他们的表现为公司治理运动倡导的独立、非执行董事这一重要的监督角色蒙上一层阴影。

整个 2006 年间，其他涉及公司集团、复杂难解的交易事件陆续遭到调查。联邦政府科尔调查委员会（Cole Commission of Enquiry）对澳大利亚小麦有限责任公司董事会（Australian Wheat Board Ltd，简称"AWB"）就公司在联合国"以石油换食品"（Oil-for-food）计划下与伊拉克签订的小麦出售合同涉嫌的贿赂进行了证据采集。受审的指控是，AWB 将该计划下的贿赂经费列报为"运输费用"，以违反联合国规则的形式掩盖向萨达姆领导下的伊拉克政府支付所谓的"回扣"这一事实。问题是，哪些人知情？何时知情的？此外，信息披露又成为另一大问题。在科尔调查的最后阶段，该公司的董事和其他证人均揭露，真实信息与该公司多年来向公众披露的信息相去甚远。①

---

① Lee（2006）和"AWB 洗白、私吞 800 万美元"（AWB's US＄8m to be sanitised, deductible），《澳大利亚金融评论》，2006 年 9 月 28 日，第 5 页。Cole 调查委员会的报告于 2006 年 11 月底发布，建议就涉税犯罪、洗钱、恐怖主义活动融资和违反《公司法》规定等罪名对该公司提起法律控诉。至于对以运输费用掩盖贿赂的指控，缺乏证据支持。这些从前未被揭露的事实反映出澳大利亚所谓的持续但依旧不健全的信息披露制度存在许多挥之不去的难题。很显然，继 AWB 事件之后，公司治理问题必将被推到风口浪尖。

13

与此同时，在该国领土的另一边，西澳大利亚最高法院则正在审理两大公司集团的乱局，而这些调查审理将持续数年。在第一个案件中，澳大利亚证券投资委员会称，西点房地产集团的董事利用公司财务报告制度中的漏洞在其使用"夹层"融资公司筹集资金一事上误导投资者。根据指控，西点公司通过"2澳元公司"而非持牌责任实体利用投资方案向投资者筹措资金。在此背景下，关于公司监管机构不作为的问题浮上水面，进而引发了"澳大利亚证券投资委员会是否对西点公司监管失职"等问题。于是，有了正当理由提出这样一个问题：国家监管机构的角色应当是一名（实质上的）事后公司警察，负责逮捕和起诉？还是应当是一个施加相应压力营造有序商业环境的机构？

西点公司的情况让人想起澳大利亚20世纪90年代臭名昭著的房地产抵押信托公司不动产事件，在这些事件中，资金投资于原本已经获得融资的若干财产项目中，并且错综复杂地相互流转。同样，2010年末揭露的有关三元投资公司（Trio Capital）2009年破产的事实也反映了类似的特点（参见企业和金融服务议会联合委员会（Parliamentary Joint Committee on Corporations and Financial Services）对三元投资公司破产的调查，www.gov.au）。这些破产案的共同点包括错综复杂的公司结构和同样复杂的融资安排，这些因素最终让毫不知情的投资者付出高昂代价，其中很大一部分投资者是退休老人。①

另一个为2006年西澳大利亚最高法院审理的案件——贝尔有限公司集团（The Bell Group Limited，清算中）诉西太平洋银行公司（Westpac Banking Corporation）一案，② 该案十年前即开始了中间庭审。贝尔有限公司集团的清算人，在西澳大利亚保险委员会的资金支持下，提起法律诉讼追讨高达15亿澳元的款项（包括过去至少15年期间被追讨款项的利息）。该诉讼案涉及的指控是"1990年，涉案（20家澳大利亚境内外大型）银行在为该案（额度为2.5亿澳元的）贷款提供担保时，其实他们已经知道这些公司濒临破产"。③ 主案于2006年10月审理完毕。截至当时，此案已持续3年，其中有超过400天都在举行听证，成为澳大利亚历史上审理时间跨度最长的案件。据估计，此案的法律费用高达3亿澳元，有63 000项证据以

---

① 2012年，澳大利亚不动产信托非银行部门许多企业实体的意外破产表明，局面无甚改善。尽管在西点破产事件之后，澳大利亚证券投资委员会于2007年为该行业制定了信息披露指南，但重蹈覆辙的事情仍然继续上演。

② The Bell Group Limited（清算中）and Ors 诉 Westpac Banking Corporation and Ors 案件，西澳大利亚最高法院，诉讼编号：CIV 1464，2000年。

③ 参见 Jacobs，2006。

及超过 36 000 页案件审理笔录，这还不算在司法取证过程中砍下的无数细枝末节。最终，至 2009 年时，法官内维尔·欧文（Neville Owen）做出了诉讼当事人胜诉的判决。不久后，涉案银行申请上诉——至本书付梓之时，由三名西澳最高法院法官组成的审判团以 2 比 1 的表决通过判决，维持西澳最高法院法官欧文（Owen）于 2009 年判定的 15.6 亿澳元赔偿判决，并加判了涉及诉讼的额外利息、损失赔偿以及诉讼成本。

简言之，贝尔诉讼案涉及贝尔集团（旗下约有 80 家公司）在其为应对 1989 年至 1990 年发生的、有人称之为"金融崩盘"的危机而向六大澳大利亚境内外银行寻求贷款过程中的融资安排。清算人认为，涉案银行以取得相对其他无担保债权人的优先担保债权为条件，同意对贝尔公司集团的贷款进行展期（重组）。有一点需要了解：在此之前，几乎所有债务均主要是在限制抵押（negative pledge）的基础上加以安排的。① 所以，问题在于，如何根据集团内部报告的财务信息评估其偿付能力或破产风险。

2.2　要旨

贯穿对 20 世纪 90 年代案例分析（如《公司的崩溃：会计、监管和道德的失败》，1997 年）的一个大致主题是：更多情况下，创新性和误导性会计是遵从当时会计准则的结果，并未偏离准则。要点在于，当财务报告本身具有误导性时，审计员将会面临漫长而艰巨的任务。我们根本没有料到，十年之后，当全球金融危机期间"按市价计价"会计核算成为银行信息披露的一个关键问题时，会计将扮演着一个如此重要的角色。

一系列的公司破产事件为探究会计如何误导提供了一个独特的视角。在这方面，我们可以与尸检报告进行类比。因为相比于有关公司如何成功的诸多解释，从调查到发现反常——公司缘何停止有效运营——的过程可以有更多收获。乍看起来，如此之多的破产公司直至濒临破产前夕都仍在报告良好的财务状况。但是，破产后调查却揭露出其逐年以来糟糕的实际财务状况。如此一来，破产公司成为了分析中的"控制点"。

此外，全球金融危机也为本书主题的研究加入了新的剧情转折。所谓的"新"，在于银行反对"按市价计价"的规定，他们认为，相比掩盖事实真相，公开披露财

---

① 参见 Dean 等（1995）。

务问题更不利于公众。但只要将（通过调查获得的）实际业绩与"报告"业绩稍加对比分析，即能发现这些公司实际财务状况出现的偏离是怎样在财务报表中得以掩盖的。为什么会这样？首要原因在于当时（主要）按照会计准则编制的会计数据，跟现在一样，并未如实披露公司的资产状况和财务状况。

2.3 次要主题

2.3.1 无甚变化

21世纪初期澳大利亚的公司破产与其他地方的案例并无不同——虽然我们分析考察的过去几十年来的大多数破产案均涉及某些行为偏差，但很大程度上这些破产公司的会计核算是遵从会计准则的。大多数情况下，遵从准则往往会产生具有严重误导性的数据。其实，在一定程度上，总会有发生偏离的可能。有些情况下，某些偏离公认实践准则的做法更有意义，可能提供比遵从现行会计准则更有信息价值的数据。

放到时间长河中，这些偏离并非那么不同寻常——20世纪20年代，塞缪尔·英萨尔（Samuel Insull）的折旧会计核算比当时的常规会计实践更有意义，即他将折旧的重置准备金会计处理仅仅视为成本分摊（McDonald，1962）。

至于合并会计，可考察最近澳大利亚海运公司艾德斯坦姆（Adsteam）为避免使用误导性合并方法而采取的策略（Clarke等，2003，第11章）。尽管可能是出于错误的动机，但该公司避免了误导性的合并数据。

如我们在《不当披露》（2007，第9章）中所论证的，分析按照会计准则编制的合并会计数据后，发现其存在严重的误导性，这些数据以错误的前提为基础、运用毫无意义的程序，导致出现与公司法和财务事实皆相矛盾的分析结果。

这种局面还在继续。再次回顾安然案件——安然涉嫌操纵特殊目的实体（SPE）的大部分行为事实上符合美国证监会（SEC）批准的做法。当然，安然的有些做法确实是不合规的。但是，即使是合规的做法也会产生误导性数据。安然采用"按模型定价"法记录其能源合同预付款周期性盈利的做法，早在20世纪90年代就获得了美国证监会的批准——因此，10年来，这一做法基本上是合规的。再看看那些带来建筑合同周期性盈利的通用准则——原则上与安然的做法有何不同呢？

再看看对世通公司费用支出资本化的不当指控，多么有悖常理！诚然，世通公司在常识方面踩过了界。但是，传统会计惯例本质上就是一套费用资本化机制，本来就存在灰色地带。

试想一下权责发生制会计的基本原理。即使没有任何欺骗、误导或粉饰财务业绩的意图，世通同样会轻易产生操纵行为。同样，废物管理公司及其车队折旧政策也是如此。

2.3.2　原生性和创新性数据：毫无成功希望的审计员

大多数公司不会倒闭。就算是倒闭了的公司，大多数也只是轻微卷入意图欺骗的会计实践之中。相反，大多数公司遵从明文规定的会计准则。请试想这样一种后果：如果误导性数据更多的是遵从而非背离会计准则的结果，那么有意欺骗的误导性数据就是一个相对较小的问题，而从目前看来，那些因遵从会计准则而产生误导性信息的问题却是主要问题。不过，创新性会计却通常被说成是欺骗性意图的产物。这可以说是前后颠倒——因欺骗意图而产生的数据通常被视为原生会计信息，而出于好意、按照会计准则编制产生的误导性数据通常被视为创造性数据。

与最近对审计员的抨击相反，合理的解读应该是：审计员从会计准则制定者方面获得的支持不够。在西方世界，"制裁式"监管是一种常见的监管方式。澳大利亚证券投资委员会作为澳大利亚的公司监管机构，几乎每年都会威胁地方审计员，要求其更加"严格"地监控客户对现行会计准则的遵从情况。可以说，自2005年以来，在支持审计员完成任务方面，《国际财务报告准则》并不比先前实行的国内准则强多少。

我们的看法是，审计员不可能取胜，他们在报告财务数据"符合准则要求"的同时还得"出具真实而公允的意见"，在这种情况下，他们简直是进退维谷。几乎可以确定，他们出具的报告根本不可能达到上述要求。在某时、某地、某种程度上，当被问及对（现行《国际财务报告准则》）的遵从程度时，总会发现他们中有些人不合格。

准则确实有可能对法人实体的经营业绩和财务状况展示"真实而公允的意见"。因为准则背后有一个完美而合理的命题：真实而公允意味着某事物在功能意义上是合理的。而最终，某个时候，会计师在法庭上会被询问关于按照会计准则编制数据的可用性问题——例如数据是否如实呈报了企业实体的企业财产和经营成果，是否能够用于确定企业的潜在偿付能力，计算出有意义的收益率、每股收益、负载与所有者权益的财务关系、资产支持等财务指标。

上述财务指标分别表示什么？一旦这个问题有了具有财务意义的解释，对上述询问的回答就必须一律是否定的。在这方面，可以参考 2010 年法官米德尔顿（Middleton）在中央地产集团（Centro）案件［澳大利亚证券投资委员会诉希利案（Australian Securities and Investments Commission v Healey, 2011），案件编号 FCA 717（2011 年 6 月 27 日）］及相关民事集体诉讼中的审理意见。

这些或许会成为一个分水岭。摆在面前的问题包括：财务状况和偿付能力指什么？准则遵从与真实而公允的意见相比谁应该占据主导地位？[①]

2.3.3　可用性：消费主义标准

在上述背景下，可以说适用于消费者保护（基本上涉及会计数据之外的一切）的通用标准同样应该适用于会计数据——会计数据应该可以用于本应服务的用途。而且，我们能够轻易地观察到公布的财务报表数据是如何用于财务评估，如何用于计算或以其他方式得出上述财务指标。再者，关于这些衍生指标的所指几乎不存在争议。我们不必知道这些财务指标是否可以用于决策过程，如果答案是肯定的，也不必知道它们将如何用于决策过程。至少通用财务报表数据是这样使用的，这一点毫无疑问。能够适用于这些用途是底线。我们将其称为"可用性"——作为一项我们预期人人都能理解、而且也真的希望用于控制财务领域产品和服务质量的简单质量标准。

奇怪的是，在当前关于公司治理的争论中并未提及会计领域的上述方面——保护公众利益的主要质量标尺在他处竟然根本没有提及！

2.3.4　合并与错报

关于公司财务业绩与财务状况的评论大多依赖合并财务报表提供的数据，但这些数据却是财务数据最具误导性的汇总。合并财务数据依赖于一系列有悖于财务常识和法律的命题。合并财务数据揭开了公司的面纱，进而触犯了资本边界规则；"集团"这一概念本身就是一个会计虚构概念；"集团"资产、负债、收入和费用等概念并不符合法律规定的交易成果概念。因为合并方法加入了在集团各相关公司的财务报告中没有的数据，需要不顾交易的商业实质，以"非独立公平交易"的假设为前提，还需要使用可能产生与子公司会计核算结果完全相反的会计数据的

[①] Bowers（2012），Lenaghan（2012）。

准则。

令人关注的是，在本书定稿之时，澳大利亚立法改革已经减轻了澳大利亚母公司向其股东披露财务数据的义务［《2010 年公司修正（公司报告改革）法案》（*Corporations Amendment Corporate Reporting Reform Act* 2010），《完善澳大利亚的公司报告框架》（*Improving Australia's Corporate Reporting Framework*）］。公司仅须公布合并数据，辅以母公司的汇总数据即可。奇怪的是，行业出版物所载的大多数公司分析均仅含对合并数据的分析。但实际上根本没人（真实或虚拟的）持有"公司集团"的股票。在这样一项改革措施下，澳大利亚上市公司的股东（大多数情况下）无法获得其持股公司的财务报表，而他们的确持有股份。这种做法真是令人匪夷所思！

合并数据极具创造性。尽管如此，基本上所有对上市公司的财务评估和评价均继续以合并数据为依据。大多数的评估和评价都毫无意义且违背事实！澳大利亚的詹姆斯·哈迪（James Hardie）事件即表明了人们在集团概念和合并财务数据以及董事义务相关问题方面的普遍困惑程度。许多人士，包括政界人士和财经记者，均招摇过市地传播着他们对财务现实和法律地位的误读。

詹姆斯·哈迪（James Hardie）事件为我们对集团概念和集团会计实践的所有不满作出了合理解释。无怪乎公司集团在公司破产中发挥着多么大的作用。公众、公司高级职员，并且（似乎）立法机构和监管机构均习以为常地容忍错报信息，而这最终引致公司困境的集中爆发。在 2005 年的文章中，克拉克和迪恩（Clarke & Dean，2005b）对这一点提供了更多证据。

2.3.5 真实而公允：实用的公司治理检验

《公司的崩溃：会计、监管和道德的失败》（2003 年）第 17 章、第 18 章中，我们论述到，会计行业未能制定使会计数据可用的准则，这相当于抛弃其过往的精神特质。首要重点放在遵从会计准则上——会计方法的可比性已经取代结果的可比性。"概念性框架"草稿大多将相关性、可靠性、可比性、可理解性确定为通用财务报表的必要质量特征。但无论从整体还是个别来看，没有任何一项准则（包括最近公布的《国际财务报告准则》）解释了遵从这些准则如何能够产生上述特征。会计师的专业素养利害攸关（West，2003）。虽然真实而公允这一标准是会计师们奉为圭臬的遗产，但却又被他们视为草芥。而可用性是使财务报表数据真实而公允的定性特征。

请注意，通用财务报表中的数据可用的前提条件是：这些数据必须"相关、可靠、可比和可理解"。不论财务结果如何，这些数据均应如实、全盘地披露财务信息。不论董事会的所作所为是什么、代表何方利益，不论其支配下的无形资产作何用途，不论其公司运营蕴含多少智慧，不论其自行其是或合乎伦理道德的行事动机，不论董事是否独立，不论审计员是否独立，不论其任期长短，也不论其是否提供非审计服务，这些都会反映在财务结果之中。可以说，公司治理规则，如大多数公司可持续发展论调（例如三重底线报告等理念）一样，受到提倡是因为财务报表并不反映公司经营管理情况方面的财务结果，包括财务上可计量的资产和非金融、不可计量资产组成的所有用途（由公司支配）的经济结果。试回想，所有的公司治理规则和超前的会计运动均旨在增加价值——而如果我们从利益相关者的角度来看，或许是旨在通过增加价值以达到一种帕累托最优状态。

公司倒闭是再自然不过的事了。如熊彼特（Schumpeter）和其他学者曾经说过的——失败是难免的。公司倒闭是资本主义这一创造性毁灭力量的产物。在一个资源稀缺的世界，人们的确有理由认为那些无法通过其经营活动增加价值的公司应该关门大吉。但是，有序运行的商业环境是成熟经济体的必要条件。市场参与者需要充分、平等地获得市场信息。唯有如此，才能做出适当的风险/回报评估。但是，公司倒闭的一个普遍特征是其不可预测性——因以非真实、非公允的方式报告公司企业财产和经营成果是不可预期的。

2.3.6 不当披露："不靠谱"的传统

相关讨论的核心问题涉及公司财务披露的可靠性、准确性和整体诚实性。颇具争议的说法或表达，如监管机构和准则制定者常常兜售的，表露出他们希望提高会计信息质量或透明度的期许。对于寻求联合制定一个国际性概念框架的 IASB 和 FASB 而言，上述问题应该是他们的要务。在不质疑背后动机的情况下，本书作者在别的著述中已经对早前国家为实现这些期许而实践产生的不理想结果进行了评估。[①]

上述论证很有价值，因为他们可以帮助人们洞悉财务披露在营造市场经济正常运行必不可少的有序商业环境方面所发挥的作用。值得注意的是，过失和异常现象可能被解读为新的公司治理机制暴露公司不当行为的迹象。但是，仔细分析后可以发现，这些现象往往是过去近 170 年来公司不当披露行为的翻版。将现行公司治理

---

① Bowers（2012），Lenaghan（2012）.

制度与过去的制度进行对照并不会提供些许安慰，因为这种对比表明，很大程度上，现行制度基本上"还是老样子"，并未添加什么新东西。就算当时实行的是最近颁布的新版《国际财务报告准则》，已调查或正在调查中的公司倒闭案件也不太可能避免司法审查。

事实上，当前讨论中的公司治理机制与各种编纂、架构和建议可能将弊大于利。因为，如果像我们在此论述的，既定制度无效，那么将这些机制当做公司治理的医治良方很有可能会迷惑投资者，给他们某种虚假的安全感。越来越多的文献研究有关符合不同公司治理制度和"优越公司业绩"的内容。相比之下，极少有文献探讨当今这个全球化时代下现代公司治理问题。"传统思维"借鉴过去不同公司环境中的经验，诱使潜在的改革者美化解决公司问题的传统应对方法，而并不明确指出古今差异。一个关键问题在于，如果我们所谓的"治理"是指其初始含义"控制"或"指导"，那么大多数人所熟悉的（以及现行公司治理制度所导向的）传统公司形式是否能够真正实现有效治理。①

或许，相对便利的国际资本市场参与渠道和公司在不同管辖地之间迁移的灵活度均助长了导致全球金融危机的可疑实践。诚然，全球化更便于企业感知和利用东道国在贸易、劳动力、交易所上市和财务披露规则等方面的优势。这些高风险的公司举措不利于用改进过的监管机制对传统公司结构实施有效管控。因为，这些做法没能操控不如其适用对象成熟复杂的制度安排。所以，期望这些举措未来能比过去获得更大的成功基本上是毫无根据的。

如前文所简要述及的，传统公司结构存在许多问题。总部曾位于荷兰和澳大利亚，现位于爱尔兰的詹姆斯·哈迪（James Hardie）集团当前在全球范围内与政府、工会和石棉相关疾病受害者之间的持续斗争便是一个生动例子。众所周知，公认的公司形式在现代社会中的合法地位尚待商榷。将众多子公司置于"有限责任内的有限责任"的保护伞之下是否对现代商业社会利大于弊？神圣不可侵犯的公司面纱观念中固有的商业现实与法律现实之间的矛盾不禁让人对此产生质疑。其与"股东财富最大化"这一传统公司目标表现出来的不一致则加剧了这一现实。从当前盛行的以下观念来看，尤为如此：企业社会责任，财务报表仅列报反映当前财务状况和过

---

① 在早期未发表的著述（IIR 公司治理研讨会，2002 年 10 月）中，Clarke 和 Dean 表示，"治理"一词可以说是源自希腊的控制论（cybernetics，拉丁文作"gubenatore"），此词指领航员有效操控船舶的能力。这项技能需要船舶当前所处位置、船舶航行速度、洋流、其他船舶的位置、陆地位置等相关信息。所需信息为空间信息，因而需要持续更新。对此话题的论述还见 Clarke 和 Dean（2005a）的著述。Walker 和 Walker（2000 年）的著述也同样表示，治理的源头可追溯到希腊语，在希腊语中的意思是"管控"、"监督"、"指导"或"领导"等。

往财务业绩的"符合会计准则"信息,法律义务与所谓的道德责任之间的潜在冲突以及公众对企业性质及其现实的频繁误解等。或许哈迪(Hardie)集团的石棉风波比无数其他公司倒闭事件更加能够凸显这些问题。

1997/1998 年期间涉及朗公司(Lang Corporation,稍显不严谨的说法为"Patricks/MUS 码头事件")的一系列事务或许可算是意义仅居其次。① 美国的《萨班斯—奥克斯利法案》、澳大利亚的 CLERP 9 以及澳大利亚证券交易所公司治理委员会(ASX Corporate Governance Council)的《公司治理指南》(以及在其他地方具有同等效力的法规)均推出了特别针对公司内部管控的相关规则。相比之下,哈迪(Hardie)事件则催生了一系列关于公司与外部公众互动的规则提议。特别值得一提的是,涉及哈迪(Hardie)集团涉嫌违法行为的争论再次将公司道德这一议题人格化。不过,尽管公司的人造角色已经转变为(如前文所述)近乎人格化,但是稍加扭转,公司的真正虚拟性质在新南威尔士州政府"揭开公司面纱"的威胁下得到强化。如果哈迪(Hardie)集团不向因石棉产品遭受损害或致死的人们履行相关方认为其应履行的经济义务,则该集团将受到这一制裁。

2006 年中,新南威尔士州总检察官提出一个不完整提案,建议展开联邦调查,研究防范詹姆斯·哈迪(James Hardie)集团这类事件重演的方法。此提案恰如其分地论述了财大气粗的(有偿付能力的)母公司逃避为其不具备偿付能力但负有人身伤亡赔偿义务的子公司承担相应责任的问题。② 这项改革提案并未付诸实施,但却突出了该事件的重要性。

以这种不寻常的方式,石棉相关疾病受害者的悲惨遭遇使人们清楚地认识到(或许是 170 年来最清楚的一次),公司结构(尤其是集团普遍盛行的情况下)并非神圣不容置疑。最终,如果公司结构无法再如英国格莱斯顿(Gladstone)委员会和 19 世纪 40 年代的政客在施压英国议会通过《1844 年公司法》(*Companies Act of 1844*,设置有通用注册登记条款)时所设想的那样为商业服务,那么现行公司结构可以而且应当变更。

然而,过去一个世纪里,应对一波又一波公司倒闭事件和危机的各方似乎未曾考虑过变更的可能性。尤其是在股东、财务和贸易债权人以及(距今更近的)员工

---

① 关于公司面纱在码头事件中的运用方式如何影响员工权利的详情,请参见 Dean 等(1999);另见 Clarke 和 Dean(2007)。

② Sexton(2006)。另见澳大利亚证券投资委员会第 07-35 号新闻稿"澳大利亚证券投资委员会启动涉及 James Hardie 集团的【民事】诉讼程序"(ASIC commences [civil] proceedings relating to James Hardie),2007 年 2 月 14 日。

2 公司倒闭：监管、会计和道德的丧失

的经济困境日益凸显的过去几十年间，更是如此。那么，在对现行公司实体形式不加质疑的基本假设框架下，以公司治理规则的形式提出解决方案也就不足为奇了。人们假定，具有"有限责任内的有限责任"优势、股东主权和公司面纱框架的现代公司制度是不容改变的。

当前关于公司诡计的争论揭示出一个奇怪的特点：当前的公司瞒骗伎俩与1929年金融危机以及紧随其后的大萧条期间所揭露出的行为如出一辙。当时，许多公司的财务报表均具有严重误导性。这些具有严重误导性质的财务报表不仅是蓄意欺骗行为的结果，还是遵循当时会计惯例（准则）的结果。如今与当年没有什么不同，似乎极少有人认识到这样一个事实：当前尚未破产、被视为成功者且"如鱼得水"的公司所列报的财务信息与那些已经崩溃或陷入困境的公司所列报的财务信息并无不同，同样具有误导性。20 世纪 30 年代初，美国的主流做法是为企业交易的财务事宜处理制定会计"准则"（当时的称谓"准则，rules"有误，现在称为"原则，principles"）和为企业财务业绩的报告制定披露准则。

这导致过去 80 年里大多数时候都追求依赖准则（催生一种"方框勾选"心态）来管理会计实践，这背后的想法是：如果每个公司的财务报表均按照相同的准则进行编制，则可以实现可比性要求。这一主张错在其认为，只要入账与处理规则基本统一，就会以可比较财务报表的形式产生统一的结果。但是，这一观点在逻辑上的谬误显而易见，公司遵循同一准则而编制出的财务报表结果中存在的各种差异即是明证。

似乎很少有人记得，20 世纪 20 年代的时候，英国皇家邮政集团（Royal Mail）按照当时公认会计准则披露以前年度利润以支付当期股利的事件①。安然（以及最近全球金融危机中的影子银行业）利用特殊目的实体掩盖债务的做法正是由行业制定（且特设、非理论驱使）的所有权准则推动的。人们也忘了"按模型估价"的潜在利润入账法是经过监管批准的，譬如，20 世纪 70 年代澳大利亚融资兼房地产公司剑桥信贷（Cambridge Credit）即采用"前期负担"机制计算当期利润，而进入 21 世纪，世通公司的费用资本化（与澳大利亚瑞德莫里（Reid Murray）公司 20 世纪 60 年代的研发费用资本化如出一辙）则可以说是传统权责发生制的产物。在

---

① Green 和 Moss（1982）赞同这一观点，认为辩护方的"辩护很好地利用了审计师用来形容 1926 年和 1927 年账目造假的税收准备金调整之后这一说法。他们还申辩，不管是对是错，内部准备金的秘密调转在大型集团公司中无法改变的现实，尤其是在将内部准备金调转作为化解商业周期影响的公认做法的航运业。在此案中，Lord Plender 出示的证据尤具说服力。因此，Kylsant 和 Morland 洗脱了资产负债表操控罪名。"显然，Green 和 Moss 将英国皇家邮政说成是企业集团表明他们注意到了这种公司结构的复杂性。

世通公司出问题时，很少有人联想到 20 世纪 70 年代英国劳斯莱斯公司在其创新性的 RB-211 引擎研发费用资本化之后的破产事件（参见 Gray，1971）。在很大程度上，废物管理公司涉嫌的折旧费骗局是会计师认为操纵折旧更容易这一想法的产物。另外，人们也直接跳过 20 世纪 50 年代美国航空公司发生的相同问题。显然，遵循会计准则滋生了一种合法且往往出于善意却又带有蓄意欺骗性质的误导性会计手段，以其作为保障质量的有效机制无异于海市蜃楼。

重点问题是，导致 2000 年 3 月的网络泡沫破灭以及后来 2007—2008 年的全球金融危机、人们群情激愤且嗤之以鼻的会计实践都只是在以这样或那样的形式重蹈覆辙而已。在其他领域，不良事件的频发则引发人们思虑：或许导致这些错误重复上演的体系本身就存在瑕疵。废除未能预防不利结果重复出现的方法则是理所当然的。令人不解的是，在商业领域，立法者和行业准则制定者的应对策略却完全相反。最近的全球金融危机期间，对（尤其是银行）证券盯住"市价计价"方法的摇摆不定证明了公司"不说真话"的倾向。人们不仅重蹈了过往已经失败了的补救措施，而且还在大多情况下变本加厉、放大错误——更多过去已被证明失灵的类似准则卷土重来，即使在对个人不法行为的处罚方面这些监管规则的威慑力和影响力曾经有过让人沮丧的历史。

纵观历史，监管机构一直鼓励减轻罪责。在美国已成常态、在澳大利亚不断抬头的辩诉交易已经成为一种趋势。监管机构已经通过交易将其逮捕、惩罚犯法人员的责任换成对其他涉案人员轻判的可能。有时，追求"以儆效尤"效果的做法占据主导。而这么做的代价则是牺牲创造有序金融环境这一关键的监管追求。辩诉交易当事方以认罪换取成为作为检控方的监管机构的主要证人的机会。例如，安德鲁·法斯托（Andrew Fastow）即是安然案中指控肯尼斯·雷（Kenneth Lay）和杰弗里·斯基林（Jeffrey Skilling）的首要证人。这证明，对这些高级管理人员的控诉案件更多地依赖于他们前任同谋的揭发，而非监管机构从查看公开数据所获得的发现。在澳大利亚，起诉 HIH 公司犯罪者的案件中，HIH 高管比尔·霍华德（Bill Howard）便摇身一变成为"控方证人"，以换取罪责豁免。这么说或许有点刻薄，但是这表明，罗斯福（或许为杜撰）的名言"以贼捉贼，以毒攻毒"背后的情绪和观点依旧盛行。据传，罗斯福这句话是用来回应针对他任命约瑟夫·肯尼迪（Joseph Kennedy，当时被众人视为当代版的强盗资本家）为 1934 年新设立的美国证券交易委员会第一任主席的批评之声的。①

缺乏透明度、误导性披露——不当披露——成为安然、HIH 保险公司等巨头轰然倒闭背后的共同特征。具体而言，年度财务业绩和财务状况报表并未能准确、合理、可靠地列报这些公司截至报告日的资产状况和阶段性财务进展状况。用沿用至今的行话来说，他们未能确保进行财务报告的"透明"和"真实"。如果他们当初做到了这一点，其披露的财务结果基本上就能促进评估、指引应该向管理者和高管质疑的问题并且警醒那些企图做出不法行为的人。如果这样，公司董事的作为将会无关紧要——不论其行为是意在规范行为还是意在欺骗，不论是为一己私利、股东利益还是着眼大局的利益相关者的利益，不论是否考虑到社会和环境效益，也不论是否具有商业智慧。公允交易是文明社会的一大标志。商业环境缺乏公允交易所需的秩序和框架是极其有失体统的现象。在这样的环境下，市场参与者认为受监管市场体系实际上"形同儿戏"，彼此之间缺乏真正的信任。全球金融危机期间的盯住"市价定价"风波足以说明这种看法。许多市场参与者认为，整个市场运作失灵，正如奥斯卡·维尔德（Oscar Wilde）笔下人物罗伯特·奇尔特恩（Robert Chiltern）爵士在《理想丈夫》（An Ideal Husband）中所说的，像没有"商业良心"一样。这可以从前文对詹姆斯·哈迪（James Hardie）案件的考量中得到印证。

因此，全球金融危机期间原来反对银行和其他金融机构按照市价计价其金融资产的各方后来纷纷跳上前台的做法也不足为奇了。很快，之前反对在美国推行第 157 号财务会计准则（FAS 157）和在欧洲推行第 39 号国际财务报告准则（IFRS）的人们便发出了"早就告诉过你会这样了"的声音。学术界人士很快也相继响应（参见 Katz，2008；Ryan，2008；Whalen，2008；Magnan，2009）。美国政界人士，如前美国白宫发言人纽特·金里奇（Newt Gingrich），激动地发出明显赞许 2008 年共和党总统候选人约翰·麦凯恩（John McCain，译者按：约翰·麦凯恩在 2008 年危机期间曾公开反对公允价值并呼吁反思其危害）的长篇大论。而说辞则是，被迫按市价减记资产价值的做法"导致"贝尔斯登（Bear Sterns）、雷曼兄弟（Lehman Brothers）、美国国际集团（AIG）和北岩银行（Northern Rock），以及无数其他公司的破产。因此，他们说这一因果关系链迫使美国政府投入 7 000 亿美元进行"金钱换垃圾"的救市行动。他们还表示，冰岛因此濒临破产，是"公允价值"（按市价计价）的又一个受害者。在披露冰岛破产和欧洲所谓的"欧猪五国"（PIIGS，即

---

① 参见 Chatov（1975）；以及最近 David Radler 反过来指证 Conrad Black 的美国证监会辩诉交易，《澳大利亚金融评论》，2007 年 3 月 19 日，第 11 页。

葡萄牙、爱尔兰、意大利、希腊和西班牙）主权债务危机期间，这类观点很快再度抬头。

鉴于以上原因，某些人士认为被迫按市场价格列报是全球金融危机的诱因，或者说至少这么做是无谓地加剧了金融危机。"按市价计价"法的采用在美国和其他地方饱受争议，这绝非第一次了（Dean & Clarke, 2010）。2005年，多个国家采用了《国际会计准则》（IAS），包括《国际会计准则》第39号，此条准则规定，特定的金融工具（主要涉及银行的资产负债表）按照"以公允价值计量且其变动计入当期损益"进行会计核算——即"按市价计价"。2007年，随着美国财务会计准则委员会发布第157号财务会计准则，美国再次推行采用现值会计制度。而且，虽然第157号财务会计准则在诸多方面都是非强制采用，但其他财务会计准则却允许使用现值。这意味着，针对"可供出售"或"交易性"的资产，跟欧洲金融机构一样，美国银行及其他金融机构（证券公司、共同基金、对冲基金等）必须按市价对其多项金融工具进行计价。

以希腊的主权债务危机为例。这次危机充分反映了虚假或误导性信息的影响。关于此危机，林恩（Lynn, 2011）称，希腊政府向欧盟成员国蓄意提供的虚假信息披露，低报了希腊的债务水平，为希腊加入欧盟和欧元区铺平了道路。奥图勒（O'Toole, 2009）则放眼欧洲大陆之外，认为爱尔兰政界人士处在对其国家财政状况的虚假幻觉之中（其实他们完全清楚爱尔兰的楼市泡沫即将破灭）。这再次说明当真相被揭穿后，虚假的金融信息列报会产生灾难性的后果。

按市价计价风波则是在2008年10月雷曼兄弟公司破产之后、美国国会介入调查追究之时达到危急关头。我们上文所提及的指控认为，第157号财务会计准则（FAS 157）的按市价计价规则"导致了金融危机"。① 这说明人们误解了会计通过"说出真相"为财务决策提供信息的作用。

至于围绕金融资产是否可供出售的管理层意图问题，另一大争议在于，FAS 157的规定要求在涉及不活跃市场时须减记金融资产。许多人认为市场不活跃是"暂时性的"。数年以来的持续不活跃突出了此类论点的缺陷。他们提出的观点是，按市价计价未能将资产的未来前景纳入考虑，（尤其是银行的）资本误遭侵蚀，这样做加剧了信用危机。还有人认为，按市价计价的会计准则加剧了金融系统的顺周期性。在《损失炼金师》（*Alchemists of Loss*）一书中，唐德和哈奇森（Dowd &

---

① Magnan 和 Makarian（2011，第216页）认为，下列人士即属此列：Katz（2008）、Whalen（2008）、Gingrich（2009）以及 Zion 等（2009）。

Hutchison，2010 年，第 310 页）指出，"在此事件中，FAS 157 的适用时机"对高盛和贝尔斯登"极其不利"。

FASB 试图将"公允价值层次"纳入第 157 号财务会计准则，以解决不活跃市场这一问题。具体内容是：第 1 层次——能获得相同资产或负债在活跃市场上报价的，以该价格确定公允价值；第 2 层次——获得类似资产或负债在活跃市场上的报价，或类似资产或负债在不活跃市场上的报价，以该报价为依据作必要调整确定公允价值；第 3 层次——市场不活跃，无法获得类似资产可比市场价格，以参数模型或巴菲特称之为"虚构计价"（引文见 Davies，2010 年，第 114 页）的方法确定公允价值。IASB 最近发布的第 13 号国际财务报告准则（2011）采用了与 FAS 157 相同的 3 层次公允价值架构，[①] 但是有些人认为该层级架构作用甚微。这一架构只是暴露出公司岌岌可危的状态——例如，据资料显示，高盛持有相当于"3 倍于其资本价值"的第 3 层级资产，而贝尔斯登"净权益总值仅 111 亿美元，却持有合计 280 亿美元的第 3 层级资产"（Dowd & Hutchison，2010 年，第 311 页）。

众多机构因采用按市价计价会计准则而被迫大幅减记资产价值，他们普遍为此感到不满、怨声载道，詹迪（Zandi，2009 年，第 237 页）的下列评论即是证明："（按市价计价）准则迫使各机构迅速按照市场价格调整其资产的账面价值……减记金额之大及其程度之深威胁到了金融机构的生存……为免将来再次发生类似事件，可对按市价计价会计准则加以微调，使不断变化的资产（以及负债）价值能够在未来一段时期里逐步入账……这样，当价格下跌时，银行仍然必须得减记其持有资产的价值，但是不会显得那么仓促突然。"

按市价计价会计准则的推行被视为一个严重问题。例如，明肖（Munchau，2011 年，第 211 页）即指出"如果当初没有暂时放宽对会计准则的要求，许多银行和保险公司早该申请破产了"。

2.4 过去 15 年惨淡经历之痛

从 1997 年至今的喧嚣局面并非没有任何益处。财务结果的误导性报告一直是公司违法行为调查和控诉的核心议题。不当披露行为也已经引起关注。有人认为，盈余管理有助于安然、世通、泰科、维旺迪、废物管理公司、阳光公司、迪士尼等美国公司实现分析师的季度收益预测。据称，总检察官埃利奥特·斯皮策（Eliot

---

① 该层级架构的划分较为随意——有人提出了其他划分方案，最多者纳入了五个层级。

Spitzer）发现许多分析师都是有问题的，而所谓的"买入"建议背后都有公司的盈余管理支撑，并且助长了美国分析大师杰克·格鲁伯曼（Jack Grubman）等涉嫌抬高世通公司股价的伎俩。①

人们对财务信息披露问题的关注不仅引发人们对指导公司进行会计核算和财务报告的各项准则的质疑，而且还引导人们思考：财务会计制度是一个仍然基于准则的制度，还是应该向基于原则的制度偏移。②许多监管机构的主要说法是，规则通常都遵循了，只是其背后的意图则不是。有人认为2005年以后所颁布的IFRS（不论派别如何）背后的原则不同于前文所述的此前各国会计监管机构制定的准则，不过这一点缺乏具有说服力的论据作为支撑。关于这一复杂争论，提倡IFRS的人士认为，不同于（例如）按照美国财务会计准则委员会所颁布之准则采用的实践，这些会计准则是基于原则的。不过，这一争论并未确定、建议或规定任何基础性的主要原则。自2006年中开始、涉及IASB和FASB联合概念性框架（IASB/FASB Conceptual Framework）项目的讨论仍然未能接受这样一个共识：任何会计概念框架均需要基于商业现实（甚至原则），将会计与伦理、法律、财务、经济、计量及其他商业基石联系结合起来（Chambers，1991）。

在国际范围内达成这一共识是一项巨大挑战。以法律上（基于道德的）"真实而公允"原则为例。人们或许会假定，英国（以及整个欧洲）确保财务信息披露质量的"真实而公允"的准则，之所以能够发挥这样的作用是有其历史渊源和潜在技术资格的。但是，根据我们的分析（前文已概述），我们发现令人不解的是，不论是会计从业人员还是准则制定者均未普遍接受"真实而公允"作为控制遵从指定规则（即会计准则）这一要求的依据。

我们的分析表明，历史总是重演，规则将会占据主导。在当前形势下，这种局面在传统意义上而言符合审计员就公司财务报表是否真实而公允地反映其企业财产和经营成果发表审计意见的责任。为什么呢？因为会计准则的基础本身有问题，所以虽然在公司破产风波后审计员的表现广受批评，但是他们的审计任务根本就是一个"不可能完成的任务"。③《公司的倒闭》一书和后来的《不当披露》一书均指出，不论现行会计准则（包括《国际财务报告准则》）是促进了还是妨碍了审计员对公司财务报告的真实公允性做出专业判断，它都是有问题的。

---

① Anon，2002.
② 参见美国会计学会财务会计准则委员会（AAAFASC），"准则制定方法评估：基于概念 vs. 基于准则"（Evaluating concept – based vs rules – based approaches to standard setting，2003）；Schipper（2003）。
③ Clarke等（1997、2002）以及后来Clarke和Dean（2007）的著述利用案件详情对这一点进行了详尽论证。

公司的意外倒闭、关于会计功能的扭曲观念、不具有可用性的财务报表数据以及"不说真话"的可疑会计核算等问题，都表明一个事实：在企业界，闪光的未必都是金子。

参考文献

Anon (2002). Is Jack Grubman the worst analyst ever?, *CNN Money*.

Bowers, S. (2012). Share price ruling this year. *The Australian Financial Review*, 48.

Chambers, R. J. (1991). Accounting and corporate morality—the ethical cringe. *Australian Journal of Corporate Law*, I (1), 9–21.

Chanos, J. (2009). We need honest accounting: Relax regulatory capital rules if need be, but don't let banks hide the truth. *Wall Street Journal*, 23.

Chatov, R. (1975). *Corporate financial reporting*. NY: Free Press.

Clarke, F., & Dean, G. (2005a). Corporate governance: A case of misplaced concreteness?. *Advances in public interest accounting*, 11, *Corporate Governance: Does any size fit?* (Elsevier: JAI, 2005a), pp. 15–39.

Clarke, F., & Dean, G. (2005b). Corporate officers' views on cross-guarantees and other proposals to "lift the corporate veil". *Company and Securities Journal*, 23, pp. 299–320.

Clarke, F., & Dean, G. (2007). *Indecent disclosure*. Cambridge: Cambridge University Press, pp. 41–44.

Clarke, F. L., Dean, G. W., & Oliver, K. G. (1997). *Corporate collapse: Regulatory, accounting and ethical failure*. Cambridge: Cambridge University Press.

Clarke, F., Dean, G., & Houghton, E. (2002). Revitalising group accounting: Improving accountability. *Australian Accounting Review*, 12, pp. 58–72.

Clarke, F., Dean, G., & Oliver, K. (2003). *Corporate collapse: Accounting, regulatory and ethical failure*, rev (2nd ed.). Cambridge: Cambridge University Press.

Clarke, F., Dean, G., & Margret, J. (2008). Solvency solecisms: corporate officers' problematic perceptions'. *Australian Accounting Review*, pp. 71–80

Dean, G. W., & Clarke, F. L. (2010). Unresolved methodological questions at the cross-section of accounting and finance. In T. Wise & V. Wise (Eds.), *A Festschrift for Bob Clift*, special issue of *International Review of Business Research Papers*, (Vol. 6 (5), pp. 20–32).

Dean, G., Clarke, F., & Houghton, E. (1995). Cross guarantees and negative pledges: A preliminary analysis. *Australian Accounting Review*, 5, pp. 48–63.

Dean, G., Clarke, F., & Houghton, E. (1999). Corporate restructuring, creditors' rights, cross guarantees and group behaviour. *Company and Securities Law Journal*, 17, pp. 73 – 102.

Davies, H. (2010) *Financial Crisis: Who is to Blame?*, Malden, MA: Polity Press.

Dowd, K., & Hutchinson, M. (2010). *Alchemists of loss: How modern finance and government intervention crashed the financial system*. New York: John Wiley.

Gray, R. (1971). *Rolls on the Rocks: The history of Rolls Royce*, Tisbury, Salisibury.

Green, E., & Moss, M. (1982). *A business of national importance: The royal mail shipping group, 1902 – 1937*. London and New York: Methuen.

Gingrich, N. (2008) 'Suspend mark – to – market now!', Forbes, 29 September. Online Available http://www.forbes.com/2008/09/29/mark – to – market – opedcx_ ng_ 0929gingrich.html (accessed 21 September 2011).

Jacobs, M. (2006). Bell fight goes down to the wire as case winds up. *Australian Financial Review*, 9.

Katz, I. (2008). *SEC recommends keeping fair – value rule with changes*. Bloomberg.

Lee, T. (2006). Clarity comes too late for Cole's liking. *Australian Financial Review*, 4.

Lenaghan, N. (2012). Centro chiefs had the jitters. *The Australian Financial Review*, 48.

Lynn, M. (2011) Bust: *Greece, the Euro, and the Sovereign Debt Crisis*, Hoboken, NJ: John Wiley.

Magnan, M. (2009). Fair value accounting and the financial crisis: messenger or contributor? Working paper, CIRANO—Scientific Publications Paper No. 27.

Magnan, M., & Markarian, G. (2011). Accounting, governance, and the crisis: Is risk the missing link? European *Accounting Review*, 20 (2), pp. 215 – 231.

McDonald, F. (1962). *Insull*. Chicago: Chicago University Press.

Munchau, W. (2011). *The meltdown years: The unfolding of the global economic crisis*. New York: McGraw Hill.

O'Toole, F. (2009) *Ship of Fools: How Corruption and Stupidity Sank the Celtic Tiger*, London: Faber & Faber.

Productivity Commission Report. (2010). *Executive Remuneration in Australia, Australian Government printer*; http://www.pc.gov.au/projects/inquiry/executive – remuneration, Australian Government Printer, accessed on 6 March 2012.

Ramsay, I. (Chairman) (2001). *Independence of Australian company auditors: Review of current Australian requirements and proposals for reform*, Australian Government Printer.

Raw, C. (1992). *The money changers: How the Vatican Bank enabled Roberto Calvi to steal $250 million for the heads of the P2 Masonic Lodge*. London: Harvill.

Ryan, S. (2008) 'Accounting in and for the sub – prime crisis', The Accounting Review, 83: 1605 – 1639.

Schipper, K. (2003). Principles – based accounting standards. *Accounting Horizons*, 17 (1), 61 – 72.

Sexton, E. (2006). Nothing to stop another Hardie. *Sydney Morning Herald*, pp. 17 – 18.

Skeel, D. (2004). *Icarus in the boardroom: The fundamental flaws in corporate America and where they came from.* Oxford: Oxford University Press.

Walker, R. G., & Walker, B. C. (2000). *Privatisation—sell off or sell out?: The Australian experience.* Sydney: ABC Books.

West, B. P. (2003). *Professionalism and accounting rules.* London: Routledge.

Whalen, R. C. (2008). The subprime crisis: cause, effect and consequences, Networks Financial Institute Policy Brief No. 2008 – PB – 04. Online. Available http://ssrn.com/abstarct = 1113888. Accessed 12 Sept 2011.

Zandi, M. (2009). *Financial shock.* Upper Saddle River, NJ: FT Press.

Zion, D., Varshney, A., & Cornett, C. (2009). *Focusing on fair value.* Credit Suisse Equity Research Report, June 27.

3 后安然时代的改革：
财务报表保险（FSI）制度与
重新审视下的一般公认会计原则（GAAP）

乔舒华·罗恩（Joshua Ronen）[①]

摘要： 由接受审计的公司支付审计员酬劳，这一事实造成了公司（委托人）与审计员（代理人）之间特有的内在利益冲突。而 FSI 制度能够消除审计员面临的利益冲突，通过合理的方式调整审计员与股东的动机使之达成一致，从而缓解了因财务报表质量的不确定性导致的市场效率低下问题，因此笔者对财务报表保险制度进行了分析。公司不再聘请审计员并向其支付酬劳，而是选择购买财务报表保险（这种保险能够根据财务报告中虚假陈述给投资者带来的损失进行投保）。公司能够获得的保险范围是公开的，就该范围支付的保险费亦然。然后保险公司会聘请审计员并向其支付酬劳，由审计员证实潜在保险客户的财务报表的准确性。投资者认为保险限额较高、保险费较低的公司是财务报表质量较高的公司。相反，公司保险限额较低或没有保险限额抑或是保险费较高，则说明其财务报表质量较差。每个公司都迫切希望获得较高的保险限额、支付较低的保险费用，以免被投资者认定为财务报表质量较差的公司。而逆向格雷欣法则（Gresham's law in reverse）的实施则会导致财务报表质量提升。

3.1 引言

2001 年 10 月 16 日，安然公司（Enron Corp.）宣称其税后净收入减少了 5.44

[①] J. Ronen
联系地址：Stern School of Business, New York University, New York, USA
电子邮箱：jronen@stern.nyu.edu

R. Di Pietra 等（编），《会计与监管》
DOI：10.1007/978-1-4614-8097-6_3,
版权所有 Springer Science + Business Media, 纽约，2014 年。

3 后安然时代的改革：财务报表保险（FSI）制度与重新审视下的一般公认会计原则（GAAP）

亿美元，股东权益减少了 12 亿美元。由于会计差错，安然于 11 月 8 日宣布将重述 1997—2000 年列示的净收入。重述导致股东权益减少了 5.08 亿美元。仅一个月内，股东权益就减少了 17 亿美元（相当于 2001 年 9 月 30 日所列示 96 亿美元中的 18%）。2001 年 12 月 2 日，根据《美国破产法》（United States Bankruptcy Code）第 11 章的规定，安然公司申请破产。尽管这一事件似乎已经极具灾难性，但事实表明这只不过是个开端，揭露那些作为华尔街宠儿的大型公司中所存在的一系列令人瞠目结舌的会计违规现象才刚刚开始：世通公司（World Com）、美国在线（AOL）、都市媒体光纤网络公司（Metromedia Fiber Networks）、美国奎斯特通讯公司（Qwest Communications）；并且这份清单上的名额还在不断增加。重述数量持续攀升，从 20 世纪 90 年代初的每年 50 例增加到如今的 200 余例。究竟是什么原因造成了这一现象？①

这些灾难的根源是否可以追溯到美国联邦储备委员会（Federal Reserve）主席艾伦·格林斯潘（Alan Greenspan）于 1996 年提出的著名的投资者"不合理繁荣"这一警告？② 它们是否反映了 2002 年 7 月 16 日格林斯潘抨击造成股市灾难的"商界大范围盛行的传染性贪婪"？③ 是由于投资者的愚蠢，加之股市泡沫的激增；还是由于首席执行官（CEO）道德败坏？"做"假账是否已然成为一种潮流？

或许系统崩溃可以归结为"守门人"——审计专业人士（或者更确切地说，审计行业，董事会，审计委员会以及监管机构）的失职。那么监察员行为不当（如果有的话）是由于道德败坏或不当诱因引起的吗？而定义明确的财务报告准则或者其他因素是否滋长了想避开此类问题的企图，并为审计员默许某些虚假会计行为和不认真的披露行为提供了便利？

对上述全部起因进行筛选会是所有诊断专家的一场噩梦。人们很可能会认为上述原因均在不同程度上导致了这种情况的产生，但是这种一概而论的结论无法提供任何建设性的政策补救措施。要提出有效的危机解决方案就需要做出明确的界定：相关事件中哪些确实是有害事件，而哪些事件在独立考量时又是良性甚至有益的事

---

① 本章采用了 2002 年 Stanford Journal of Law, Business and Finance 期刊中一篇名为"后安然时代改革：财务报表保险制度与重新审视下的一般会计原则"的文章。基于 2004 年会计与监管国际工作会议上提交的论文原稿，笔者通过附言的形式阐述了财务报表保险制度后来的发展。

② Greenspan（1996），"民主社会中中央银行面临的挑战"（The Challenge of Central Banking in a Democratic Society），在美国企业公共政策研究所年会暨鲍伊尔演讲上的讲话（1996 年 12 月 5 日）。

③ 在美国参议院银行住房和城市事务委员会（US S. Comm. on Banking, Housing., and Urban Affairs）前，美国联邦储备委员会向国会做出的半年度货币政策报告，第 107 届国会（2002 年，美国联邦储备委员会主席 Alan Greenspan 的声明），网址：http://www.federalreserve.gov/boarddocs/hh/2002/july/testimony.htm。

件？在可能有害的情形中，哪些可以通过改革来解决，哪些受法律或监管干预的影响较小？最后，考虑到不利因素对有效处理方法更加敏感，究竟谁来充当救世主，政府还是自由市场？

并非所有补救措施都同样有效。例如，虽然所有人都可能会因为某些人和公司辜负信任而感到愤怒，但起诉和最终惩罚并不能彻底制止不道德行为，例如故意的虚假陈述就很难发觉或证实。由政府对监管结构进行全面改革并增加层层监管和监控也是无用功，浪费社会资源。毕竟，美国证券交易委员会（SEC）已经具备了强大的监控和惩治权力。① 毋庸置疑，乐观的投资者和道德败坏是导致灾难发生的原因。

然而，短期内几乎找不到任何措施提高道德水平，抑制投资者积极性也并非一定可取。相反，解决方案在于创造一种市场机制，重新调整参与者在这个极具经济意义的财务游戏中的动机：使首席执行官、首席财务官（CFO）、董事会和审计员为了自身利益而追求诚信；同时消除当前社会环境下普遍存在的不当动机。下文笔者重点阐述了属于该市场机制的 FSI 制度。笔者认为，FSI 有望改善激励相容从而增强审计质量、提高财务报表透明度和可信度、降低股东损失、提高证券定价的准确性以及进行更有效的资源配置。这一解决办法可以通过公认会计准则（GAAP）改革——重新定义财务报表中须审计的部分——来进行补充和完善。需特别说明的是，不应审计本不可证实的财务报表因素；因为它们实在无法审计。它们应与经审计可证实的因素分开列示。虽然上述两种补救措施能够互相巩固，但也可独立实施，各行其能。

在阐述 FSI 制度和提议 GAAP 改革之前，笔者先提出了若干论据，表明近几年灾难的关键原因（虽然不是唯一原因）是审计员（与股东）的激励不相容。需特别指出，正是一些条件的并存（当这些条件单独存在时，并非所有都有害）才产生了审计员（与股东）的激励不相容从而导致无法履行守门人职责的情况。因此，笔者得出了如下几项主要结论：

- "不合理繁荣"或者股市泡沫并不是问题的根源；相反，这不过是放大了不道德行为的收益；
- 贪婪本身无害，但体现在不道德行为中时另当别论；

---

① 美国证券交易委员会有权制定一般公认会计和审计准则、审核在美国证券交易委员会注册的大多数上市公司的财务报表、（通过）驳回注册会计师签署的声明或暂停或禁止注册会计师开展美国证券交易委员会操作的方式对签署该等财务报表的注册会计师进行规管，并展开调查和向美国司法部（Department of Justice）建议可能的刑事调查。

- 社会成员道德水平越高，社会就会越繁荣，但短期内很难改变道德状况；
- 道德行为能够对激励机制做出回应：奖励与惩罚；
- 市场激励机制（若可行）与根据法律或政府条例创建的激励机制相比更加有效，社会成本也更低。最起码市场激励机制还能够对后者起到补充作用；
- FSI 属于上述这种市场调解激励机制；
- 将财务报表的可证实（需审计）和不可证实（无须审计）因素区分开能够提高投资者的风险意识，从而提高资源配置。

3.2 "不合理繁荣"、"传染性贪婪"和股市泡沫的作用

近来媒体被三大主题主导：美国企业界"做"假账、20世纪90年代的"不合理繁荣"以及在全社会蔓延的"传染性贪婪"。三大主题间存在着密切的联系；收益哪怕只比预期高出1美分，兴高采烈的投资者就会争先恐后地购买股票，诱使贪婪的高管们"做"假账。这样的繁荣是否就是"不合理"？贪婪是否是因为具有传染性而有害？账簿是否是"假账"？

繁荣——表现在哄抬证券价格（尤其是高科技公司的股票价格）上的狂热——融合在对于公司前景的信念中。20世纪90年代对于新技术的乐观态度渗透到整个市场：即使公司初期处于亏损状态，仍相信创业型公司将来能够良好发展的信念中并不存在任何"非理性"成分。此外，在新技术领域的早期，成功投资者获得的投资收益超出了一般水平。与此同时，"赢家"作为预言家，其社会地位也有所提高；自古以来人们便崇敬先知。通过历史事实对这一主张进行检验就会发现很多情况下都确实如此：从铁路到汽车、飞机、电子设备、计算机硬件和软件。同时也确实存在许多备受推崇的新技术未获得成功的情况，例如冷核聚变和风能及太阳能。但是，企业的最终失败并不表示之前引导投资者对其进行投资的信念就是"非理性的"，正如"理性"信念并不能确保最终成功一样。就乐观状况而言，根本无法就其理性给出判断；它反映了这样一个主观模型——每个个体审视着周围环境的构成并引领着经济的发展。正如现在我们认为悲观是理性的一样，在20世纪90年代人们认为乐观是理性的。

那么贪婪呢？《美国传统英语语言字典》（*American Heritage Dictionary of the English Language*）对贪婪的定义是"获得或占有超出需要或应得数量的过分欲求，

尤其是物质财富"。①

在美国资本主义制度下，需求不是分配物质财富的标准。对经济体的边际贡献才是财富分配的依据，即一个人当之无愧。美国竞争激烈的经济体系不允许无权获得财富的人侵吞财富，除非他们进行虚假陈述，即"做"假账。在讨论"做"假账这一话题之前，应注意如果是有权获得财富的人，那么"获得或占有的欲望"便不再是"过分欲求"，而渴望获得财富的人也并非"贪婪者"，而应该是为美国经济引擎提供燃料的上进创业家。他们的野心越具有感染力，经济引擎的加速度就越快。

美国企业界有没有"做"假账呢？也许个别企业（道德感较低的企业）做了假账。其余大多数企业根据GAAP，使用自由裁量权从众多结果收益数据中做出选择，这些公司肯定表现出了对未来真实的乐观态度；因此乐观的数据现在看来是无法立足的。的确，列报在财务报表中的许多会计数据都在很大程度上反映出了不可证实的期望。要使这些数据具有可信度就需要投资者也具备同等程度的乐观态度。因此，20世纪90年代所谓的"泡沫"很可能是由对未来的乐观憧憬而引起的——高管和投资者亦然。

泡沫及其破裂则反映出了乐观被悲观取代的过程。无论是乐观还是悲观，两者都不能说是非理性的。如果没有繁荣和萧条，人们的生活是否更好，这一更为尖锐的问题没有简单的答案。泡沫很可能是技术"创造性毁灭"的媒介，承诺今后会迅速向前发展。没有乐观精神的经济体是停滞不前的经济体。因此总的来说，笔者认为繁荣、贪婪和泡沫并不一定就是美国联邦储备委员会原主席艾伦·格林斯潘（Alan Greespan）诠释的邪恶轴心。将雄心转变为格林斯潘（Greespan）所谴责的传染性贪婪是"做"假账的激励机制，而股市泡沫和投资者的繁荣带来的利润诱惑只是使这种不当激励更加强而有力。在利益的引诱下，审计员视若无睹甚至鼓励使用会计花招，例如创建特殊目的实体（SPE）使安然公司可以隐瞒债务和损失，或者与通信公司间掉期交易可能的不当记录，所以才发生安然事件以及随之而来的泰科和世通公司丑闻。但是，是什么原因导致审计员的视若无睹呢？又是什么原因导致首席执行官和首席财务官如此希望得到审计员的纵容呢？虽然道德准则和价值观的缺乏明显是造成这一问题的一项因素，但驱使上述人员行为的不当激励机制也是原因之一。下面笔者将就道德规范和激励机制发挥的作用展开讨论。笔者希望能够

---

① 《美国传统英语语言字典》（第4版，2002年），网址：http://education.yahoo.com/reference/dictionary/index.html。

3 后安然时代的改革：财务报表保险（FSI）制度与重新审视下的一般公认会计原则（GAAP）

通过阐述让读者相信：第一点，至少短期内，需要激励机制以唤起道德行为；第二点，除法律和（或）监管改革之外，市场激励机制也十分必要。

3.3 道德规范对于会计专业的重要性

道德行为对于企业而言至关重要，在审计员对财务报表的鉴证过程中，道德行为甚至扮演着更为关键的角色。道德行为是投资者从审计员的工作成果中——审计员对财务报表鉴证的可信度——获益的必要条件。虽然社会可以消耗由不道德人员管理的企业提供的商品产出（例如汽车、烟草、香水等等），但对于供应知识产品的"现代经济"企业而言此理论可能不会适用。如果存在虚假陈述的可能，社会就不能再依靠上述企业（提供鉴证服务）的财务报告。因此，在不确认审计员是否有道德品质问题的情况下，社会无法使用审计员提供的鉴证服务。可见除了需具备发现财务报表中虚假陈述或疏漏的技巧和能力外，具备提供真实意见的道德品质对于审计员而言同等或者甚至更加重要。

的确，道德行为对会计师的重要性怎样说都不为过。一直以来人们普遍认为，就与公共利益的关系而言，会计可以说是一个特殊职业。前首席大法官沃伦·伯格（Warren Burger）对这一观点做出了极其明确的阐述，区分开了律师和会计师。

通过对共同反映企业财务状况的诸多公开报告进行鉴证，独立审计员承担着超越任何与客户之间雇佣关系的公共责任。发挥这一特殊职能的独立公共会计师最终向企业债权人和股东以及投资公众效忠。这种"公共监察员"的职能要求会计师始终与客户保持完全独立，并对公众信任保持绝对忠诚。[①]

下文笔者具体阐述了如何从可信财务报表需求中引出道德审计员的需求。

3.3.1 作为经济物品的道德规范

从经济的角度来说，笔者将不道德行为定义为给他人造成损害的纯利己行为。这种行为描述了利己主义者（这种人更喜欢采用损人利己的行动）的特征。[②] 而理性代理人的标准经济模型即是纯粹利己个体的标准经济模型。在公司内部，股东的目标是将价值最大化。可以将会计视为股东代表（董事会）制定的必要的自我管理

---

① 美国与 Arthur Young & Co., 465 U. S. 805, 817-18（1984）。
② 参见 Koford 和 Penno（1992），"会计、委托人—代理人理论和利己行为"（*Accounting, Principal - Agent Theory, and Self - Interested Behavior, in Ethics and Agency Theory*），《道德与机构理论》（*Ethics and Agency Theory*），127（N. E. Bowie 等编，1992 年）。该定义是经济类著作中普遍明确表达或暗示的不道德行为的定义。

的一部分，——假设董事会利益与股东利益一致——以便对管理者和员工可以采取的可行性行为加以限制。成本—利润权衡包括使更详尽的会计和内部控制所造成的成本增加与更高效地指导利己行为所产生的利益两者保持平衡。

首先，假定理想情况下，投资者可以直接观测管理者（代理人）实施道德行为的程度，而且所有相关方的利益高度统一。在这样一个乌托邦式的世界里，我们又该期待道德规范达到一个怎样的程度呢？代理人很可能表现出不同程度的道德行为。与相对更道德的人相比，不道德的人将更大程度地损人利己。在动机高度统一的理性化社会环境中，管理公司高管和员工行为道德标准的提升应以公司自身利益为主。因此，假设董事会认为管理人员和其他员工的道德水平较低，董事会则会将一定的公司资源投入内部控制和审计系统的改善方面，以避免因高管和员工欺诈、哄骗、挪用公款以及其他（对公司本身）有害的利己行为而可能带来的更高代价。较高水平的道德准则将为公司节约成本，原因是高水准道德品质使公司对内部控制和审计服务的需要减少。具备职业道德的公司管理者越多，审计员需要投入的精力就越少，这样一来在确保财务报表可信度可以使资本市场正常运转的前提下，审计费和社会成本总额都会有所降低。假如市场发现某公司通过解雇不道德员工和聘请道德员工等方式提高道德水平，那么公司的价值就将因审计服务消费方面的预期节余而增长。从这种意义上而言，可将会计控制和道德行为视为经济学上的替代品。

3.3.2　无法观察的道德禀赋的替代品

不幸的是，投资者无法直接观察管理者的行为道德水平。具备较高道德标准的管理者希望就"正直性"进行宣传，以提高其股份价值。但同时也没有办法阻止道德标准较低的管理人员进行虚假宣传。为了向潜在购买者保证其宣传的真实性，高素质管理者将会聘请审计员对所披露材料的真实性加以证明：审计员将表明客户的财务报表（宣传）中不存在重大虚假陈述。正如机构内部道德规范与会计和审计控制之间会出现替换一样，类似的替代品在外部性上也将有所表现：机构中不道德管理者的人数越多，所需外部审计资源的投入就越高。

为了使审计员的证明具有可信度，审计员必须被认定是"客观"和"中立"的合格外部人员。审计员需尽力找出可能的虚假陈述并向投资者证明他们做出了该等努力。未这样做的审计员需面临可能的处罚。如果没有该等处罚，审计员就可能为了追求自身利益而与"低素质"管理者合作，这样就会降低财务报告的可信度。为了将该等处罚降到最低，审计员很可能实施使他们能够发现管理人员存在报告偏差的审计程序。美国证券交易委员会的执法行动和诉讼，以及股东提出的民事诉讼已经制定了上述处罚。《2002年萨班斯—奥克斯利法案》（*Sarbanes – Oxley Act of 2002*）对董事和高管制定了更严厉的处罚，并对审计员的服务设置了更加严厉的限定。①

然而，到目前为止，现有的惩罚措施在控制弊端方面并无实际效果。人们只需浏览接二连三的会计违规声明标题就能发现当前系统存在的漏洞。此外，长期来看，该法案中相关罚款和刑期的提高或许能稍微削弱"做假账"的趋势，但我们没有理由期望它发挥更多的作用。原因是什么呢？

3.3.3 审计员的不当动机

现存问题是驱动审计员行为的动机并没有得到适当地调整，以致无法生成公允的财务报告。在当前社会环境下，审计员在不当动机驱使下工作：由于审计员酬劳是由被审计的公司支付的，他们对被审计公司的首席执行官和首席财务官均抱有感激之情（因为这些首席执行官和财务官们最终决定是否聘请这些审计员）。然而，从理论上来说，审计师应该是股东的代理人，但实际上雇佣审计员的却是管理人员。股东的确会对管理人员提议雇佣哪位审计人员（机构）进行表决，但决定权实则转交到了管理人员手上：股票所有权分布零散和代理表决机制导致许多股东将其投票权转让给管理人员，与此同时其他股东又会避免一起投票。

这种安排机制导致客户（委托人）和审计员（代理人）之间存在特有的内在利益冲突。雇用审计员的客户（委托人，即公司管理人员）最终为审计员的服务支付酬劳，从而实际控制审计员使其最终做出符合委托人利益的行为（意见）。出于对未来审计费来源以及其他附加非审计服务购买（非审计服务后来已被相关法案禁止）的担忧，审计师不得不遵从管理者的意愿。

而承担法律责任的震慑作用不足以充分平衡审计员执行管理层命令的动机。

此外，诉讼和其他处罚的预期成本一般都可以从被审单位获得赔偿，但是以一种经济上扭曲的方式：审计员不会根据客户使其面临的诉讼和罚款风险以及遭受的

---

① 《美国联邦法律大全》第116卷第745页第107-204号公法《萨班斯—奥克斯利法案》（2002年）。该法案禁止审计员提供大多数的传统非审计服务，例如记账、财务信息系统设计、估价服务、公平意见、精算服务、内部审计服务、管理功能、投资银行业务、法律及其他与审计无关的专业服务，以及任何美国公众公司会计监督委员会（Public Company Accounting Oversight Board）不允许的其他任何服务，同上（第201页）。该法案还规定所有服务（存在个别特例）均须经过审计委员会的预先核准，而且应将该等预先核准在公共报告中进行披露。同上（第201~202页）。

损失而向相应的客户收取预期诉讼费用。换言之，向任何单个客户索要的赔偿与该客户造成的损失是不成比例的。这就导致风险和资源的分配缺乏效率。

除此之外，上述赔偿由客户公司支付，如此一来就会减少股东财富，而股东则是以财务报表虚假陈述造成的虚高股价买入公司股票。想想有多么讽刺：股东非但没有受到保护，反而还承担维系着审计员和管理人员舒适共栖关系的成本和负担。有些人（可能是原告律师）可能会认为审计师的责任风险还不够高，应该提高风险以防止其玩忽职守。但是，提高责任风险和制定严厉的处罚措施不仅无法解决风险和资源分配不当的问题，还可能导致审计师离开审计行业——这显然不是理想的结果。

笔者认为，外力——立法、监管、执法或诉讼——无法圆满解决棘手的利益冲突问题。只有切断客户—管理人员与审计师之间的代理关系才能消除冲突。然后我们需要构建审计师与合适委托人（其经济利益与投资者利益一致，而且是审计师鉴证的财务报告的最终受益人）之间的代理关系。通过上述方式对利益进行重新整合，能够满足上文首席大法官伯格（Burger）所坚持的观点，即"对公众信任的绝对忠实"。[①]

在自由市场机制环境下，谁能够担任上述委托人的角色呢？笔者认为保险公司是非常合适的人选。接下来笔者提出的方案就是FSI制度。

3.4 FSI 制度

FSI将给委托代理关系带来巨大转变。公司不再聘请审计员并向其支付酬劳，而是购买财务报表保险，对因财务报告中的虚假陈述而给投资者带来的损失进行投保。公司能够获得的承保范围是公开的，就该范围支付的保险费亦然。然后保险公司会聘请审计员并向其支付酬劳，再由审计员证实潜在保险客户财务报表的准确性。

公布保险限额较高、保险费较低的公司将被投资者视为财务报表质量较高的公司。相反，保险限额较低或没有保险限额、保险费较高的公司则说明其财务报表质量较低。每个公司都迫切地希望获得较高的保险限额、支付较低的保险费，以免被投资者认定为财务报表质量较低的公司。逆向格雷欣法则的作用将导致财务报表质

[①] 参见上文注释5和随附说明。

量提升。① 下面笔者就 FSI 机制的主要要素进行了简要描述。②

3.4.1 FSI 程序

FSI 程序首先对潜在受保公司展开审查。从 FSI 的角度来看，由专业风险评估员组织开展。该评估员将对下列情况的性质展开调查：

- 潜在受保公司运营所处行业的性质、稳定性、竞争情况以及总体的经济健康状况；
- 潜在受保公司管理人员的声誉、诚信度、经营哲学、财务状况以及以往运营成果；
- 潜在受保公司的性质、经营时间长短、规模以及运营结构；
- 潜在受保公司的控制环境、主要管理人员及会计政策、实务和方法。
- FSI 程序可按以下步骤进行（参见图 3-1）：

第 1 步：潜在受保公司向承保 FSI 的保险公司索要保险投保书。

投保书至少包括提供的保险范围和相关保费的最高保额。一般来说，投保书还会明确最高保额以下的保险金额及对应保费。索要投保书的时间在根据股东委托和上述程序展开保险评估之前。评估审核员可以与最终对财务报表进行审计的审计师是同一人。

第 2 步：委托书提供以下可选方案。保险投保书中提供的最高保额和相关保费数额；管理人员建议的保额和相关保费数额；无保险。

第 3 步：如果通过了第 2 步所列的任一保险选择，风险评估员和审计师则共同规划后续审计的执行范围和深度。

第 4 步：如果审计后，审计师提供了无保留意见，则发放保单。也就是说，如果审计师的意见是无保留意见，那么原先提出的保额和保费将对保险公司具有约束力。如果审计师的意见为保留意见，保险公司则不会提供任何保险，除非公司与保险公司重新协定不一致的条款，这皆取决于审计师的调查结果和保留意见的原因。

---

① Thomas Gresham 爵士是一名金融家，1519 年出生于英国伦敦。Gresham 于 1559 年被封为爵士，曾在布鲁塞尔担任英国大使。"格雷欣法则"是 Gresham 提出的一项经济观察原则：如果两种金属货币的法定交换价值相等，且其中一种金属货币的固有价值较低，那么"劣"币将把另一种金属货币驱逐出流通领域，因为人们会积聚"良"币。参见韦氏世界百科全书：《剑桥传记百科全书》（*The Cambridge Biographical Encyclopedia*）（韦氏千年之 2002 年只读光盘百科全书，2002 年）。

② 欲了解更多有关财务报表保险机制的背景信息，参见 Ronen 和 Cherny（2002）：《保险能否解决审计困境？》，(*Is Insurance a Solution to the Auditing Dilemma?*)，《全国保险业者生活与健康杂志》（*Nat'l Underwriter, Life and Health/Fin. Services Edition*），2002 年 8 月 12 日，第 26 页。

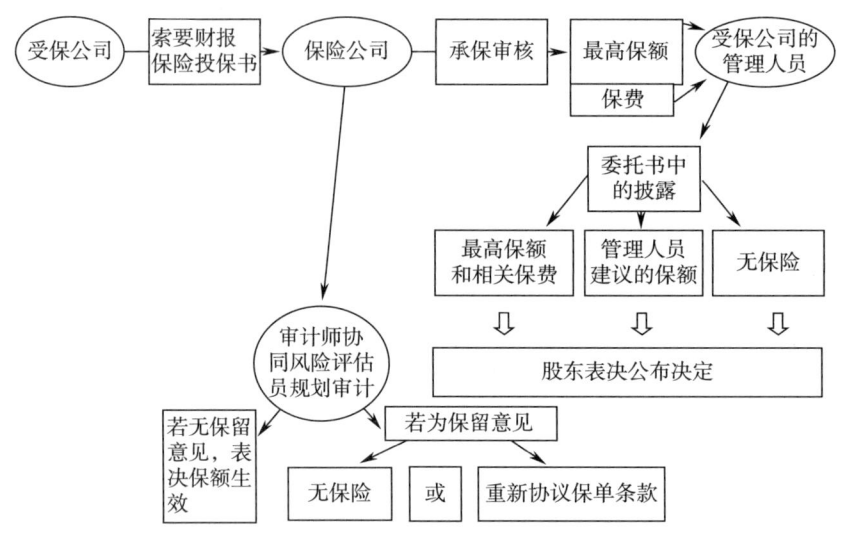

图 3-1 财务报表保险程序

在重新协定的保单条款范围内,将公布新商定的条款。

第 5 步:审计师的意见中将包含一段披露相关财务报表保险数额及相关保费的内容。FSI 还需配套快捷的索赔处理程序。FSI 和潜在受保公司一起选择一家信托机构,信托机构的职责是在索赔时代表财务报表用户。部分职责是在通知 FSI 之前对索赔进行评估。

信托机构就索赔情况通知 FSI 后,FSI 和信托机构共同选择一名独立专家针对是否存在疏漏或虚假陈述,以及该等疏漏或虚假陈述是否引起更大的损失金额提出报告。收到专家报告后的短时间内,FSI 根据保单的保险金额向信托机构赔偿损失。

下文中,笔者就 FSI 方案在各参与方(保险公司、审计员、资本市场和受保公司)的决策过程中如何发挥作用展开更为详细的说明。图 3-2 在形式上描述了各方之间的关系。

3.4.1.1 保险公司

首先,对保险公司进行考察。按一定的保费扩大保险范围之后,① 保险公司的目标应是将索赔损失降至最低。实现这一目标就相当于将股东损失降至最低。那么,保险公司的利益与股东的利益将是一致的。如此一来,通过将审计师的利益与雇佣审计员的保险公司利益相结合,就能将审计师的利益与股东利益结合在一起。

现在笔者对确定保费数额的程序予以说明。保险公司受到市场的监察和制衡。

---

① 下文将研究如何确定保费。

3 后安然时代的改革：财务报表保险（FSI）制度与重新审视下的一般公认会计原则（GAAP）

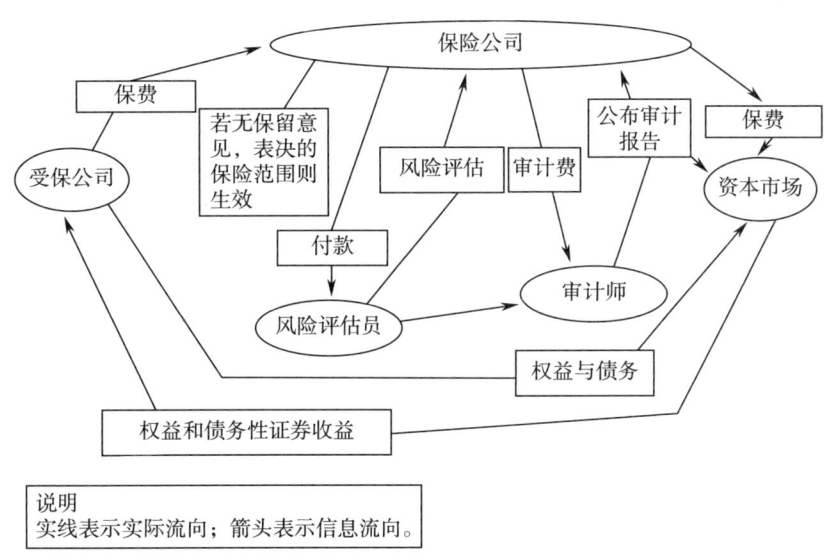

图 3-2 各方之间的关系

这种市场张力能够确保以一种尽可能精确的方式确定保费。首要市场力量就是迫使保险公司将保费尽可能压低的力量，也就是竞争的力量。由于保险行业竞争性较强，为了确保能够维持或扩大市场份额，任何保险公司都希望在一定的前提下将保费尽可能降到最低。另一方面，相反的市场力量又诱使保险公司收取足以偿付预计索赔成本和其他费用的保费，包括整个行业的利润（这些利润用于偿付保险公司提供的企业和管理服务）。如果保费不够高的话，保险公司将无法生存。

有些人可能会认为，目光短浅的保险公司可能会把保费压低——收取的保费与其因扩大保险范围而承担的风险相比过低——以期后续实施撇脂定价（译者按：挤垮竞争对手形成寡头垄断后可以制定相对较高的价格，即为撇脂定价）。但是，如果这种情况在笔者提议的制度下有可能发生的话，那么在当前的保险机制（在这种机制下，保险公司向董事和高管，包括公司提供保险）下同样可能发生。也就是说，相比于当前，提议的机制不会使保险公司面临更多的不当动机。换言之，笔者的提议能够结合审计师的动机，如此一来即使不能消除那些引导目光短浅的保险公司的不当动机，也能产生一定的利益。不管怎么说，针对那些目光短浅的保险公司高管，必须采取其他办法：保险行业的公司治理改革、设计合理的补偿方案以及法规监管。实际上，保险行业是美国经济体中受管制程度最高的行业之一。这种管控还将在本书提议的机制中持续运行。事实上，该机制的优势之一就是依赖于目前已广泛覆盖保险行业的监管，从而省去了在审计行业设置更多层次监管的必要。

将收取保费降到最低的竞争压力,以及保险公司生存动机驱使的保费不能过低。这两种相反的市场力量确保了保险公司尽可能精确地计算保费以便有效地与对手竞争。而这种推动力将促使保险公司设计出最佳的激励机制方案,使保险公司雇用的外部审计员或风险评估员在审核或审计的过程中发挥最大效力:采纳其委托人——保险公司的观点,从而尽职尽责地开展审核或审计工作,以确保不存在疏漏或虚假陈述。毕竟,该等虚假陈述是审计员或评估员之委托人(即保险公司)潜在损失的来源,而审计员或评估员具备将该等损失降到最低的动机。

如果受保公司需要的保险范围和保险公司提供的保险范围较大,保险公司能否承受索赔损失?对于这个问题有两个答案。第一点,假设在本书提议的机制下,我们按照与投资者在当前机制下获得赔偿相同的水平确定保险范围。这就意味着均衡状态下,提议机制中支付的保费至多与公司董事和高管的保险费、审计费,以及因面临集体诉讼而支付的额外诉讼费的总成本支出相等。[①] 在这种情况下,保险范围是承担得起的——与当前机制下的保险范围相同。但审计员的动机与股东的动机能够更好地结合,从而消除利益冲突并提高审计质量。也就是说,其他条件相等的情况下,至少从改善审计质量这一方面来看,提议机制比当前机制更好。

现在假设这一假定的其他条件不变,考虑提议机制下扩展的保险范围可能超过当前机制下的保险范围。保险行业是否还有偿付的能力?这个问题的答案是肯定的,因为与财产和意外保险等不同,保险公司的损失——由于财务报表中的疏漏或虚假陈述导致公司的估价降低——可以通过合理的衍生品设置在资本市场中进行对冲,而上述衍生品的运用可以根据引起股东损失的相同事件(即财务报表和审计的疏漏或虚假陈述)予以确定。具体来说,保险公司可以购买时间段与保单承保期限对应的看跌期权。[②] 当受保公司的财务报表因存在虚假陈述或疏漏而导致该公司股票价格下跌时,即可行使上述看跌期权。投资基金(养老基金、共同基金和类似基金)能够以低于(无需以虚假陈述为条件)一般期权的价格出售上述看跌期权,从而使保险公司能够以可负担的成本将不愿意承保的部分进行再保险。通过构建投资组合,看跌期权的卖方可将因虚假陈述和疏漏造成股价下跌的风险敞口降至最低。对于上述风险的评估可由类似债券评级机构的独立评级组织开展,例如标准普尔公司(Standard & Poor's Corp)。

---

① 下文我应该指出,对于相同的保险范围而言,在我建议的机制下支付的保费平均数额较当前机制下的要低,原因是审计质量提高,财务报表质量改善,从而减少了股东损失。

② 卖出选择权(即看跌期权)是一种合同,使其所有人有权利在给定日期当日或之前的任何时候,以固定价格卖出固定数量的具体的普通股股票。

3 后安然时代的改革：财务报表保险（FSI）制度与
重新审视下的一般公认会计原则（GAAP）

准确计算保费的动机使保险公司产生了对审核和风险评估服务的需求。这些工作可以（但无需）由最终就财务报表发表意见的审计员实施。与此同时，确定保费之后，在发现巨大风险时不能扩大预期保险范围的动机产生了对普通外部审计的需求。这种外部审计比当前机制下的审计质量要更高，其最终决定保险公司是否同意扩大保险范围。如果审计意见是无保留意见，保险范围则可生效。如果审计意见是保留意见，则取消保险范围，或者保险公司与受保单位重新协定不同的保险范围和保费，而保险范围和保费的高低则根据保留意见的原因予以确定。因此就有双层监控保护着保险公司：初次风险审核和评估有助于确定暂定的待扩大保险范围和相关保费；外部审计最终确定暂定协议（保单）是否生效。上述操作必须遵循以下次序：（1）需要在财年年初（或上一财年年末）就保险范围和保费签订合同，以便公开该等保险范围和保费，使资本市场能够对财务报表的质量展开评估并准确对证券进行定价（因为要做出投资组合决定）；（2）之后需要展开外部审计，以确保不存在造成损失的重大虚假陈述。外部审计方案的编制需征询保险公司（委托人）和实施初次风险评估的审核人员的意见，以使该计划的具体内容与初次风险审核的调查结果一致。这种协调一致的审计方案将弱化审计日志记录中的机械样本测试，并强化成本更高但更有意义的资产和收入核实工作。

3.4.1.2 审计员

在目前的社会环境中，审计员的立场与股东立场并不一致，而是反映审计机构的客户——实际就是管理人员——的立场。由于财务报表许多因素具有内在不可证实性，审计员很难偏离客户立场。管理人员收集数据并准备财务报表，然后再递交给审计员。审计员对报表准确度进行检测，并评估财务报表是否符合 GAAP 的要求。近期曝光的会计违规案件中，大多数问题看起来并不是基础数据的准确性，而是数据在财务报表中归类和呈现的方式；例如，将负债记录为收入或者将支出记录为资产。在许多情况下，虽然获得的数据是准确的，但基于该等数据的预测无法经审计员核实。因此，审计员也就没有充分的依据质疑客户做出的主观估价。

的确，虽然据称财务报表主要以历史交易为依据，但大多数这类历史事件今后都不会再发生了。必须对预计产生的现金流量进行预测。在许多该类事例中，例如对证券类金融资产残值的评估及其未来现金流量的估计大多都是主观的，这就导致大量数据都可以在资产负债表中被量化为资产。对上述前瞻性事件的评估需对基于历史经验或模型（用于预测出现给定结果的可能性）的假设进行检验。在稳定的环境中，上述模型能够产生相对客观的数据。但是，在不稳定环境中，这些模型会产生误导性数据。在后一种情况中,审计员核查数据的能力受到了严重阻碍。在当前机制中,管理者会一直辩护假设的合理有效性,直到证明假设是错误的为止。由于对失去未来审计费来源的担忧,审计员的动机受到影响,因此审计员将毫无疑问地提供对客户有利的假设。

相反地,在提议的机制下,由于审计员的利益动机与保险公司的利益一致,审计员在勉强同意被审计公司管理层的评估之前,先倾向于坚持数据在更大程度上具有可证实性。审计员将与因财务报表虚假陈述或疏漏而遭受损失的个人或公司保持一致。虽然上述对可证实性的坚持可能会导致管理人员不愿意承担对交易的前瞻性后果进行评估的风险,并因此表现出对风险强烈的厌恶,但是从社会的角度看,或许这并不是一件坏事。整体系统将更好地平衡风险承担与财务报表用户的需求。公司将试图平衡诉求高收益与避免因财务报表中呈现的非真实可靠数据而遭资本市场处罚这二者之间的关系。

在提议机制中,审计员将选择提高审计质量,以便将其预期酬劳最大化。[①] 因为制定酬劳方案的是保险公司,所以审计员将站在保险公司以及因此受益的股东的立场上决定审计质量的酬劳方案。具体来说,审计员尽力将其有望从保险公司获得的审计费收入与虚假陈述和疏漏的预计成本之间的差额最大化。而这种企图最大化的动机将引导审计员选择最优的审计质量。保险公司可自行决定有效的处罚,以防止审计员背离其期望的审计质量。与当前不合格审计可能会导致该客户流失以及某些预期诉讼成本这一机制不同,在提议的机制下,审计员面临着两种审计失误可能带来的处罚。第一种是根据审计员与保险公司之间的合同关系,审计员需承担侵权行为的赔偿责任。第二种是面临可能失去保险公司指派给审计员审计客户资源的威胁。注意在这两种机制下市场结构的变化:在当前机制中,审计员与客户关系是一对一的关系;在建议机制中,则是一对多的关系:审计员与保险公司指定的多个被审计公司的关系。由于与其中一个被审计公司有关的审计失误导致失去大量被审计公司合同的威胁是一项十分严厉的处罚。

3.4.1.3 市场

就本研究的目的而言,笔者假设股票市场是一个半强式效率的市场;公开可用

[①] 本文中我对质量的定义是指审计员在工作和其客观性、公正性水平上的努力的综合。

3 后安然时代的改革：财务报表保险（FSI）制度与重新审视下的一般公认会计原则（GAAP）

信息均同等、迅速地反映在股票市场价格中。① 因此，经受保公司股东认可的保险范围和为了获得该等保险范围而支付的保费向公众公开将为市场提供与财务报表潜在质量有关的可靠信号，即包括财务报表虚假陈述与疏漏的程度。FSI 机制能够满足信号均衡所需的条件。② 受保公司购买的保险范围越大，该公司需支付的保费就越高；但对于任何给定保险范围而言，财务报表质量越高，保险公司估定的保费就越低。内部的会计和审计控制及公司治理系统越有效，保险公司雇用的风险评估员评估出的风险就越低，继而导致保险公司估定的保费就越低。审核和风险评估过程的质量越高，保费评估的准确度就越高。因此，财务报表质量越高，受保公司就给定保险范围承受的成本就越低。相应地，就固定保费而言，财务报表质量越高的受保公司就能购买更大范围的保险。这意味着在 FSI 机制下，反映均衡信号的条件令人满意（一些其他的技术条件也易令人满意）。所以对于市场而言，保险范围和保费这一对公开信号（以及保险保单重要条款的披露）将成为有关受保公司财务报表潜在质量的可靠信号。而市场也将能够对不同公司进行比较，并确定哪家公司展现的财务报告更为可靠。鉴于市场的半强式效率，上述不同的财务报表质量将反映在受保公司向公众提供证券或证券在二级市场交易的定价中。

然而事情还没结束。考虑一下保单保险范围。因为 FSI 要求保险范围需经股东审批通过，加之由于保险范围公布在委托书和受保公司发布的所有财务报告中而使保险范围是众所周知的事，所以市场也了解保险范围的有关信息，反映在证券价格中后，会形成隐式合约协议。市场将了解发生损失时其获赔的限额。虽然原告仍能够就超出保单限额的损失申请赔偿，但成功的可能性似乎很小：投资者被告知关于保单保险范围的限额，而且保险范围越小的话，他们就证券支付的数额就越小，从而提前保护自身免受虚假陈述的风险。这样就会产生实际限制保单保险范围风险的效果，并从而减少长时间诉讼对社会造成的无谓损失。

财务报表质量定价意味着交易证券将成为比目前机制下拥有的交易证券更复杂的工具。该等证券将反映另外两方面的问题：在发生虚假陈述或疏漏事件时，股东能够索赔的保险范围，并反映在给定保险范围保费中的财务报表潜在可信度。这种更加准确的证券定价将为机构和个人投资者提供更加精准的信号，以协助其更好地

---

① 但考虑一下所谓的"反常现象"，例如公告后漂移，这一点在理性市场中可以得到解释，正如 A. Dontoh 等《关于公告后漂移的理性》（*On the Rationality of Post-announcement Drift*）中所述，《会计研究杂志》（J. Acct. Stud.）8，69–104，2003。

② 参见 Riley（1979），《信息均衡》（*Informational Equilibrium*），《计量经济学杂志》（*Econometrica*）47，331、333–36（1979）（论相关条件）。

将储蓄和资本集中在有价值的项目上。承担更有前景的风险项目的公司将能够以一种更可靠且可信的方式向市场传递关于该等项目潜力的信息，从而以较低的价格更轻易地为该等项目融资。资源的配置也更加有效率；社会投资将产生更高的回报。

3.4.1.4 公司——被保险人

目光转回并继续讨论购买保险的公司。在建议机制下，财务报表质量较高的公司就具有这样的动机——通过证明其相对于该行业中其他公司，能够以较低的保费获取较高的保险范围，向市场传递其具有优越性的信号。该等公司采取上述行动的原因就是它认为其获得的保险范围和支付的保费会被公开，而且将被市场视为财务报表真实质量的可靠信号。因此，该等公司知道其证券将以较高水平予以定价，从而降低其资本成本并提高其有价值项目融资的能力。而财务报表质量较差的公司则不得不披露财务报告质量和可信度较低的事实，原因是它们无法像质量较高的公司（财务报表质量较高的公司）一样获取相同的保险范围，除非支付更高的保费；而保险公司代理人展开的风险评估将造成较高的保费，与评估员发现的较低质量相称。因此，财务报表质量较差的公司将不得不披露其财务报告的真实状况：该等公司不得不支付更高的保费或者决定是否购买任何保险。而两种选择都将揭露事实情况。

对于财务报表质量较差的公司而言，该种情况并不乐观。这种公司不能伪装为质量较高的公司：作为扩大保险范围和确定保费的条件，保险公司将通过对该公司的管理人员和内部控制进行审核来施加必要的管理。此外，如果外部审计员未发表无保留意见的话，保险范围则无法得以扩展。受保公司预估若因此原因导致保险范围无法扩展，股票价格将随之出现大幅下跌，公司就会通过购买较高的保险范围，事先避免与情况较好的公司竞争。当然，除此之外，潜在的竞争对手则由于风险评估员发现的不利调查结果，而不得不在一开始就支付较高的保费。这种公司应该怎么办？现在该等公司将发现最好的办法就是提高其内部的会计和审计控制，以便满足获得更高保险范围和更低保费的条件。也就是说，该等公司目前将通过从实际上提高其整体内控系统，以便风险评估员引导保险公司估定较低的保费，以此正确的方式向市场发出受保公司质量提高的信号，从而与质量较高的公司竞争。从形式上来看，公司将对发布何种质量的财务报告进行选择，以最大化公司发行股票收益与支付保费的差额，同时也认识到，保费将由保险公司设置，以便将索赔损失降到最低，而且保险公司将根据其雇佣的风险评估员提供的调查结果估定保费，并根据外部审计员发表的无保留意见来扩大其保险范围。

3.4.2 概述

FSI方案有效消除了安然及后续公司事件余波中明显的利益冲突。但正如前文所述，FSI制度还有其他重要优势：反映财务报表质量的可靠信号、反映报表质量持续改进的情况、股东损失的降低，以及更好地将资金集中在有价值项目上。

当今是否还存在其他针对财务报告问题的补救措施呢？在本文的引言部分，笔者曾提到过有些人认为标准明确的财务报告准则是这些问题的起因。下文笔者将说明FSI制度如果得以落实的话，将促成一种基于根本原则而不是细化规则的会计方法。另一方面，如果没有FSI制度下审计师与财务报表用户一致的利益动机，那么使用根本原则而不用细化规则来管理会计实务将严重危害投资者的财务健康。

3.5 原则和规则

我现在谈谈最近关于规则和原则的争论。有人辩称，指定必用规则的美国模式已允许或鼓励各公司（例如Andersen）接受那些符合规则但违反一般公认会计准则核算的程序。比如：虽然安然公司的特殊目的实体通常都有符合规定要求的最低3%的独立股本，但事实上，安然公司承担着大部分风险。这些人认为，一般原则，例如，要求审计员报告关于企业的"真实与公允意见"的英国公认会计准则（UK GAAP）比规则过于详细的美国模式更加可取，而美国模式鼓励企业高级职员将会计准则视为税收法规的类似物①。的确，美国模式与英国公认会计准则的对比还引起了大众媒体的关注。比如，我们来看下摘自近期《华尔街日报》某篇文章的一段话：国际会计准则理事会的卸任主席戴维·特威迪（David Tweedie）爵士在2月14日的国会上证实："公司想要获得详细指导，因为这些详细指导消除了构建交易的不确定性。审计员想要具体说明，因为这些具体的要求能够控制客户纠纷的数量，还可能在诉讼中作为辩护证据。证券监管机构想要详细指导是因为这些详细指导更容易执行。"

虽然这种原理从某种意义上来说有一定道理，但并不能适用于所有情况。这种原理会导致会计人员、审计员和管理者提出错误的问题："这是合法的吗？"而不是

---

① 参见 Benston 和 Hartgraves（2002），《安然公司：发生了什么事，有什么我们可以借鉴一下》（*Enron: What Happened and What We Can Learn From It*），《会计及公共政策期刊》（*J. Acct. and Pub. Pol'y*）21，105，126（2002）。

"这是正确的吗？"因为人类如此足智多谋，法规不可能涵盖所有的可能性，所以费用高昂的律师以及精明的商业银行家往往能在繁多冗杂的规定中找到出路……国际会计准则理事会就此摸索出了一种替代规则的方法。引用戴维爵士的话："简单来说，添加详细指南可能无法突出根本原则，反而使其含糊不清。关注的重点会变成遵守字面上的规则，而不是会计准则精神。"

戴维爵士通过对比解释道，"我们的方法要求公司及公司的审计员对公共利益做出专业的判断，还要求财务报表的编制者做出强有力的承诺，承诺其所提供的所有交易记录真实，还需要审计员做出强有力的承诺，承诺抵制来自客户方面的压力。若没有这些承诺，方法将不起作用。"

戴维爵士的底线是："未来会有更多关于如何进行会计处理的不明确个人交易事项。我们希望对根本原则的明确说明能使公司和审计员来处理这些情况，而不是诉诸详细规则。"[1]

我担任美国注册会计师协会任命的"特鲁伯鲁特目标小组"（Trueblood Objectives Group）的研究副主任，小组发表了一份关于财务报表目标的报告，[2] 该报告以及部分论文姊妹篇[3]是指导财务会计准则委员会（FASB）设置详细标准的概念框架的前身。当时，部分委员会成员将后来成为"概念框架"的目标视为一种宪法，来指导准则的颁布，正如美国宪法管辖立法以及判例法那样。我将最近对原则的呼吁以及对规则的反对解释为一种对概念框架的诉求，而无需使用财务会计准则委员会颁布的详细准则。换句话说，单独让概念框架指导实践——其提供的指导原则应足以使会计师做出满足"真实与公允观点"的财务报告。然而，如果没有了财务报表保险，审计员的动机就会与股东不一致。尽管概念框架为财务报告设定了理想目标，除非具有有效的激励机制，否则它就会给公司管理者留有歪曲事实的余地。

此时对统一性（精心制定的规则）以及灵活性（一般指导原则的应用给予实体在不同会计处理方法之中选择最好的反映"真实与公允意见"的自由权）进行考量或许有一定的用处。以往看来，因为它们能够提高可信度，所以准则和详细规则的统一性受到了人们拥护。统一性的运用减少了结果的歧义与列报数据的差异。因此，它增强了可比性，并可能降低审计成本（与客户在会计选择上的纠纷减到最少）。然而统一性提高的同时也降低了管理人员做出会计选择的灵活性，并因此限

---

[1] Wriston（2002），"丑闻的解决方案？规则更简单"，《华尔街日报》，2002 年 8 月 5 日，A10.
[2] 美国注册会计师协会，《财务报表的目标》（1973）。
[3] 美国注册会计师协会，《财务报表的目标》（1974）。

3 后安然时代的改革：财务报表保险（FSI）制度与
重新审视下的一般公认会计原则（GAAP）

制了管理人员向公众传递其对公司前景的预期。换句话说，准则或详细规则的强制性统一限制了管理者"以最佳方式"传达他们对过去、现在以及将来的卓越见解。

如果赋予管理者在具体情况下运用会计方法的自由裁量权，那么只要该管理者具有如实报告其掌握信息的动机，他就会把自由裁量权运用到最能反映公司"经济现实"的方法中。若管理者具备传达真实信息的动机，那么规定管理者只能选用某个单一方法或该单一方法的某一具体步骤限制了其传达真实信息的能力。因此，应把管理者动机与上述灵活性相结合，以产生真实信息。

因此，除非现有虚假报告的防范措施仍然不足，否则解决办法就不是通过制定普遍遵循的报告规则来限制信息流动，而应该是提高如实报告的动机，而且只要管理者具备如实报告的动机，就应给予他们选择报告规则的权利。例如，假设管理者知道发生了以下四种状况（A、B、C 或 D）中的一种（假设是状况 C）。如果他打算如实报告，而且他能够自由选择报告机制，那么他就能够明确表明出现了状况 C。而如果细化规则为他提供了一个有限的机制清单使他只能报告大致区域，那么他只能报告出现状况 C 或状况 D。那么信息的缺失将接踵而至。

一般来说，概念框架的作用是为了具体说明能够产生有效资源配置的一系列信息披露的特征。即使不能转化为详细规则，但只要具备适当的动机，该等原则或框架作为评估会计实务充分性的基准也是有效的。然而，如上所述，如果没有财务报表保险的话，管理者动机则与股东动机不统一。因此，在现今机制下，将概念框架，或以此为目的的任何一组一般原则（包括那些在英国通用的原则）用做实践的唯一指南，是一个危险且布满陷阱的提议。里斯顿（Wriston）在《华尔街日报》专栏中哀叹的详细规则的历史性激增并非毫无原因。专职财务会计准则委员会的创建，以及财务报表目标的制定，都是 20 世纪 60 年代重大会计政策滥用"联营热潮"的结果。事实上，财务会计准则委员会的前身会计原则委员会（APB）制定的一般原则（远不及财务会计准则委员会的标准详细）"指南"任由会计专业独立发展，但其并未控制住上述滥用。会计专业人士创建了全员委员会（即 FASB），承诺发布具体且详细的会计准则，以避免政府制定准则。准则的发布主要是为了填补被利用的漏洞。当时以及现在仍然存在的问题，是不当动机引起了会计政策滥用，而非内容详尽的规则，会计政策滥用和详细准则制定都只是不当动机的表现特征。

因此简单认为是规则造成会计政策滥用的这种想法是错误的。[①] 然而，仅提及动机也无法处理复杂的问题。对财务报告潜在动态的深入分析揭示了两个基本问题：（1）不当动机困扰着企业的管理人员和审计人员；（2）许多量化的、不可证实的会计数据目前被列入财务报表，这使得在目前一般公认会计准则规定格式下编制的财务报表基本不能被审计。

第二个基本问题需要一些阐述。现今的财务报表包含了大量可核实、但不具有信息含量的、对历史性交易的描述，以及大量不可核实、但可能具有信息含量的、对未来结果的预测。根据现有的一般公认会计准则，许多这种对未来的预测在公司的资产负债表中被分配到了重要的资产位置，其中很大一部分最终被列报为收入。比如，根据财务会计准则（FAS）第140号，[②] 对冲利率风险的衍生品工具（Interest Only Strip）在专业融资公司的资产负债表中就被列示为资产，而这项被记为本期收益的资产仅是尚未实现收益的未来现金流量的现值。该假设对资产的估价十分主观，对每个微乎其微的变化也十分敏感。即使是对善意的审计员而言，想要有效地反对管理层美化资产负债表的意愿也是非常困难的。或考虑一下丽贝卡·史密斯（Rebecca Smith）就安然公司的子公司 Braveheart venture 公司（注册成立于2000年12月28日）发表的报告："基于 Blockbuster Venture 公司文件中对收入和收入潜力做出的预测，安然公司分配了 1.248 亿美元给该公司的其他合伙人。"正是这种很大程度上无法验证的无形资产，使财务报表在这个技术创新的时代很难审核，并且很难分辨他们是否呈现"真实与公允的意见"。[③]

人们很难预估这种无形资产的潜在影响。这些预测由管理者作出，而管理者作为企业的内部人员，能处在一个比较有利的位置预测其决策产生的结果。但是这些预测构成了管理人员的"私有信息"。通常，这种私有信息在事后得不到完全验证。由于没有窥探管理者心思的能力，所以我们只能在事后观察他的预测是否准确。我们不能断言，管理者并不是真心相信自己的预测是真实的。但一般来说，在这种情

[①] 在任何情况下，最重要的一条一般公认会计准则规则就是"实质重于形式"原则，据此，可以由于遵守字义规则而违反一般公认会计准则。参见"会计信息的质量特征"（Qualitative Characteristics of Accounting Information），《第2160号财务会计准则委员会的概念声明》（FASB Concept Statement No. 2 160）（财务会计准则委员会，1991）。

[②] "会计转让、金融资产服务的提供、负债偿清以及开发安排"（Accounting for Transfers and Servicing of Financial Assets and Extinguishments of Liabilities Research and Dev. Arrangements），《第140号财务会计准则声明》（财务会计准则委员会，2000）。

[③] 在新闻中我们确实遇到全面告警，大意是会计人员应确保"一般公认会计准则公平地描述了以下基础状况。"参见 S. Liesman，"美国证监会会计缔约方的警告：按照准则办事可能不能避免欺骗问题"，《华尔街日报》，2002年2月12日，C1（引用 Michael Young，专攻证券欺诈的辩护律师）。

况下，管理人员的陈述并不真实。① 甚至详细的规则也不能防止无法核实的无形资产混入财务报表。试想，如果我们只依靠"根本准则"，那么将会发生什么？因此，我认为在当前机制下，为排除所谓的公平评估（基于公司内部人员私下的预测）而改良的详细规则是一种必要的邪恶。

不过，随着一般公认会计准则部分改革的发生，② 财务报表保险机制的引入或许能够减少对规则的使用，并在日常业务的会计政策选择上着重依赖概念框架。在FSI下，站在保险公司的角度，进而站在投资者角度的审计员将坚持采用符合概念框架的会计选择，以便在审计员完成审计后，尽可能对被审企业的财务报表发表"真实而公允的意见"。从而将误导投资者的可能性降到最低。

3.6 一般公认会计准则的潜在改进

概念框架还有改进的余地，按其规定列报的数字，应该接受审计。在普遍采用权责发生制会计原则的基础上，预测是财务报告特有的项目，而管理者对未来事件的预测和反映能比审计师做得更好，而预测是财务报告特有的项目。预测表现在对应收账款、存货、保修责任的量化等等。资产可以按照购买资产支付的数额（可核实、但不具有信息含量）、资产预期收入（可能具有信息含量、但大多无法核实），或以两者综合的形式来列示。虽然投资者需要评估他们买卖的公司的前景，但只有过去的事项才可以验证。困境是普遍存在的，并非只针对会计——回想克尔凯郭尔（Kierkegaard）的感叹："生活只有在过后才能被理解，但是我们必须扬帆向前。"令人遗憾的是，会计监管机构允许无形资产（含有不可核实的预测）破坏了原本可核实的财务报表。与可核实的报表项目混在一起后，大多数无形资产往往逃离出审计的视线，从安然公司混淆杂乱的财务状况可窥见一斑。公司管理人员做出的预测必然受到未来不确定性、过度乐观、市场繁荣或衰退等的影响，即使是最熟练的审计师也无法就其展开审核。

在指出问题的同时也引出该问题的解决方案：在财务报表中列示可核查的历史数据和不可核查的未来数据时，应将两者分开列示。在报表编制体系下，随着时间的推移，目前无法核实的预测将成为可核实的过去事件。③ 通过清晰地并排列示之

---

① Ronen and Yaari（2002），自动申报的动机，金融市场期刊。349，362，372-73（2002）。
② 参见以下第六部分。
③ 参见 Ronen 及 Sorter（1972），"相关会计"（Relevant Accounting），《商业》（Bus.）45，258，258-282（1972）（提供如何实现这样的财务报告体系的详细说明）。

前预测及之后已显示结果的事件，投资者会得到两个好处。

第一，随着时间的推移，他们将能够评估管理人员是怎样预测出结果的，从而判断管理层预见未来的能力并得出他们预测时是倾向于乐观还是带有欺骗性。诚然，如果那些雄心勃勃的高管认为乐观的预估会抬高股票或期权的价格，使他们能在狂风骤雨来临前以巨大的获利为目的卖出股票并抽身，那么这种方法并不能改变其过分乐观预测的倾向（再次回忆安然公司事件）。

第二，但投资者不会被愚弄——这正是该解决方案的第二个好处。将已成为现实（可核实）的数据从预测（不可核实）数据中分离后，审计师只需对前者进行审计；这是他们最擅长的。由于预测具有不确定性和不可靠性，因此无法被验证，也不能被审计。相反，也许就像香烟盒所标识的那样，预测的数据应携带标签："这些预测可能会危害您的财务和健康。"若知道这些预测都不可核查并有潜在危险，则投资者就会谨慎些。怀疑论者可能会提出抗议，认为这可能阻碍投资或风险投资行为，我的回答是：投资者承担他们意识到的风险要比他们承担没有意识到的风险要好得多。这样会呈现一个更高效的经济社会。

这就表明一般公认会计准则改革需要以下三个不同却互补的要素：

1. 不可核查的预测与可核查的现实之间的分离；
2. 仅需审计员证明后者；
3. 假设实施 FSI，审计员可以依靠概念框架（没有详细规则、免罚条款更多）：审计员的动机能够与会计政策滥用最小化充分统一。

FSI 是一个必要的补救方法。即使一般公认会计准则按照提议改革，并且审计师只验证可核实数据，审计员的动机也需与股东统一。由预期变成现在的可核实数据，其可核实的程度也有所不同：其涵盖内容不仅仅是现金。虽然它们不包括长期预测，比如无形资产的收入预测或者可能期限不断延长的合同，但却包括时间跨度相对较短的预测。换句话说，可核查的内容包括短期应计。例如，当收入的产生过程基本完成并且可收回程度被合理证实时，销售收入将按照已实现被记录在案。这个销售业务将被认定为已实现交易（可核查和接受审计）。然而最近曝光的丑闻（世界通讯公司、安然公司等）都是由于收入确认有误所致。因此，即使进行了一般公认会计准则改革，审计员仍需具有充分的动力进行必要程度的质疑。

上述第一点和第二点可以独立于 FSI 而单独实施并产生有益结果。它们还能通过协同方式放大效益来补充 FSI。尤其是结合 FSI，这些改革将使摒弃越来越受到广泛诟病的明细规则的做法变得更加可行。

3.7 财务会计准则委员会在未来将扮演的角色

在 FSI 下（这种制度下，正如上文所述，修改后的概念框架将占主导地位，而不再有颁布详细标准的需求），财务会计准则委员会或者其他任何"标准制定"机构又将扮演什么样的角色呢？我设想了一个至关重要的角色（类似于法院的角色），即制定财务报告的"判例法"。保险公司的审计员和被审计公司的管理者在关于如何最好地将概念框架应用于特定的交易或特定的情形中这一问题上难免会产生纠纷。正是在此环境下，财务会计准则委员会才能够扮演类似于法院的角色。会计委员会成员拥有会计专业知识以及丰富的实践经验，想必可以提供指导并帮助解决在审计过程中出现的纠纷。在向争议双方提供指导的过程中，财务会计准则委员会可以编制概念框架应用于特定交易的应用程序纲要。正如司法领域中的判例法成功地充当国家法官一样，这种纲要也可以成功地充当财务报告判例法。

3.8 结论

在本文的引言中，我列举了几个造成"会计"危机的原因（反映在媒体和学术界）：非理性繁荣、传染性贪婪、股市泡沫、道德败坏的经营者、缺乏职业道德的会计人员、非审计服务以及相关"弊病"。

我一直认为存在于审计员与客户关系中的利益冲突可能才是罪魁祸首（同时也由于一些其他因素增强）。泡沫和繁荣只是夸大了收益，所以经营者们更倾向于"做假账"，如此一来，便加剧了他们与审计人员的利益冲突。

迄今为止，采取的改革措施（包括该法案在内）都不完善。基于市场的解决方案——适当重组审计员的动机才是必要的补充措施。

我建议实施一项特殊的市场机制，即 FSI。保险有多重益处，消除审计员内在利益冲突（这一点极其重要）只是其中一方面。在我建议的这种特定机制下，保险范围和保险费的公布将会可靠地反映受保公司财务报表的质量。这些信号将反映在股权和债务证券的价格中，从而使这些金融工具的价格成为更好的投资指南。由于上述方式能够将储蓄更好地导向可靠的、更有价值的项目，因此投资者将会获得社会红利。同时，公司将具备改善其财务报表质量的动机，并也会采取相应行动。这种动机加上随之产生的审计质量的提高将减少虚假陈述，从而减少诉讼并降低股东损失；无谓的社会诉讼成本也将显著下降。

FSI 是一种自由市场机制，所以不需要建立新的法规。尽管如此，负责执行该制度的市场机构、保险公司、受保公司和风险评估者都需要准备必要的契约安排。这一过程可能需要很长的时间。因此最好通过临时监管方案以引进矫正程序，临时监管方案是暂时性的，并且在市场机构能够设置所需的基础设施后会立即"自毁"。例如，美国证券交易委员会可以按最低保险范围授权 FSI，而最低保险范围可以确定为受保公司在过去三至五年内，经合理计算的、最大负面盈利意外的倍数（这只是保险范围的一个例证）。为此也可以成立一个法人性质的联邦保险公司；经费将主要从受保公司提供的保费中获取。这个组织积累的经验将告知并指导市场作出适当的风险定价。随着时间的推移，市场机构将取代政府，并结束临时监管。

此外，我还建议进行一般公认会计准则改革（独立于上述机制但可能会对其起到补充作用）：将财务报告中不可证实的因素与可证实的因素分开、将管理人员的预测与之后发生的现实情况一并列报在财务报表中。这将有助于投资者判断管理者的预测能力。而且，为了提高审计的可靠性，审计人员只需证明可证实因素。这样一来，投资者将会更加意识到投资的风险。连同 FSI 一起，或甚至只凭借单独的 FSI，仅依靠一般原则的财务报告做法（即概念框架）或许将成为可能；因此也就不再需要详细规则了。

参考文献

Benston, G. J., & Hartgraves, A. L. (2002). Enron: *What happened and what we can learn from it. Journal of Accounting and Public Policy*, 105, 126.

Greenspan, A. (1996). *The challenge of central banking in a democratic society*, address at theannual dinner and Francis boyer lecture of the American enterprise institute for public policyresearch. 5 Dec 1996.

Koford, K., & Penno, M. (1992). *Accounting, principal – agent theory, and self – interestedbehavior*. In N. E. Bowie et al. (Eds.), *Ethics and agency theory* 127.

Riley, J. G. (1979). *Informational equilibrium. Econometrica*, 331, 333 – 336.

Ronen, J., & Cherny, J. (2002). *Is insurance a solution to the auditing dilemma? Nat' lUnderwriter, Life and Health/Fin. Services Edition*. 12 Aug 2002 at 26.

Ronen, J., & Sorter, G. H. (1972). *Relevant accounting. Bus* 45, pp. 258 – 282.

Ronen, J., & Yaari, V. (2002). *Incentives for voluntary disclosure. Journal of Financial Markets*, 5 (3), 349 – 373.

Wriston, W. (2002). *The solution to scandals? Simpler rules. Wall Street Journal*. 5 Aug 5 2002, at A10.

4 两种政治背景下的会计准则制定

罗兰·柯尼斯格鲁伯（Roland Königsgruber）[①]

摘要：除私营部门准则制定者外，大量公共机构也参与会计准则的制定。因此，随之而来的问题是希望对准则制定结果施加影响的企业或个人应该对谁进行游说。本章对准则制定流程进行了简单的博弈论分析，以确定成为游说活动目标的关键机构。模式分析结果表明，相比于美国而言，"政治性"游说更可能发生在欧盟国家。此外，若相关准则制定者欲实现欧盟国家和美国会计准则的统一，那么欧洲企业将比美国同类的企业拥有更多的游说影响力，因为欧洲机构比美国拥有更多否决权。有人辩称，随着美国财务会计准则委员会（以下简称FASB）对国际会计准则理事会（以下简称IASB）的历史性业务主导优势在逐渐衰退，未来这些结构性的力量将变得越发重要。

4.1 引言

会计准则制定者经常被批判，会给个别参与者（主要是法人）造成不当影响并受到监管俘获。近来的另一种批评声音则道出了对过多政治影响会妨碍会计准则

[①] 本章包含一篇转载文章，该文在2010年首次以题为"会计准则制定的政治经济学"发表在《管理与治理杂志》（*Journal of Management and Governance*）中，并以后记的形式附上了作者基于在2007年召开的第四届会计与监管国际研讨会上发表的关于进一步探讨会计准则制定过程这一原著论文的评论。笔者特别感谢吉斯·坎佛曼（Kees Camfferman）和斯特凡·泽夫（Stephen Zeff）提出的深刻见解（Journal of Management and Governance 15：297-304），这对于现阶段修订工作大有裨益。

R. Königsgruber
联系地址：Center for Accounting Research, University of Graz, Universitätsstraβe 15 8010 Graz, Austria
电子邮箱：roland. koenigsgruber@ uni - graz. at

R. DiPietra 等（主编），《会计与监管》
DOI：10.1007/978 - 1 - 4614 - 8097 - 6_4,
版权所有 Springer Science + Business Media, 纽约，2014 年

"客观性"的担忧。本章将确定对会计准则制定拥有否决权的公共组织和（或）政治组织。接着，将呈现政治程序的简单模式以确定此等否决权如何对准则制定流程施加影响，并甄别出企业和管理者有动力参与到对会计准则制定者的"政治"游说中（即试图通过接近政治组织而非参与应循程序对会计准则制定施加影响）的情形。该模式适用于美国和欧洲不同体制框架下的会计准则制定。

管理者或企业可能希望保留隐瞒不良财务信息的能力，或保留通过处理收益以呈现不断增长或积极财务成果的能力（如 Burgstahler & Dichev，1997；Burgstahler & Eames，2003，2006）。为了达到此目的，他们有意对财务报告准则的制定施加影响。主要国际会计准则制定者均遵循某种应循程序，给予企业表达自己观点的权利并将其纳入考量范畴。但追求上述目的管理者通常不希望在众目睽睽下表露出自己倾向的观点。取而代之，他们会利用与政治决策人的良好私人关系对准则制定者施加影响。FASB 前任主席丹尼斯·贝尔斯福德（Dennis Beresford，2001）称，委员会非常重视国会方面对准则制定流程的干预。有一点可以明确的是，对于依据处于政治影响下的会计准则编报的财务信息，此类活动会对信息的客观性和无偏向性产生不利影响（Zeff，1993，2002）。[①]

从传统意义上说，游说研究采用实证方法，且通常将发送至准则制定者的意见函作为分析依据[②]（例如，关于美国的游说情况，见 Watts & Zimmerman，1978；Deakin，1989；Dechow 等，1996；英国的游说情况见 MacArthur，1988；Georgiou，2002；国际会计准则委员会/国际会计准则理事会的游说情况见 Larson，1997；Jorissen 等，2006 & 2012）。乔治格欧（Georgiou，2004）发现，意见函与其他游说方式的使用相互关联，这使得将意见函的使用作为企业总体游说情况的代理信息具有一定合理性。然而，更多的游说行为可能是在"幕后"进行的。最近的研究已经开始将提供给政客的经济捐助作为政治游说的代理变量。

雷蒙娜（Ramanna，2008）发现，企业不同意这样的观点——禁止将权益结合法作为企业合并可接受的会计方法，他们有动机通过政治捐助的游说方式与国会人士（反对财务会计准则委员会（FASB）在此问题上的提案）联系起来。意识到1999 年至 2000 年财务会计准则委员会考虑的三大会计问题，约翰斯顿和琼斯（Johnston & Jones，2006）发现，企业的政治游说支出与对这类问题的关注度密不

[①] 部分研究人员建议，在各会计准则制定者间引入有限的竞争，而不是赋予他们独有的权利，或将减少会计准则制定流程中的政治干扰（Benston 等，2003；Dye 和 Sunder，2001；Sunder，2002a，2002b）。

[②] 最近，除准则本身外，阐释说明也成为了一项研究主题，例如 Larson（2007）和 Bradbury（2007）。

可分。上述两项研究均表明在私营部门制定会计准则的机制下，会对会计准则产生政治影响。

美国注册会计师协会（AICPA）对其试图影响美国政府公共政策的制定持非常开放的态度。在其会刊中，美国注册会计师协会因通过了解政策制定流程并及时提交信息对政策制定施加影响而感到骄傲（Lee & Rudd，1988；Lee，1988）。不足为奇的是，对政治行动委员会捐款的实证研究表明，会计行业人员向国会议员捐赠了大量钱财，这些国会议员同时也是对会计事务拥有管理权的政治行动委员会成员（Thornburg & Roberts，2008）。此项研究的发现结果与渠道假设（access hypothesis）完全一致，渠道假设预测，特殊利益集团通过捐赠以获取向有关决策者提供信息的机会。但是即使忽略了主题的实证相关性，目前阐述游说行为在会计准则制定过程中作用的经济理论文章仍少之又少。[①] 本章试图填补这一空缺，并就政治背景下财务报告准则制定展开博弈论分析。

本章后文的结构如下：4.2一节探讨了不同的会计监管体系以及各体系参与监管流程的可能性。4.3一节介绍并分析了不同政治背景下会计准则制定的模式。4.4一节基于前几部分的讨论结果对企业游说进行分析。而4.5一节阐明相关的发现与结论。

4.2 会计监管体系

众多司法辖区均发现了试图影响财务报告准则的"政治"游说行为。泽夫（Zeff，2006）引用了美国、加拿大、英国、瑞典及国际各方对国际会计准则理事会准则制定游说的例证。然而，施加政治影响的可能性却因国家和地区而异。

本章分析了美国和欧盟的体制设置情况。通常，国际会计的对比研究已将安格鲁—撒克逊或美国会计监管模式与欧洲会计监管模式进行了区分。美国在私营机构制定会计准则方面拥有较悠久的历史，[②] 而欧洲大陆国家的主要特点是更加注重会计监管立法。[③] 在德国，政府部门基于商法设定一般会计原则，在涉及法律未囊括

[①] 少数几个例外包括Sutton（1984），尝试在政治行动唐斯框架下对游说进行建模；Lindahl（1987），将上述框架延伸至联合建模；Amershi等（1982），研究了不同时期不同问题设置下游说的战略方向；Chung（1999），研究了游说行为不经意暴露的私人讯息。上述理论研究试图了解传统且基于意见函的游说研究，且此等研究未涉及幕后政治游说。

[②] 参见Zeff（2005a，b），了解美国会计准则制定的历史沿革。

[③] Nobes和Parker（2006）以及Flower和Ebbers（2002）均涉及对会计监管与会计惯例的国际性差异的概述。

的情形时参照《德国会计通用原则》（*Grundsätze ordnungsmässiger Buchführung*, *GoB*），因为 GoB 简直就是法律未囊括事项的"有序簿记"（Flower & Ebbers, 2002）。德国会计通用原则主要来源于对法院法官判决的解读、行业从业者的专业知识以及学术型会计师的出版物（Merkl – Davies, 2004），这就使得企业和管理者有机会在立法层面或解读层面对会计管理施以影响。另一个显著差异是，德国的学术型会计师也参与到会计准则的制定中。尽管在德国会计学者参与程度历来较高（McLeay 等, 2000），但在美国只有极少数学者以提交意见函的形式参与到准则制定过程中（Tandy & Wilburn, 1996）。在法国，政府参与会计准则制定可以追溯到 1673 年的《科尔伯特法典》（*Colbert's Edict of* 1673）。在 20 世纪，维希政府赞助了制定一般会计准则，此等准则被纳入随后的监管体系（Colasse & Standish, 1998, 2004）。

欧盟 2002 年颁布的 IAS 法规，迅速改变了上市公司的经营状况（Véron, 2007）。该法规于 2005 年生效，强制要求公司遵循由国际会计准则理事会（IASB）发布并由欧盟审批通过的国际会计准则/国际财务报告准则（IAS/IFRS），在合并财务报表中报告持有上市交易证券的情况。① 自此以后，欧盟的上市公司须应用与美国运营模式相似的、由私营组织编制的会计准则。然而，就会计准则制定者所处的政治体制而言，这两个国家相去甚远。这里将讨论的是，尽管会计准则制定过程存在一定的相似性，但政治层面上的差异将影响企业游说行为的动机并导致不同的准则制定结果。这与欧盟采纳国际财务报告准则以对抗美国在会计准则制定方面的霸权所隐含目标一致（Dewing & Russell, 2008）。②

在美国，立法机构赋予美国证券交易委员会（SEC）发布并实施《1933 年证券法》和《1934 年证券法》（*Securities Acts of* 1933 & 1934）中财务报告准则的权力。接着，美国证券交易委员会又将准则制定权力授权给私营部门，并自 1973 年起授权给美国财务会计准则理事会。由于监管权可被授权机构撤回，因此会计监管可被视为国会与美国证券交易委员、美国证券交易委员会与美国财务会计准则委员会的

---

① 多数国家中，年度报表（在欧洲通常关系到税务会计）仍然须根据国家法律进行编制。但是，IAS 法规为众多欧盟成员国提供了选择允许或要求国际会计准则/国际财务报告准则也同样适用于年度报表和非上市公司报告的权利。

② Porter（2005）指出，美国政府官员表示出愿意将美国准则向国际准则靠拢的意愿，令人感到意外。而另一方面，Perry 和 Nolke（2006、2007）争辩道，国际财务报告准则与美国工人会计原则的统一有利于安格鲁—撒克逊的莱因经济模式。同样，Martinez – Diaz（2005）与 Botzem 和 Quack（2006）指出估计会计准则制定者在将其核心价值观与美国证券交易委员会的利益保持高度一致方面取得成功的理由。

双重委托代理关系。① 立法机构和美国证券交易委员会均有对美国财务会计准则委员会所发布的准则享有否决权（Beresford，1995）。霍恩格伦（Horngren，1985）阐述了这一层级关系，如图4-1所示：

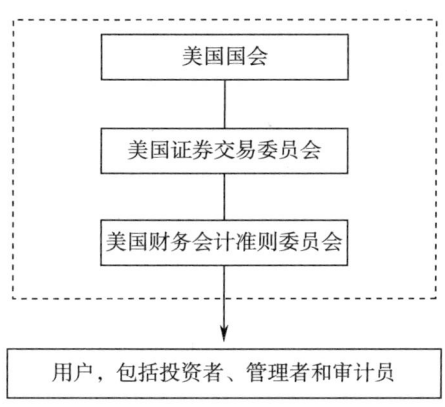

图4-1　美国会计准则制定的层级关系图

在欧盟，设置准则的体制则没有那么简单明确。IAS法规规定，会计准则（IAS/IFRS）在欧盟正式适用前，委员会须证明此类准则有利于欧洲公众的利益并符合特定质量标准。在完成这一任务时，委员会遵循所谓的"专家委员会工作程序"（如Bergstrom，2005），需得到三个新成立机构的支持。欧洲财务报告咨询组（EFRAG）代表私营部门的利益，并由代表企业、会计师、审计员、银行和类似组织的各类联合会提供资金，其工作受代表欧盟委员会的准则建议小组审查，该小组由欧盟委员会指定的独立会计专家组成。会计监管委员会（ARC）代表欧盟成员国政府的利益，由各国部委指定的政府官员组成。在国际会计准则理事会发布某项新的标准或解释后，欧洲财务报告咨询组的技术专家组（TEG）将对其进行审查，并向欧盟委员会提交采纳新准则或解释建议，接着由准则建议小组在3周内完成对该等建议的审核，以评估该等建议是否足够平稳和客观。基于欧洲财务报告咨询组的建议，欧盟委员会还将编制采纳新准则或解释的监管草案，并将其提交至会计监管委员会，由会计监管委员会决定究竟是采纳还是拒绝。若会计监管委员会拒绝采纳，则欧盟委员会可将相关问题返回欧洲财务报告咨询组进行进一步审查，或直接提交部长理事会进行最终裁决（Brackney & Witmer，2005）。最近，欧盟专家委员会工作程序的变更，使该等所谓经过仔细审查的监管程序能适用于审批流程。

---

① Mattli 和 Büthe（2005）表示，渴望从现成专门知识中受益和转移失败责任是构成会计准则制定过程中权力下放至私营组织的两个主要原因。

这就意味着，欧洲议会和欧洲理事会均可在三个月内推翻欧盟委员会的实施措施，理由是欧盟委员会超出其权限执行范围，或是提交的草案与准则目标或 IAS 法规不兼容。这一流程详见图 4-2：

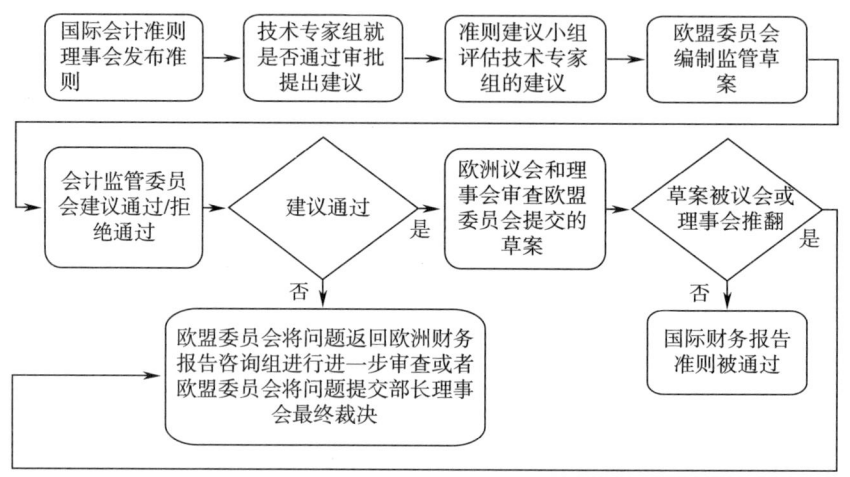

图 4-2 欧盟会计准则审批流程

假设会计监管委员会中的各国政府官员代表着各成员国政府的利益，那么欧洲理事会不会否决会计监管委员会已同意接纳的准则。这样的话，这一过程中仍有三个机构拥有否决权。第一个是欧盟委员会，欧盟委员会根据相应的专家委员会工作程序考虑欧洲财务报告咨询组提出的建议，但未必会对其表示赞成。第二个是代表各国政府利益的会计监管委员会。第三个是欧洲议会，欧洲议会的成员按照欧盟各国人口比例选举产生。虽然这些机构的否决权会受到 IAS 法规的约束；但是规则中的措辞，即要求即将获批的新准则应"有利于欧洲公众的利益"，似乎是在给予相关机构全权决定权。图 4-3 列示了国际会计准则理事会和欧洲公共机构之间的否决关系图。需注意的是，这种关系与图 4-1 中所示的美国层级关系有两个本质区别：首先，各单独否决机构间不存在层级关系，也就是说，具有否决权的各机构无法否决其他机构的提议；其次，图 4-3 列示的层次关系只是为了表明个别准则可能会被欧洲各否决机构否决。与此不同的是，美国的两大否决机构，即美国证券交易委员会和美国国会，会威胁到准则制定者的存在。

欧盟和美国各自会计监管的政治程序表明，尽管 IASB 和 FASB 的会计准则制定流程存在相似的结构层次（IASB 和 FASB 遵循的是几乎相同的准则制定应循程序）但是不同的政治环境导致这两个区域准则制定机构的影响力大相径庭。

在美国，新准则需要克服被两大否决机构（美国证券交易委员会和立法机构）

4 两种政治背景下的会计准则制定

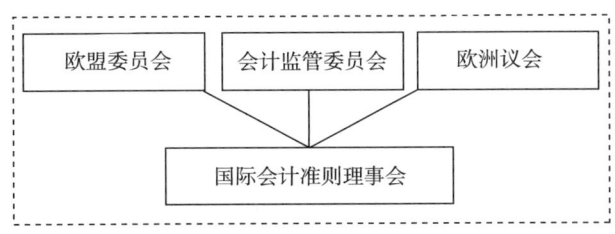

图 4-3 欧盟会计准则制定过程中具有否决权的机构

拒绝的潜在可能。美国证券交易委员会可否决任何准则，或拒绝实施相关准则。然而，美国证券交易委员会应受到美国国会的监管，因此，国会可以通过立法强制实施相关准则来撤销美国证券交易委员会的否决权。另一方面，国会还拥有对准则的最终否决权。同时，在准则制定过程中还有一股反对政治交融现象的抗衡力量：因为立法法案需要同时获得国会两院和总统的同意，因此只有在参众两院、总统和立法机构均同意时才有可能出现对会计准则的立法否决。在欧盟有三大机构拥有对会计准则的实际否决权，即欧盟委员会、欧洲议会和会计监管委员会。然而与美国相反，这三个机构中的任一机构不得凌驾于其他机构之上，也不得撤销其他机构的决定。并且，原则上，所有这三个机构无需与其他机构达成一致即可自行做出否决决定。这些事实表明，在欧洲否决会计准则比美国相对容易。

4.3 在政治背景下制定会计准则的模式

本节创建了与哈尔本和万登·伯格（Holburn & Vanden. Bergh，2004）相似的简单政治程序模式，以便分析会计监管中的各种权力关系。准则制定过程中的各种可选方案由单一连续维度表示。例如可将其视作准则允许的酌情决定权水平或者是所需的披露程度。不颁布会计准则也对应着政策轴线上的一个点，可以诠释为脱离现有监管。事件发生的先后顺序为：私营部门会计准则制定者（FASB 或 IASC）颁布新的准则或新的解释，随后拥有否决权的公共或政治机构决定究竟是否接纳这一准则，并在发布新准则之前维持现状。假设这一过程中涉及的所有机构在单维政策空间中对会计准则只有单峰、线性且对称的满足点偏好，那么机构 i 的效用则可表示为 $U_i = -|\hat{s} - s_i|$，该公式中，$\hat{s}$ 表示准则制定过程的最终结果，s_i 则表示机构 i 最理想的结果。各个政治机构或公共机构，例如美国证券交易委员会或欧盟委员会，被认为只有一个满足点偏好独立于内部构成，且完整的信息可通过整体分析得

来，即所有参与者的偏好都是基本常识。

4.3.1 美国的会计准则制定

在美国，颁布会计准则的是美国财务会计准则委员会，然而制定强制性准则的权力是由美国证券交易委员会（SEC）下放至美国财务会计准则委员会的。并且美国证券交易委员会仍保留对个别准则的否决权，同时也可拒绝实施相关准则。此外，法律可使任何会计准则作废，这也使得法律比 SEC 的决议具有更高的权威性。另外从理论上讲，法律也可下令让 SEC 收回其否决决定并承认给定的准则。然而，只有获得参议院、众议院和总统的一致同意，立法程序要求中的某项议案才能通过。为了使模式简单易行，我们剔除了国会推翻总统否决权的可能性。

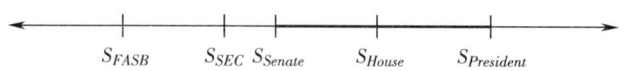

图 4-4 在美国对会计准则偏好的可能分布情况

游戏规则如下所示：FASB 制定并颁布会计准则，SEC 决定是否否决准则，立法机构决定是否通过法律推翻准则。一般的倒推法即可解决这种动态博弈：立法环节涉及的机构——即众议院、参议院和总统决定是否在准则制定过程中通过否决新的准则或撤销 SEC 的否决决定进行干预。假设，比起新准则，SEC 更青睐现行准则，并预测其否决决定不会被立法法案驳回，那么它将只否决新会计准则。在了解全部信息的情况下，FASB 会反过来预测 SEC 和立法机构的反应，并在众多预计不会被否决的准则中选择其偏好的准则。

为了直观地进行说明，图 4-4 显示了一种可能的会计准则偏好分布情况[①]。下标表示准则制定过程中可能涉及的各个组织。立法程序中所涉及三个机构（即参议院、众议院和总统）中，相对的最大和最小偏好间的区域被称为政治核心，在图 4-4 中用粗线进行突出显示。单维政策轴线上越靠左的点对应下述分析中越低的数值。这种情况下，最终结果取决于现行准则在政策轴线上的位置，因为如果新准则被否决，现行准则将作为后备选项占据主导地位。例如，如果现行准则位于总统偏好点 $s_{President}$ 右侧，那么 FASB 则能完全展示自己的偏好，$\hat{s} = s_{FASB}$。SEC 不会否决

[①] 偏好分布的一种可能直觉列示如下：会计准则制定者认为某项准则没什么酌情决定权（政策轴线上最靠左的点）；美国证券交易委员会赞成美国财务会计准则委员会的观点，但更倾向于让步；三个政治机构，可能受到了企业游说的影响，较青睐会计具有更多灵活性（政策轴线上更靠右的点）。

这项准则，因为 $-|s_{FASB} - s_{SEC}| > -|SQ - s_{SEC}|$，该公式中，$SQ$ 表示现状（即现行准则）。同样，立法机构也不会否决该项准则，因为 $-|s_{FASB} - s_{Senate}| > -|SQ - s_{Senate}|$。这就意味着，至少参议院不会同意通过立法否决新准则并维持现行准则。另一方面，如果现行准则的位置在距离总统偏好左侧足够远的地方，$-|s_{Senate} - s| < -|SQ - s_{Senate}|$，则立法机构将否决所有新的准则 s，因为在这种情况下，相较于新的准则，三个立法机构都更偏向现行准则。

在上述偏好结构下，SEC 将不会否决立法机构接受的任何准则。正是因为可以预见到这些否决策略，所以 FASB 将通过制定准则以使自身效用最大化，$\hat{s} = s_{Senate} - (SQ - s_{Senate})$。更笼统地讲，以上发现可陈述如下：

在美国会计监管体系下，当且仅当 SEC 和至少一个立法机构偏好新的准则，或者所有三个立法机构都更加青睐新准则时，FASB 可完全实施其偏好准则。

逻辑很简单：如果比起现行准则 SEC 更偏向新准则，那么它不会否决新准则；如果至少有一个立法机构偏好新准则，那么任何否决新准则的法律将不会获得通过。同样，如果三个立法机构都偏向新准则，而非现行准则，那么这些立法机构就可以通过法律驳回 SEC 潜在否决决定。另一方面，如果所有三个立法机构均偏好现行准则而非新准则，它们将独立于 SEC 的偏好并否决新准则。类似地，SEC 和至少一个立法机构更加偏向现行准则，那么 SEC 将否决新准则，且至少有一个立法机构不会同意驳回否决决定。若预见会被否决，FASB 当然将采用尽可能接近其偏好但又不会被否决的准则。上述分析表明，若 FASB 对现行准则不是非常满意，并且有制定新准则的主动权，那么它将在满足如下条件的情况下发布新准则：确保有 FASB 偏好的新准则（较现行准则而言）且该准则不会被否决。

若 $s_{FASB} \neq SQ$，那么当且仅当 FASB 在下述两种情况都不成立时才会发布新准则：（a）SQ 的位置在政治核心之外，且 s_{FASB} 在比 SQ 距离政治核心更远的同侧位置；（b）SQ 邻近 s_{SEC}，且至少有一个立法机构的偏好点和 s_{FASB} 在 SQ 同侧更远的位置；SQ 在 s_{SEC} 和至少一个立法机构偏好点的一侧，s_{FASB} 在与 SQ 同侧更远的位置。

若满足条件（a）或（b），则按照上述逻辑可得：较现行准则而言，FASB 更偏向的任何新准则 s（即在单维政策轴线上新的准则更靠近其偏好点）最终将会被否决。如若满足条件（a），政治机构将同意颁布法律否决新准则；如若满足条件（b），SEC 将否决新准则，且政治机构不会同意驳回否决决定。预见到这一情况，FASB 将不会尝试发布新准则。反之，如果上述两个条件均不成立，尽管有可能不是 FASB 最理想的准则（即 s_{FASB}），但至少还有部分新准则 s 比较接近其偏好且不会被否决。

4.3.2 欧盟的会计准则制定

欧盟遵循不同的方法来制定会计准则，通常会直接采用国际会计准则制定者（国际会计准则理事会）发布的准则，但在此之前将实施旨在确保新的准则有利于欧洲利益的特定审批程序。

在此过程中，欧盟委员会将得到欧洲财务报告咨询组的建议，并且必须获得会计监管委员会的同意。接着，欧洲议会和欧洲理事会将评估，欧盟委员会建议采纳的特定准则是否并未超出其执行能力范围以及欧盟委员会是否遵循 IAS 法规中规定的条款。如在 4.2 一节所述，这一过程赋予了三个机构——欧盟委员会、会计监管委员会和欧洲议会独立行使否决权的权利。第一步，假设国际会计准则理事会希望欧盟采纳新的准则，即便这样意味着需要在内容上做出让步。放宽这一假设的影响将在下文进行讨论。作为讨论的开始，图 4-5 列示了对会计准则偏好的可能分布情况。

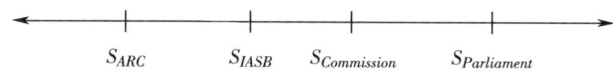

图 4-5 在欧盟对会计准则偏好的可能分布情况

下标表示准则制定过程中可能涉及的各个组织。政策轴线上越靠左的点再次对应下述分析中越低的数值。与上述美国体系的图解最大不同之处在于，欧盟体系的图示中没有政治核心。这是因为，在欧盟体系下，任何拥有否决权的机构都可独立行使自己的权力，而美国的立法否决需要三个机构的一致同意。由于在欧盟，没有任何拥有否决权的机构可以通过驳回否决的方式凌驾于其他机构之上，因此拥有否决权的机构采取行动的先后顺序变得无关紧要，我们也无法依据倒推法求解博弈模型。IASB 首先采取行动——发布新的准则，并预测具有否决权机构的行动。接着，在发布准则之后，欧盟委员会、会计监管委员会和欧洲议会将各自独立决定是否否决新准则，或更准确地说，是否拒绝采纳新准则。同样，博弈的结果取决于后备选项的位置，即现行准则 SQ 的位置。在图 4-5 所示情况下，当 $s_{ARC} \leq SQ \leq s_{Parliament}$ 时，即：如果现行准则在各否决机构极端偏好区间内的某个位置，则现行准则不会发生任何变更。这是因为任何变动将使至少一个否决机构的处境更糟，因此将会被相关机构否决。当 $SQ < s_{ARC}$ 或 $SQ > s_{Parliament}$ 时，IASB 将实行某些更接近自身偏好的新准则。而 $SQ \leq s_{ARC} - (s_{IASB} - s_{ARC})$ 或 $SQ \geq s_{Parliament} + (s_{Parliament} - s_{IASB})$ 时，

IASB 完全可以实行自己的偏好准则，$\hat{s} = s_{IASB}$，因为这时比起现状，所有否决机构都更加偏好新的准则。针对并不极端的 SQ 值，IASB 不得不做出让步并发布新准则，而使会计监管委员会（$SQ < s_{ARC}$）或欧洲议会（$SQ > s_{Parliament}$）在新的准则和现有准则之间保持中立。这些发现可总结如下：

在欧盟会计监管体系下，当且仅当满足下列任一条件时，IASB 可完全实施自己偏好的准则：（a）$SQ \leq$ 最小值 $\{s_{ARC}, s_{Commission}, s_{Parliament}\}$ $-$ | s_{IASB} $-$ 最小值 $\{s_{ARC}, s_{Commission}, s_{Parliament}\}$ | 或者（b）$SQ \geq$ 最大值 $\{s_{ARC}, s_{Commission}, s_{Parliament}\}$ $+$ | 最大值 $\{s_{ARC}, s_{Commission}, s_{Parliament}\}$ $- s_{IASB}$ |。

确保 IASB 偏好的准则与现行准则、三个否决机构偏好的准则保持如条件（a）和（b）的相关性，可以使 IASB 得以颁布令其非常满意的新准则，并且无需为了避免被否决而做出妥协。这需要满足的必要条件是，所有三个否决机构，比起现行准则都更倾向新准则。直观地讲，也就是说，现行准则和 IASB 偏好的准则都在所有否决机构偏好的同侧时，IASB 偏好的准则不像现行准则那么极端；或者，比起所有否决机构的偏好准则，现行准则太过极端以至于 IASB 偏好的准则成为所有否决机构倾向的选择，尽管会有一些否决机构认为该等准则可能"有点过"。

就拟议新准则而言，当至少有一个否决机构更偏好现行准则时，新准则都将会被否决。如在美国一样，IASB 会预见新准则将被否决，从而避免发布这样的新准则。但 IASB 无法颁布完全满足其偏好的准则这一事实并不意味着它不能发布某些较现行准则而言更偏好的新准则。下述情形中描述了一种较现行准则而言，IASB 和所有否决机构都更加青睐的新准则：

若 $s_{IASB} \neq SQ$，当且仅当满足如下任一条件时，IASB 将颁布新准则：（a）$SQ <$ $\min\{s_{ARC}, s_{Commission}, s_{Parliament}\}$ 且 $s_{IASB} > SQ$；或者（b）$SQ > \max\{s_{ARC}, s_{Commission}, s_{Parliament}\}$ 且 $s_{IASB} < SQ$。直观地说，这就意味着，若希望新准则比现行准则可行，则现行准则应在三个否决机构的各偏好所有区间外。若不满足这一条件，那么任何新准则将会使至少一个否决机构的处境更糟，从而导致被否决。IASB 如要获得较现状而言其更加倾向的准则，需满足的第二个必要条件是其偏好应与所有否决机构的偏好保持在现状的同侧。如对于否决机构而言，IASB 偏好准则比现行准则更极端，那么目前 IASB 的偏好点并不能确保其移向更偏好的位置。

4.3.3 对会计趋同的影响

美国和欧盟的相关会计准则制定者——FASB 和 IASB，遵循着相似的准则制定方法。然而，这两个机构所处的政治环境却截然不同。模式分析表明，在美国，不会被政治机构否决的潜在准则数量要多得多，因为欧盟存在更多个体否决机构。

在美国，所有三个政治机构需要保持对拟议准则的一致立场才能将其推翻。但是在欧盟，三个否决机构拥有对某项准则的独立否决权。这就意味着，欧盟政治机构否决 IASB 所发布准则比美国政治机构否决 FASB 所发布准则的可能性更大。

有趣的是，这种体制结构还能表明在会计准则制定过程中政治干预的诱因存在重要差异。在美国，若政治机构的偏好相似，那么最终出台的准则很有可能与准则制定者的最初偏好不一致，这是因为三个立法机构必须要达成一致才能推翻 FASB 的准则。相反，在欧盟，若政治机构的偏好不同，那么准则制定环节的最终结果很有可能与准则制定者的最初偏好不一致。欧盟的政治机构拥有独立否决权，无需为了推翻某准则而达成一致意见，因此，它们的个体偏好差异越大，至少会有一个政治机构否决 IASB 提议的新准则的可能性越大。

FASB 和 IASB 都致力于会计准则的国际趋同工作（如 Schipper，2005）。支持者称这能使财务会计数据更具国际可比性（Tarca，2004），但反对者认为这样不利于考虑地区差异（Stecher & Suijs，2012）。鉴于两个准则制定机构的结构较为相似，将它们视为相同的认知群体并假设它们对会计准则的偏好极为相似是合理的（Haas，1992）。然而，它们致力于达成国际趋同的努力则受制于相关政治当局的否决权力。因此，这两个准则制定者希望颁布的任何公共准则都不被美国或欧盟这些拥有否决权的政治机构否决。上述分析表明，若欧洲大陆对会计准则的偏好存在差异，而两个政策制定者仍希望在准则适用地区达成一致，那么最终结果可能会更接近欧盟偏好的准则，而非美国偏好的准则。因为欧洲机构的任何共同准则都需"化解"比美国机构更多的否决威胁。这一结果与欧盟在财务报告监管方面向美国霸权做出过多让步的主张形成鲜明对比（Dewing & Russell，2004）。

4.3.4 欧盟近年的政治干预历程

近年来出现几次欧洲机构干预 IASB 会计准则制定工作的事件。这里将简略介绍其中的两个事件，以对上述逻辑进行说明。2004 年，《国际财务报告解释公告第 3 号——排放权》（IFRIC 3 Emission Rights）发布。在向欧盟委员会提交的建议中，欧洲财务报告咨询组总结说该解释公告不满足"真实且公允"原则的要求，也不符合可理解性、相关性、可靠性和可比性的标准。因此，欧洲财务报告咨询组建议不采纳该解释公告。预测到可能会被欧盟委员会拒绝，IASB 决定撤销该解释公告，至今未公布后续排放权交易计划项目的预计完成日期。① 尽管 IASB 认为《国际财务报告准则解释公告》是对现行准则的正确解释,但由于预测到不会被采纳,因此 IASB 撤销了该解释公告,这就凸显出欧盟委员会及其咨询机构——欧洲财务报告咨询组的权力。

第二个事件是,欧盟机构最初反对采纳的准则为《国际财务报告准则第 8 号——经营分部》(*IFRS 8 Operating Segments*),在此情形下,欧洲议会表达了对准则影响的担忧并要求欧盟委员会进行影响评估。与《国际财务报告解释公告第 3 号》相反的是,最初的反对只是延迟了该准则被最终采纳的时间。将这两个事件进行对比会发现有趣的结果,其中一个以采纳 IASB 最初发布的准则收尾,而另一个则以准则制定者撤销解释通告而告终。可以说,导致不同结果的原因是这两起事件中存在着某些重大差异。第一,欧洲议会对《国际财务报告准则第 8 号》表达了保留意见,但欧洲财务报告咨询组和会计监管委员会都表示支持,因此阻止采纳该等准则将会产生欧洲议会议员(MEP)的政治成本。第二,原则上《国际财务报告解释公告第 3 号》普遍适用,但仅限于为欧洲新的"总量管制与交易"排放权交易计划量身定做。而《国际财务报告准则第 8 号》使国际经营分部报告准则与美国《财务会计准则公告第 131 号》(SFAS 131)相符。因此,拒绝《国际财务报告准则第 8 号》将会比反对《国际财务报告解释公告第 3 号》对协调国际准则与美国准则的工作产生更大影响,也同样会产生欧洲议会议员的潜在政治成本。也就是说,欧洲议会并不是想在最后阻止准则的采纳,而是想让别人听到自己的声音,从而体现其影响力,并通过展示其否决权获得影响未来准则的能力。

4.4 美国和欧盟背景下会计准则制定过程中的企业游说

4.3 节中的分析会对企业游说的决定产生影响。虽然没有关于游说者偏好起源的具体揣测,但是实证研究结果(如 Beresford,1993)表明,游说者更有可能属于报表编制部门(例如企业管理人员或审计员),而非财务报表的使用者(例如银行或财务分析师)。假设游说成本高昂并且只能略微改变游说机构对象的偏好选择,那么企业就需要决定到底向谁进行游说才会对准则制定程序的最终结果产生一定影响。

如果最终通过的准则未受到影响,企业就不会花费大量资源来干涉相关机构的

---

① 参见 IAS Plus(2008)和国际会计准则理事会(2008),了解更多信息。

偏好选择。如果某机构的偏好具有决定性，我们就将该机构称为关键机构（Holburn & Vanden Bergh，2004），并借助对欧盟形势的图解来进行论证。假设偏好分布情况如图4－6所示：

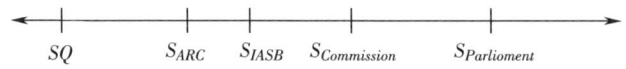

图4－6 欧盟背景下对会计准则偏好的可能分布情况

这种情况下，IASB完全可以实施其偏好的准则，因为所有否决机构比起现行准则SQ都更偏向s_{IASB}。在此情形下，游说者若希望改变准则制定过程的结果，就会将游说对象瞄向准则制定者。因为改变IASB的偏好选择将直接影响最终准则结果。另一方面，现行准则的位置若比目前位置更靠右，这时，因为$s_{ARC} - SQ < s_{IASB} - s_{ARC}$，IASB将不会再把其意愿强加于其他机构，若IASB发布对应于自己偏好的准则，会计监管委员会将维持偏向的现状并否决拟议新准则的决定。在这种情况下，直接对IASB进行游说并试图略微改变其偏好选择只会浪费金钱，因为这并不会改变准则制定的最终结果。这时的关键机构是会计监管委员会，所以明智的游说者应在会计监管委员会上下功夫。但需注意的是，如果通过游说而使某个机构对偏好的选择做出足够大的改变，其他机构就可能会成为关键机构。在图4－6中，一旦IASB的偏好位置超出$2s_{ARC} - SQ$的范围，那么会计监管委员会将成为关键机构。

总结以上论述我们将发现，在准则制定者能完全实施其偏好准则的情况下，关键机构一定是会计准则制定者，这也是游说者首先会瞄准的对象。在所有其他情况下，政治机构将会是关键机构。我们在4.3节已经讨论过，美国的准则制定者比欧盟享有更大的灵活性，从这点上讲，其能够实施偏好准则的频率更高。因此在欧盟，游说对象更多的是政治机构，而不是像美国那样，更多的是瞄向准则制定机构进行游说。

从4.3节的讨论可以发现，若准则制定者无法完全推行其偏好准则，那么，在美国，关键机构通常会是偏好选择最接近FASB的政治机构。而在欧盟，关键机构通常是距离IASB偏好最远的政治机构。这是因为在美国，立法系统的运作模式决定了只需游说一个政治机构便足以保证新准则不会被否决。相反，在欧盟，由于各个政治机构拥有独立否决权，因此需要说服全部三个政治机构才能保证新准则不会被否决。

4.5 结论

本章探讨了政治背景下会计准则的制定与游说行为，建立并分析了政治程序的简单模式，推测出了在面临政治否决的威胁下会计准则制定的各种结果。这个基本模型既适用于美国又适用于欧盟的各个成员国。相关会计准则制定者（美国的FASB和欧盟的IASB）在制定会计准则方面存在显著的相似性，且遵循几乎相同的应循程序。但是由于这两个机构所处的政治环境截然不同，即便这两个准则制定者对理想会计准则的偏好相同，通常也会得出不同的准则制定结果。

对欧盟和美国的财务报告监管体系分别进行分析后发现，欧盟比美国拥有更多对会计准则实行否决权的机构。若预见到准则可能被否决，那么较现行准则而言，相关准则制定者将只发布拥有否决权的机构更倾向的准则。在保持其他不变的情况下，分析得出三个主要预测：

（a）相比于美国的相关机构，欧盟政治机构和公共机构在财务报告监管方面拥有更多话语权；

（b）欧盟适用准则（即国际财务报告准则）与美国适用准则之间的协调工作将会偏向欧盟立场；

（c）欧洲存在更多的否决机构，这表明政治机构拥有更大影响力。因此，在欧盟，将游说对象瞄准政治机构的情况比在美国更为普遍。

但令人感到讽刺的是，在审批流程中，欧盟的多个否决机构衍生出来的相对权力优势被美国证券交易委员会近来的一项决议抵消，并且该项决议得到欧盟的支持。2007年，美国证券交易委员会决定在其文档中采纳由国外私营发行人按照国际财务报告准则编制的财务报表（美国证券交易委员会，2008；Jamal等，2008）。然而，委员会只接受那些根据IASB发布的国际财务报告准则编制的财务报表。这反过来惩罚了所有偏离欧盟支持的国际财务报告准则的行为，这样就把协调财务报表以满足美国公认会计原则的成本强加给了在美国上市的欧洲公司。然而，目前并不清楚是否是出于隐形权力转向美国立场这一动机促使美国证券交易委员会做出这样的决定。

通过意见函直接对会计准则制定者游说是一个热门研究课题，然而，尽管人们已认识到对政治方面进行研究的重要性，但所进行的研究却寥寥无几。对会计准则制定而言，政治学的概念性研究和实证研究必将结出硕果。

上述主张可付诸实践并进行实证检验。由于政治捐款方面数据的可获取性存在差异，衡量美国的政治游说行为比欧洲要容易些。然而，政客们对会计事务公开发表的意见也可代表其政治立场，例如法国总统杰克斯·希拉克（Jacques Chirac）发给欧盟委员会主席罗马诺·普罗迪（Romano Prodi）的著名信函。

乍看之下，现有证据似乎与上文所述的主要预测有些矛盾。美国的政治游说记录比欧盟多，且国际财务报告准则与美国公认会计准则的国际趋同方向似乎主要以美国财务会计准则委员会发布的美国准则的方向为准（Camfferman & Zeff，2011）。不过，可以说，这两种现象是暂时原因所致，随着时间推移，暂时因素的重要性有可能逐渐消退。首先，FASB 作为拥有数十年传统的私营部门准则制定者，在全世界具有相当的知名度。而另一方面，多数情况下 IASB 及其前身——IASC 并没有任何权力，因此其颁布的准则在任何地方都不会被强制执行。随着欧盟采纳 IAS 法规，按照国际会计准则/国际财务报告准则编制财务报表的国家数量也在迅速增加。IASB 声望的大幅提高弱化了美国准则制定者先前的优势。同时，游说政治机构的动机仅在 IAS 法规通过之后才出现。其次，IASB 可能是在迎合美国的利益，以试图获得美国证券交易委员会的批准，使 IAS 法规也适用于美国企业。然而，如果美国承诺使用国际财务报告准则，国际会计准则理事会取悦其潜在客户的动力就会减少；如果美国说不，最终也会使国际会计准则理事会徒劳无功。无论怎样，这都不能对 IASB 的决策产生持久影响。另外，本章阐述的影响势力是结构性的，一旦更多暂时性的影响势力退出舞台，结构性影响势力将起主导作用。

参考文献

Amershi, A., Demski, J., & Wolfson, M. (1982). Strategic behavior and regulation research in accounting. *Journal of Accounting and Public Policy*, 1 (1), 19–32.

Benston, G., Bromwich, M., Litan, R., & Wagenhofer, A. (2003). *Following the Money*. AEIBrookings Joint Center for Regulatory Studies: The Enron Failure and the State of Corporate Disclosure.

Beresford, D. (1993). Frustrations of a standard setter. *Accounting Horizons*, 7 (4), 70–76.

Beresford, D. (1995). How should the FASB be judged? *Accounting Horizons*, 9 (2), 56–61.

Beresford, D. (2001). Congress looks at accounting for business combinations. *Accounting Horizons*, 15 (1), 73–86.

Bergstrom, C. (2005). *Comitology: Delegation of Powers in the European Union and the Committee System*. Oxford: Oxford University Press.

Botzem, S., & Quack, S. (2006). Contested rules and shifting boundaries: International standard setting in accounting. In M. - L. Djelic & K. Sahlin - Andersson (Eds.), *Transnational Governance: Institutional Dynamics of Regulation* (pp. 266 - 286). Cambridge: Cambridge University Press.

Brackney, K., & Witmer, P. (2005). The European Union's role in international standards setting. *CPA Journal*, 75 (11), 18 - 27.

Bradbury, M. (2007). An anatomy of an IFRIC interpretation. *Accounting in Europe*, 4 (2), 109 - 122.

Burgstahler, D., & Dichev, I. (1997). Earnings management to avoid earnings decreases and losses. *Journal of Accounting and Economics*, 24 (1), 99 - 126.

Burgstahler, D., & Eames, M. (2003). Earnings management to avoid losses and earnings decreases: Are analysts fooled? *Contemporary Accounting Research*, 20 (2), 253 - 294.

Burgstahler, D., & Eames, M. (2006). Management of earnings and analysts' forecasts to achieve zero and small positive earnings surprises. *Journal of Business, Finance and Accounting*, 33 (5/6), 633 - 652.

Camfferman, K., & Zeff, S. (2011). Comment on "a political economy of accounting standard setting". *Journal of Management and Governance*, 15 (2), 297 - 304. Chung, D. (1999). The informational effect of corporate lobbying against proposed accounting standards. *Review of Quantitative Finance and Accounting*, 12 (3), 243 - 269.

Colasse, B., & Standish, P. (1998). State versus market: Contending interests in the struggle to control french accounting standardisation. *Journal of Management and Governance*, 2 (2), 107 - 147.

Colasse, B., & Standish, P. (2004). The development and decline of law in french accounting regulation. *Journal of Management and Governance*, 8 (4), 407 - 429.

Deakin, E. (1989). Rational economic behavior and lobbying on accounting issues: Evidence from the oil and gas industry. Accounting Review, 64 (1), 137 - 151.

Dechow, P., Hutton, A., & Sloan, R. (1996). Economic consequences of accounting for stockbased compensation. *Journal of Accounting Research*, 34 (Supplement), 1 - 20.

Dewing, I., & Russell, P. (2004). Accounting, auditing and corporate governance of European listed countries: EU policy developments before and after enron. *Journal of Common Market Studies*, 42 (2), 289 - 319.

Dewing, I., & Russell, P. (2008). Financial integration in the EU: The first phase of EU endorsement of international accounting standards. *Journal of Common Market Studies*, 46 (2), 243 - 264.

Dye, R., & Sunder, S. (2001). Why not allow FASB and IASB standards to compete in the U. S. ? *Accounting Horizons*, 15 (3), 257 - 271.

Flower, J., & Ebbers, G. (2002). *Global Financial Reporting*. Basingstoke: Palgrave.

Georgiou, G. (2002). Corporate non - participation in the ASB standard - setting process. *European Accounting Review*, 11 (4), 699 - 722.

Georgiou, G. (2004). Corporate lobbying on accounting standards: Methods, timing and perceived effectiveness *Abacus*, 40 (2), 219 – 237.

Haas, P. (1992). Introduction: Epistemic communities and international policy coordination. *International Organization*, 46 (1), 1 – 35.

Holburn, G., & Vanden Bergh, R. (2004). Influencing agencies through pivotal political institutions. *Journal of Law, Economics and Organization*, 20 (2), 458 – 483.

Horngren, C. (1985). Institutional alternatives for regulating financial reporting. *Journal of Comparative Business and Capital Market Law*, 7, 267 – 289.

IAS Plus. (2008). *IFRIC 3 emission rights*, http://www.iasplus.com/interps/ifric003.htm. Accessed 31 July 2008.

IASB. (2008). *Emissions tradings schemes*, http://www.iasb.org/Current + Projects/ IASB + Projects/Emission + Trading + Schemes/Emission + Trading + Schemes.htm. Accessed 31 July 2008.

Jamal, K., Benston, G., Carmichael, D., Christensen, T., Colson, R., Moehrle, S., et al. (2008). A perspective on the SEC's proposal to accept financial statements prepared in accordance with international reporting standards (IFRS) without reconciliation to U.S. GAAP. *Accounting Horizons*, 22 (2), 241 – 248.

Johnston, D., & Jones, D. (2006). How does accounting fit into a firm's political strategy? *Journal of Accounting and Public Policy*, 25 (2), 195 – 28.

Jorissen, A., Lybaert, N., Orens, R., & Van der Tas, L. (2012). Formal participation in the IASB's due process of standard setting: A multi – issue/multi – period analysis. *European Accounting Review*, 24, 693.

Jorissen, A., Lybaert, N. & Van de Poel, K. (2006). Lobbying towards a global standard setter? Do National characteristics matter? An analysis of the comment letters written to the IASB. In G. N. Gregiou, M. Gaber (Eds.). *International accounting. Standards, regulations, and financial reporting.* London: Elsevier.

Larson, R. (1997). Corporate lobbying of the International Accounting Standards Committee. *Journal of International Financial Management and Accounting*, 8 (3), 175 – 203.

Larson, R. (2007). Constituent participation and the IASB's International Financial Reporting Interpretations Committee. *Accounting in Europe*, 4 (2), 207 – 254.

Lee, B., & Rudd, R. (1988). Beltway wisdom: Rules of the game. *Journal of Accountancy*, 166 (3), 76 – 77.

Lee, B. (1988). Because members deliver. *Journal of Accountancy*, 166 (3), 82 – 92.

Levitt, A. (2002). *Take on the Street.* New York: Pantheon Books.

Lindahl, F. (1987). Accounting standards and Olson theory of collective action. *Journal of Accounting and Public Policy*, 6 (1), 59 – 72.

MacArthur, J. (1988). Some implications of auditor and client lobbying activities: A comparative analysis. *Accounting and Business Research*, 19 (73), 56–94.

Martinez-Diaz, L. (2005). Strategic experts and improvising regulators: explaining the IASC's Rise to global influence, 1973–2001. *Business and Politics*, 7 (3), Article 3.

Mattli, W., & Büthe, T. (2005). Global private governance: Lessons from a National model of setting standards in accounting. *Law and Contemporary Problems*, 68 (3–4), 225–362.

McLeay, S., Ordelheide, D., & Young, S. (2000). Constituent lobbying and its impact on the development of financial reporting regulations: Evidence from Germany. *Accounting, Organizations and Society*, 25 (1), 79–88.

Merkl-Davies, D. (2004). Regulation and enforcement of financial reporting in Austria. *Journal of Management and Governance*, 8 (2), 199–225.

Nobes, C., & Parker, R. (Eds.). (2006). *Comparative International Accounting* 9th ed.). Upper Saddle River: Prentice-Hall.

Perry, J., & Nôlke, A. (2006). The political economy of International Accounting Standards. *Review of International Political Economy*, 13 (4), 559–686.

Perry, J. & Nôlke, A. (2007). The power of transnational private governance: Financialization and the IASB. *Business and Politics*, 9 (3), Article 4.

Porter, T. (2005). Private authority, technical authority, and the globalization of accounting standards. *Business and Politics*, 7 (3), Article 2.

Ramanna, K. (2008). The implications of unverifiable fair-value accounting: Evidence from the political economy of goodwill accounting. *Journal of Accounting and Economics*, 45 (2–3), 253–281.

Schipper, K. (2005). The introduction of international accounting standards in Europe: Implications for international convergence. *European Accounting Review*, 14 (2), 101–126.

SEC. (2008). Acceptance from foreign private issuers of financial statements prepared in accordance with international financial reporting standards without reconciliation to US GAAP, http://www.sec.gov/rules/final/2007/33-8879.pdf. Accessed 31 July 2008.

Stecher, J. & Suijs, J. (2012). Hail, Procrustes. Harmonized accounting standards as a Procrustean bed. *Journal of Accounting and Public Policy*, 31 (4), 341–355.

Sunder, S. (2002a). Regulatory competition for low cost-of-capital accounting rules. *Journal of Accounting and Public Policy*, 21 (2), 147–149.

Sunder, S. (2002b). Regulatory competition among accounting standards within and across international boundaries. *Journal of Accounting and Public Policy*, 21 (3), 219–234.

Sutton, T. (1984). Lobbying of Accounting standard-setting bodies in the U.K. and the U.S.A.: A Downsian analysis. *Accounting, Organziations and Society*, 9 (1), 81–85.

Tandy, P., & Wilburn, N. (1996). The academic community's participation in standard setting: Submission of comment letters on SFAS Nos 1–117. *Accounting Horizons*, 10 (3), 92–111.

Tarca, A. (2004). International convergence of accounting practices: Choosing between IAS and US GAAP. *Journal of International Financial Management and Accounting*, 15 (1), 60 – 91.

Thornburg, S., & Roberts, R. (2008). Money, politics, and the regulation of public accounting services: Evidence from the Sarbanes – Oxley Act of 2002. *Accounting, Organizations and Society*, 33 (2 – 3), 229 – 248.

Véron, N. (2007). *The Global Accounting Experiment*. Brussels: Bruegel Blueprint Series.

Watts, R., & Zimmerman, J. (1978). Towards a positive theory of the determination of accounting standards. Accounting Review, 53 (1), 112 – 134.

Zeff, S. (1993). The politics of accounting standards. Economia Aziendale, 12 (2), 123 – 142.

Zeff, S. (2002). "Political" lobbying on proposed standards: A challenge to the IASB. *Accounting Horizons*, 16 (1), 43 – 54.

Zeff, S. (2005a). The Evolution of U.S. GAAP. The political forces behind professional standards, part I. *CPA Journal*, 75 (1), 19 – 27.

Zeff, S. (2005b). The evolution of U.S. GAAP. The political forces behind professional standards, part II. *CPA Journal*, 75 (2), 19 – 29.

Zeff, S. (2006). Political lobbying on accounting standards – National and international experience. In C. Nobes & R. Parker (Eds.), *Comparative international accounting* (9thed., pp. 189 – 218). Upper Saddle River: Prentice – Hall.

5 国际会计准则制定应循程序中的 IASC/IASB 成员参与度：纵向分析

安·夏路易（Ann Jorissen） 纳丁·利巴尔特（Nadine Lybaert）
拉夫·欧伦斯（Raf Orens） 里奥·范德塔斯（Leo van der Tas）[①]

摘要：为提升其作为世界性会计准则制定者的权威性，国际会计准则委员会（IASC）于2001年对其准则制定应循程序进行了改革，目的是在利益相关者多样性和地域多样性方面更加全面地提升相关成员的参与度。该研究采用多阶段/多议题研究设计，拟通过与改革前的期间进行比较来分析改革后成员的参与情况是否发生变化。分析1995年至2007年期间呈递给准则制定者的7 442封意见函表明，在准则制定议程中，不同的议题可得出不同的结论。实施改革后，就与金融工具相关的议题而言，成员参与度并未发生改变。此等议题常使来自世界各地不同类型经营部门的成员产生浓厚的兴趣。就与非金融工具相关的议案而言，改革后，成员参与度提升，而这主要是G4+1成员国更加积极参与的结果。

---

① 注：本章含原标题为"向国际会计准则理事会游说：多议题分析标准制定应循程序的参与情况"的论文，并在2007年召开的第三届会计和监管国际研讨会上进行了讨论。

A. Jorissen
联系地址：University of Antwerp, S. B. 331, Prinsstraat 13, 2000 Antwerpen, Belgium
电子邮箱：ann.jorissen@ua.ac.be

N. Lybaert
联系地址：Hasselt Universiteit (University of Limburg), Antwerpen, Belgium
电子邮箱：nadine.lybaert@uhasselt.be

R. Orens
联系地址：Lessius – Business Studies, Korte Nieuwstraat 33, 2000 Antwerpen, Belgium
电子邮箱：Raf.Orens@kuleuven.be

L. van der Tas
联系地址：Tilburg University, Tilburg, The Netherlands
电子邮箱：leo.van.der.tas@nl.cy.com

R. Di Pietra 等（主编），《会计与监管》
DOI：10.1007/978-1-4614-8097-6_5,
版权所有 Springer Science + Business Media, New York, 2014

5.1 引言

国际会计准则理事会（IASB）作为一个私营组织，其合法性的获取是其被认可为全球性准则制定者的关键所在（Johnson & Solomons, 1984；Wallace, 1990；Larson, 2007）。为了获得合法性，准则制定者需要具备充分权限、实质性应循程序以及程序化应循程序（Johnson & Solomons, 1984；Wallace, 1990）。程序化应循程序与这一事实相关，即标准制定者须为相关各方提供充分且公平的机会，以对标准制定程序贡献力量（Wallace, 1990）。尽管如此，仅仅提供此等出力机会并不是获得合法性的一个充分条件。在文献中，有关标准制定者合法性的观点普遍认为，所有成员广泛参与准则制定程序至关重要（Johnson & Solomons, 1984；Dyck-man, 1988；Wallace, 1990；Tandy & Wilburn, 1992；Larson, 2007；Richardson & Eberlein, 2011）。相关方参与准则制定程序可以生成信息，有助于准则制定者衡量利益群体对其标准可能产生的反应，因此此等参与被认为具有重要意义（Dyckman, 1988；Tandy & Wilburn, 1992）。

显然，20 世纪 90 年代，IASC 还不具备成为国际会计准则全球领导人的必要合法性。为了在全球高质量准则的编制中发挥领头作用，国际会计准则委员会对自身进行了重组，以巩固其作为合法的全球会计准则制定者的资格（Camfferman & Zeff, 2007）。2001 年，IASC 对其结构以及准则制定应循程序进行了改革，以期实现更广泛的参与，同时促使成员参与到国际会计准则制定应循程序中。通过改革，准则制定程序变为两种主要方式。第一，设立准则制定机构，即 IASB，作为独立的技术机构。其前身——IASC 是一个更具代表性的机构，委员会成员代表特定成员群体的意见（通常为从事会计工作的人士）。第二，现有的应循程序更类似于财务会计准则委员会（以下简称 FASB）的准则制定应循程序。此等变动是 G4+1 施加压力的结果[①]（Street, 2005、2006；Bhimani, 2008）。在 2008 年金融危机期间，IASB 的准则制定应循程序及其与成员间联系的问题，再次受到了批判。

导致这一批判的主要原因是"认为"成员对于金融工具相关准则制定的参与度不够。

鉴于对 2008 年成员参与度的批判，本研究旨在分析 2001 年的准则制定者改革

[①] G4+1 指澳大利亚及新西兰、加拿大、英国和美国的准则制定者加上作为观察者的国际会计准则委员会。

5 国际会计准则制定应循程序中的 IASC/IASB 成员参与度：纵向分析

实施之后，成员参与国际会计准则制定应循程序的情况是否发生变化。考虑到金融危机期间对利益相关方参与情况的批判，我们根据与准则制定相关的议题（即是否与金融工具相关），分析成员的参与情况是否有所不同。为了解答此等问题，我们根据利益相关者多样性和地域多样性审查了 IASB 改革前后成员参与应循程序的情况是否有所不同。通过采集 12 年间（1995—2007 年）的正式参与数据，我们能够发现成员参与度演变过程中的长期模式，并找出这种参与情况是否随着时间的推移变得更加广泛多样，以及这种多样性是否与拟议准则的主题有关。成员参与中利益相关者多样性和地域多样性均有益于促进全球性准则制定者的合法性（Larson，2007；FCAG，2009）。

为了研究成员在国际会计准则制定应循程序中的参与度随时间变迁的长期变动情况，我们以成员正式参与国际会计准则制定程序的情况作为分析单位。正式参与包括准则制定者发布讨论稿或征求意见稿收集成员反馈意见时，成员提交的书面意见函①。我们将此作为分析单位有以下几个原因：第一，由于技术型独立专家模式取代了代表理事会模式，在 2001 年实施准则制定者改革后，成员的正式参与得到重视。第二，由于无法公开获取与非正式参与方式相关的信息，因此，在多阶段/多议题研究中，几乎不太可能采集到与成员在漫长时期参与准则制定工作议程的方式有关的数据。第三，经验性证据表明，成员使用正式参与方式与其采用的非正式参与方式相关（Georgiou，2004），因此，与正式参与相关的证据可延伸适用于总体参与情况。

在本研究中，我们分析成员在 12 年间（1995—2007 年）正式参与国际会计准则制定的情况。1995 年被选为分析期首年的原因是，在 1995 年，国际证券事务监察委员会组织（以下简称 IOSCO）决定将《国际会计准则》（以下简称 IAS）运用到拟上市公司，并且欧洲委员会（以下简称 EC）在全新会计战略考虑中将 IAS 用于上市公司编制合并报表，借此 IASC 在国际会计准则制定中的主要地位得以巩固。随后，从 1995 年至准则制定者改革，历经了 6 年；准则制定者改革之后又选定 6 年作为分析对象。而这 12 年后恰逢金融危机的开始。在这 12 年里，我们分析了递交给准则制定者的 7 442 份意见函。

纵向分析结果表明，成员正式参与的多样性演变与国际会计准则制定者议程的

---

① 我们只考虑到了发布国际财务报告准则之前回应讨论稿和征求意见稿的书面意见函，并未考虑到发布准则解释委员会（SIC）解释草案和国际财务准则解释委员会解释草案（两者均与准则的解释相关）过程中的书面意见函。就讨论稿而言，我们所指既包括讨论稿（ISAB），也包括原则公告草案（IASC）。

议题存在显著关联。如果我们将重点放在文件（讨论稿和征求意见稿）中涉及金融工具计量、确认以及披露要素的意见函上，我们就不会发现在准则制定者改革后不同利益相关群体（不包括财务报表编制者协会、国家准则制定者以及顾问）参与度的显著提升。如果我们关注与金融工具议题相关的成员参与情况的地理分布，我们就会发现，当此等议题属于准则制定者的议程内容时，西方成文法系国家和西方普通法系国家的成员几乎各占一半，尤其对编制者群体更是如此。当与金融工具议题不相关的确认、计量和披露议题属于准则制定者议程的内容时，在实施改革后，对于大多数的利益相关者群体来说，成员的参与度会大幅提升。当与金融工具不相关的确认、计量和披露议题属于准则制定者议程的内容时，若我们审查成员的地理多样性，就会发现，众多的意见函来自 G4＋1 成员国的成员（即英国、美国和澳大利亚的成员）。如果按照参与者所在国家的资本市场特征或者其国家的人均 GDP 对参与者进行划分，我们会发现，在参与国际会计准则制定应循程序时，人均 GDP 适中或较低或者来自资本市场刚刚起步或者尚处于发展中的国家的成员名额不足。不管准则议题如何，会计从业人员、学者和精算师这三个利益相关者群体并未随时间的变迁而改变其参与行为。该调查结果表明，废除代表理事会模式并未提高会计从业人员的正式参与度。随着时间的推移，金融信息使用者在准则制定应循程序的参与度甚至明显降低。

鉴于对利益相关者参与国际会计准则制定应循程序的批判，我们发现，当与金融工具相关的议题出现在准则制定者的议程中时，与议程中其他议题的成员参与度相比，前者的地理多样性分布更加广泛。当探讨与金融工具相关的议案时，西方普通法系国家以及西方成文法系国家的成员均积极地参与进来。当与金融工具不相干的计量/确认和披露议题出现在准则制定者的议程中时，在准则制定者改革实施后，前 G4＋1 成员国成员呈递的意见函占大多数。本纵向研究结果表明，在下列情况下，IASB 需要使用其他机制，以使利益相关者作出贡献：使用者的贡献与 IASB 讨论的任何议题相关时、贡献来自中低等人均 GDP 国家时、贡献来自资本市场刚刚兴起或欠发达国家时。

本章行文如下所示。在下一节中，我们将对研究背景以及准则制定应循程序的改革进行说明。在第三部分，我们着重介绍文献并讨论分析方法。在第四部分，我们列示了研究结果，并在第五部分作出了本章小结。

5.2 从国际会计协调转向全球会计准则制定

在本节中，我们简要探讨随着时间推移国际会计准则制定者的角色转变。随后，我们将重点介绍研究期间国际会计准则制定应循程序的变化情况。

5.2.1 国际会计准则制定者的角色转变

IASC 于 1973 年成立，其主要宗旨是根据其发布的国际会计准则推动会计准则的全球协调，而负责此等推进事项的各方为成员会计机构。在其成立的头二十年里，在该领域内，除了 IASC 这样的国际会计准则制定者外，还有众多其他参与者，例如欧盟、联合国（UN）以及经济合作与发展组织（OECD，见 Wallace，1990）。在这期间，IASC 不得不为其权威性与其他组织展开竞争，而成员会计机构必须确保 IASC 肩负的国际会计准则协调使命定会取得成功。20 世纪 90 年代中期，IASC 是负责在全球范围内推动会计协调或者标准化的唯一组织（Emenyony & Gray，1996）。而这是两个重要参与者决定的结果。第一，IASC 与 IOSCO 于 1995 年达成一项协议，该协议设想在 1998 年 3 月之前 IOSCO 将建议其成员（即全球各地的主要证券监管机构）接受根据 IAS 编制的报表并将其用于其他国家公司在本国的海外上市。① 第二，EC 在其公告《会计协调：新策略与国际协调的比较》中宣布对与会计协调相关的政策实施重要变更。在制定全新的会计策略时，EC 决定考虑接受 IAS 并将其运用于上市公司的可能性，而非设立一个欧洲会计准则制定机构［EC，COM95（508）］。2000 年 5 月，尽管部分国家（主要为美国）仍要求按照美国一般公认会计原则（GAAP）调整收益或者利益相关者权益等项目，但 IOSCO 正式认可 IAS 的"核心准则"作为全球跨境证券上市的依据。同年，EC［COM2000（359）］建议所有的欧盟上市公司应采用一套会计准则编制财务报告。此等决议激发了 IASC 欲成为全球会计准则制定者的雄心壮志。

由于委员会的成员仅代表会计机构（这些会计机构提供大部分的资金），在要求 IASC 成为一个全球性的准则制定者时，其组织结构和委员会构成成为了抨击的

---

① IOSCO 在 IASC 实施完成其"可比性项目"后采取这一行动。可比性项目始于 1989 年，与此同时，发布了第 32 号征求意见稿。借助于该项目，国际会计准则委员会施展大动作，回应与允许会计准则中存在如此之多的备选方案相关的批评。可比性项目导致修订和重新颁发 10 份国际会计准则，此等准则于 1995 年 1 月 1 日正式生效。

源头。20世纪90年代，IASC显然无法宣称其在国际会计准则制定过程中领导者角色的合法性。为在制定全球高质量准则中发挥领头作用，国际会计准则理事会依照美国财务会计准则委员会（FASB）对自身进行了重组，以期巩固其作为合法的全球会计准则制定者的资格（Camfferman & Zeff，2007）。在改革过程中，IASC表示愿意改变其结构和运作机制，以期获得美国的青睐（Bhimani，2008）。于是创设了国际会计准则委员会基金会（以下简称IASCF）以及IASB。IASCF负责该组织的资金来源和运作，IASB则成为接任IASC的准则制定机构。IASB被设计成一个独立的技术机构，而IASC则更多的是一个代表性机构。重组意味着，代表型模式被弃用，取而代之的是技术专家模式，在该模式下，成员具有独立性，且根据定义，成员须作为中立裁决者，以寻求真相（Colson，R.，Benston，G.，Carmichael，D.，Christensen，T.，Jamal，K.，Moehrle，S.，2009）。理事会成员不再如同在IASC体制下一般代表特定群体成员的意见。除了对准则制定者进行重组外，还改变了制定准则的应循程序。直到2008年之前，2001年的重组似乎已经能够克服20世纪90年代后期的批判和非难。然而，在2008年爆发全球金融危机时，国际会计准则制定者再次受到大肆抨击，由此导致了在国际会计准则制定体系中新增了一个公众监督体系（即监督委员会的建立）。

5.2.2 IASC和IASB的准则制定程序

IASC/IASB根据准则制定的应循程序（此等程序逐年变化）制定会计准则。我们在下文中讨论了准则制定应循程序的变化情况。

5.2.2.1 IASC的准则制定应循程序

最初，IASC并未投入大量精力来寻求准则使用者的观点，且其主要依赖其成员（即成员会计机构）的承诺，即成员承诺尽最大努力确保其所在国采用IAS（Wallace，1990）。这可能是IASC启动成为全球性会计准则制定机构领先者的最佳策略，但这似乎并未发挥作用，与此同时由IASC所制定的适用于全球公司财务报告准则的合法性也常常受到质疑（Wallace，1990）。

直到1989年，IASC才与经选定可对其计划进行评论的相关方共同研讨制定会计准则，要求相关方就各自的项目发表意见。社会公众从未获取到IASC要求相关方提供的信息或评论。当与财务报表可比性相关的第32号征求意见稿（以下简称ED 32）于1989年发布时，具有极高保密性的审议程序也发生变化。ED 32是首份发布向公众征求意见的文件。由于成员借助于意见函能够参与到准则制定应循程序中，自1989年起，准则制定应循程序变得越发开放（Larson，1997）。IASC在20世纪80年代末开始向公众发布征求意见稿以及回应此等意见稿的书面意见函。此外，IASC还组织召开了公众听证会（Wyatt，1992）。虽然IASC仍多次私下进行审议和投票，但与20世纪70年代和80年代早期相比，开放性已大幅提高（Guenther & Hussein，1995）。

IASC准则制定应循程序的第一步是将一个项目加入到国际会计准则理事会的议程中（Knorr & Ebbers，2001）。随后，国际会计准则理事会设立了一个筹划指导委员会来制定原则公告、征求意见稿以及IAS的终稿。各筹划指导委员会由一名理事会代表出任主席且通常其他代表至少来自三个国家的会计机构。委员会的成员还可能包括国际会计准则理事会成员组织的代表、顾问小组的代表或者特定议题的专家。在国际会计准则制定的早期阶段，IASC急于获得来自众多财务报表使用者和编制者的贡献。因此，IASC组建了一个顾问小组，该小组拥有来自使用者和编制者所在组织的代表（Carins，1997）。

国际会计准则理事会详细地审查了筹划指导委员会的所有建议。国际会计准则编制程序如下所示：

- 筹划指导委员会制定原则公告草案，面向相关方征求意见；
- 筹划指导委员会审查原则草案的反馈意见，通常会批准最终原则公告。最终原则公告作为拟定的国际会计准则征求意见稿的依据提交给理事会，供审批；
- 经修改并获得理事会至少三分之二成员的批准后，发布拟定的国际会计准则征求意见稿并征求意见；
- 筹划指导委员会审查征求意见稿的反馈意见，并编制IAS草案，供理事会审议；
- 理事会审查IAS草案。经修改，且获得理事会至少四分之三成员的批准后，通过该项准则。

由于IASC改革的缘故，于2001年设立了IASB，并同时确立了一个开放性的准则制定程序，该程序与FASB和ASB采用的准则制定程序类似。而这一相似性是由于G4+1在准则制定者改革中发挥着重要的作用（Street，2005、2006；Camfferman & Zeff，2007）。

5.2.2.2 IASB的准则制定应循程序

从2001年起，IASB就负责准则制定程序，借此，众多理事会成员被要求与重要的国际准则制定者（即美国、英国、加拿大、法国、德国、日本、澳大利亚和新西兰）建立联系。在2005年后，取消了这项建立联系的任务。IASB的准则制定应循程序由六个阶段构成：阶段一：与准则咨询委员会（以下简称SAC）合作确定议程；阶段二：项目规划；阶段三：制定并发布讨论稿；阶段四：制定并发布征求意见稿；阶段五：制定并发布国际财务报告准则（以下简称IFRS）；阶段六：发布IFRS后的其他程序。

根据准则制定程序中所处的阶段，成员可使用不同的方法对准则制定程序施加影响。各项机制包括正式、非正式会议、公众听证会质询以及提交意见函。在IASB的应循程序中，可区分出下列参与机会：（a）作为SAC的一员，参与意见的形成；（b）加入顾问小组；（c）向国际财务报告解释委员会（以下简称IFRIC）提交议题；（d）提交意见函回应讨论文件；（e）提交回应征求意见草案的意见函；（f）参与公众圆桌讨论；（g）参与现场考察和实地测试。此外，还有非正式手段，例如与工作人员和理事会成员召开私人会议等。

在IASC的准则制定应循程序中，意见函是对原则公告（讨论稿）和IAS征求意见稿的回应和反馈。就IASB的准则制定应循程序而言，意见函可用于影响准则制定程序中阶段三（讨论稿）与阶段四（征求意见稿）的结果。这些意见函的成果作为本文实证部分的分析单位。

5.3 文献综述与研究设计

5.3.1 参与度文献

关于国际会计准则制定者的出版物大多关注准则制定者的结构、影响、融资体系以及功能性（如Wallace，1990；Flower，1997；Kirsch，2006；Camfferman & Zeff 2007；Fulbier, R., Hitz, J., & Sellhorn, T., 2009；Botzem & Quack，2009；Burlaud & Colasse，2011；Bengston，2011；Königsgruber，2010；Zeff，2012），但很少有出版物对国际会计准则制定流程中的成员参与度进行实证研究。

现有关于参与度的研究主要采用单一议题法，该方法适用于对单个国家和多个国家的研究（如Kenny & Larson，1993；Guenther & Hussein，1995；MacArthur，1996，1999；Larson & Brown，2001；Jorissen, A., Lybaert, N., & van de Poel, K.，2006）。每次通过仅关注利益相关者对某一准则的回应，利用单一议题法对成员参与及其参与准则制定应循程序的驱动因素进行研究。尽管针对单一议题标准的成员参与度的研究能提供一些明显优势，例如，减少利益权衡变量（如游说立场）等，但也存在某些重大缺陷（Georgiou，2005）。更为重要的是，单一议题法无法揭示任何游说策略的模式，因为单项游说决定可能仅是"包含多个步骤的政治性监管博弈中的一步而已"（Amershi，A.，Demski，J.，& Wolfson，M.，1982，第20页）。阿米什等（Amershi，1982）的研究表明，游说可能是个包含多议题、多阶段的过程，尤其对专业游说机构，如行业协会或联盟来说更是如此。仅限于单一议题的调查可能会导致方法错误，因为某些游说代理人的行为只能进行长期观察和多议题考量后才能理解。埃尔伯南和麦金莱（Elbannan & McKinley，2006）指出，单一议题法还忽视了准则性质对成员参与应循程序的影响。每项准则可能各有特点，这就解释了为何成员只参与某些准则的制定过程而未参与其他准则的制定过程。

另外，单一议题法往往因样本规模小而受到制约（Georgiou，2005）。因此，单一议题法的缺陷可通过多议题/多阶段研究法克服，后者涉及在某段时间内对一个（含一个）以上议题的参与行为进行研究（Larson，1997；Georgiou，2005；Elbannan & McKinley，2006）。

然而，目前采用多阶段/多议题法的实证研究仍然较少（例如，Larson，1997，2007；Jorissen，A.，Lybaert，N.，Orens，R.，& van der Tas，L.，2012）。有限的关于国际会计准则制定者多阶段/多议题的研究只在单个时间框架内对参与度进行分析（第一个时间框架——IASC体制下的参与度，例如，Larson，1997；第二个时间框架——IASB体制下的参与度，例如，Larson，2007；Jorissen，A.，Lybaert，N.，Orens，R.，& van der Tas，L.，2012）。在相关方参与动机方面，根据萨顿（Sutton，1984）提出的理论以及瓦茨和齐默曼（Watts & Immerman，1978，1986）提出的实证性会计理论，这些研究重点关注的是成员参与中利益相关者的多样性，以及编制者和使用者的参与度差异。利用多阶段/多议题法，我们对更长时间段（相较之前研究）内成员参与进行了研究，并利用12年来一贯的数据采集和数据分析方法对这些参与度数据进行了比较。另外，我们的研究设计还可以研究拟议准则的议题对成员长期参与的影响。

5.3.2 研究设计

在本节中，我们将介绍用于分析成员参与度变化的数据采集及分类方法。接下来，我们会介绍采用的分析方法和研究变量的计量。

5.3.2.1 数据采集和分类方法

我们的纵向分析始于 1995 年，此时 IASC 即将成为 IAS 的主要制定者，并逐渐获得全球认可。2001 年，国际会计准则制定者开始对自身进行改革，以增强其作为全球准则制定者的使命感（参见第 5.2 节）。就分析阶段而言，我们在准则制定者改革前后选择了相等时长的时间框架：第一个时间框架为 1995 年至 2001 年改革的 6 年，第二个时间框架为改革后的 6 年。第二个时间框架结束时间与金融危机爆发时间正好重合，而危机期间 IASB 作为全球会计准则制定者的合法性饱受批评。在这 12 年间，准则制定者共发布了 90 份征求意见稿。其中，IASC 于 1995—2001 年发布了 45 份征求意见稿，IASB 于 2001—2007 年间发布了 45 份征求意见稿。

我们通过采集与成员为回应这些意见稿而写的意见函有关的数据，对成员的正式参与情况进行研究。就针对 IASC 于 1995—2001 年发布的征求意见稿而写的意见函，我们从 IASB 档案中收集了有关数据。就 IASB 于 2001—2007 年发布的征求意见稿，我们对该机构官网上公布的意见函进行分析。在整个研究期间，我们的数据库包含 7 442 份意见函：其中 2 910 份于 1995—2001 年提交至 IASC，另外的 4 532 份于 2001—2007 年间提交至 IASB。附录中罗列了 IASC/IASB 发布的每份文件的反馈意见函的数量概况。

在收集了意见函后，我们将意见函按发出机构的性质和地理位置进行了分类。首先，我们将这 7 442 份进行了分类，每一份对应 IASB（2005）序言中第 19 段提及的一个类别：编制者、会计专业机构、使用者、国家准则制定者、证券交易所、政府、个人、学术界人士或其他利益相关方。随后，我们将编制者再次细分为四个子类别：（1）个体商人、工业和服务性行业公司、社团；（2）企业协会；（3）金融机构个人编制者（包括保险公司和共同基金）、金融机构；（4）金融机构协会。会计专业机构也细分为两个子类别：会计师事务所和会计师及审计师协会。我们将其他利益相关方也分为两个子类别：精算师和顾问。我们将投资者、金融分析师、消费者组织或依靠财务报表做决策的其他各方归类为使用者。

在将意见函按上述类别分类之前，我们做出了如下选择：首先，与拉尔森（Larson，1997）采用的方法类似，我们将与特定组织存在关联的个人与该组织归为一组。仅在意见函作者明确表示以个人名义书写意见函的情形下，我们才会把相关意见函归于个人而非组织类别。其次，若出现联合意见函时，我们将根据第一作者的类别确定意见函归属的类别。几乎在所有情况中，除第一作者外，其他作者都属于同一类别的成员。第三个重要的选择是，我们将跨国公司子公司回复的意见函按跨国公司类别进行归类。最后，我们把金融市场监管机构划归于证券交易所类别。

就地理分布而言，我们按意见函发送者的国籍归类（分为个人和组织）。如此，按照某群体总部官员的法定位置将个人编制者归于某个国家。

在此情形下，若意见函发送者所在组织拥有来自多个国家的成员或在一个以上国家表现活跃，那么意见函将被归于"国际"类别，而不会被归类为某个国家。对于顾问和使用者而言，我们会考虑意见函的发出国。对于个人而言，意见函载明的发送者地址被用于国家分类的目的。

根据这一体系，两名调查员将每份意见函发送者单独按照主要成员和地理位置进行了分类。若无法根据意见函内容进行明确分类的，调查员就会上网搜集更多有关发送者的信息。在实施上述程序后，仍有部分意见函可归类于多个成员群体。[①] 因此，读者应注意，无法避免极少数意见函的分类具有任意性。然而，这些意见函所占的比例不超过分析意见函总数的1%，这并不会影响在IASB应循程序不同步骤中的成员分布。

5.3.2.2 变量计量和分析方法

为了分析利益相关者多样性程度的变化，在准则制定者改革前后，我们对各利益相关者群体游说强度是否存在显著的不同进行了检测。为了分析成员的地理分布，我们采用了可明确被归于单一国家的意见函。因此，我们的地理分析人群覆盖了1995—2007年所有向IASC／IASB发送意见函的成员方的国家，总共有89个国家符合要求。我们按照法律起源、文化区域、资本市场发展和人均GDP对参与国进行了分组。这些国家的分组方式与洛茨（Leuz，2010）采用的分类方法类似，只是我们分类依据中的法律起源仅限大陆法系和普通法系两种。国家的文化区域分类是依据施瓦茨（Schwartz，2004）和里切特等人（Licht，2007）的研究进行的。两种研究方式都划定了以下的文化区域（非洲、英语国家、远东、拉丁美洲、地中海、西欧和东欧），我们也将此划分用于研究中。前G4+1国家均属于英语国家，英语国家还包括肯尼亚、印度、爱尔兰、南非和津巴布韦等国。而地中海国家则包括地中海周围的阿拉伯国家及土耳其。

国家资本市场发展采用的是摩根士丹利资本国际公司（MSCI，2012）发布的

[①] 在某些情况下，无法直接进行分类。例如，为四大会计师事务所工作但以个人名义写作的学者（将被归类于学术类人士）；由公司、金融机构和学者组成的组织（将被归类于企业编制者协会）；金融和房地产项目开发公司（将被归类于企业编制者个人）；就报告准则提供咨询服务的政府组织（将被归类于政府）。

各国资本市场发展情况分类。该公司根据经济发展、流动性要求及市场准入标准将国家分为：发达资本市场、新兴资本市场和边境资本市场（MSCI，2012）。不属于上述三个组别的国家则为"单独"国家，该国家股票市场的上市公司数量有限。由于边境国家和单独国家均只提交了少数意见函，我们将这两个国家组别合为一体，统称为发展中的资本市场。如此，游说国家共分为三类：发达资本市场、新兴资本市场及发展中资本市场。最后，我们根据世界银行（2006）提供的各国人均GDP，将各国分为了三组：低收入组、中等收入组和高收入组。本研究中，低收入组国家包括世界银行认定的低收入国家（人均GDP不高于875美元）和中等偏下收入国家（人均GDP介于876~3 465美元）。中等和高收入国家分别包括中等偏上收入国家（人均GDP介于3 466~10 725美元）和高收入国家（人均GDP不少于10 726美元）。

为了按照准则制定者议程确定的提案议题区分成员行为，我们将准则制定者发布的征求意见稿根据提案议题分为三个子类，包括：与金融工具相关提案，与非金融工具相关的确认、计量和披露问题提案和与IASB和FASB趋同项目有关提案。有关私营企业（中小企业）财务报告和准则制定者结构和管理的提案不属于以上任何子类别。我们比较了利益相关者对金融工具提案和对财务报表信息确认、计量和披露有影响的其他提案的参与度。随后，我们在后一组别中将趋同项目（所有提案均包含重大确认、计量和披露议题）排除在外，因为美国的成员在该等项目上的游说强度可能会使IASB的参与数据产生偏差。

5.4 研究结果

本节首先探讨了随时间变化，利益相关成员在参与国际会计准则制定过程中的多样性的演变情况。接下来讨论了正式参与该过程成员的地理多样性程度的演变情况。

5.4.1 国际会计准则制定过程中成员参与度的利益相关者多样性

首先，我们来大致了解一下随时间变化成员的参与度的变化情况。表5-1展示了IASC和IASB收到的意见函的绝对数量以及各利益相关者群体意见函所占的比重。

如表5-1所示，IASC和IASB接收到的来自编制者发出的意见函几乎达到了各自接收意见函总数的一半。在两个时间框架内，与准则制定者接收到的意见函总数量相关的比重基本完全一致。在准则制定者改革前后，会计专业机构提交的意见函数量均排名第二。在 IASC 变革为 IASB 后，各国会计准则制定者是第三重要的成员群体，向 IASB 提交的意见函占总数的 15% 左右。事实上，各国准则制定者参与度的提高并非意料之外的事，因为在欧盟和澳大利亚财务报告委员会（FRC）等做出强制要求上市公司执行国际财务报告准则决策后，大多数国家准则制定者的权力都被削弱了。

表 5-1　　利益相关者针对 IASC 和 IASB 的游说强度分布情况

成员方	意见函的绝对数量		意见函比重		归属于某个国家的意见函数量	
	IASC	IASB	IASC/%	IASB/%	IASC	IASB
编制者	**1 295**	**1 962**	**44.5**	**43.3**	**1 208**	**1 789**
企业编制者个人	622	588	21.4	13.0	622	585
企业编制者协会	226	432	7.8	9.5	175	356
金融机构编制者个人	245	465	8.4	10.3	245	465
金融机构编制者协会	202	477	6.9	10.5	166	383
非编制者	**1 615**	**2 570**	**55.5**	**56.7**	**1 223**	**2 012**
会计专业机构	975	1 157	33.5	25.5	722	822
会计师事务所	248	288	8.5	6.4	12	15
会计师和审计师协会	727	869	25.0	19.2	710	807
使用者	90	66	3.1	1.5	83	64
国家准则制定者	191	683	6.6	15.1	128	627
证券交易所	86	112	3.0	2.5	53	47
政府	28	90	1.0	2.0	26	78
个人	90	168	3.1	3.7	80	124
学术界人士	69	107	2.4	2.4	68	101
其他利益相关方	86	187	3.0	4.1	63	149
顾问	24	98	0.8	2.2	24	97
精算师	62	89	2.1	2.0	39	52
合计	**2 910**	**4 532**	**100**	**100**	**2 431**	**3 801**

注：上表展示了各成员方向 IASC 和 IASB 发出的意见函总数量以及意见函比重。

至此，国家准则制定者不得不将针对上市公司制定准则的权力让与了 IASB。上述参与率表明，国家准则制定者仍希望在针对上市公司的准则制定过程中起到作用。使用者几乎未正式参与准则制定过程。这些结果证实了之前按照经验对国际会计准则制定过程中成员参与度所做出的预测结果，而这些预测结果的基础便是萨顿（Sutton，1984）的假设，即使用者的参与度明显比编制者低（Larson，1997；Jorissen, A., Lybaert, N., Orens, R., & van der Tas, L. 2012）。表 5-1 的数据表明，在国际会计准则制定中，编制者和使用者参与度之间的差距会随着时间变化而增大，这是因为在准则制定者改革后，使用者针对每份文件提交的意见函数量较改革前明显减少。在国际会计准则制定应循程序中关于利益相关者的批判，是财务信息使用者在正式参与阶段的缺席。

接下来，我们重点关注随着时间推移，利益相关者对准则制定者议程（即金融工具相关的、无论是否是趋同项目的其他确认、计量和披露问题）上相关议题参与度的变化情况。为了更加深入地研究单个利益相关者群体的行为变化，我们分析了不同类别成员对 IASC 和 IASB 的每份讨论稿和征求意见稿发出意见函的平均数量。此外，我们还分析了意见函的比重，该比重等于某成员方针对 IASC 和 IASB 的每份提案提交的意见函数量除以 IASC 和 IASB 收到的意见函总数。下列各表展示了平均值和比重数据，以及显著性测试结果（根据 Mann - Whitney U 检验得到）。这些测试表明在两个时间框架内各成员参与度是否发生了显著变化。表 5-2 展示了以利益相关者多样性程度衡量的成员参与度随时间变化的情况，参与度由拟议准则议题的函数表示。

在表 5-2 中，版块 A 展示了针对准则制定者日程中金融工具提案的参与度数据。我们观测后发现，若以每份提案收到意见函的平均数量衡量，在 IASC 改革后，仅有三个利益相关者群体的参与度较改革前有明显增长，这三个利益相关者群体分别为金融机构编制者协会、国家准则制定者和政府。版块 B 数据显示，在准则制定者变革前后，从参与的利益相关者数量角度看，非金融工具提案的参与行为明显增多。在准则制定者改革后，企业编制者协会、金融机构编制者个人和金融机构编制者协会、国家准则制定者、证券交易所以及顾问的参与度明显增多。

表 5-2 利益相关者针对 IASC 和 IASB 游说强度的分布情况（按准则性质分类）

成员方	平均值 IASC	平均值 IASB	Z 值	比重 IASC	比重 IASB	Z 值
版块 A：金融工具提案						
提案数量	10	9		10	9	

5 国际会计准则制定应循程序中的 IASC/IASB 成员参与度：纵向分析

续表

成员方	平均值 IASC	平均值 IASB	Z 值	比重 IASC	比重 IASB	Z 值
编制者	**30.800**	**53.222**	-1.675*	**0.380**	**0.495**	-1.307
企业编制者个人	9.800	9.667	-0.452	0.130	0.091	-1.308
企业编制者协会	4.900	7.667	-1.319	0.068	0.074	-0.327
金融机构编制者个人	8.400	14.778	-1.603	0.101	0.131	-0.817
金融机构编制者协会	7.700	21.111	-2.375**	0.081	0.198	-2.578***
非编制者	**27.400**	**43.000**	-1.881*	**0.620**	**0.505**	-1.307
会计专业机构	17.000	21.000	-1.558	0.458	0.259	-2.124**
会计师事务所	5.100	5.333	-0.515	0.154	0.067	-2.205**
行业协会	11.900	15.667	-1.637	0.304	0.192	-1.796*
使用者	0.900	0.556	-0.182	0.008	0.005	-0.044
国家准则制定者	2.400	14.000	-3.700***	0.042	0.176	-3.594***
证券交易所	2.800	3.000	-0.083	0.068	0.026	-2.206**
政府	0.700	1.778	-1.826*	0.007	0.018	-1.899*
个人	1.700	0.778	0.000	0.016	0.006	-0.221
学术界人士	1.100	0.889	-0.313	0.016	0.007	-0.927
其他利益相关方	0.800	1.000	-0.684	0.006	0.008	-0.682
顾问	0.200	0.222	-0.115	0.001	0.002	-0.114
精算师	0.600	0.778	-0.475	0.004	0.006	-0.566
合计	58.200	96.222	-1.757*			
版块 B：计量、确认和披露提案						
提案数量	34	30		34	30	
编制者	**28.206**	**45.567**	-2.294**	**0.388**	**0.396**	-0.108
企业编制者个人	15.176	16.300	-0.249	0.212	0.144	-2.684***
企业编制者协会	4.971	10.000	-3.204***	0.077	0.093	-0.962
金融机构编制者个人	4.588	10.800	-3.598***	0.054	0.089	-3.414***
金融机构编制者协会	3.471	8.467	-2.944***	0.046	0.070	-2.239**
非编制者	**37.765**	**57.567**	-3.304***	**0.612**	**0.604**	-0.108
会计专业机构	22.824	24.267	-0.451	0.386	0.283	-3.552***
会计师事务所	5.647	6.267	-1.355	0.092	0.077	-1.910*
行业协会	17.176	18.000	-0.458	0.294	0.205	-3.464***
使用者	2.324	1.867	-1.914*	0.033	0.014	-3.307***
国家准则制定者	4.559	15.033	-6.459***	0.079	0.173	-5.651***
证券交易所	1.559	2.567	-1.797*	0.020	0.023	-1.107
政府	0.588	1.767	-3.037***	0.009	0.016	-2.324**

续表

成员方	平均值 IASC	平均值 IASB	Z 值	比重 IASC	比重 IASB	Z 值
个人	2.029	4.267	-1.714*	0.028	0.032	-0.574
学术界人士	1.647	2.633	-0.264	0.026	0.019	-0.875
其他利益相关方	2.235	5.167	-2.511**	0.031	0.045	-1.762*
顾问	0.647	2.633	-2.808***	0.009	0.020	-2.549**
精算师	1.588	2.533	-1.278	0.022	0.024	-0.579
合计	**65.971**	**103.133**	-3.034***			
板块 C：不包含趋同项目的计量、确认和披露提案						
提案数量	34	19		34	19	
编制者	**28.206**	**39.368**	-0.677	**0.388**	**0.366**	-0.742
企业编制者个人	15.176	15.526	-0.836	0.212	0.139	-2.439**
企业编制者协会	4.971	8.421	-1.764*	0.077	0.090	-0.603
金融机构编制者个人	4.588	8.579	-2.050**	0.054	0.075	-2.053**
金融机构编制者协会	3.471	6.842	-1.414	0.046	0.062	-1.192
非编制者	**37.765**	**50.789**	-1.642*	**0.612**	**0.634**	-0.742
会计专业机构	22.824	21.947	-0.539	0.386	0.310	-2.012**
会计师事务所	5.647	5.947	-0.685	0.092	0.089	-0.427
行业协会	17.176	16.000	-0.780	0.294	0.221	-2.087**
使用者	2.324	1.579	-2.436**	0.033	0.011	-3.122***
国家准则制定者	4.559	13.684	-5.434***	0.079	0.190	-4.841***
证券交易所	1.559	2.211	-0.822	0.020	0.023	-0.677
政府	0.588	1.105	-1.491	0.009	0.012	-1.176
个人	2.029	3.158	-0.019	0.028	0.025	-0.607
学术界人士	1.647	1.632	-1.045	0.026	0.013	-1.723*
其他利益相关方	2.235	5.474	-2.135**	0.031	0.051	-1.889*
顾问	0.647	2.737	-1.935*	0.009	0.021	-2.107**
精算师	1.588	2.737	-1.256	0.022	0.030	-0.863
合计	**65.971**	**90.158**	-1.391			

注：上表展示了各成员方就各类型准则向 IASC 和 IASB 提交意见函的平均数量。Z 值表示利用 Mann - Whitney U 检验识别的各成员方向 IASC 和 IASB 提交意见函数量变化的显著性水平。＊＊＊、＊＊和＊分别代表显著性水平为1%、5%、10%。

就非金融工具提案而言，在两个时间框架间，仅企业编制者个人、学术界人士和精算师三个组别的参与行为未出现明显变化。就财务信息使用者而言，应国际会计准则制定者请求而回复的意见函平均数量甚至明显减少。将板块 A 和板块 B 数据进行对比，可发现准则制定者在改革后，尽管是在被征求意见时，金融机构编制者就金融工具议题回复的意见函平均数量高于其他议题，但金融机构编制者对非金融工具提案的兴趣也有所增加。改革后，两个板块（板块 A 和板块 B）均显示出编制者通过协会参与准则制定的过程变得越来越普遍。而绝大多数非编制者群体针对金融工具提案回复的意见函数量少于非金融工具提案。

当我们将趋同项目议题从非金融工具提案组别中去除后，我们发现只有金融机构编制者个人、企业编制者协会、国家准则制定者以及顾问的参与度在准则制定者改革后大幅增长（参见表 5-2 版块 C）。这些数据显示，针对非金融工具提案参与度的增长在很大程度上是标准制定者议程上趋同项目提案的驱使所致。

就这一问题而言，准则制定者改革后利益相关者多样性程度是否较改革前有所增加取决于标准制定者议程中的议题。改革后，准则制定者接收到的有关金融工具计量、确认和披露议题的意见函明显增多。同时，我们还注意到参与这些议题的利益相关者，其多样性程度也有所增加。与金融工具无关的计量、确认和披露议题仍在讨论中，60% 的意见函由非编制者提交。这其中 50% 的信函来自会计专业机构，30% 来自国家准则制定者。尽管理论上，代表型模式向技术独立型模式的转变导致会计专业机构不再代表准则制定理事会，但是会计专业机构并未明显地更多正式参与准则制定过程，以抵消对于准则制定过程直接影响的损失。我们还注意到，很大程度上，趋同提案是利益相关者更多参与非金融工具议题的主要推动因素。若关注金融工具议题的参与度，我们发现参与者多样性程度有所下降，因为在改革后 50% 的意见函由编制者提交，而改革前这一比例仅为 40%。就非编制者而言，会计专业机构和国家准则制定者为提交意见函的主力军。

5.4.2 国际会计准则制定成员参与的地域多样性程度

为了分析正式参与国际会计准则制定过程成员的地理分布，我们将反馈者划分为国际组织（包括大型国际会计师事务所）、大陆法系国家反馈者与普通法系反馈者。

在地理分布分析中，我们首先使用法律渊源作为变量，在本章接下来的部分我们再关注其他地理特征。就两个时间框架而言，我们将 84% 的意见函分配至单个国家。之后，我们发现从初期到后期，向国际准则制定者提交至少一份意见函的国家数量明显增加。在第一个时间框架内（1995—2001 年），IASC 收到了来自 58 个国家的意见函；而在第二个时间框架（2001—2007 年）内，IASB 共收到来自 81 个国家的意见函。相较于改革前，改革后参与国数量增多主要是由于中美洲、南美洲、前苏联和少数采用大陆法系的非洲和亚洲国家参与度得到了增加。在改革前后，非洲和亚洲参与国均具有普通法系（均为英联邦国家）背景。

若我们从地理分布角度探讨成员参与度，表5-3版块A数据强调了，普通法系国家对金融工具提案的游说强度明显增强。在该组别内，尤其是来自欧盟和大洋洲的编制者和非编制者向IASB提交意见函的数量最多。导致这一结果的原因主要是欧盟批准了要求所有在欧盟证券交易所上市的集团遵守IFRS的条例。另外我们还注意到，在IASB改革后，大陆法系国家编制者并未更多地参与准则制定过程（除部分未加入欧盟的东欧国家编制者以外）。相反，大陆法系国家非编制者组别开展的游说则更多。

我们认为相较于非金融工具有关议题，若将参与者所在国家采用大陆法系或普通法系因素考虑在内，金融工具相关议题参与者的地理多样性程度则会更为均衡。我们还发现，准则制定者改革后，来自全世界各地方的成员明显更多地参与了非金融工具提案的讨论（参见表5-3板块B和板块C）。然而，表5-3强调，有关该等提案的大多数意见函来自采用普通法系的成员，尤其是非编制者组别中的成员。因此，我们认为就国家法律渊源而言，相较于非金融工具提案，当金融工具提案属于准则制定者议程时，参与者地理分布更为均衡。

当我们将反馈者按其所属的文化区域分类时，我们则注意到英语国家针对每项提案回复意见函的平均数量翻了一番（参见表5-4）。尤其是，几乎所有来自英语国家的意见函均由G4+1国家提交。另外，许多来自西欧国家的成员也参与了准则制定应循程序。

表5-3 针对IASC和IASB游说强度的地理分布情况（基于法律渊源，按准则性质分类）

法律渊源	编制者			非编制者		
	平均值IASC	平均值IASB	Z值	平均值IASC	平均值IASB	Z值
版块A：金融工具提案						
提案数量	10	9		10	9	
大陆法系	17.600	25.444	-1.354	8.100	13.333	-2.344**
非洲	0.000	0.111	-1.054	0.000	0.778	-3.008***
亚洲	1.100	1.778	-0.912	1.800	2.444	-1.807*
欧盟+欧洲自由贸易联盟	16.400	23.000	-1.394	6.300	9.000	-1.859*
其他欧洲国家	0.000	0.556	-2.297**	0.000	0.444	-1.930*
中美洲	0.000	0.000	0.000	0.000	0.222	-1.534
南美洲	0.000	0.000	0.000	0.000	0.333	-1.936*

5 国际会计准则制定应循程序中的 IASC/IASB 成员参与度：纵向分析

续表

法律渊源	编制者			非编制者		
	平均值 IASC	平均值 IASB	Z 值	平均值 IASC	平均值 IASB	Z 值
大洋洲	0.100	0.000	-0.949	0.000	0.111	-1.054
普通法系	10.900	21.222	-1.843 *	11.200	19.111	-1.964 *
非洲	0.200	0.778	-2.063 **	1.300	0.556	-1.980 *
亚洲	1.000	0.111	-1.145	1.100	3.778	-3.028 ***
欧盟	4.000	12.444	-2.179 **	2.900	7.111	-2.892 ***
北美洲	3.900	3.111	-0.373	3.800	2.556	-0.501
大洋洲	1.800	4.778	-2.171 **	2.100	5.111	-2.199 **
版块 B：计量、确认和披露提案						
提案数量	34	30		34	30	
大陆法系	15.088	18.000	-1.198	11.118	16.967	-3.833 ***
非洲	0.000	0.067	-1.065	0.176	0.267	-0.357
亚洲	0.353	1.367	-3.376 ***	2.088	3.500	-3.541 ***
欧盟+欧洲自由贸易联盟	14.735	15.667	-0.761	8.206	11.933	-3.315 **
其他欧洲国家	0.000	0.133	-2.182 **	0.088	0.633	-4.326 ***
中美洲	0.000	0.033	-1.065	0.206	0.300	-0.861
南美州	0.000	0.733	-1.517	0.294	0.267	-0.268
大洋洲	0.000	0.000	0.000	0.059	0.067	-0.128
普通法系	11.353	24.600	-3.414 ***	18.088	28.500	-2.748 ***
非洲	0.882	1.300	-1.047	1.912	1.967	-0.097
亚洲	0.176	0.233	-2.087 **	2.853	4.233	-2.888 ***
欧盟	5.206	13.000	-3.998 ***	4.294	10.600	-5.068 ***
北美洲	2.794	6.833	-0.163	5.794	5.933	-1.801 *
大洋洲	2.294	3.233	-0.475	3.235	5.767	-3.363 ***
板块 C：不包含趋同项目的计量、确认和披露提案						
提案数量	34	19		34	19	
大陆法系	15.088	14.737	-0.019	11.118	14.895	-2.054 **
非洲	0.000	0.000		0.176	0.368	-0.894
亚洲	0.353	1.632	-3.161 ***	2.088	2.947	-2.140 **
欧盟+欧洲自由贸易联盟	14.735	12.789	-0.399	8.206	10.684	-1.455
其他欧洲国家	0.000	0.158	-2.363 **	0.088	0.421	-2.838 ***
中美洲	0.000	0.000		0.206	0.263	-0.473
南美州	0.000	0.158	-1.338	0.294	0.158	-0.919
大洋洲	0.000	0.000		0.059	0.053	-0.093
普通法系	11.353	22.316	-1.691 *	18.088	24.316	-1.022

续表

法律渊源	编制者			非编制者		
	平均值 IASC	平均值 IASB	Z 值	平均值 IASC	平均值 IASB	Z 值
非洲	0.882	0.789	−0.655	1.912	1.632	−1.029
亚洲	0.176	0.158	−1.088	2.853	3.474	−1.544
欧盟	5.206	11.105	−2.346**	4.294	9.211	−3.846**
北美洲	2.794	7.211	−1.137	5.794	5.000	−2.165**
大洋洲	2.294	3.053	−0.219	3.235	5.000	−2.023**

注：上表展示了不同类型准则议案下按法律渊源划分各地理位置的意见函（递交 IASC 和 IASB）平均数量。Z 值表示利用 Mann – Whitney U 检验识别的意见函数量变化的显著性水平。***、** 和 * 分别代表显著性水平为 1%、5%、10%。

在标准制定过程中，来自英语国家的利益相关者占了主导地位，这可能是因为英语是对私营部门会计准则制定更为熟悉的成员（大多数成员来自 G4 + 1 国家）所经常使用的语言（Standis, 2003）。

就地理位置差异而言，若按各国人均 GDP 或国内资本市场发展现状对意见函的作者进行分类，我们发现大多数意见函来自高人均 GDP 和更发达水平资本市场的国家。尽管准则制定者改革后，来自新兴或发展中国家的成员也正式参与了会计准则制定过程，但归属于该等国家的意见函数量仍然较少。这表明，IASB 需要考虑采用其他机制，以促进该等经济体的成员能就影响本国经济结果的提案发表意见。直到最近一次，IASB 于 2010 年 1 月 26 日修正其宗旨，明确指出负责编制准则的 IASB 应充分考虑新兴经济体的特殊需求。然而，在最新宗旨中，"新兴经济体"被"不同经济背景中的各类实体"所替代。让人不禁怀疑，宗旨措辞的改变是否暗示着对新兴经济体需求关注的减少。

为了将地理分布分析进一步细化到单一国家层面，我们重点研究那些经常游说的国家。若某国编制者和非编制者对准则制定者发布的议题至少回复了半数以上，我们则将其划分为经常游说国家。按照这一标准，八个国家（澳大利亚、法国、德国、南非、瑞士、荷兰、英国和美国）属于这一类别。

表 5 – 4　对 IASC 和 IASB 游说强度的地理分布情况（基于文化区域、资本市场发展和 GDP，按准则性质划分）

国家特征	编制者			非编制者		
	平均值 IASC	平均值 IASB	Z 值	平均值 IASC	平均值 IASB	Z 值
版块 A：金融工具提案						
提案数量	10	9		10	9	
文化区域						

5 国际会计准则制定应循程序中的 IASC/IASB 成员参与度：纵向分析

续表

国家特征	编制者			非编制者		
	平均值 IASC	平均值 IASB	Z 值	平均值 IASC	平均值 IASB	Z 值
非洲	0.200	0.778	−2.063 **	1.300	1.333	−0.050
英语国家	9.700	20.333	−1.967 **	9.000	16.000	−2.008 **
远东	2.200	1.889	−0.563	2.600	5.111	−2.573 **
拉丁美洲	0.000	0.000	0.000	0.000	0.556	−2.673 ***
地中海	0.000	0.222	−1.534	0.100	0.000	−0.949
西欧	16.400	22.667	−1.310	6.300	8.556	−1.783 *
东欧	0.000	0.778	−3.008 ***	0.000	0.889	−2.291 **
资本市场发展						
发展中市场	0.000	0.667	−1.928 *	0.600	2.778	−2.997 ***
新兴市场	0.400	1.778	−2.594 ***	1.400	3.778	−2.371 **
发达市场	28.100	44.222	−1.512	17.300	25.889	−1.722 *
人均 GDP						
低收入	0.200	0.111	−0.516	0.700	2.444	−2.464 **
中等收入	0.200	1.444	−2.679 ***	1.200	2.667	−2.214 **
高收入	28.100	45.111	−1.594	17.400	27.333	−1.886 *
板块 B：计量、确认和披露提案						
提案数量	**34**	**30**		**34**	**30**	
文化区域						
非洲	0.882	1.367	−1.096	2.059	2.233	−0.172
英语国家	10.294	23.067	−3.442 ***	13.824	22.800	−2.870 ***
远东	0.500	1.567	−3.857 ***	3.971	7.000	−4.025 ***
拉丁美洲	0.000	0.767	−1.517	0.588	0.667	−0.522
地中海	0.029	0.000	−0.939	0.471	0.200	−1.724 *
西欧	14.735	15.600	−0.741	7.706	11.467	−3.473 ***
东欧	0.000	0.233	−2.961 ***	0.588	1.100	−2.174 **
资本市场发展						
发展中市场	0.059	0.700	−2.344 **	2.971	2.300	−1.272
新兴市场	0.882	2.400	−2.166 **	2.676	5.733	−4.333 ***
发达市场	25.500	39.500	−2.106 **	23.559	37.433	−3.238 ***
人均 GDP						
低收入	0.029	0.267	−1.547	2.176	2.333	−0.528
中等收入	0.882	2.533	−2.100 **	2.824	3.733	−1.773 *
高收入	25.529	39.800	−2.127 **	24.206	39.400	−3.528 ***

续表

国家特征	编制者			非编制者		
	平均值 IASC	平均值 IASB	Z 值	平均值 IASC	平均值 IASB	Z 值
板块 C：不包含趋同项目的计量、确认和披露提案						
提案数量	34	19		34	19	
文化区域						
非洲	0.882	0.789	-0.655	2.059	2.000	-0.485
英语国家	10.294	21.368	-1.738*	13.824	19.632	-1.468
远东	0.500	1.737	-3.167***	3.971	5.842	-2.488**
拉丁美洲	0.000	0.158	-1.338	0.588	0.474	-0.326
地中海	0.029	0.000	-0.748	0.471	0.158	-1.874*
西欧	14.735	12.737	-0.418	7.706	10.211	-1.700*
东欧	0.000	0.263	-3.113***	0.588	0.895	-0.638
资本市场发展						
发展中市场	0.059	0.211	-0.648	2.971	2.000	-0.983
新兴市场	0.882	1.579	-0.773	2.676	4.474	-2.731***
发达市场	25.500	35.263	-0.529	23.559	32.737	-1.420
人均 GDP						
低收入	0.029	0.105	-1.135	2.176	1.947	-0.294
中等收入	0.882	1.684	-0.703	2.824	2.947	-0.481
高收入	25.529	35.263	-0.529	24.206	34.316	-1.764

注：上表展示了按文化区域、资本市场发展和 GDP 划分向 IASB 和 IASC 提交意见函的平均数量。Z 值表示按文化、资本市场发展和 GDP 划分后，利用 Mann–Whitney U 检验识别各组别国家提交意见函数量变化的显著性水平。***、** 和 * 分别代表显著性水平为 1%、5%、10%。

如表 5-5 所示，在各组经常游说的国家中，英国成员参与度的增长幅度最为显著。如前文所述，这一增长可能主要因为英国从自愿遵守 IFRS 向强制要求遵守转变。我们还发现，德国成员就金融工具相关议题回复的意见函数量紧随英国，其次是瑞士和法国。就非金融工具计量、确认和披露议题而言，英国和美国的编制者回复意见函平均数量最多，接下来依次为瑞士、德国和法国。就非编制者而言，三个前 G4+1 国家（英国、美国和澳大利亚）回复的意见函数量最多。

我们又一次注意到根据准则制定者议程中的议案，准则议题不同，回复意见函的数量就不同。非金融工具议题获得了 G4+1 成员国最多的评论；而就金融工具议题而言，来自法国、德国和瑞士的成员与 G4+1 国家的成员表现同样积极，至少就编制者组别而言是如此。

表5-5 回复意见函的主要国家针对IASC和IASB的游说强度（按准则性质分类）

国家	编制者			非编制者		
	平均值IASC	平均值IASB	Z值	平均值IASC	平均值IASB	Z值
板块A：金融工具提案						
提案数量	**10**	**9**		**10**	**9**	
澳大利亚	1.800	3.667	-1.708*	1.500	2.778	-1.921*
法国	4.300	4.333	-1.487	1.000	1.000	0.000
德国	2.300	7.222	-1.816*	1.600	2.444	-2.112**
南非	0.200	0.778	-2.063*	0.900	0.333	-2.489**
瑞士	4.700	4.111	-0.536	0.300	0.222	-0.374
荷兰	3.200	1.000	-0.566	1.200	1.000	-1.668
英国	3.700	11.556	-2.229**	2.600	6.111	-2.600**
美国	3.600	3.111	-0.373	2.400	1.333	-0.673
板块B：计量、确认和披露提案						
提案数量	**34**	**30**		**34**	**30**	
澳大利亚	2.265	2.933	-0.055	2.412	4.167	-3.106***
法国	2.118	3.400	-2.368**	1.088	1.233	-0.811
德国	2.471	3.600	-1.236	1.500	2.800	-3.917***
南非	0.853	1.300	-1.135	0.882	1.067	-0.636
瑞士	5.294	4.867	-0.664	0.882	0.633	-1.476
荷兰	2.588	1.033	-1.411	0.912	1.067	-1.672*
英国	4.912	12.367	-4.086***	4.088	9.467	-4.669***
美国	2.324	6.000	-0.041	4.059	3.967	-2.422**
板块C：不包含趋同项目的计量、确认和披露提案						
提案数量	**34**	**19**		**34**	**19**	
澳大利亚	2.265	2.947	-0.381	2.412	3.737	-2.220**
法国	2.118	2.632	-0.946	1.088	0.947	-0.622
德国	2.471	3.053	-0.285	1.500	2.737	-3.090***
南非	0.853	0.789	-0.586	0.882	0.895	-0.022
瑞士	5.294	4.158	-1.158	0.882	0.526	-1.860*
荷兰	2.588	0.947	-1.733*	0.912	1.105	-1.769*
英国	4.912	10.526	-2.429**	4.088	8.263	-3.553***
美国	2.324	6.842	-0.822	4.059	3.263	-2.646***

注：上表展示了被归类为经常游说国家向IASC和IASB提交意见函的平均数量。Z值表示利用Mann-Whitney U检验识别的各国提交意见函数量变化的显著性水平。***、**和*分别代表显著性水平为1%、5%、10%。

5.5 结论

作为私营机构的 IASB，其合法性的获得是其获得认可成为全球性准则制定者的关键所在。就此而言，参与准则制定过程的成员多样性程度十分重要。对 1995—2007 年呈递给国际会计准则制定者的 7 442 封意见函进行的分析表明，正式参与国际会计准则制定过程的成员数量有所增长。

整体而言，数据显示，编制者向 IASB 提交的意见函占了绝大部分。同时，在准则制定者改革后，通过其所在机构间接参与准则制定过程的编制者数量也有所增加；财务报告使用者（用户）这一利益相关者群体的正式参与度有所减弱，然而，会计专业机构、学术界人士和精算师的参与度并未随时间改变。国家会计准则制定者这一利益相关者群体在改革后的正式参与中变得十分活跃。这一转变并不出人意料，因为国家准则制定者将针对上市公司制定准则的权力让与了 IASB。

我们认为，准则制定者日程议题不同、成员类别不同，成员参与度随着时间推移也会有不同变化。我们注意到，随着时间的推移，成员在非金融工具的计量、确认和披露议题方面的参与度增幅最大。然而，相较金融工具议题而言，该等提案按地理多样性分类显示的分布结果更加偏倚，原因是绝大部分意见函来自前 G4 + 1 成员国（尤其是澳大利亚、美国和英国）。特别是，当 IASC 转变为 IASB 后，英国正式参与准则制定活动的次数明显增多。因此，我们注意到非金融工具相关议题方面的地理分布有所偏倚。

就金融工具议题而言，数据显示，英国、瑞士、德国和法国编制者回复的意见函数量最多。来自发达市场、拥有高人均 GDP 的国家仍占参与者的绝大多数。就有关成员金融危机期间对国际会计准则制定过程参与的批判而言，我们注意到（尤其是考虑到与金融工具相关的有关事件），成员（尤其是编制者）的地理位置表现在成员为回应准则制定者的提议而采取的所有行动中最具多样性。关于利益相关者代表的批判更适用于与非金融工具相关的议案，因为回应主要由前 G4 + 1 国家主导。

在准则制定者改革过程中，许多因素发生了变化（应循程序的改变、代表型机构转变为独立型准则制定机构），相关国家也颁布了许多与以往不同的规定（部分国家将对 IAS 的自愿遵守转变为强制遵守）。因此，难以确定是何种原因引发成员参与行为的变化，这些变化可能系多种因素共同作用下所产生。自 2005 年起，英国公司必须遵守 IAS 规定这一事实可能是导致参与度增加的最大因素。参与度的增加也充分体现在 G4+1 国家成员在非金融工具确认、计量和披露议题方面的意见函回复数量上。

附录　国际会计准则委员会和国际会计准则理事会发布的征求意见文件

编号	议题	金融工具提案	计量和确认提案	趋同提案	日期	接收到的意见函数量
	国际会计准则理事会发布的以供评论的文件					
1	有关集团以现金结算股份支付交易的征求意见稿（针对《国际财务报告第 2 号——以股份为基础的支付》及《国际财务报告解释公告第 11 号和国际财务报告准则第 2 号——集团和库存股份交易》修订征求意见）		×		2007 年 12 月	44
2	《国际财务报告准则第 1 号——首次采用国际财务报告准则》和《国际会计准则第 27 号——合并财务报表和单独财务报表》修正案征求意见稿		×		2007 年 12 月	64
3	《国际会计准则第 39 号——金融工具：确认和计量》（套期会计的资格确认）拟议修正案征求意见稿	×			2007 年 9 月	75
4	第 9 号征求意见稿：合营安排		×	×	2007 年 9 月	115
5	讨论稿：关于保险合同的初步意见		×	×	2007 年 5 月	162
6	《中小型实体国际财务报告准则》草案征求意见稿				2007 年 2 月	162
7	有关国家控制主体和关联方定义的征求意见稿（针对《国际会计准则第 24 号》修订征求意见）		×		2007 年 2 月	72
8	有关修订国际财务报告准则——针对子公司投资成本首次采用国际财务报告准则的征求意见稿		×		2007 年 1 月	49
9	讨论稿：公允价值计量		×	×	2006 年 11 月	136
10	讨论稿：关于改善财务报告概念框架的初步意见		×	×	2006 年 7 月	179
11	《国际会计准则第 32 号——金融工具：列报》和《国际会计准则第 1 号——财务报表列报：可以公允价值卖回的金融工具和诉讼义务》拟议修正案征求意见稿	×			2006 年 6 月	88
12	《国际会计准则第 23 号——借款成本》拟议修正案		×	×	2006 年 8 月	87

续表

编号	议题	金融工具提案	计量和确认提案	趋同提案	日期	接收到的意见函数量
13	《国际会计准则第1号——财务报表列报》拟议修正案		×	×	2006年7月	129
14	《国际财务报告准则第2号——行权条件与取消》拟议修正案		×		2006年5月	56
15	讨论稿：财务报告计量基础——初始确认计量		×		2006年3月	86
16	讨论稿：管理层评论		×		2006年2月	112
17	第8号征求意见稿：经营分部		×	×	2006年2月	105
18	《国际会计准则第27号——合并财务报表和单独财务报表》拟议修正案		×	×	2005年11月	94
19	《国际财务报告准则第3号——企业合并》拟议修正案		×	×	2005年10月	164
20	第1号技术修正草案（DTC）：《国际会计准则第21号——外汇汇率改变的影响——境外经营净投资》拟议修订案		×		2005年10月	33
21	《国际会计准则第37号——准备、或有负债及或有资产》和《国际会计准则第19号——员工福利》拟议修订案		×		2005年10月	123
22	关于会计准则制定者作用及其与国际会计准则理事会联系的谅解备忘录草案				2005年8月	66
23	《国际财务报告准则第6号——矿产资源的勘探和评价》以及国际财务报告准则《首次采用国际财务报告准则》的修正案		×		2005年6月	24
24	关于国际会计准则理事会准则中适用于中小型实体（SME）使用的国际财务报告准则（IFRS）中确认、计量原则可能出现变更的员工调查问卷				2005年6月	98
25	第7号征求意见稿：金融工具：披露	×			2004年10月	104
26	《国际会计准则第39号——金融资产和金融负债的转让和初始确认》拟议修正案	×			2004年10月	37
27	《国际会计准则第39号——预测集团内部交易的现金流套期会计》拟议修正案	×			2004年10月	57
28	《国际会计准则第39号——财务担保合同和信用保险》拟议修正案	×			2004年10月	61
29	讨论稿：关于中小型实体会计准则的初步意见				2004年10月	120

续表

编号	议题	金融工具提案	计量和确认提案	趋同提案	日期	接收到的意见函数量
30	《国际财务报告准则第3号——通过合同或共同实体的企业合并》拟议修正案		×		2004年8月	77
31	《国际会计准则第19号——员工福利：精算损益、集团计划和披露》		×		2004年8月	92
32	《国际会计准则第39号——金融工具：确认和计量：公允价值选择权》拟议修正案		×		2004年7月	116
33	国际会计准则理事会审议过程文件				2004年6月	50
34	第6号征求意见稿：矿产资源的勘探和评价		×		2004年5月	72
35	针对利率风险套期组合公允价值套期会计的征求意见稿	×			2003年12月	122
36	第4号征求意见稿：非流动资产的处置和终止经营列报		×	×	2003年12月	85
37	第5号征求意见稿：保险合同		×		2003年12月	134
38	第3号征求意见稿：企业合并		×	×	2003年11月	128
39	《国际会计准则第32号——金融工具：披露和列报》和《国际会计准则第39号——金融工具：确认和计量》拟议修正案	×			2003年9月	207
40	第2号征求意见稿：以股份为基础的支付		×		2003年9月	242
41	国际会计准则修订文件		×		2003年4月	159
42	第1号征求意见稿：首次采用国际财务报告准则		×		2003年2月	83
43	《国际会计准则第19号——员工福利：资产上限》		×		2002年4月	34
44	国际财务报告准则前言				2002年4月	77
45	讨论稿：以股份为基础的支付核算（第二次征稿）		×		2001年12月	164
合计						4 532
46	《国际会计准则第39号》指导问题和答案草案（第6期）	×			2001年11月	23
47	议题手册——采掘业		×		2001年6月	52
48	准则草案和结论依据——金融工具及类似项目	×			2001年6月	122
49	《国际会计准则第39号》实施指南问题和答案（第5期）	×			2001年4月	19
50	《国际会计准则第39号》实施指南问题和答案（第4期）	×			2000年11月	20

续表

编号	议题	金融工具提案	计量和确认提案	趋同提案	日期	接收到的意见函数量
51	讨论稿：以股份为基础的支付核算		×		2000年10月	29
52	第68号征求意见稿：股息所得税（国际会计准则第12号有限修订版）		×		2000年9月	33
53	《国际会计准则第39号》实施指南问题和答案（第3期）	×			2000年9月	14
54	第67号征求意见稿：员工福利（国际会计准则第19号有限修订版）		×		2000年9月	39
55	第66号征求意见稿：金融工具：确认和计量及其他相关准则（国际会计准则第39号有限修订版）	×			2000年9月	42
56	讨论稿：租赁：实施新方法		×		2000年7月	29
57	G4+1集团特别报告：合营企业和类似安排权益报告		×		2000年7月	9
58	《国际会计准则第39号》实施指南问题和答案（第2期）	×			2000年7月	19
59	《国际会计准则第39号》实施指南问题和答案（第1期）	×			2000年7月	31
60	议题手册：保险		×		2000年5月	138
61	讨论稿：非互惠转让（不包括所有者捐赠）核算		×		2000年5月	5
62	第65号征求意见稿：农业		×		2000年1月	63
63	讨论稿：财务绩效报告		×		1999年12月	54
64	讨论稿：塑造国际会计准则委员会的未来				1999年12月	85
65	第64号征求意见稿：投资性房地产		×		1999年10月	122
66	讨论稿：关于企业合并核算方法实现趋同的建议			×	1999年3月	35
67	第63号征求意见稿：资产负债表日后事项		×		1999年2月	54
68	第62号征求意见稿：金融工具：确认和计量	×			1998年9月	119
69	第61号征求意见稿：企业合并		×		1997年11月	24
70	第60号征求意见稿：无形资产		×		1997年11月	99
71	第59号征求意见稿：或有负债和或有资产		×		1997年11月	100
72	第58号征求意见稿：终止经营		×		1997年11月	78
73	第57号征求意见稿：中期报告		×		1997年10月	82
74	第55号征求意见稿：资产减值		×		1997年8月	92

5 国际会计准则制定应循程序中的 IASC/IASB 成员参与度：纵向分析

续表

编号	议题	金融工具提案	计量和确认提案	趋同提案	日期	接收到的意见函数量
75	第 56 号征求意见稿：租赁		×		1997 年 7 月	105
76	原则公告草案（DSOP）：终止经营		×		1997 年 7 月	58
77	讨论稿：金融资产和金融负债的核算	×			1997 年 7 月	173
78	原则公告草案：农业		×		1997 年 4 月	43
79	第 54 号征求意见稿：员工福利		×		1997 年 1 月	141
80	原则公告草案：准备和或有事项		×		1997 年 1 月	80
81	原则公告草案：中期报告		×		1996 年 11 月	62
82	第 53 号征求意见稿：财务报表列报		×		1996 年 10 月	88
83	第 52 号征求意见稿：每股收益		×		1996 年 6 月	77
84	第 51 号征求意见稿：按分部报告财务信息		×		1996 年 6 月	79
85	议题手册：退休金——其他员工福利		×		1996 年 6 月	57
86	议题手册：中期财务报告		×		1996 年 6 月	40
87	第 33 号征求意见稿：所得税		×		1996 年 3 月	45
88	第 50 号征求意见稿：无形资产（商誉和研发）		×		1995 年 11 月	88
89	原则公告草案：财务报表列报		×		1995 年 6 月	62
90	第 49 号征求意见稿（第 33 号征求意见稿修订版）		×		1995 年 5 月	81
	合计					2 910

注：上表列示了国际会计准则委员会（1995—2001 年）和国际会计准则理事会（2001—2007 年）发布的会计提案。在上表中，FI 表示金融工具提案，MR 表示计量和确认提案，CVG 表示趋同提案。

参考文献

Amershi, A., Demski, J., & Wolfson, M. (1982). Strategic behaviour and regulation research in accounting. *Journal of Accounting and Public Policy*, 1 (1) 19 – 32.

Bengsston, E. (2011). Repoliticalization of accounting standard setting – the FASB, the EU and the global financial crisis. *Critical Perspectives on Accounting*, 22 (6) 567 – 580.

Bhimani, A. (2008). The role of a crisis in reshaping the role of accounting. *Journal of Accounting and Public Policy*, 27 444 – 454.

Botzem, S., & Quack, S. (2009). (No) limits to Anglo – American accounting? reconstructing the history of the international accounting standards committee: A review article. *Accounting, Organizations and Society*, 34, 988 – 998.

Burlaud, A., & Colasse, B. (2011). International accounting standardisation: Is politics back? *Accounting in Europe*, 8 (1), 23 –47.

Cairns, D. (1997). The future shape of harmonization: a reply, *The European Accounting Review*, 6 (2), 305 –348.

Camfferman, K., & Zeff, S. (2007). *Financial reporting and global capital markets: A history of the international Accounting Standards Committee* 1973 –2000. Oxford: Oxford University Press.

Colson, R., Benston, G., Carmichael, D., Christensen, T., Jamal, K., Moehrle, S., et al. (2009). Response to FAF exposure draft, "proposed changes to oversight, structure, and operations of the FAF, FASB, and GASB". *Journal of Accounting and Public Policy*, 28 (1), 51 –57.

Dyckman, T. (1988). Credibility and the formulation of accounting standards under the financial accounting standards board. *Journal of Accounting Literature*, 7, 1 –30.

Elbannen, M., & McKinley, W. (2006). A theory of the corporate decision to resist FASB standards. *Accounting, Organizations and Society*, 37 (7), 601 –622.

Emenyony, E., & Gray, S. (1996). International accounting harmonization and the major developed stock market countries: An empirical study. *The International Journal of Accounting*, 31 (3), 269 –279.

Financial Crisis Advisory Group (FCAG). (2009). Report of the financial crisis advisory group, consulted at 26 June 2012 at http: //www.ifrs.org/nr/rdonlyres/2d2862cc –befc –4a1e –8ddcf159b78c2aa6/0/fcagreportjuly2009.pdf.

Financial Stability Forum. (2009). *Report of the financial stability forum on addressing procyclicality of the financial system*. http: //www.fsforum.org/publications/r_ 0904a.pdf. Accessed June 2010.

Flower, J. (1997). The future shape of harmonization: The EU versus the IASC versus the SEC. *The European Accounting Review*, 6 (2), 281 –304.

Fulbier, R., Hitz, J., & Sellhorn, T. (2009). Relevance of academic research and researcher's role in the IASB's financial reporting standard setting. *Abacus*, 45 (5), 455 –492.

G20. (2009). Declaration on strengthening the financial system. London 2 April 2009.

http: // www.g20.org/Documents/Fin_ Deps_ Fin_ Reg_ Annex020409 –1615final.pdf. Accessed Dec 2010.

Georgiou, G. (2002). Corporate non –participation in the ASB standard –setting process. *European Accounting Review*, 11 (4), 699 –722.

Georgiou, G. (2004). Corporate lobbying on accounting standards methods, timing and perceived effectiveness. *Abacus*, 40 (2), 219 –237.

Georgiou, G. (2005). Investigating corporate management lobbying in the UK accounting standard –setting process: A multi –issue/multi –period approach. *Abacus*, 41 (3), 323 –347.

Guenther, D., & Hussein, A. (1995). Accounting standards and national tax laws: The IASC and the ban on LIFO. *Journal of Accounting and Public Policy*, 14, 115 –141.

High‑Level Group of Financial Supervision in the EU. (2009). Report http://ec.europa.eu/internal_market/finances/docs/de_larosiere_report_en.pdf. Accessed June 2010.

Johnson, S., & Solomons, D. (1984). Institutional legitimacy and the FASB. *Journal of Accounting and Public Policy*, 3 (3), 167–183.

Johnston, D., & Jones, D. (2006). How does accounting fit into a firm's political strategy? *Journal of Accounting and Public Policy*, 25, 195–228.

Jorissen, A., Lybaert, N., & van de Poel, K. (2006). Lobbying towards a global standard setter—do national characteristics matter? An analysis of the comment letters written to the IASB. In G. N. Gregiou & M. Gaber (Eds.), *International accounting standards, regulations and financial reporting*. Amsterdam: Elsevier.

Jorissen, A., Lybaert, N., Orens, R., & van der Tas, L. (2012). Formal participation in the IASB's due process of standard setting: A multi-period analysis. *The European Accounting Review*, . doi: 10.1080/09638180.2010.522775.

Kenny, S., & Larson, R. K. (1993). Lobbying behavior and the development of international accounting standards: The case of IASC's joint venture project. *The European Accounting Review*, 2 (3), 531–554.

Kenny, S. Y., & Larson, R. K. (1995). The development of international accounting standards: An analysis of constituent participation in standard-setting. *The International Journal of Accounting*, 30 (4), 283–301.

Kirsch, R. (2006). *The international accounting standards committee: A political history*. London: IASC.

Knorr, L., & Ebbers, G. (2001). IASC. In D Ordelheide, & KPMG (Eds.), *Transnational Accounting* (2nd ed.). Palgrave, New York.

Königsgruber, R. (2010). A political economy of accounting standard setting. *Journal of Management and Governance*, . doi: 10.1007/s10997-009-9101-1.

Larson, R. K. (1997). Corporate lobbying of the international accounting standards committee. *Journal of International Financial Management and Accounting*, 8 (3), 175–203.

Larson, R. K. (2007). Constituent participation and the IASB's international financial reporting interpretations committee. *Accounting in Europe*, 4 (1–2), 207–254.

Larson, R. K., & Brown, K. L. (2001). Lobbying of the international accounting standards committee: The case of construction contracts. *Advances in International Accounting*, 14, 47–73.

Leuz, C. (2010). Different approaches to corporate reporting regulation: How jurisdictions differ and why? *Accounting and Business Research*, 40 (3), 229–256.

Licht, A., Goldschmidt, C., & Schwartz, S. (2007). Culture rules: The foundation of the rule of law and other norms of governance. *Journal of Comparative Economics*, 35 (4), 659–688.

MacArthur, J. B. (1996). An investigation into the influence of cultural factors in the international lobbying of the international accounting standards committee: The case of E32, comparability of financial statements. *The International Journal of Accounting*, 31 (2), 213 – 237.

MacArthur, J. B. (1999). The impact of cultural factors on the lobbying of the international accounting standards committee on E32: Comparability of financial statements: An extension of MacArthur to accounting member bodies. *Journal of International Accounting, Auditing and Taxation*, 8 (2), 315 – 335.

MSCI (2012) Index Definitions. Available at http://www.msci.com/products/indices/tools/. Consulted on 10 May 2012.

Richardson, A., & Eberlein, B. (2011). Legitimating transnational standard – setting: The case of the international accounting standards board. *Journal of Business Ethics*, 98, 217 – 245.

Schwartz, S. (2004). Mapping and interpreting cultural differences around the world. In H. Vinken, J. Soeters, & P. Ester (Eds.), *Comparing cultures* (pp. 43 – 73). Leiden: Brill Academic Publishers.

Standish, P. (2003). Evaluating national capacity for direct participation in international accounting harmonization: France as a test case. *Abacus*, 39 (2), 186 – 210.

Street, D. (2005). Inside G4 + 1: *The working group's role in the evolution of the international standard setting process.* London: Centre for Business Performance, ICAEW.

Street, D. (2006). The G4's role in the evolution of the international accounting standard setting process and partnership with the IASB. *Journal of international Accounting, Auditing and Taxation*, 15, 109 – 126.

Sutton, T. G. (1984). Lobbying of accounting standards – setting bodies in the UK and the USA: A Downsian analysis. *Accounting, Organizations and Society*, 9 (1), 81 – 95.

Tandy, P., & Wilburn, N. (1992). Constitution participation in standard – setting: The FASB's first 100 statements. *Accounting Horizons*, 6 (2), 47 – 58.

Wallace, O. (1990). Survival strategies of a global organization: The case of the IASC. *Accounting Horizons*, 4 (2), 1 – 22.

Watts, R. L., & Zimmerman, J. L. (1978). Towards a positive theory of the determination of accounting standards. *The Accounting Review*, 53 (1), 112 – 134.

Watts, R. L., & Zimmerman, J. L. (1986). *Positive accounting theory.* Englewood Cliffs: Prentice – Hall.

World Bank. (2006). *World development report* 2007: *Development and the next generation.* Washington, DC: The World Bank.

Wyatt, A. (1992). An era of harmonization. *Journal of International Management and Accounting*, 4 (1), 63 – 80.

Zeff, S. (2012). The evolution of the IASC into the IASB and the challenges it faces. *The Accounting Review*, 87 (3), 807 – 837.

6 地位危机？审计师责任及审计价值

克里斯托弗·汉弗莱（Christopher Humphrey）
安娜·萨姆索诺娃（Anna Samsonova）[①]

摘要：尽管一直在尝试寻找合适的监管方案，法定审计师的民事责任问题和之前对法定审计师的一些限制等方面仍然涌现出很多不同的看法和观点。本章分析表明，这些不同的看法和观点都是极具特点的，这不仅因为它们来自不同的利益相关者群体，还因为不同国家对审计师责任的性质和范围的界定不同。本章的很多分析显示，审计师责任之争和对监管解决方案的孜孜以求都潜在地阻碍了对审计师专业身份、满足公众预期的专业胜任能力以及这种能力（和作为）在不同国家和文化背景中适应程度的关注。

6.1 引言

"审计师行业当前面临的问题是考量如何'清晰认定'责任以及审计造成损失程度与会计师过错严重性之间的因果关系"（凯瑞，1965，第415页）。"如果审计改革旨在阻止新的全球金融危机，那么关于审计师责任问题的争论就很有必要"（戴维斯，ACCA 技术主管，2012）。[②]

以上两条相隔近半个世纪的评论共同指向了一个耐人寻味的现象——尽管争论多年，大量监管方案都在尝试制定有关的公共政策方案，但审计师的民事责任问题仍然是会计行业内最受关注的问题之一。该行业多年来都关注审计师诉讼量的提升，这些诉讼都是由依赖审计师判断进行决策的审计客户和第三方提起的（塔利，

---

① C. Humphrey · A. Samsonova
联系地址：Accounting and Finance Group, Manchester Business School, University of Manchester, Manchester, UK
电子邮箱：Anna. Samsonova@ mbs. ac. uk
C. Humphrey
电子邮箱：Chris. Humphrey@ mbs. ac. uk

② 参见 ACCA 网站（www. accaglobal. com/en/member/cpd/auditingassurance/planning/sharper – shield. html），文章名为"A shared shield"。

2006)。对审计行业的批评常常通过公众不信任审计师的恰当履职等信号表现出来，一些大公司的倒闭（如 2001 年的安然公司、2008 年的雷曼兄弟公司）则会显著地强化公众对审计师的不信任（西卡，2008；奎克等，2008 等）。审计行业则老生常谈般强调它们所处的不公平的、惩罚性的、难以应付的法律地位，并指责"诉讼的风行"（安达信公司，1992，p. 11）"离谱的现行赔偿标准"（ICAA，1995，p. 11）和"许多审计事物所面临灭顶之灾"的可能（沃德，1999，p. 388）。

近年来一些起诉审计师的案件，如英国公平人寿保险公司向安永索赔 20 亿英镑，毕马威（KPMG）因为对美国次贷机构新世纪金融公司[①]的失败审计而赔付 10 亿美元，使得关于审计师的争论再次备受关注。四大审计师事务所经常强调任何以上这类诉讼都对审计行业的生存产生威胁。英国德勤的国家审计技术合伙人马迪恩·琼斯（Martyn Jones）基于对审计合伙人和公司潜在股东的实际和潜在的诉讼损失，做出当公司不能自由地订立合约[②]时"世界末日仍然存在"的结论。

将审计师连带责任替换为有限责任（如封顶赔偿金额或比例责任[③]）全行业愿望更使上述声音得到有力支持。审计行业里，尤其是行业领先企业，都积极在本国和国际层面促成该项改革（参见罗伯特等，2003；汉佛莱、萨姆索诺娃，2012）。然而，这些努力所获得的巨大进展利弊究竟如何还有待商榷。例如，在英国，为促成审计师有限责任而长期进行的活动一直强调国家审计部门和社会大众的不作为会带来灾难性的后果（参见《会计年代》，1993，1994，1995；《会计师》，2003；《周日泰晤士报》，2004）。对公司法的修订最终在 2006 年确定下来，法案中虽没有指定合乎侵权责任法的任何有限责任，但规定了任何对有限责任的适用和细节都应该加以明确，并记录在审计师和公司股东签订的合同中。在美国，四大审计师事务所 2008 年对美国财政部咨询委员会起草的有关审计草案的反馈提供了关于他们愿

[①] 在第一个例子中，安永公司及其前合伙人凯文·马克纳马拉 2008 年对公平人寿保险公司审计期间因缺乏专业胜任能力受罚款的案子达 20 多家，罚款达 420 万英镑。然而，在安永上诉之后，最初的判决被推翻，罚款减至 50 万英镑。在第二个例子中，作为美国第二大次级贷款机构的新世纪金融公司，其债权人声称毕马威的审计是"鲁莽和有严重疏忽的"。这一评价同样出现在美国司法部任命的法官迈克尔·米切尔 2008 年的报告中。报告认为，毕马威在"关键方面"造成了新世纪公司的失败，例如建议使用特殊方法计算公司准备以掩盖拖欠未还的贷款。在 2010 年 7 月，据报道，这场起诉在毕马威支付了 4 475 万美元的情况下达成了和解。不过，这样的起诉与和解都未能平息社会上对审计专业能力的批评。媒体纷纷对审计方由于缺乏责任心而未能在事前发现诸如公平人寿公司的丑闻提出批评和质疑。详情参见鲁斯·萨德兰德于 2010 年发表在《观察家》杂志的文章（http://www.guardian.co.uk/business/2010/jun/06/equitable-life-ernst-and-young）。

[②] 参见《金融时报》2005 年 10 月 12 日（http://www.ft.com/cms/s/0/102da602-3b85-11da-b7bc-00000e2511c8.html）。

[③] 审计师比例责任是指可以要求审计师提供与其过失比例相当的赔偿。

望的又一例证，那就是他们想让政府相信他们应该承担的是有限责任（参见《审计质量中心》，2008a，2008b；安永，2008；格兰特·桑顿，2008）。不过，财政部咨询委员会的最终草案并没有将审计责任作为一个建议改革的领域。

有证据表明有些国家已经选择使用了某种形式的法定审计师有限责任（如澳大利亚、奥地利、比利时、德国、希腊以及斯洛文尼亚），这些国家适用有限责任可以看做是审计行业及一些关联游说活动的结果。在澳大利亚，一系列有关审计师责任的改革带来了2004年比例责任的实施，进而取代了此前施行的连带责任。此外，澳大利亚的个别洲（如新南威尔士州）除了比例责任外还推出了有限责任制度和强制性责任保险。除了澳大利亚支持有限责任以外，为审计行业服务的保险市场的失调同样促成了以上向有限责任的转变。有限责任有助于达成保险市场保险水平和审计业务供应[①]之间的平衡。

此外，个别国家对审计责任的选择也成为了其他国家选择的理由。在最近的报告《审计变革：风险与责任对等》中，英国特许公认会计师公会（ACCA）指出澳大利亚和其他支持有限责任的国家的做法可以作为"对审计责任的改革争论已经被广泛接受"的最好例证。尽管如此，审计行业在国际层面上推动审计师责任改革的努力还没有达到"一种责任，普遍适用"的程度。举个例子，欧盟里备受瞩目的有限责任推广并没有对欧盟成员施加明确的义务进而强制要求其实行有限责任。而且，欧盟委员会最近的审计绿皮书中甚至都没有提到责任改革的问题。

在本章中，我们考虑了造成审计师责任制度不明朗状态的根本原因，以吸引监管层和各相关方的注意与讨论。这样的分析有力地表明，在审计师有限责任改革问题上不太可能达成广泛、长期的国际共识。此外，我们还认为，寻求审计师责任之争的统一解决方法转移了关于审计师的审计专业身份和达到公众预期审计能力的更加严肃考虑（这些因素往往是更深层面的），特别是具体到他们所处的不同国家。

本章剩余部分的结构安排如下：6.2节将会探讨审计师责任的问题，重新回顾支持和反对改革的有关言论和观点。6.3节和6.4节首先陈述了有限责任改革所面临的挑战，包括不同国家和地区审计师需要承担的民事责任的情况等，再回顾了推动欧盟成员国统一有限责任共识中一些最近的尝试和努力。最后一节探讨了在不同制度环境中继续在国内和国家之间推动审计师责任改革问题。本文认为，支持审计责任改革的议题是一项有关审计专业身份的基础问题，也是进一步深入了解全球审

---

① 这一点可以在澳大利亚特许会计师协会的首席执行官李·怀特的调查陈述中找到证据。该项调查由英国下议院的经济事务专责委员会发起，专门调查英国2010年11月的审计市场集中情况。

计情况的当下之需。

6.2 审计师有限责任的矛盾

审计师责任以及对有限责任的需求已经和监管机构、审计报告用户以及审计行业本身不同的，甚至彼此冲突的态度和观点密切相关。多年来，讨论已经进入了审计中最受争议的领域，对连带责任制度的观点也划分为了两派：一方认为已在很多国家广泛采用的连带责任（无限责任）是很有必要的，这一责任也与审计师在社会中扮演的重要角色相匹配；另一方则认为这种制度太繁重，应该进行限制和改变。

主张有限责任的论据都基于现在的企业（他们的利益相关者和会计系统）已经变得越来越大、越来越复杂，审计失败的风险和经济后果也相应显著上升，结果使审计师"过分暴露"在日益增加的诉讼之下。奥马利（1993）指出从某种意义上讲存在这样一种因果关系，审计行业为达到（或超过）公众预期的努力似乎总催生出公众新的甚至不切实际的期望，期望一旦未能达到则会继续产生诉讼。对审计的诉讼兴起于20世纪60年代的英国等国。诉讼的出现归咎于多种因素，如立法改革、大量企业倒闭、20世纪60年代晚期至70年代的经济衰退以及审计行业的不断发展（这使得其成为诉讼关注的目标）等。与此同时，商业化的存在（审计师们对咨询业务高收益的追逐）也在不断侵蚀审计师对审计独立性和审计质量的承诺。布鲁克斯指出，1966年发生了永道会计师事务所、罗斯兄弟和蒙哥马利对大陆自动售货机公司①的审计失职案，这不论对永道审计师事务所还是对整个审计行业而言都是一件令人震惊的事件，其与"安然事件"影响相当。也正是这件审计失败案打开了"诉讼案的洪水大门"。此后，美国证券交易委员会（SEC）也开始实施更加积极和更富干预性的监管措施。布鲁克斯进一步指出，在1969年之前，普华永道只接到过三起审计诉讼，但到了20世纪70年代诉讼案件数量攀升到40~50起。到1990年，美国官方记录在案的赔偿金额逾20亿美元的案件已经超过12起。从另一个层面看，这段历史也见证了审计师第三方责任立法的重大进展，20世纪70年代以后，更多的相关方能够依法向审计师索赔（里斯，2005；贝克和普兰提斯，2007，2008）。与此同时，世界各地也出现了一系列公司丑闻（如20世纪80年代

---

① 该案例成为美国历史上首个针对审计师的犯罪指控案。尽管审计师并未因为其不专业的审计获得私利，但仍被判定犯有共谋罪。值得一提的是，陪审团指控审计师对自动售货机公司的财务报表作出了虚假和误导性陈述。

晚期和90年代初期的巴林银行、国际商业信贷银行等等以及美国的储贷协会危机），这极大地降低了公众对审计师尽责履职的信心。到了20世纪90年代末，据报道，仅在英国审计诉讼为审计行业带来的损失就超过10亿英镑（沃德，1999）。以至于有人断言，审计诉讼已经成为不断推高审计成本的首要原因并对审计行业的存亡构成了重大威胁（西里西亚诺，1997）。

此外，还有很多新的经验证据表明，越来越多针对审计师专业能力的法律案件对审计师正常履职（尤其是审计监察的质量）带来严重的影响（考赫，施朗克，2009）。具体来说，一些高级审计专业人员声称，审计师们越来越惶惶不安，"专业立场"仿佛就是其面临的不断上升的诉讼风险的来源，这样的状态会影响财务报告的整体质量（奥马利，1993）。因此，有限责任的提出可能是处理审计师为避免诉讼风险进行防御性行为的较好解决方式。在这种责任制度下，审计师可以保护自己免遭诉讼风险。而且，严格的责任制度可能会使有经验的审计师离开审计行业或进入其他专业领域，这样对审计质量会有一个更长期、更有害的整体影响（希尔·梅茨格、维蒙特，1994）。

有些人表示无限责任可能会对经济有负面影响。这种说法的根源在于审计师角色的多面性以及赔偿责任制度可能打乱现有的微妙平衡。在一定程度上说，诉讼风险和审计的本质（审计师负有对公司所有者和依赖审计报告的第三方尽职尽责的义务）密切相关。然而，在审计中审计师接触最多的却往往是管理层。从本质上说，审计过程包括了平衡冲突的利益主体以及不同主体的不同经济目标，任何未能达到以上目标的审计都可能招致法律索赔。此外，不论审计师的工作性质和参与程度如何，陷入困境公司（这些公司常常资不抵债）的投资者常常会向审计师要求赔偿。这种现象被称为"深口袋"综合征（帕姆罗斯，1997），这就促使审计师开始办理审计专业赔偿保险，以便在要求赔偿时能够负担得起。在无限责任的情况下，审计师减轻诉讼风险（尤其是对第三方）的能力已具体体现为他们挑选审计客户的水平，这样做的结果就是审计师们都不大愿意承接风险过高企业的审计业务。一个不能吸引高声誉审计师事务所的公司给外界的信号就是其财务状况难以达到令人信服和满意的水平，进而使得其难以获得外部融资（股权融资或银行贷款），最终就会对一国的整体经济发展产生负面影响（沃德，1999）。

尽管有以上对有限责任的支持言论和合理化主张，仍然有很多强烈反对的声音。其中，对有限责任制度的反对者声称，任何形式的有限责任都会显著损害原告的利益，降低其从审计师处获得赔偿的可能性。因此，有人认为，连带责任能维护弱势第三方的利益，维持社会公平正义（奥马利，1993）。审计师事务所常常难以提供审计师诉讼（大多数都庭外和解了）损害国家经济的具体证据。法庭判决的赔偿金额并不像审计师声称的那样难以承受（葛威廉姆，2006），最终结果常常是会低于最初要求的损失金额（卡森斯等，1999）。在这方面，无限责任支持者认为"灾难性诉讼"说法的抛出是将商业利益摆在社会义务之上。从这个角度看，对有限责任的呼吁仅仅停留在表面工作，没有给拥有大型会计师事务所的商业成功应有的尊重，也没有让公众视线从毁坏审计质量标准或让社会来有效解决审计失败后果等根本问题中移开（席卡，2008）。也有人认为，审计行业服务公共利益的义务要求其应该在职业判断方面保持警惕性，不要寄希望于能找到兼顾审计师角色和社会预期的法律解决方法（麦利诺和凯尼，1994）。

审计行业对责任制度的反馈体现在下面一些案例中，比如安然事件就是一个有力的例证，审计失败会造成灾难性后果，无限责任的明显不公平本质使得整个审计公司会因为一次审计失败而倒闭。① 对安达信（安然的审计公司）的问题批评家们的评论则更加系统化（如莱维特，2003），其认为安达信的命运早已注定，但并非因为责任制度问题，而是因为安然案例对其公司声誉、诚信和提供高质量审计工作的负面影响真的太大了。

更深层次的争论在于审计工作的遏制效应，审计师认为他们自己的存在本身就象征着审计内生的、无形的效益。因为审计工作的真正价值不仅仅取决于他们在工作中发现了什么，还在于他们的存在能够制止和预防什么。严格责任制度的倡导者们常常强调确保审计师能够实现公共责任（尤其是对第三方职责）的重要性。任何形式的有限责任都会对审计师尽责履职的积极性造成不利影响，结果会进一步削弱公众对财务报告可靠性的信心（戈茨曼等，1997）。这样来看，诉讼风险或威胁已成为左右审计师行为的重要方式，或者说对审计师有一定的威慑作用，当审计工作质量很难被量化观察时诉讼威胁能在一定程度上约束审计师的行为。总的来说，审计师为了自身利益倾向采用有限责任和公众想要审计师承担全部社会责任这样的矛盾总是一直存在的（考辛斯等，1999）。对审计师继续实施惩罚性责任制度会使审计师原本进行的有创造性和洞察力的审计工作变得较为保守和程序化，审计师会花更多的时间在保护自身地位和遵守规则上。上述ACCA2011年的报告表明，诉讼"可能导致防御性审计""使审计业务成为烫手山芋""对行业名誉的重视会更加谨

---

① 一系列的大型法律诉讼案件都在第11章中阐述，在美国第七大审计公司倒闭之前拉文索尔霍瓦特公司在1990年11月就申请破产保护了。

慎和保守"等观点依然是审计行业的共识（ACCA 2011，p.6）。

6.3 各国审计师责任制度的多样性

对审计师有限责任争论的角度和强度在每个国家和地区都有所不同。本章所举的例子来自不同国家对审计师民事责任的不同规定。规定的不同体现在审计师责任范围的列示和连带责任具体原则的变化。连带责任是指任何一个审计合伙人都有可能因其审计过程中的不当行为而被指控赔偿全部损失，包括因第三方错误如管理层犯错造成的损失。限制责任风险的通常做法包括设计审计师赔偿金额的上限或者适用比例原则（根据审计师工作失误的程度确定赔偿）。因为审计师负有第三方责任，尽管全球资本市场快速扩张，企业规模不断扩大，企业活动日益多样化，揭示企业经营业绩的财务报告变得越发重要，审计师仍要严格遵守参与各方在契约关系中限定的审计师赔偿责任。

美国长期关注审计师责任问题。1996年修订民事诉讼法第23条引发了证券集体诉讼案件数的上涨（马奥尼，2009），审计师诉讼案件的飙升也被称为"诉讼爆炸"（米诺，1984）。审计师诉讼案件数量的又一次明显增长是在20世纪80年代晚期和90年代早期的"储贷危机"（美国大约四分之一的储蓄和贷款协会倒闭），诉讼的再度爆发激发了要求美国政府修改证券法的全面游说运动。这场游说由六大会计师事务所和美国公认注册会计师协会领导。这些努力催生了1995年《私人证券诉讼改革法案》（PSLRA）的出台，美国也由此成为了第一个引入比例责任的国家，审计师按照其实际过失程度承担责任（罗伯特等，2003）。此前美国倡导连带责任，但其后开始适用比例原则。当然，连带责任依然适用于审计师故意违反证券法或侵犯中小投资者利益的情况（如当投资者的净资产至少为20万美元且审计赔偿金额占净资产的比重在10%以上）。然而，反对1995年《私人证券诉讼改革法案》的人认为，该法案使得审计师事务所能够免予被私人和集体诉讼。在该法案下，美国证券交易委员会（SEC）成为唯一能够对审计师事务所提起诉讼的机构。然而，SEC的这种权力在某种程度上被联邦最高法院于1994年作出的一项关于丹佛央行和丹佛第一州际银行的判决所约束。在此背景下，"协助和教唆违反证券法"这一此前原告起诉审计师事务所的有力武器失效了，进而使得SEC更加难以制裁审计师事务所（布鲁斯特，2003）。

有趣的是，美国的审计师责任制度是其独特的国家会计文化的反映。法国亦然，两国都强调审计师这一角色在维护整体社会经济利益方面的重大作用。法国1966年的公司法（Loisur les Societes Commercials No. 66-537）中陈述道，审计师负有对客户公司、个人投资者及其他第三方谨慎服务的义务，原告（公司、投资者等）应证明审计师失误和造成损失之间的关联关系。与美国相似，该法同时也明确了比例责任的原则，掌控着审计师责任如何界定的问题。朱迪西（2010）的报告指出，虽然审计师受雇于公司，但美国的证券法并没有对审计师工作的服务对象进行明文规定限制，其工作可服务于公司、投资者、公众等多个主体，而不仅仅是公司股东。[①]

随着判例法的发展，审计师对第三方的责任也发生了显著的变化。1931年，纽约最高法院有关厄特马斯公司与德勤的判例中，仔细研讨了审计师与客户双边合同之外审计师是否要对不确定的第三方负责。判例引入了一个"近利害关系人"标准（尽管该判例拒绝了审计师第三方责任的特别要求，但其首次认为审计师对直接受益第三方负普通过失）。该判例后来被广泛引用。在接下来的几年中，"整编法令"的引入扩展了第三方责任的范围，其第一次应用出现在1968年的Rusch Factors v. Levin案中，后来被引入《侵权行为法整编》（1976）。认为如果审计师向客户提供了不准确的信息，该信息也常常被非客户如债权人、投资者或其他利益相关者信赖，则审计师应向第三方承担过失责任（Scherl, 1994; Al-Shawaf, 2012）。"近利害关系人"标准和"整编法令"的主要差别在于后者不要求审计师事先知道第三方的存在，只要是确定的信息使用者范围内的第三方均可适用整编法令（Chung等，2010）。此外，有些地区开始运用"可合理预见"标准，这是在新泽西州高级法院Rosenblum vs. Adler案（1983）中首次采用的。该标准规定，审计师对所有可预见会使用审计报告的主体负责。在后来的《萨班斯—奥克斯利法案》（SOX, 2002）中也就这一点做了注解，介绍了一个第三方的定义，第三方包括草屋报告和非财务报告的使用者，这些报告是否可以仰赖取决于审计公司的审计（例如公司的验资报告）或是监管机构的审查（例如PCAOB的检查报告）。

诉讼索赔的显著负面效应成为美国审计行业不断尝试推动关于审计师责任上限

[①] 在美国，除了PSLRA，其他有关审计师责任的一些资料、案例包括1933年证券法相关章节，1934年的证券交易法以及1970年的防诈骗腐败集团组织法案（RICO）。第10章中1934年的证券交易法在此后作为一项基本法使用较多。该法认为任何带有操纵和欺骗手段的审计工作都是违法的。证券交易委员会将此规定作为保护公众和投资者利益的必要规定。此外，第11章中1933年的证券法中阐述受到不称职审计（包括对重大事项的不真实陈述和遗漏）影响的注意有权对公司的审计师进行诉讼。所有章节都提到了证明错报和原告发生损失的因果关系的难度。

的成文法进行修订的背后原因。例如，由超过 800 家审计师事务所组成的 AICPA 下的审计质量中心严厉批评了美国财政部咨询委员会有关改革审计市场的建议，这些建议都是不支持该中心有关"灾难性诉讼"观点的（参见审计质量中心，2008a，2008b）。为了证实该观点，审计师们提交了一些重要统计数据，数据显示对美国六大会计师事务所的诉讼索赔已累计达到 1 400 亿美元（Oberly，2008）。尽管一些国家监管机构（包括资本市场监管委员会和美国商会）给予了明确的支持，但美国财政部的最终报告仍未涉及审计师赔偿责任改革。

在英国，下议院有关 1990 年卡帕罗案例的决议基本上重塑了英国法院对审计师责任的常规判定，下议院提出了一系列审计师需要承担失职责任的具体情况（Napier，1998）。根据卡帕罗案例的判决，在非特殊情况下，审计师仅需对客户尤其是公司的所有者负责。因此，仅在一些特殊情况下，第三方提起的诉讼赔偿才可能成立（De Poorter，2008）。虽然在接下来的几年里英国法院迫于公众压力，更多地考虑到财务报告使用者如个人投资者、董事和其他第三方等，从而对稍微超过上述规定范围的第三方诉讼有时也会判定审计师负有赔偿责任（Gwilliam，2004；Pacini，2000）。

和美国同行一样，英国审计师事务所也积极参与国家会计行业和监管圈有关审计师有限责任的宣传。西卡（2008）举例解释了英国最大的审计师事务所精心组织的游说活动是如何促进 2000 年《有限责任合伙法》的通过。这使英国审计师事务所能够与北美同行们成立的一般公司拥有相同的权利，还可以成立有限责任公司（LLPs）。和普通合伙关系不同，有限责任公司有独立法人资格。因此，在诉讼案件中，索赔金额首先是由公司资产偿付，合伙人只要对其所犯的不当行为承担责任。2001 年，安永会计师事务所是第一家注册成为有限责任公司的会计师事务所，这为其个人合伙人和其私有资产提供了更大程度的保护。然而，公司制和有限责任合伙制并不能提供所有的责任保护，"灾难性"诉讼导致个体审计公司失败的情形仍然是审计公司和有限合伙的审计师事务所所面临的风险。

近期一个较大的进展是，修订后的 2006 年公司法允许审计师在业务约定书中对他们审计工作中的疏忽、失职或失信后的责任情况进行限制性的规定（Turley，2008）。但是，约定书中任何一项这样的限制性规定都要基于一个会计年度，且经过股东大会决议批准。责任限制协议（LLA）也必须是"公平、合理"的，如果不符合公平合理，法庭有权否决协议或修改任何协议条款。有趣的是，2006 年的公司法也引入了例外条款强调客户对审计师的问责制，这被视为平衡有限责任的规定。

在以上规定出台期间发生了一项新的犯罪行为，法庭对"明知"还故意提供虚假审计意见的审计师做出了无限责任的赔款处罚。

自责任限制协议第一次被允许使用以来，其使用就受到了大量因素的制约。罗琦（2010）认为，责任限制协议的模糊特征会使他们的应用变得困难。他进一步指出，英国财务报告委员会（FRC2008）发布的指引仍然遗留了很多待解决的问题，诸如审计师疏忽情况下引入适用责任限制协议后公司董事的后续责任问题。罗琦还报告了审计报告的使用者们（如机构投资者）普遍对责任限制协议表示不满，美国证券交易委员会（SEC）也拒绝认可责任限制协议的可行性，认为其会影响审计师的独立性（SEC曾尝试阻止在美国上市的英国审计师公司引入任何责任限制条款）[①]。SEC的立场不仅仅是暗示英美两国的大部分限制责任协议和审计师责任范围的要求有实质性差异，同时也表明了审计师有限责任问题的讨论不应该只局限于一个国家。SEC的反应也显示出对审计公司业务操作的明显障碍，由于FTSE100指数的很大一部分公司（它们是审计公司最主要的客户基础）的股票也在纽约上市交易，所以审计公司发现其业务操作还必须遵守SEC的要求。

各个国家的审计师责任制度不断发生变化，审计师事务所也在寻求全球化发展格局，事务所面临的责任风险总是不确定的，其在不同的司法管辖区下需要进行相应的修正。有趣的是，审计行业在坚守有限责任制度方面的成功案例也是相当多的，在一些建立了比较严格的责任安排的国家里审计师事务所获得了很多特许权优惠。例如，在加拿大，只有原告能够证明其遭受的损失是因审计师的不当行为直接引起的，审计师才需赔偿原告要求的费用。1997年Hercules vs. Ernst&Young（力士起诉安永）的案例强化了公司投资者无权因财务报告中有虚假陈述起诉审计师，审计师仅对其签署合同的另一方负有谨慎履职义务（Puri & Ben–Ishai，2003；Chung等，2010）。像英国和美国同行一样，加拿大的审计师也可以成立有限责任公司；《加拿大商业公司法》（CBCA）在2001年进行了修订，连带责任被有上限的比例责任取而代之——审计行业是改革背后最主要的驱动力量（Puri和Ben–Ishai，2003）。在这一制度下，审计师在赔偿中需要承担的损失范围根据他的过错程度来确定，但是相比于另一个被告（如公司管理层）可能被法院重判而破产，审计师最高可被判处损失额的50%。这些规定仅仅适用于违反《加拿大商业公司法》（而不是证券法）的案例。

德国的审计师责任上限多年来有所增加，审计师们积极倡导一项新活动，希望

---

① 参见《审计师责任交易受阻》，载《金融时报》，2009–03–11。

能阻挡政府增加第三方权力的脚步（Gietzmann & Quick，1998）。德国目前对审计师合同责任的法律规定上限为普通公司的审计业务每笔100万欧元，上市公司的审计业务每笔400万欧元。对货币上限的规定仅仅与客户索赔相关，而比利时、奥利地、希腊等国对货币上限的规定还包含了第三方索赔在内（Gietzmann & Quick，1998；Kohler 等，2008）。

在审计师诉讼较多的大环境下，外界都期望法律对审计师责任的规制更完备、更详细，既要规定审计师责任风险的范围，也要规定各主体可以向审计师索赔的程度。相比之下，在审计师诉讼较少的环境中，法律法规对审计师责任的规范常常更具普适性。在比利时，除去一些曝光率高的案例，对审计师的诉讼整体是比较少的，该国的法律没有引入任何要求审计师对第三方负责的特别条款。实际上，这意味着，自20世纪70年代比利时国家立法机关施行公司财务报告的强制性披露制度以来，审计师对任何依靠其出具的审计报告获取信息的主体都负有责任。因此，在比利时，审计师不仅对公司股东负责，还广泛对其他利益相关者（如公司雇员、债权人）负责，这凸显了该国对审计师社会角色的强调。比利时最近引入了对审计师责任的绝对上限规定，但如罗琦（2010）所指出的，这个绝对上限并非像英国是基于"深口袋"理论对审计师不公平而设置的，而是为了改善审计师国内保险水平（Roach，2010）。

也有一些国家是这样的，审计师责任限制问题被认为没有那么重要。一个例子是俄罗斯在20年前就引入"西式"审计，但截至目前，还没有一部商业或审计专属法律法规明确界定审计师民事责任的具体性质。相反，这种责任在民法典中却有规定，第15条规定，一个人的权利如果受到侵害，可追偿其全部损失，除非现有的法律法规对赔偿金额有明确限制。此外，准则集中在阐述合同关系的经济结果上，只要合同不违反现有法规，个人和公司都可以在合同中自由决定各自的权利和责任。这意味着俄罗斯法规并没有规定审计师对第三方负责。萨姆索诺娃（2012）注意到，"确定原告遭受的损失和被告行为之间的关系是很困难的"，且"不像在成熟的审计环境里已有的诉讼案例，在俄罗斯法庭很少使用审计标准作为参考"。2001—2002年，俄罗斯能源巨头俄罗斯天然气工业公司和普华永道一案强化了这一评估方式在俄罗斯的应用。股东基于以下几点控告普华永道：一是事务所核准了公司的几个交易，而这些交易导致公司损失了数十亿美元的资产；二是事务所发布了误导性审计意见。莫斯科仲裁庭没有考虑审计工作的质量和审计是否达到标准就拒绝了上诉，理由是和审计师缔结合约的不是公司股东而是公司的管理层（进一步的讨论参见 Korchagina，2002）。

6.4 统一审计师责任的法律法规——一项困难的任务

在财务报告和审计准则的很多领域，处理国家多样性的常用方法是通过标准化和统一化的过程来不断降低差异化。事实上，国际标准的统一在当今全球化的世界中也是大势所趋，国别差异已成为经济一体化与经济增长的障碍，对于提高公司透明度和稳定性没有裨益。金融稳定理事会（FSB）和世界银行/国际货币基金组织等在不断推进全球化的标准和规范，有很多明显证据能证明这一趋势的存在。在会计和审计领域，国际会计准则理事会（IASB）和国际审计与鉴证准则理事会（IAASB）在促进国际会计和审计实务的趋同方面的工作已得到了国际上的广泛认同。鉴于审计行业面临责任风险的特性，关于审计师责任事项这一议题的一致合作承诺可以认为是至关重要的，尤其是对于大型国际审计工作而言，工作跨越了不同国家，面临不同的审计师责任环境。然而，让多个国家认可国际会计和审计标准和统一各国审计师责任制度并不相同。欧盟内部统一国家审计师责任制度的尝试已经成功，但仍然面临很多未能解决的问题。

2007 年，一个公众咨询公司被推选出来搜集利益相关者们关于是否需要限制审计师责任以及相关适合方法的意见。咨询结果（反馈信件和欧盟对这些反馈的解读）显示，各个关键利益相关者的观点和看法差别很大。审计师行业是唯一一致支持某种形式的审计师责任限制改革的集体。然而其他利益集团关于审计师有限责任制度的观点远未达成一致。重要地，如图 6-1 所示，不同国家对是否需要有限责任以及确定有限责任的机制存在很大分歧，这主要是由于不同的民族背景和不同国家采用的审计责任制度的特性所决定的。

投资者团体明确表示欧盟的改革方案本不应该施行，因为并没有令人信服的证据表明现有的诉讼水平会搞垮整个审计网络。此外，银行界内部也存在很大的分歧，法国代表强烈反对任何形式的有限责任，而其他成员国代表则认为有限责任有利于改进审计选择。法国银行界认为有限责任对审计质量有不利影响，不能有效解决现有审计市场集中的问题。由于法国企业部门抵制改革，因此欧洲企业部门的态度也莫衷一是。只有已经施行审计责任上限的国家（如德国）明确支持有限责任制。

各成员国政府和监管机构也未能在以下两个问题上达成一致：一是审计师责任

6 地位危机？审计师责任及审计价值

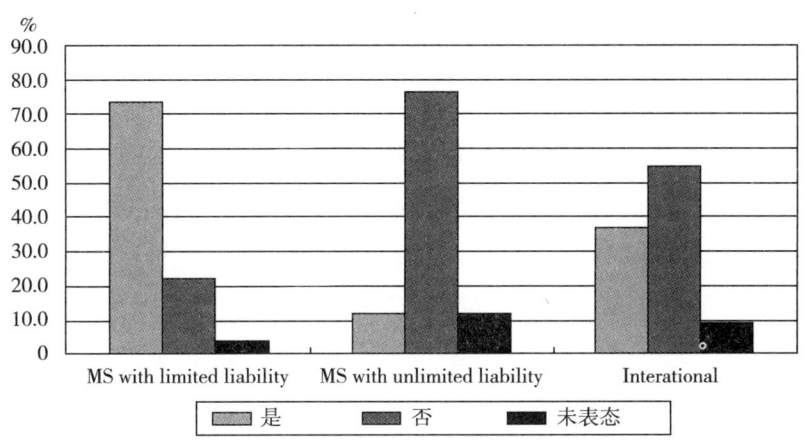

注：基于不同国家的利益相关者观点汇总，数据来源于内部市场和服务，2007b，p.7。

图 6-1　成员国关于有限/无限责任支持观的汇总图（除审计行业外）

是否应该有限，二是如果有限什么是最合适的有限责任方法。在他们的反馈信息中，瑞典的公众会计监事会没有明确评价欧盟倡导的审计师责任改革，仅仅简单陈述了他们的观点。其认为，任何改革都应该基于一般通用原则，而不是根据一些具体规定（内部市场与服务，2007b）。瑞典司法部也强调欧盟委员会如果没有对成员国的决定进行限制，那欧盟应该引入新的调控措施。这说明瑞典政府已经开始探索对审计师责任限制的最好方式。此外，芬兰工贸部还提到了2006年出版的一本全国性的读物，该书认为每一个成员国进行责任改革的能力可能并不充分，因此有必要将欧盟作为一个整体，并且在欧盟层面做改革的决定前进行进一步的调查和分析。最后，法国监管机构的代表则明确表示，强烈反对任何倾向于实施有限责任的改革。

欧洲想要在审计师责任问题上建立一个统一的泛欧洲政策还面临许多挑战，内部缺少共识会影响欧盟后续的行动和政策措施。具体来说，在2008年出版的建议书中欧盟也提到了支持连带责任各成员国应该替代引入有限责任改革，例如引入责任上限、比例责任或者合同限制条款等。在强调统一性的同时，建议书让成员国在各种方案中选取合适的方法。此外，和欧盟规章不同，建议书对各成员国没有法律义务上的强制要求，它仅仅是鼓励成员国这么做，因此不需要完全跟随所谓的执行程序。如汉弗莱和萨姆索诺娃（2012）在对欧盟有限责任的详细分析中所言，监管机构的反馈表明欧盟还是没有完全解决欧洲责任制度多样性的问题。

6.5 责任/地位的抗争？

以上内容介绍了各国不同的审计责任制度安排，分析了在此不同环境下，为满足不同利益相关者诉求而寻求政治解决方案的过程中遇到的困难，这些讨论生动地说明了审计责任制度的特性。在许多方面，寻找一个关于审计师责任的解决方案就等同于协调审计师身份和审计工作社会价值的不同观点。汉弗莱和萨姆索诺娃（2012）认为，审计师责任不应仅被视为一种限制审计师行为的机制，还应看做是一种社会控制工具，可以在工具的运用环境中发挥更基础、更常态化的作用或价值——如审计工作在社会中常常扮演的角色，展示社会公义、塑造审计专业形象。不同国家责任规定的差别可能体现出各国对于审计师在维持社会价值观和规范中的地位和角色有不同的看法。换言之，审计师责任协议中关于责任强调和惩罚强度的条款越来越少，不仅因为诉讼风险不断降低，同时也因为审计在社会中扮演的角色（如与政府监督相比）的重要性也在下降。从这一方面看，汉弗莱和萨姆索诺娃（2012）将审计师责任看做问责体系的一部分，他们认为公众监督的严格和高惩罚、行业自律监督的压力、故意过失行为的刑事责任等等都会大大降低民事责任机制引导和规范审计师行为的作用。

各国对审计目标的理解存在差异，这样我们就能够理解为什么各国审计师责任制度的差异持续扩大。当下统一审计师责任制度的挑战又有多大？接下来的问题就是什么才是最合适的政策发展路径？本章展示了在审计责任范围方面和有限责任需求等方面各利益集团的不同观点。从很多角度看，这一情况可以看做是长期持续辩论的结果，辩论缘于对审计性质和职能的期望存在差异。就像我们可能会争论审计师能否提供质量符合预期的审计？他们是否应该提供额外的服务？我们可以讨论审计师是否应该对一个较小还是较大的利益相关者范围负责？对审计师的诉讼是公正的还是惩罚过高？审计公司面对诉讼是足够强大能成功度过还是会遭受巨大灾难？

可以将欧盟的建议书看做一个平台，审计行业可以借此在全球范围内建立一个更强的有限责任制度。但从另一方面看，欧盟整体对落实建议书的沉默表明了审计行业对其目标的推进并没有他们说得那么快。找到适合所有主体的责任制度安排是一项巨大而艰难的任务。多年来，我们看到了对审计师责任不同角度的讨论，每个角度反映了不同利益集团的关注焦点和利益。在争论的过程中，争论的范围也在不断发生着变化，审计师将有限责任看做是解决审计公正和防御性审计行为的有效工具（将审计质量保证作为有限责任的交易筹码），并且强调有限责任可以降低会计师事务所的进入门槛，解决审计市场集中度的问题。这一逻辑被评论家大幅批评，评论家认为（根据已判决的法院决定来看）审计行业夸大了他们责任风险暴露的范围和严重程度（参见 Gwilliam，2004，2006），现在可能是转移政策重点的时候了（从拿出最佳或最不坏的解决方案到更关注审计实务基础工作）。与其将主要的资源和关注都放在一个无所不包的审计责任解决方案上，不如多关注审计责任如何使审计师获得更多成就、生活经验和预期。

为什么审计责任之争始终备受关注？一个可能的原因是公众心理对审计师的工作、社会地位和审计缺乏清晰的认知。与其讨论限制审计师的责任是否是解决审计质量、审计市场集中等问题的有效手段，不如考虑如何先解决这些问题（审计质量、审计市场集中），这可能反过来会对审计师责任困境这一问题的处理有所助益。换句话说，现在是一个推进审计标准提升的机会，遵循标准并提高审计过程的透明度可以使长期存在的审计责任之争迎刃而解。这不是一个简单的策略或是一个有确定结果的保证，但运用这个方法有一个明显的优势——我们对审计责任制度的了解比对审计的社会意义和实际效用的了解要多得多。

在很多情况下，关于审计师责任限制的最优形式应以是否能实现高质量的审计为判断标准——没有法院要求审计师有责任必须做出高质量的审计工作。审计行业强调，苛刻的监管要求和惩罚性的赔偿责任制度会产生一种更严格、更缺乏信任的行业工作模式。因此，他们认为如果没有事先对有限责任进行立法，那么就难以确定最佳的有限责任形式。但是当下原告往往是很多大型成功的商业组织，或者案件往往是在多国间制度差异的背景下发起的，这就使得立法改革还不能付诸实践。从这方面看，审计师面对的潜在危机不仅仅是审计责任一项，还有像前面提到的如审计专业地位和审计结果等。对于审计行业来说，推进审计责任制度改革和承诺服务于大众利益是一回事儿，这一承诺显示出公众和审计行业共同的出发点。但这并不是说会出现一个能适用所有国家司法环境的一揽子审计师责任改革计划。实际上，审计师责任问题很可能是一场关乎社会需求、期望和社会背景的讨论焦点。不过，对审计领域、审计师生活经验和工作成果了解得越多，就越可能使制定的审计师责任制度更符合整个社会的目标。

参考文献

ACCA (2011) Audit reform: aligning risk with responsibility. Report. May. London: ACCA.

Accountancy Age (1993). Big firms lead push to cap audit liability, 1.

Accountancy Age (1994a). Audit liability campaign shifts to public interest, 10.

Accountancy Age (1994b). Audit liability—we are not crying wolf this time, 10.

Accountant (2003) Urgent need for liability reform. 25th April, 2.

Al‐Shawaf, H. T. (2012). Bargaining for salvation: how alternative auditor liability regimes can save the capital markets. *University of Illinois Law Review*, 2012, 501–536.

AndersenA & Co., (1992) Coopers and Lybrand, Deloitte and Touche, Ernst and Young, KPMG Peat Marwick, price waterhouse, the liability crisis in the United States: impact on the accounting profession. *Journal of Accountancy*, 174 (5): 19–23.

Baker, C. R., & Prentice, D. (2007). *The evolution of auditor liability under common law. Journal of Forensic Accounting*, 8, 183–200.

Baker, C. R., & Prentice, D. (2008). *The origins of auditor liability to third parties under United States common law.* Accounting History, 13, 163–182.

Brewster, M. (2003). *Accountable: how the accounting profession forfeited a public trust.* New Jersey: Wiley.

Carey, J. L. (1965). *The CPA plans for the future.* New York: American Institute of Certified Public Accountants.

Center for Audit Quality (2008a). *Report of the major public company audit firms to the department of the treasury advisory committee on the auditing profession.*
http://www.thecaq.org/publicpolicy/data/TRData2008-01-23-FullReport.pdf.

Center for Audit Quality (2008b). *Comment letter by Cynthia M. Fornelli, executive director, regarding draft report addendum 17-19.* http://comments.treas.gov/_files/CAQComment letter62708FINAL.pdf.

Chung, J., Farrar, J., Puri, P., & Thorne, L. (2010). Auditor liability to third parties after Sarbanes‐Oxley: an international comparison of regulatory and legal reforms. *Journal of International Accounting, Auditing and Taxation*, 19, 66–78.

Cousins, J., Mitchell, A., &Sikka, P. (1999). Auditor liability: the other side of the debate. *Critical Perspectives of Accounting*, 10, 283–312.

DePoorter, I. (2008). Auditor's liability towards third parties within the EU: a comparative study between the United Kingdom, the Netherland, Germany and Belgium. *Journal of International Commercial Law and Technology*, 3 (1), 68–75.

Directorate General for Internal Market and Services (2007a). Commission staff Working Paper: *consultation on auditors' liability and its impact on the European capital markets.* Brussels: European Commission.

Directorate General forInternal Market and Services (2007b). *Consultation on auditors' liability: summary report.* Brussels: European Commission.

Ernst & Young (2008). *Comment letter regarding draft report and draft report addendum 25-26.* Financial Reporting Council (2008), Guidance on Auditor Liability Limitation Agreements, London: FRC, June 2008. See http://www.frc.org.uk/about/auditorliability.cfm.

Gietzmann, M. B., & Quick, R. (1998). Capping auditor liability: the German experience. *Accounting, Organizations and Society*, 23 (1), 81 – 103.

Gietzmann, M. B., Ncube, M., & Shelby, M. J. (1997). Auditor performance, implicit guarantees, and the valuation of legal liability. *International Journal of Auditing*, 1 (1), 13 – 30.

Giudici, P. (2010). Auditors' roles and their multi-layered liability regime. Working Paper. Italy: Free University of Bozem – Bolzano.

Gwilliam, D. R. (2004). Auditor liability: law and myth. *Professional Negligence*, 20 (3), 172 – 181.

Gwilliam, D. R. (2006). Audit quality and audit liability—a musical vignette. *Professional Negligence*, 22 (1), 37 – 52.

Hill, J., Metzger, M., &Wermert, J. (1994). The spectre of disproportionate auditor liability in the savings and loan crisis. *Critical Perspective on Accounting*, 5 (2), 133 – 177.

House of Lords (2010). Auditors: market concentration and their role. Volume II: Evidence. London: House of Lords.

Humphrey, C., &Samsonova, A. (2012). Transnational governance in action: the pursuit of auditor liability reform in the EU. Working Paper. Manchester Business School, UK: University of Manchester.

ICAA (1995). *Opportunity, equity and fairness. Edmonton: Institute of Chartered Accountants of Alberta*.

Knapp, M. (2011). *Contemporary auditing*; *real issues and cases*. South – Western, USA: Mason.

Koch, C. W. & Schunk, D. (2009). Limiting auditors' liability? – experimental evidence on behavior under risk and ambiguity. Working Paper. http://papers.ssrn.com/sol3/papers.cfm? abstract_id = 982027.

Kohler, A. G., Marten, K – U., & Quick, R. (2008). Audit regulation in Germany: improvements-driven by internationalization. In R. Quick, S. Turley, & M. Wilekens. (Eds.) "Auditing, trust and governance: developing regulation in Europe". Routledge: London: 111 – 143.

Korchagina, V. (2002). Big five discuss auditing problems. The Moscow Times.

Lys, T. (2005). Discussion: the evolution of lawsuits against auditors—determinants, consequences, and solutions. *Journal of Economics and Management Strategy*, 2 (3), 427 – 433.

Mahoney, P. G. (2009). The development of securities law in the United States. *Journal of Accounting Research*, 47 (2), 325 – 347.

Merino, B. D., & Kenny, S. Y. (1994). Auditor liability and culpability in the Savings and Loan industry. *Critical Perspectives on Accounting*, 5 (2), 179 – 193.

Minow, N. N. (1984). Accountants' liability and the litigation explosion. *Journal of Accountancy* 70.

Napier, C. (1998). Intersections of law and accountancy: unlimited auditor liability in the United Kingdom. *Accounting, Organizations and Society*, 23 (1), 105 – 128.

O'Malley, S. F. (1993). Legal liability is having a chilling effect on the auditor's role. *Accounting Horizons*, 7 (2), 82 – 87.

Oberly, K. (2008). *Written testimony of Kathryn, A. Oberly (Americas Vice Chair and General Counsel, Ernst & Young LLP) before the Federal Advisory Committee on the Auditing Profession to U. S. Department of the Treasury.* http://www.ustreas.gov/offices/domesticfinance/acap/submissions/06032008/Oberly060308.pdf.

Pacini, C., Hillison, W., & Sinason, D. (2000). Auditor liability to third parties: an international focus. *Managerial Auditing Journal*, 15 (8), 394 – 406.

Palmrose, Z. (1997). Audit litigation research: do merits matter? an assessment and directions for future research. *Journal of Accounting and Public Policy*, 16, 355 – 378.

Puri, P., & Ben – Ishai, S. (2003). Proportionate liability under the CBCA in the context of recent corporate governance reform: Canadian auditors in the wrong place at the wrong time? *Canadian Business Law Review*, 39, 36 – 50.

Quick, R., Turley, S., & Wilekens, M. (2008). *Auditing, trust and governance: developing regulation in Europe* (pp. 205 – 222). London: Routledge.

Roach, L. (2010). *Auditor liability: liability limitation agreements, Working Paper.* UK: University of Portsmouth.

Roberts, R. W., Dwyer, P. D., & Sweeney, J. T. (2003). Political strategies used by the US public accounting profession during auditor liability reform: the case of the private securities litigation reform act of 1995. *Journal of Accounting and Public Policy*, 22, 433 – 457.

Samsonova, A. (2012). *Local sources of a differential impact of global standards: the case of international standards of auditing in Russia, Working Paper.* UK: Manchester Business School, University of Manchester.

Scherl, J. (1994). Evolution of auditor liability to noncontractual third parties: balancing the equities and weighing the consequences. *The American University Law Review*, 44, 255 – 289.

Sikka, P. (2008). Globalization and its discontents: accounting firms but limited liability partnership legislation in Jersey. *Accounting, Auditing and Accountability Journal*, 21 (3), 398 – 426.

Siliciano, J. A. (1997). Trends in independent auditor liability: the emergence of a saneconsensus? *Journal of Accounting and Public Policy*, 16 (4), 339 – 353.

Sunday Times (2004). Big four battle liability laws. 2nd May; 8. Talley, E. L. (2006). Cataclysmic liability risk among big 4 auditors. *Columbia Law Review*, 106 (7), 1641 – 1697.

Thornton G. (2008). *Comment letter regarding draft report and draft report addendum 4.* http://comments.treas.gov/_files/GTCommentlettertoACAPJune2008_ FINAL.p.

Turley, S. (2008). Developments in the framework of auditing regulation in the United Kingdom. In

Quick, R., Turley, S. and Wilekens, M. (Eds.) Auditing, *Trust and Governance: Developing Regulation in Europe*. London: Routledge; 205 – 222.

Ward, G. (1999). Auditors' liability in the UK: the case for reform. *Critical Perspectives on Accounting*, 10 (3), 387 – 394.

European Commission (2008). *Commission recommendation of 5/VI/2008 concerning the limitation of the civil liability of statutory auditors and audit firms*, 2008/473/EC. Brussels: European Commission.

7 审计委员会机制的公司治理影响

斯图亚特·特利（Stuart Turley）　马哈布卜·扎曼（Mahbub Zaman）[①]

摘要：本章整合和评估了与审计委员会相关的公司治理效应方面的实证研究。鉴于近期多个国家出台了旨在强化此类委员会作用的政策性建议，确定哪些研究证据能够证实委员会的现有治理贡献就显得非常重要。本章提出了一个分析框架，以研究审计委员会所产生的影响。该框架可以辨别审计委员会潜在的、可感知的公司治理效应，该效应促使审计委员会机制的施行同时可以辨别以往研究中列示的审计委员会在改善审计功能、财务报告质量、公司业绩方面发挥的作用。大部分既有研究都集中关注审计委员会的设立、特征以及对活动的度量，鲜有研究涉及审计委员会的运作及影响公司组织行为的方式，显而易见的是，审计委员会所采用的结构或特征与取得特定的公司治理效果之间并不存在必然的相关关系。对于通过设立和完善相关规则（如强调委员的独立性与专业经验）以弥补审计委员会制度安排缺陷这一期望，也应当持谨慎态度。审计委员会在实践中究竟能够发挥何种作用这一根本性问题，仍将是未来研究的重点。对于后续研究，我们建议：（1）更多地考虑审计委员会运作的组织和制度环境；（2）从理论上明确审计委员会的相关运作流程；（3）通过实地研究来丰富现有的研究方法；（4）研究审计委员会可能产生的预期和非预期的结果。

7.1 引言

在过去的 20 年中，审计委员会（以下简称 ACS）已成为国际上常见的公司治理机制。最初只有少数公司自由采用，而现在许多国家的官方专业监管委员会开始

[①] S. Turley · M. Zaman
联系地址：University of Manchester, Manchester M13 9PL, UK
电子邮箱：mahbub.zaman@mbs.ac.uk
S. Turley
电子邮箱：stuart.turley@mbs.ac.uk

建议更广泛地采用审计委员会并扩大其作用。美国《萨班斯—奥克斯利法案》（2002），澳大利亚财政部报告（Australian Treasury, 2002）、英国史密斯委员会（Smith Committee, 2003）的建议和希格斯（Higgs, 2003）的评述（Turley & Zaman, 2003）是最近的实例。本章旨在评估研究证据可在多大程度上证明审计委员会在私人企业中能够产生公司治理效应。[①] 这一评估既考虑了感知上的可能促使企业设立审计委员会的公司治理效应，也包含了理性论证上的对审计委员会在审计功能、财务报表质量以及公司绩效方面影响效应的考察。

虽然本章对审计委员会机制在弥补公司治理缺陷方面的功效并没有预设一个先验性假定，但不难发现，各国监管机构、政府机构以及研究人员纷纷质疑审计委员会的有效性及其对公司治理的贡献（Sommer, A. A., 1991；Wolnizer, P. W., 1995；Lee, T., 2001；Turner, L. E., 2001）。2000年以后高知名度企业倒闭的发生率明显增多，涉及欺诈、会计混乱和内部控制失效，这至少为审计委员会监管力度缺失提供了事实证据。此类倒闭事件加剧了已经存在了一段时间的担忧。例如研究人员和评论家认为许多审计委员会成员缺乏关键特质，如独立性、专业知识和监督的经验（Vicknair, D., Hickman, K., & Carnes, K. C. 1993；DeZoort, F. T. 1997；Cohen, J., Krishnamoorthy, G., & Wright, A. M. 2002；Guy, D. M., & Zeff, S. A. 2002），审计委员会和审计师之间的相互影响程度是可变的，削弱审计委员会作为保障股东利益的有效工具的价值（Hatherly, D., 1999），同时审计委员会是否能实际履行其重要责任仍然不得而知（Kalbers, L. P., & Fogarty, T. J. 1993），更有研究认为，设立审计委员会的意义主要是象征性的（Kalbers, L. P., & Fogarty, T. J. 1993），其效果华而不实（DeZoort, 1997）。

近年来，许多专家提倡通过提高审计委员会的作用来解决下列问题，首先解决公司治理问题（如英国 Cadbury, 1992；澳大利亚 AARF, 1997 和美国 Blue Ribbon Committee, 1999），其次是解决重大的公司倒闭问题，例如安然公司的审计委员会是否能够胜任受到了质疑（Powers, 2002；Benston & Hartgraves, 2002），接着进一步关注审计委员会的责任和审计委员会有效性所必需的素质（例如美国证券交易委员会, 2002；澳大利亚财政部, 2002；英国史密斯委员会, 2003）。鉴于一方面需依靠和完善审计委员会在公司治理领域的规则，另一方面仍需将审计委员会作为治理结构的一部分以实现企业的预期效益，那么审计委员会在治理实践中的特定作用

[①] 在公共领域和私人企业中，建立审计委员会的背景条件存在重大差异。考虑到 AC 旨在提供的制度与监管安排以及当前 AC 发挥作用的监管环境，这些差异尤为显著。出于这个原因，本章内容只关注私人企业部分。

是什么这个问题就显得相当重要了。该问题正是本章试图通过评估审计委员会对许多公司治理因素影响方面的实证研究加以解决的。由于安然公司事件和类似事件发生后治理环境持续发生变化，评估目前已论证的审计委员会的公司治理效应有助于形成对当前监管变革结果的有效预期，同时也有助于建立标杆从而评估未来变化的影响，另外也有助于为未来研究的重点指出方向。

本章剩余部分的结构如下。7.2 节建立了审计委员会潜在影响领域的分析框架，在这些领域中能够评估审计委员会的公司治理效应。7.3 节列出了审计委员会的影响，即采用审计委员会机制的可感知驱动因素。7.4 节在总结上节对相关研究证据评估的基础上，得出结论，并对今后研究提出建议。

7.2 回顾审计委员会影响的框架

审计委员会并不是一个新的概念（见 Tricker，1978；Collier，1996；DeZoort，1997；Lee & Stone，1997；提供的证据），然而，值得注意的是他们在过去二十九年中被不同国家上市公司提倡并采用的程度（Morse & Keegan，1999）。随着时间的推移，审计委员会运作的背景发生了重大变化，国际间的文化和结构性差异将影响审计委员会的运作，但总的来说，法律成文和"最佳实践"的统一化程度越来越高。作为相关治理机构，审计委员会之所以在各种场合下有着越来越高的全球认可度，包括近来不断加强的立法趋势，是因为在许多行业和政府报告中均宣称审计委员会在公司治理的诸多方面存在益处（见附录）。这些预期益处的潜在领域可以用来建立广泛的框架，该框架可用来评估与审计委员会存在和运作相关的影响的证据（框架见表 7–1）。

表 7–1　　　　　　　　　审计委员会预期影响的框架

影响领域	影响举例
结构性动机	与采用审计委员会相关的因素及潜在代理成本的降低 与其他管理安排建立联系 降低董事法律责任
审计功能	审计者选择和薪资 外部审计者的独立性 对审计过程及审计者交流的影响 对内部控制和审计的监控

续表

影响领域	影响举例
财务报告质量	对错误和舞弊的影响
	会计准则采用和会计政策选择
	报告缺陷的法律/管理举措
	审计资格
公司绩效	采用审计委员会对股价和财富创造的影响

7.2.1 结构性动机

与审计委员会推广相关的争议主要在于其对例如董事、投资者与审计者之间的关系，以及责任免除和董事履职方面的潜在贡献。他们认为审计委员会可以影响责任义务和审计关系间的权力平衡。不管上述解释是否有效，我们可以感知到该机制至少暗含一些益处，这从目前审计委员会机制的采纳情况及审计委员会专业性和独立性方面的特点可以看出。虽然这些因素本身并不能提供审计委员会在实践中所发挥作用的证据，但是它能够表明一些有关公司治理结构和组织环境下设立审计委员会动机的信息（义务履行和责任免除的好处是显而易见的）。关于非强制背景下审计委员会设立因素的研究可以提供证据，证明审计委员会的预期效应和设立审计委员会要求的合理性。

7.2.2 对审计功能的影响

关于审计委员会第二个方面的争论在于其对外部审计者和内部控制及审计的影响。文献结尾的评述中常常断言审计委员会造成了审计有效性薄弱并据此提议加强审计委员会建设。在专业文献和政策文件中可见关于审计委员会对有关外部和内部审计诸多因素潜在影响的论断。因此应当考虑什么样的证据能够证明实践中审计委员会对审计功能的影响。本文预期审计委员会可能对审计者的委派、调动和薪资，审计工作的内容和范围，审计独立性，审计者与管理层之间争议的解决等产生影响。审计委员会对内部审计功能、内部控制及风险管理影响的证据同样需要被考虑在内（Zaman，2001）。审计委员会能够强化内部审计的功能（COSO，1994；Turnbull，1999），相应的内部审计是审计委员会实现职责的重要资源。审计委员会应当对管理层评估业务风险负有监管责任，这样他们就能够加强管理层识别和评估内部和外部风险的能力，进而帮助管理层识别和评估实体在实现其经营、财务和合规目标过程中面对的潜在的机遇和挑战。

7.2.3　对财务报告的影响

审计委员会评估和批准会计政策的选择，他们能够影响一家公司的财务报告方法、披露标准以及坚持准则的实践。多年来，关于审计委员会对改进财务报告的可能贡献存在多种观点（Marshand Powell，1989；APB，1994；ICAEW，1997）。审计委员会被寄希望于监测公司会计程序的可靠性及对公司包括坚持预防欺诈控制在内的法律和道德标准的遵守。审计委员会对财务报告影响的相关研究中一个非常有趣的方面是为了报告质量而创造了代理人，这种方式依靠实际报告数字的分析和更多的如对公司监管行动低质量的负面信号。

7.2.4　对公司绩效的影响

潜在影响的第四个也是最后一个方面涉及审计委员会作为管理机构存在是否能带来一个更好的公司绩效和更好的投资者财富效应。审计委员会和公司绩效之间的直接联系看起来可能有些薄弱，但备受推崇的包括审计委员会在内的管理和治理结构旨在改善控制和管理实践，从而相应地提升公司绩效，这正符合公司投资者们的利益。

在近期的一些公司倒闭案例研究中，特定治理结构和特征与公司绩效之间的联系成为一个重要的主题，所以本文研究这一线索能否提供有关审计委员会在公司中所起作用的见解和证据可谓恰逢其时。

7.3　公司审计委员会的影响

本章的这一部分从上文介绍的四个主要方面来评估实证研究提供审计委员会治理效应证据的情况，即：（1）采用审计委员会的结构性动机；（2）对审计功能的影响；（3）对财务报告质量的影响；（4）对公司绩效的影响。

7.3.1　结构性动机

一些研究已经在代理框架下定义了审计委员会的设立（Jensen & Meckling，1976；Fama & Jensen，1983），并检验了在自发引进审计委员会的组织中代理成本和审计委员会存在之间的联系。这些研究旨在寻找审计委员会作为降低代理成本的有效机构的证据。研究检验了与代理成本相关的几个因素，包括公司规模、杠杆率、企业间持股、全国性证券市场上市、管理层持股份额，利用这些变量检验审计委员会构建动机的研究产生了不同结果，参见表7-2。

7.3.1.1 公司规模

检验公司规模和设立审计委员会之间关系的研究并未得出一致的结论，进而也未能为降低代理成本是各公司自发设立审计委员会的首要原因这一论点提供确凿证据。虽然一些研究（Pincus, K., Rusbarsky, M., & Wong, J. 1989; Adams, M. 1997）发现公司规模与审计委员会的设立是显著正相关关系，但其他类似研究却并不支持这一结论（Bradbury, 1990; Collier, 1993; Menon & Williams, 1994）。公司规模对解释公司于年报外单独披露审计委员会报告的决定有显著影响。但有趣的是，并没有发现其他代理变量与主动披露存在关联（Turpin & DeZoort, 1998）。

表7-2　　　　代理分析框架下关于采用审计委员会及其行为的研究

变量	研究						
	Pincus等（1989）	Bradbury（1990）	Collier（1993）	Menon & Williams（1994）	Adams（1997）	Turpin & DeZoort（1998）	Collier & Gregory（1999）
公司规模	+SR	NSR	NSR	NSR	+SR	+SR	NSR
杠杆率	NSR	NSR	+SR	NSR	+SR	NSR	NSR
顶级审计师事务所	+SR	NSR	NSR	NSR			+SR
管理层持股	-SR	NSR	-SR	NSR		NSR	
适当的资产		NSR	NSR		NSR		
企业间持股		+SR					
主导首席执行官			NSR				-SR
股东数量			NSR				
证券市场上市	+SR					NSR	

注：±SR：显著正/负相关；NSR：不显著。

7.3.1.2 杠杆率

詹森和梅克林（Jensen & Meckling, 1976）提出，由于管理层和债权人利益相冲突，较高的杠杆率会增加债权人监控管理层的需求。管理层具有控制债务代理成本的动机并能通过审计委员会的更强监控来实现这一目标。如表7-2所示，杠杆率对设立审计委员会影响的研究证据并不确定。例如品库斯等人（Pincus, K., Rusbarsky, M., & Wong, J. 1989）仅发现了审计委员会设立与高杠杆率相关的模糊证据，得出了债务代理成本和自发设立审计委员会的意愿之间并非显著相关的结论。与此不同的是，科利尔（Collier,1993）声称，他对英国的研究是独特的，因为在他的研究中杠杆率是一个显著因素。尽管亚当斯（Adams,1997）对科利尔（Collier,1993）的结论提供了一些支持，但是其他研究却提供了相反的证据，即未能找到杠杆率与设立审计委员会之间的显著正相关关系。还有一些证据通过计算会议的数量和持续时间（Collier & Gregory,1999），或者公司在年报中包含一个单独审计委员会报告的可能性（Turpin & DeZoort,1998），表明杠杆率并不是审计委员会活动水平的显著影响因素。

7.3.1.3 其他代理因素

在一个代理框架内，同样检验了许多其他变量与自愿设立审计委员会之间的联系，但是总体而言没有更多确定的结论。例如，一些研究发现管理层的持股份额与审计委员会的设立负相关（Pincus, K., Rusbarsky, M., & Wong, J. 1989; Collier, P. 1993），其他研究则没有发现任何显著关系（Bradbury, 1990; Menon & Williams, 1994; Turpin & DeZoort, 1998）。检验结果表明，自愿设立审计委员会与公司经营性资产（Bradbury, 1990; Collier, 1993; Adams, 1997）、股东数量（Collier, 1993）、主导型首席执行官的存在（Collier, 1993）之间没有显著关系。然而，通过以会议召开的频率和持续时间测度审计委员会行为，有证据显示主导型首席执行官的存在与审计委员会行为之间存在显著负相关关系（Collier & Gregory, 1999）。尽管发现证券市场上市和审计委员会的设立呈正相关（Pincus, K., Rusbarsky, M., & Wong, J. 1989），显示审计委员会可能反映出更多的信息并密切关注股市投资者的需求，但公司一旦主动披露审计委员会报告这一效应便不复存在（Turpin & DeZoort 1998）。大量公司间持股的存在增加了公司拥有外部董事的可能性，因此增加了公司维持审计委员会的可能性（Bradbury,1990）。

存在不等于效力，设立审计委员会并不意味着董事会实际上仅依靠审计委员会来加强其对管理层的监控（Menon & Williams, 1994）。审计委员会的其他特性作为审计委员会实际影响的潜在指标也被用于实证检验。用会议举行的频率衡量审计委员会行为，其随公司规模和董事会中外部董事比例的提高而一同增加（Menon & Williams, 1994）。科利尔和格雷戈里（Collier & Gregory, 1999）发现，审计委员会会议的数量和持续时间与一个主导型首席执行官负相关，与顶级[①]审计师事务所正相关。在审计委员会中任命内部人和利益相关的董事的方面，拥有强势首席执行官

---

① "顶级"指目前由"四大"构成，以前"五大"、"六大"或"八大"审计师事务所构成的具有领先地位的事务所团体。

的公司比那些拥有相对弱势首席执行官的公司存在更高的可能性（Klein，1998a）且拥有强势首席执行官的公司倾向于更少频率的审计委员会会议（Klein，1998a；Collier & Gregory，1999）。但是，审计委员会会议的数量和持续时间对审计委员会行为是非常粗糙的衡量方法，审计委员会行为可能不仅依赖于一家公司业务的规模和本质，还依赖审计委员会行为的广度，另外更根本地依赖于审计委员会会议之外交流的程度和本质。

被用来检验代理成本和审计委员会监控质量之间关系的另一潜在效力标准是审计委员会将具有相关经验的成员包含在内。李和斯通（Lee & Stone，1997）发现审计委员会的组成与代理成本不相关但是与首席执行官和审计委员会主席的背景显著相关，进而得出结论，他们的证据与引导过很多关于监管和控制研究中的代理范式不一致。

总的来说，逐个审视与控制代理成本相关的因素，审计委员会设立或其他与审计委员会活动相关的指标的治理效应并没有得到实证证据的支持。根据这一推论，本章节的最后一个部分给出了关于审计委员会研究的诸多建议（包括采用一些替代方法）。

7.3.1.4 与大型审计师事务所的联系

审计师事务所可能具有鼓励设立审计委员会的动机。审计委员会增强了审计人员的独立性，继而在保护审计人员免予因商业失败和欺诈而受到不恰当审计指控的方面发挥着重要作用（Mautz & Neumann，1970）。在客户中推广审计委员会方面，大型审计师事务所应当比小型事务所具有更大的动机，不同类型审计人员的客户自愿设立审计委员会的比例能够显示审计委员会设立与审计人员动机的联系。

有证据显示，公司雇佣顶级审计师事务所与设立审计委员会之间存在关联。例如，品库斯等（Pincus, K., Rusbarsky, M., & Wong, J. 1989）提出的关于美国的证据显示接受顶级审计师事务所审计和审计委员会的存在之间是正相关关系。类似地，在现任审计人员被较小的审计师事务所取代的情况下，相应的客户公司很可能没有设立审计委员会（Eichenseher & Shields，1985；Bradbury，1990；Menon & Williams，1994）。尽管这些联系与观察到的审计服务市场的竞争本性一致（Pong & Turley，1997），但并不因此意味着顶级审计师的聘用和审计委员会的采用可以反映其他的公司变量。虽然找到了一些聘用顶级事务所以外的审计师可能较少地建立审计委员会的证据，科利尔（Collier，1993）确认聘用顶级审计师并不是一个影响审计委员会建立的显著因素，尽管顶级审计师和审计委员会活动存在显著的正相关关系（Collier & Gregory，1999）。

7.3.1.5 法律保护

审计委员会能够提供证据，即董事会在履行其规定职责时已经给予了应有的关注，相应地能够减少董事会的法律风险。一些早期关于审计师与执行和非执行董事关系的感性认识的证据表明，审计委员会在履行其职责时保持的审慎调查为董事提供了一些法律保护（Mautz & Neumann，1970）。20 世纪 70 年代末，美国增加审计委员会的采用是对增加董事义务这一监管要求的回应，主要来源于 1977 年的《反海外腐败法》（FCPA），暗示着审计委员会的作用是降低责任成本（Eichenseher & Shields，1985）。然而，关于审计委员会益处和影响的法律保护解释可能受不同国家环境中特殊法律背景所影响，因此并不能作为审计委员会国际发展的一个有说服力的通用解释。

7.3.2 对审计功能的影响

与评估审计委员会治理贡献相关的第二个主题是其对外部及内部审计功能的影响。这一领域有几个与利益相关的研究问题。审计委员会是否影响审计师的选择、保留和免职或影响审计费用水平？作为设立审计委员会的结果，审计师独立性是否得到提高？存在争议时审计委员会支持审计师或管理层的可能性各有多大？审计委员会如何影响公司的内部控制和风险管理过程？许多审计委员会所谓的好处都与这些问题相关。这一部分将讨论涉及这些问题的证据。

7.3.2.1 审计师选择

审计委员会对聘用外部审计师的相关影响在于，其可能出于客户关系、社会声誉以及审计质量的相关认知和考虑，对大型审计师表现出一定的偏爱。检验 20 世纪 80 年代美国审计师的选择的早期研究证据并不支持所谓审计委员会偏好的存在，即相对小型、不知名的事务所更倾向于选择大型、知名的审计师事务所（Kunitake，1981，1983；Eichenseher & Shields，1985；Cottell & Rankin，1988）。虽然有证据表明，设立审计委员会的公司在更换审计师时具有选择顶级事务所的倾向，但是没有设立审计委员会的公司同样展现出这一倾向，这一证据不能表明审计委员会对这一倾向有任何统计上的显著性影响（Eichenseher & Shields，1985；Cottell & Rankin，1988）。

更多的近期研究报告发现，不包含雇员且一年至少召开两次会议的审计委员会更倾向于选择公司所在行业领域的专业审计师（Abbott & Parker，2000）。阿尚尔博和德祖尔特（Archambeault & DeZoort，2001）的报告结果表明，无论是审计委员会的存在还是其行动水平（由审计委员会的会议数量作为代理变量）都不与值得怀疑的审计师变更存在负的显著相关关系。但是可疑的审计师更换与独立董事的比例，审计委员会中具有会计、审计和财务经验成员的比例，审计委员会规模之间存在显著的负相关关系。

7.3.2.2 审计师薪资

一个与审计师选择相关的问题是审计委员会对审计师薪资的影响。尽管有可观数量的对审计费用的研究，但是关于审计委员会影响的证据相当有限。难点在于不同的理论认为审计委员会能导致费用的增加或减少。如果审计委员会寻求增强审计质量，其影响可能是增加费用。相反的，如果审计委员会的存在与增强内部控制强度联系在一起，那么将减少费用。科利尔与格雷戈里（Collier & Gregory，1996）检验了这一命题，发现前者显著正相关但是后者不存在显著关系。作者认为"没有确凿证据表明审计委员会在产生一个强劲的内部控制环境方面是有效的，该环境反映在降低审计费用方面"。

奥沙利文（O'Sullivan，2000）对 1992 年 402 家英国公司的审计费用的检验表明，非执行董事的比例对审计费用存在积极的显著影响，与增加非执行代表鼓励更广泛的审计是一致的。然而，有趣的是，这一研究并没有检验审计委员会的存在是否影响审计费用，但是奥沙利文（O'Sullivan，1999）通过对 146 家英国公司 1995 年审计费用样本的研究发现没有有关董事会和审计委员会特点影响审计定价的证据。

相比现如今已有的为数不多的研究，关于审计委员会在决定审计费用方面的参与和影响的研究前景更加广泛。有趣的是，在此背景下德祖尔特（DeZoort，1997）发现，与其他监督职责相比，审计委员会成员把外部审计师选择和费用批准看得不是那么重要。审计委员会对审计质量的看法将不可避免地影响其对审计师的选择和薪资，而这种看法则受审计委员会成员与不同规模审计师事务所的过往接触经历所影响（Knapp，1991）。调查结果表明审计委员会主席意识到的审计团队因素，例如合伙人/管理人对于审计的关注程度，比那些支付给审计师事务所的总费用等所谓的相对重要因素对审计质量的影响更大。证据表明，审计委员会成员意识到大型审计师事务所比本土事务所更可能揭露他们发现的具体错误，另外，长期任命的审计师事务所也可以通过学习曲线效应不断提升审计师才能（Schroeder, M. S., Solomon, I., & Vickrey D., 1986）。

7.3.2.3 审计师独立性

长期以来，设立审计委员会的合理性在于其原理中对外部审计师和管理层之间关系的潜在影响以及审计师独立性所带来的的必然益处（CohenCommission，1978）。一些研究检验了审计委员会存在对信息使用者对独立性感知的影响。研究发现，审计委员会的存在能够在财务报告使用者中创造增强审计师独立性的感知并提供更可靠的财务报告（Gwilliam & Kilcommins, 1998）。类似地，研究20个银行家组成的小样本对贷款申请进行考量的情况，结果表明，给出存在审计委员会的信息比给出不存在的信息导致对财务报告更大的依赖性（Tsui, J., Subramaniam, N., & Hoy J. S., 1994）。然而，很难对这些探索和调查研究给出一般性结论。观察到的影响可能取决于课题对审计委员会存在的特别关注，这可能无法代表实际情况中正常的决策过程。

审计委员会对审计师独立性贡献证据的第二个来源是他们在外部审计师和执行管理层存在争议时的行为。机密性限制了这一领域的研究可能性，但是仍可得到有限数量的问卷和实验检验结果。在早期的实验调查中，科纳普（Knapp, 1987）检验了在审计争议中影响审计委员会支持审计师而非管理层的因素。结论显示审计委员会成员在争议涉及客观技术标准且受审计公司财务状况较弱的环境下普遍倾向于支持审计师而非管理层。

近期更多类似的研究认同更丰富的独立董事经验和审计知识与较高的审计委员会对审计师的支持联系在一起，这是因为审计师主张通过"实质重于形式"的方式处理与客户管理层发生的争议（DeZoort & Salterio, 2000）。鉴于执行管理层、外部审计师及审计委员会主席关于财务报告披露的适用标准的显著分歧（Haka & Chalos, 1990），审计委员会对审计师独立性的影响可能比在调查研究中轻易获取的情况要复杂得多（Spira, 1999）。

7.3.2.4 审计师程序和报告

考虑到新审计方法的采用（Bell, T., Morris, F., Solomon, I., & Thomas, H., 1997；KPMG, 1999；Lemon, W. M., Tatum, K. M., & Turley, W. S., 2000）和对审计发现进行公告的关注（Hatherly, D., Innes, J., & Brown, T. 1998；Manson & Zaman, 2001），审计委员会对外部审计程序和审计师交流的影响是一个重要的问题。尽管有些证据表明审计师在总体审计策略和具体审计计划阶段优先收集公司治理的信息（Cohen & Hanno, 2000），但是审计委员会对审计程序影响的研究证据还是有限的。执业会计师对他们与审计委员会的会议作了描述，会议通常要求审计师报告重要事项，审计委员会方面往往不会寻求建立一个积极主动的双向交流进程（Cohen, J., Krishnamoorthy, G., & Wright, A. M., 2002）。有趣的是，审计师认为审计委员会在解决与管理层的争议问题时没有起到实际作用且不够强势。

巴蒂尔等（Beattie, V., Fearnley, S., & Brandt, R., 2000）对英国财务总监和审计业务合伙人之间相互作用的调查可能搜集了一些审计委员会对审计结果影响的证据。作者们发现，审计委员会的存在与财务报表变化的程度没有联系。但由于审计委员会加强了审计师与公司管理层之间的沟通并减少了谈判妥协，因此其有利于缓解二者之间的冲突。在采访中，执业审计师陈述他们与审计委员会或董事会的讨论从不影响出具的审计报告的类型（Cohen, J., Krishnamoorthy, G., & Wright, A. M., 2002），审计委员会独立性和审计报告之间联系的研究发现，审计委员会中灰色董事的比例越高，审计师出具持续关注审计意见的可能性越低（Carcello & Neal, 2000, 2003）。

7.3.2.5 内部控制和风险管理

尽管专业文献中的很多文章讨论了审计委员会的内部控制和风险管理作用，但是在这一领域研究审计委员会影响的学术文献相当有限。艾莉森（Allison, 1994）的案例研究说明了审计委员会成为一家公司整个内部控制系统的一部分的情况，提供了一个个体公司的经验。分析美国会计年度1990年11家审计委员会报告发现所有的公司审计委员会都复审和监控内部控制（Rezaeeand & Farmer, 1994, 第18页）。在此背景下，一个有趣的考虑事项是内部审计师和管理者相信内部审计功能外包情况下审计委员会和董事会很难得到一个关于内部控制有效性的总体意见（Assiri & Sherer, 2000）。

一个相关的问题是审计委员会在雇用和解雇首席内部审计师中的作用。例如在美国，NCFFR（1987）主张审计委员会应当对首席内部审计师的任命和免职进行复审。这一问题的有限的实证证据来自一个对美国首席内部审计师的调查，其表明审计委员会参与任命和免职决定的公司分别占到了样本量的33%和38%（McHugh & Raghunandan, 1994）。这一调查中仅有14%的公司的首席内部审计师拥有无限制地进入审计委员会的权利，考虑到独立性的问题，笔者发现绝大多数的尤其是在那些小型公司的内部审计者认为授予审计委员会任命和免职权力能增强内部审计独立性，提高审计委员会的监管能力，增强内部审计师得出审计结果的行动力。

一些可用的证据是审计委员会越独立于管理层，其对内部审计的作用越有效。

然而这一对内部审计事项的较高程度的有效作用并没有延伸到参与解雇首席内部审计师的决定中（Scarbrough, D. P., Rama, D. V., & Raghunandan, K. 1998）。在强制设立审计委员会的新加坡对审计师和董事们的调查证据显示：尽管一个强势的审计委员会的存在被认为能够增强外部审计的效力，帮助公司预防和发现财务报表中的错误，但是接受调查的人对强有力的审计委员会能否帮助公司预防和发现控制弱点和舞弊表示怀疑（Goodwin & Seow, 2002）。

报告显示，审计委员会成员将内部控制评价列为次于财务报表复审的最重要的监督责任（DeZoort, 1997）。然而，该领域的研究难点是识别内部控制影响的广义信号。在一项经验是否影响审计委员会成员的监督判断的测试中，发现有财务经验的审计委员会成员比没有经验的成员做出的内部控制判断更接近于审计师，表明相关专业知识在审计委员会成员对内部控制和风险管理的监督方面关系重大（DeZoort, 1998）。

7.3.3 财务报告影响

审计委员会对财务报告质量的影响是值得进一步研究的领域。基本问题是审计委员会的存在与否是否影响财务报告。识别财务报告质量的信号可能是困难的，但可以尝试通过分析实际报告的财务数字，例如考虑审计委员会是否改进了公司的盈余质量，或通过财务报告中问题的负面信号，例如明显的或所谓的错误、舞弊以及违规现象（参见表7-3）。这一领域的新研究通常有两类：检验审计委员会存在（缺席）对各项财务报告质量指标的影响（DeFond & Jiambalvo, 1991；Beasley, 1996；Dechow, P. M., Sloan, R. G., & Sweeney, A. P., 1996；McMullen 1996；Peasnell, K. V., Pope P., & Young S., 1999）；或更深入地，检验独特的审计委员会特征如会议、独立性及成员背景（如Abbott, L. J., & Parker S., 2000；Beasley, M. S., Carcello, J. V., Hermanson, D. R., & Lapides, P. D. 2000；Parker, 2000；Windram & Song, 2000）。

分析指出通过追溯调整更正前期报告中错误利润高估较少发生在存在审计委员会的公司（DeFond & Jiambalvo, 1991），操纵利润的公司较少设立审计委员会（Dechow, P. M., Sloan, R. G., & Sweeney, A. P., 1996），这些研究提供了设立审计委员会和财务报告质量之间正相关的证据。一系列财务报告质量指标证实，[①]

[①] 有股东诉讼指控欺诈性财务报告、季度报告的业绩修正、SEC的执法行为、违法行为、涉及客户审计会计分歧的审计师更换。

审计委员会与降低财务报表中错误及违规的发生率有关（McMullen，1996）。在英国，财务报告审核委员会（FRRP）针对有缺陷财务报表的行动与美国证券交易委员会的执法行动是一致的。然而，在一个接受 FRRP 行动的英国 47 家公司的样本中，皮斯内尔等（Peasnell, K. V., Pope P., & Young S., 1999）并未发现 FRRP 行动与审计委员会之间的显著关系，温德勒姆和宋（Windram & Song, 2000）发现 FRRP 行动与审计委员会的财务素养、审计委员会会议的频率及由审计委员会成员控制的外部董事会席位数量显著负相关。

关于报告质量的研究尚未解决的问题是财务报告的改进是否明确地取决于审计委员会的存在，或者特定的审计委员会特征和报告结果是否都是其他治理变量的产物。与此相关的一个非常有趣的发现是，审计委员会的存在并未显著影响舞弊的可能性（Beasley，1996），然而，存在财务报表舞弊的公司比不存在舞弊的公司拥有更低比例的董事会外部成员，且舞弊可能性与灰色董事的比例及独立董事的比例显著负相关。尽管是基于一个仅有 26 个公司的小型样本研究，结果显示董事会构成比审计委员会的存在能够更显著地降低财务报告舞弊的可能性。

表 7-3 审计委员会与财务报告质量的研究说明

报告质量信号	研究	审计委员会相关变量						
		存在	规模	会议	独立性	专业性	审计委员会外部董事	董事会外部董事
舞弊 （SEC 行为）	Beasley（1996）	NSR						-SR
	Dechow 等（1996）	-SR						-SR
	Beasley 等（2000）	-SR						
	McMullen（1996）	-SR		-SR	-SR			
	Abbott 等（2000）			-SR	-SR			NSR
FRRP 行为	Peasnell 等（1999）	NSR						
	Windram & Song（2000）			-SR		-SR	-SR	-SR
盈余管理	Abbott 等（2000）		NSR	-SR	-SR	NSR		NSR
	Parker（2000）			-SR	-SR			-SR
	Peasnell 等（2000）	NSR						-SR
	DeFond & Jiambalvo（1991）	-SR						
审计资格	Carcello & Neal（2000）				-SR			
	Carcello & Neal（2003）							

注：±SR：显著正/负相关；NSR：不显著。

在英国，(Peasnell, K. V., Pope P., & Young S., 1999) 检验了前后吉百利

时期董事会构成与盈余管理行为的关系。后吉百利时期的结果显示，非执行董事比例较高时较少采用增加收入的盈余管理来避免亏损或盈余下降。然而，并未发现前吉百利时期盈余管理的程度与非执行董事的比例相关。与比斯利（Beasley，1996）的发现一致，在后吉百利时期利用审计委员会非执行董事的比例更能显著地解释盈余管理的减少（Peasnell, K. V., Pope, P., & Young, S., 2000）。

上述研究均未检验审计委员会特征的影响，但现有证据显示这些研究在解释财务报告质量差异（尤其是跨部门的）方面具有重要作用（Wright，1996；Klein，2002；Abbott 等，2000；Parker，2000）。对于公司而言，董事会成员中，尤其是审计委员会成员中管理层亲信或与公司存在业务关系的人（即灰色董事）所占比重越低，财务报告质量的分析评级越高。对于那些违反 SEC 财务报告准则的公司，其审计委员会中有更高比重的局内人以及灰色董事（Wright，1996）。经研究发现，审计委员会的独立性与股权估值财务报告信息的质量正相关，与 CEO 对董事会的话语权程度负相关（Klein，2002）。

近期研究发现独立积极的审计委员会与舞弊和非欺诈性盈余虚假陈述可能性的降低有关（Abbott, L. J., & Parker S., 2000），但审计委员会规模和专业性与降低盈余虚假陈述并不显著相关（Abbott, L. J., & Parker S., 2000）。类似地，帕克（Parker，2000）发现收入增加会计处理受独立的审计委员会及公开披露的审计委员会监控财务报告职责所约束。在遵守 SEC 会计信息强制披露条款的公司中，比斯利等（Beasley, M. S., Carcello, J. V., Hermanson, D. R., & Lapides, P. D., 2000）发现存在舞弊的公司比无舞弊的公司拥有较少的审计委员会，独立性较低的审计委员会，较少的审计委员会会议和较少的内部审计支持。

一些代表审计委员会特征的变量与形形色色的结果联系在一起，值得注意的是，研究发现审计委员会会议（衡量审计委员会的行为）和审计委员会成员的独立性与较低的财务报告质量问题可能相关（参见表 7-3）。公司破产和违规行为发生在审计委员会遵守，甚至超过，推荐的最佳实践的公司这一事实阐明了理解与审计委员会运转相关过程的重要性。例如安然事件为审计委员会成员财务素养能导致其效力的命题提供了反例。虽然某些特征（例如独立性和专业性）能增强审计委员会的作用，但是这些单独的属性不太可能改善财务报告的质量。结论显示，审计委员会的特征和运转可能成为研究在何种情况下，审计委员会可以实现预期效益的丰富领域。

7.3.4 对公司绩效的影响

审计委员会潜在影响的最后一个领域是公司绩效。如前文所述，重要的是应当明确特定的效益或影响是否取决于审计委员会的存在抑或是其他公司治理特征的结果。越来越多的文献检验了董事会特征和公司绩效之间的关系。这一问题的正相关结论表明审计委员会作为一个外部董事占多数的董事会的下属委员会，可能会产生类似的绩效影响。

以良好的公司治理等同于良好的公司绩效为出发点，一些研究人员检验了是否在董事会中包含外部董事能提高公司业绩和对股东的回报（Klein，1998b）。与此相关的证据包括：股票市场对公布的"毒丸计划"反应与董事会外部董事占多数正相关，与占少数负相关（Brickley，J. A.，Coles，J. L.，& Terry，R. L.，1994），及董事会特征、董事会股权结构有可能显著影响公司成为恶意收购尝试的目标的可能性（Shivdasani，1993）。这项研究结果与外部董事在公司治理及服务股东利益中发挥重要作用的命题是相符的。

审计委员会影响公司绩效的相关研究尽管仍不充分，但有一个前景光明的相关研究则是董事会成员特征和股东财富影响之间的联系。例如在对投标公司投标报价环节股东回报率的研究中，伯德和希克曼（Byrd & Hickman，1992）发现对于过半数议席由独立外部董事控制的投标公司，其公告日平均异常负收益相对更小。与管理层任命外部董事相关的财富效应研究表明，任命伴随着显著的超额平均回报，尽管在任命前多数董事会中外部董事已经占据大多数席位。这表明外部董事在维护股东利益上是被寄予厚望的（Rosentein & Wyatt，1990）。

未来研究审计委员会和公司绩效之间关系还需要辨析其他文献中关于董事会成员构成、董事会领导结果与公司绩效之间关系的研究结论。道尔顿等（Dalton，D. R.，Daily，C. M.，Ellstrand，A. E.，& Johnson，L. J. 1998）发现上述结论缺乏一致性，其进而断言，无论是董事会的构成还是董事会的领导结构均与公司财务绩效不存在直接关联。这个观点得到了维斯巴哈和赫马林（Weisbach & Hermalin）研究结论的支持，他们重新审视了研究董事会的经济学文献，发现董事会的构成与公司绩效并不相关，尽管董事会规模与公司绩效负相关。维尔德（Wild，1994，1996）对设立审计委员会能增强盈余质量这一命题的检验提供了特别是与审计委员会相关的财富效应的证据。假定审计委员会能够提高盈余质量，那么相比设立审计委员会之前，设立审计委员会后的盈余报告发布将伴随着信息使用者进一步向上修正对公司未来绩效的期望。研究结果表明，股票收益率变化程度显著增加，甚至比设立审计委员会前的变化高出20%，由此得出结论，即"典型的证据显示有效的审计委员会能大幅提高报告盈余的质量"。

7.4 总结和结论

在一个有众多公司丑闻的环境中，审计委员会的有效性一直被批评，加强审计委员会治理作用的变革被提出，了解现有证据中有关审计委员会的作用是非常重要的，既为了规范对政策变化所可能引起影响的预期，也为了建立一个测试这些影响的基准尺度。综合来看，在上一节中讨论的证据引发了一系列的观察，这些观察包括将来的研究重点，有助于形成对监管政策及其实际执行效果的持续讨论。

7.4.1 研究重点

通过研究设立审计委员会的结构性激励与特征推断其预期收益的努力，在实践中未能给出一个受认可的关于审计委员会在公司治理中角色的模型。在某种程度上，这可能是由于在不同的治理情境下，研究所使用的代理变量存在缺陷。这说明更加需要对这一问题展开深入的研究，以充分理解审计委员会在实践中所发挥的作用。

现有研究主要侧重于在一个代理框架内测试使用审计委员会的激励机制，其基本原则是：审计委员会的作用将降低代理成本。但总体而言，经验证据表明，通过审计委员会降低代理成本的效果是非常有限的。一般情况下，一些衡量代理成本的公司特征变量与公司设立审计委员会高度相关，这种关系的存在并没有明确指向设立审计委员会的动机，这两点是毋庸置疑的。重要的研究问题包括：审计委员会和公司治理安排的其他方面之间的相互作用，特别是一般董事会构成的属性和原因。即使审计委员会的确能降低代理成本，也要考虑到优先选择审计委员会而非其他能达成相同目标的方法的原因。对外部审计、财务报告和公司绩效的影响仅仅是由于董事会内外部合作还是诸如设立了审计委员会等特定治理结构的原因，是性质完全不同的两回事。

审计委员会对审计和财务报告流程的各个环节的影响有待做更大范围的进一步研究。审计委员会的存在和审计委员会的特征与财务报告质量之间关系的证据带出了一些重要的问题。也正因为如此，有许多方面的潜在影响，但只有有限的证据是可用的。这些领域包括审计委员会在内部控制、内部审计和风险管理方面的作用。同样,虽然在董事会构成方面的研究表明,审计委员会作为董事会架构中的一个附属委员会可能发挥作用,但它并未提供审计委员会影响企业绩效的直接证据。

即使发现审计委员会和公司治理效果之间关联的证据,而这些影响很少带来运行方案的调整。审计委员会的政策倾向于强调委员会及其成员的特点,但审计委员会的活动流程对其他组织过程和其他参与者行为的影响至少是同等重要的。现存的研究对这些进程的了解极少。虽然财务报告的特点和公司治理安排之间存在一些相关性的证据,这还需要进一步的研究来建立关于审计委员会特有的流程和影响的课题。

对很多审计委员会研究的限制性特征是,它源于这样的研究,研究的主要主题不是审计委员会,而是如审计师的独立性、审计任期和财务报告质量等方面。在这些研究中,研究人员往往只是向模型中添加了一个审计委员会的变量,例如,审计费用或财务报告质量的研究。事实上,审计委员会的问题往往是在研究设计中的次要问题,这不可避免地限制了此类研究在理解审计委员会运行和效果方面的贡献程度。审计委员会应是未来研究的主要目标,而不仅仅是包含在一个模型中的一个不同变量。

7.4.2 研究框架:需要重新定义审计委员会

对审计委员会效应证据的评估表明,人们仍持续关注审计委员会的制度性和组织性特征,特别是审计委员会程序的特定动态效应。审计委员会本身和审计委员会活动的脉络与本质在有效性程度上显然存在差异,而后者往往和特定的效应相关并且需要更加全面地加以研究。这个问题可能需要不同类型的研究,而不仅仅是那些到目前为止突出的研究。可以说,迄今大部分的研究围绕审计委员会存在性的理论,但未来需要对可能的审计委员会运作理论给予更大的关注。

事实上,现存的研究普遍基于代理理论的观点开展,这在一定程度上限制了关于审计委员会运作和审计委员会活动方式如何对公司产生影响的真知灼见。审计委员会不是在真空中运作,他们的运作和效果必须在考虑他们发挥作用的制度性和组织性背景和内部固有权力关系下才能得到充分研究。

在未来的研究中,审计委员会在组织内影响行为的方式是一个开放的且可能十分有趣的领域。审计委员会的作用需要在他们运行的环境中进行检查,这样就能适当考虑审计委员会内部及周边的动态关系,以及审计委员会和其他实体内部结构的互动关系。还应该认识到，审计委员会成员特别是审计委员会主席和背后的企业文化特性是影响审计委员会运作和发挥作用的潜在重要因素。在单个组织内，这些因素在决定审计委员会影响以及他们与审计委员会作用的关系方面可能是尤其重要的。

7.4.3 定性分析的案例

大部分现有的对审计委员会的研究是基于样本，利用公开和（或）调查问卷数据，这些数据很少能够反映审计委员会实际的运作及其效果。审计委员会的影响不能仅仅通过问卷调查和数据库分析。结合案例和访谈的定性研究方法为结合其组织和制度环境研究审计委员会的行为提供了助力。具体而言，这些案例可能有助于发现审计委员会特殊的独立性地位和对审计过程的影响，并识别审计委员会所处的复杂环境以及与其他各方如高级管理层和审计师之间的互动。有很多的理由相信这方面的效果可能是特别重要的。

首先，在对公司治理的讨论中，审计委员会与审计师之间的相互作用可能是提高整体治理水平的一个重要方式。围绕审计独立性和审计人员的任命和保留问题，包括谈判费用和提供非审计服务等内容，需要进一步详细检查。其次，审计委员会和审计人员之间的沟通显然有可能影响审计人员的工作计划，通过直接的建议和通过赋予审计师责任能够证明他们预期的做法是对的。审计过程可能因此较以前具有更高的透明度。再次，审计公司采用的方法继续发展，特别是伴随近年来出现的"鉴证"和"咨询"的审计属性之间的争论（Jeppesen，1998），两者间权衡的方法如果符合审计委员会的期望，将产生非常有益的结果。最后，审计委员会可以通过潜在的不同策略对内部控制和外部审计施加影响，不同的策略对外部审计产生的影响也各不相同。未来需要研究审计委员会如何做出相应选择，例如，调查外部审计成本在不同情形下的增减情况。

7.4.4 结束语

很显然，审计委员会采用的结构或特征和实现特定的治理效果之间没有必然关系。例如，对于审计委员会和审计职能以及财务报告质量的各个方面之间关联测试的模糊结果表明，特定规则下的审计委员会不能提供一致的影响力。对于当下在政策领域围绕相关因素（例如审计委员会成员的独立性和专业性）立法以弥补审计委员会机制缺陷的期望，这些观察结果无疑提供了中肯的反对论据。这并不是说这样的特性没有价值也不值得推广，但关于更高程度的标准化能够对公司治理有更大的贡献这一观点应当持谨慎态度。

本章试图通过对采用审计委员会机制的动机及审计委员会在审计职能、财务报告质量和企业绩效等方面作用的参照，来说明和评估审计委员会治理效应现有经验证据的性质和程度。该证据的评估提供了一个含糊的结果，即尽管已经找到了一些关于有益影响的证据得到了证实和确立，但迄今为止许多方面预期利益的相关发现是不确定的和非常有限的，这为以后的研究留下了许多余地和方向。未来的研究应包括：（1）更多地考虑组织和制度环境中审计委员会的工作；（2）与审计委员会操作相关过程的明确理论化；（3）用实地研究来补充现存的研究方法；（4）研究审计委员会可能产生的预期和非预期的结果。

附录

越来越多的企业将会展示良好治理以便进军世界的资本市场。事实上，一个公司如果具有审计委员会可能振奋投资者对其治理实践方面的信心（Price Waterhouse，1997）。

毫无疑问，审计委员会可以在给企业带来更大的责任感和恢复财务报告的信心方面发挥重要作用（Lindsell，1992）。

审计委员会可以帮助董事履行法定和受托责任，特别是在会计记录、年度决算和审计方面（Collier，1992）。

审计委员会是独一无二的，因为它可以为董事、管理和审计人员提供一个平台，一起处理管理风险和财务报告义务的相关问题（AARF，1997）。

审计委员会的独立性导致内部审计部门在财务报告过程中应承担更大的责任。这个角色反过来应该促进内部控制结构的改进，从而提高财务报告过程中的完整性（Apostolou，1990）。

审计委员会提供了一个框架，为独立于管理提供更大的空间，使外部审计师与公司管理者发生争议时可以保持它的独立性，从而加强内部审计职能的地位（Cadbury，1992）。

审计委员会在促进内外部审计独立性的认知方面发挥着重要的作用（Price Waterhouse，1997）。

审计委员会在预防和检测欺诈报告方面可以发挥至关重要的作用（NCFFR，

1987）。

审计委员会有能力提高财务报告质量，通过审查代表董事会方的财务报表（和）营造纪律环境和控制减少诈骗的机会（Cadbury, 1992）。

参考文献

AARF. (1997). *Audit Committees: Best Practice Guide*, Australia: Australian Accounting Research Foundation, Australian Institute of Company Directors and Institute of internal Auditors.

Abbott, L. J., & Parker S. (2000). *Auditor selection and audit committee characteristics. Auditing: A Journal of Practice and Theory*, 19 (2), 47 – 66.

Abbott, L. J., Park, Y., & Parker, S. (2000). The effects of audit committee activity and independence on corporate fraud. Managerial Finance, 26 (11), 55 – 67.

Adams, M. (1997). Determinants of audit committee formation in the life insurance industry: New Zealand evidence. Journal of Business Research, 38 (2), 123 – 129.

Allison, D. L. (1994). Internal auditors and audit committees. Internal Auditor, February, pp. 50 – 55.

APB. (1994). *The audit agenda*. London: Auditing Practices Board.

Apostolou, B. (1990). The role of internal auditor communication with the audit committee. *Internal Auditing Fall*, 6 (2), 35 – 42.

Archambeault, D., & DeZoort, T. (2001). Auditor opinion shopping and the audit committee: an analysis of suspicious auditor switches. *International Journal of Auditing*, 5, 33 – 52.

Assiri, S. M., & Sherer M. (2000). Outsourcing the internal audit function: *an empirical evaluation of benefits and pitfalls*. Paper presented at the 6th Annual Midyear AAA Auditing Section Conference, California.

Australian Treasury. (2002). Corporate disclosure: strengthening the financial reporting framework. CLERP9, Department of Treasury, Commonwealth of Australia. http://www.treasury.gov.au.

Beasley, M. S. (1996). Board of director composition and financial statement fraud. *Accounting Review*, 71 (4), 443 – 465.

Beasley, M. S., Carcello, J. V., Hermanson, D. R., & Lapides, P. D. (2000). Fraudulent financial reporting: consideration of industry traits and corporate governance mechanisms. Accounting Horizons, 14 (4), 441 – 454.

Beattie, V., Fearnley, S., & Brandt, R. (2000). Behind the audit report: a descriptive study of discussions and negotiations between auditors and directors. International Journal of Auditing, 4, 177 – 202.

Bell, T., Morris, F., Solomon, I., & Thomas, H. (1997). *Auditing organizations through a strategic – systems lens*. Montvale, NJ: KPMG Peat Marwick LLP.

Benston, G. J., & Hartgraves, A. L. (2002). Enron: what happened and what we can learn from it. *Journal of Accounting and Public Policy*, 21, 105–127.

Blue Ribbon Committee. (1999). *Report and recommendations of the blue ribbon committee on improving the effectiveness of corporate audit committees.* NY: NYSE and NASD.

Bradbury, M. E. (1990). The incentives for voluntary audit committee formation. *Journal of Accounting and Public Policy*, 9, 19–36.

Brickley, J. A., Coles, J. L., & Terry, R. L. (1994). Outside directors and the adoption of poison pills. *Journal of Financial Economics*, 35, 371–390.

Byrd, J. W., & Hickman, K. A. (1992). Do outside directors monitor managers? Evidence from tender offer bids. *Journal of Financial Economics*, 32(2), 195–221.

Cadbury Committee. (1992). *Financial aspects of corporate governance.* London: Gee Publishing Ltd.

Carcello, J. V., & Neal, T. L. (2000). Audit committee composition and auditor reporting. *Accounting Review*, 75(4), 453–467.

Carcello, J. V., & Neal, T. L. (2003). Audit committee characteristics and auditor dismissals following "new" going-concern reports. *Accounting Review*, 78(1), 95–118.

Cohen, J., & Hanno D. (2000). Auditors consideration of corporate governance and management philosophy in preplanning and planning judgments. *Auditing: A Journal of Practice and Theory*, 19(2), 133–146.

Cohen Commission. (1978). Report of the commission on auditors' responsibilities, AICPA.

Cohen, J., Krishnamoorthy, G., & Wright, A. M. (2002). Corporate governance and the audit process. *Contemporary Accounting Research*, 19(4), 573–594.

Collier, P. (1992). *Audit committees in large UK companies.* London: ICAEW Research Board.

Collier, P. (1993). Factors affecting the formation of audit committees in major UK listed companies. *Accounting and Business Research*, 23(91A), 421–430.

Collier, P. (1996). The rise of the audit committee in UK quoted companies: a curious phenomenon? *Accounting, Business and Financial History*, 6(2), 121–140.

Collier, P., & Gregory, A. (1996). Audit committee effectiveness and the audit fee. *European Accounting Review*, 5(2), 177–198.

Collier, P., & Gregory, A. (1999). Audit committee activity and agency costs. *Journal of Accounting and Public Policy*, 18, 311–332.

COSO. (1994). Internal control: Integrated framework. New York: Coopers and Lybrand/ Committee of Sponsoring Organizations of the Treadway Commission.

Cottell, P. G., & Rankin, L. J. (1988). Do audit committees bias auditor selection? *Akron Business and Economic Review*, 19(4), 87–103. Winter.

Dalton, D. R., Daily, C. M., Ellstrand, A. E., & Johnson, L. J. (1998). Meta-analytic review of board composition, leadership structure and financial performance. *Strategic Management Journal*, 19, 269 –290.

Dechow, P. M., Sloan, R. G., & Sweeney, A. P. (1996). Causes and consequences of earnings manipulation: An analysis of firms subject to enforcement action by the SEC. *Contemporary Accounting Research*, 13 (1), 1 –36. Spring.

DeFond, M. L., & Jiambalvo, J. (1991). Incidence and circumstances of accounting errors. *Accounting Review*, July 66 (3), 643 –655.

DeZoort, F. T. (1997). An investigation of audit committees' oversight responsibilities. *Abacus*, 33 (2), 208 –227.

DeZoort, F. T. (1998). An analysis of experience effects on audit committee members' oversight judgments. *Accounting Organizations and Society*, 23 (1), 1 –21.

DeZoort, F. T., & Salterio, S. (2000). The effects of corporate governance experience and financial reporting and audit knowledge on audit committee members' judgments. Working Paper, University of South Carolina.

Eichenseher, J. W., & Shields, D. (1985). Corporate director liability and monitoring preferences. *Journal of Accounting and Public Policy*, 4, 13 –31.

Fama, E., & Jensen, M. (1983). Separation of ownership and control. *Journal of Law and Economics*, 26, 301 –325.

Goodwin, J., & Seow, J. L. (2002). The influence of corporate governance mechanisms on the prevention and detection of control weaknesses, fraud and error: The perceptions of auditors and directors. *Accounting and Finance*, 42, 195 –233.

Guy, D. M., & Zeff, S. A. (2002). Independence and objectivity: Retired partners on audit committee. *CPA Journal* July, pp. 31 –34.

Gwilliam, D., & Kilcommins, M. (1998). The impact of audit firm size and audit committee on perceptions of auditor independence and financial statement reliability in Ireland. *Irish Accounting Review*, 5 (1), 23 –56.

Haka, S., & Chalos, P. (1990). Evidence of agency conflict among management, auditors, and the audit committee chair. *Journal of Accounting and Public Policy*, 9, 271 –292.

Hatherly, D. (1999). The future of auditing: The debate in the UK. *European Accounting Review*, 8 (1), 51 –65.

Hatherly, D., Innes, J., & Brown, T. (1998). Free – form reporting and perceptions of the audit. *British Accounting Review*, 30 (1), 23 –38.

Higgs, D. (2003). *Review of the role and effectiveness of non – executive directors*. London: Department of Trade and Industry.

ICAEW. (1997). *Audit committees: A framework for assessment.* London: ICAEW Audit Faculty.

Jensen, M. C., & Meckling, W. H. (1976). Theory of the firm: managerial behavior, agency costs and ownership structure. *Journal of Financial Economics*, 3 (4), 305 – 360.

Jeppesen, K. K. (1998). Reinventing auditing, defining consulting and independence. *European Accounting Review*, 7 (3), 517 – 541.

Kalbers, L. P., & Fogarty, T. J. (1993). Audit committee effectiveness: an empirical investigation of the contribution of power. *Auditing: A Journal of Practice and Theory*, 12 (1), 24 – 49.

Kalbers, L. P., & Fogarty, T. J. (1998). Organizational and economic explanations of audit committee oversight. *Journal of Managerial Issues*, 10 (2), 129 – 151.

Klein, A. (1998a). Economic determinants of audit committee composition and activity. Stern School of Business Working Paper, New York University.

Klein, A. (1998b). Firm performance and board committee structure. *Journal of Law and Economics*, 41, 275 – 303.

Klein, A. (2002). Audit committee, board of directors characteristics and earnings management. *Journal of Accounting and Economics*, 33, 375 – 401.

Knapp, M. C. (1987). An empirical study of audit committee support for auditors involved in technical disputes with client management. *Accounting Review*, 62 (3), 578 – 588.

Knapp, M. C. (1991). Factors that audit committee members use as surrogates for audit quality. *Auditing: A Journal of Practice and Theory*, 10 (1), 35 – 52.

KPMG. (1999). *The financial statement audit: Why a new age requires an evolving methodology.* Montvale, NJ: KPMG LLP.

Kunitake, W. (1981). Do audit committees favor the large CPA firms. *Journal of Accountancy*, August, pp. 43 – 45.

Kunitake, W. (1983). Auditor changes by audit committees and outside directors. Akron Business and Economic Review, Fall, pp. 48 – 52.

Lee, T. (2001). A crisis of confidence: US auditing in the 21st century. *International Journal of Auditing*, 5 (1), 1 – 2.

Lee, T., & Stone, M. (1997). Economic agency and audit committees: Responsibilities and membership composition. International Journal of Auditing, 1 (2), 97 – 116.

Lemon, W. M., Tatum, K. M., & Turley, W. S. (2000). *Developments in the audit methodologies of large accounting firms.* London: Auditing Practices Board.

Lindsell, D. (1992). Blueprint for an effective audit committee. Accountancy, December, p. 104.

Manson, S., & Zaman, M. (2001). Auditor communication in an evolving environment: Going beyond SAS 600 auditors' reports on financial statements. *British Accounting Review*, 33, 113 – 136.

Marsh, H. L., & Powell T. E. (1989). The audit committee charter: Rx for fraud prevention. *Journal of Accountancy*, February, pp. 5 – 57.

Mautz, R. K., & Neumann, F. L. (1970). *Corporate audit committees*. Illinois: Bureau of Economic and Business Research, University of Illinois.

McHugh, J., & Raghunandan, K. (1994). Hiring and firing the chief internal auditor. *Internal Auditor*, August, pp. 34 – 39.

McMullen, D. A. (1996). Audit committee performance: An investigation of the consequences associated with audit committees. Auditing: *Journal of Practice and Theory*, 15 (1), 87 – 103.

Menon, K., & Williams, J. D. (1994). The use of audit committees for monitoring. *Journal of Accounting and Public Policy*, 13, 121 – 139.

Morse, A., & Keegan, M. (1999). *Audit committees*: Good practices for meeting market expectations. London: Price Waterhouse Coopers.

NCFFR. (1987). *Report of the national commission on fraudulent financial reporting* (Treadway Commission), New York: AICPA.

O'Sullivan, N. (1999). Board characteristics and audit pricing post – cadbury: A research note. *European Accounting Review*, 8 (2), 253 – 263.

O'Sullivan, N. (2000). The impact of board composition and ownership on audit quality: Evidence from large UK companies. *British Accounting Review*, 32, 397 – 414.

Parker, S. (2000). *The association between audit committee characteristics and the conservatism of financial reporting*. Paper presented at the American Accounting Association 2000 Annual Conference.

Peasnell, K. V., Pope P., & Young S. (1999). Characteristics of firms subject to adverse *financial reporting review panel rulings*. Paper presented at the Financial Accounting and Auditing Research Conference, 12 – 13 July, SOAS, University of London.

Peasnell, K. V., Pope, P., & Young, S. (2000). Accrual management to meet earnings targets: UK evidence pre – and post – Cadbury. *British Accounting Review*, 32, 415 – 445.

Pincus, K., Rusbarsky, M., & Wong, J. (1989). Voluntary formation of corporate audit committees among NASDAQ firms. *Journal of Accounting and Public Policy*, 8, 239 – 265.

Pong, C., & Turley, S. (1997). Audit firms and the market. In M. Sherer & S. Turley (Eds.), *Current issues in auditing*. London: Paul Chapman.

Powers Report. (2002). Report of Investigation by the Special Investigative Committee of the Board of Directors of Enron Corporation, February.

Price Waterhouse. (1997). *Audit committees: A study in European corporate governance*. London: Price Waterhouse.

Rezaee, Z., & Farmer L. E. (1994). The changing role of the audit committee. Internal Auditor, Spring, pp. 10 – 20.

Rosentein, S., & Wyatt, J. G. (1990). Outside Directors, Board independence, and Shareholder Wealth. *Journal of Financial Economics*, 26, 175 – 191.

Scarbrough, D. P., Rama, D. V., & Raghunandan, K. (1998). Audit committee composition and interaction with internal auditing: Canadian evidence. *Accounting Horizons*, 12 (1), 51 – 62.

Schroeder, M. S., Solomon, I., & Vickrey D. (1986). Audit quality: The perceptions of audit committee chairpersons and audit partners. Auditing: *A Journal of Practice and Theory*, 5 (2), 86 – 94.

SEC. (2002). Disclosure required by section 404, 406 and 407 of the Sarbanes – Oxley Act of 2002, securities and exchange commission release No. 33 – 8138. http://www.sec.gov/rules/proposed/33 – 8138.htm.

Shivdasani, A. (1993). Board composition, ownership structure, and hostile take – overs. *Journal of Accounting and Economics*, 16, 167 – 198.

Smith Committee. (2003). Audit committees: Combined code guidance, Financial Reporting Council.

Sommer, A. A. (1991). Auditing audit committees: An educational opportunity for auditors. *Accounting Horizons*, 5 (2), 91 – 93.

Spira, L. (1999). Independence in corporate governance: The audit committee role. Business Ethics: *A European Review*, 8 (4), 262 – 273.

Tricker, R. I. (1978). *The independent director: A study of the non – executive director and of the audit committee. Croydon: Tolley.*

Tsui, J., Subramaniam, N., & Hoy J. S. (1994). The effects of audit committees on bankers' perceptions of auditor independence. Corporate Governance: An International Review, April, 2 (2), 101 – 107.

Turley, S., & Zaman, M. (2003). Public policy on corporate audit committees: Case study evidence of current practice. Occasional Research Paper No. 35, Association of Chartered Certified Accountants, London.

Turnbull. (1999). Internal control: Guidance for directors of listed companies incorporated in the UK. London: ICAEW.

Turner, L. E. (2001). Audit committees: A Call for Action. Speech delivered at the Conference on Accounting Irregularities II: What's an Audit Committee To Do? 21 February 2001, Atlanta, Georgia.

Turpin, R. A., & DeZoort, F. T. (1998). Characteristics of firms that include an audit committee report in their annual report. *International Journal of Auditing*, 2, 35 – 48.

Vicknair, D., Hickman, K., & Carnes, K. C. (1993). A note on audit committee independence: Evidence from the NYSE on "grey" area directors. *Accounting Horizons*, Mar, 7 (1), 53.

Weisbach, M. S., & Hermalin, B. J. (2000). *Board of directors as an endogenously determined institution: A survey of the economic literature. Working Paper: University of Illinois.*

Wild, J. (1994). Managerial accountability to shareholders: Audit committees and the explanatory power of earnings for returns. *British Accounting Review*, 26, 353 – 374.

Wild, J. (1996). The audit committee and earnings quality. *Journal of Accounting, Auditing and Finance*, 11 (2), 247 – 276.

Windram, B. , & Song, J. (2000). *The effectiveness of audit committees: Evidence from UK companies in the Post – Cadbury period.* Paper presented at the British Accounting Association Annual Conference, University of Exeter.

Wolnizer, P. W. (1995). Are audit committees red herrings? *Abacus*, 31 (1), 45 – 66.

Wright, D. W. (1996). Evidence on the relation between corporate governance characteristics and the quality of financial reporting. Working Paper, University of Michigan.

Zaman, M. (2001). Turnbull: generating undue expectations of the corporate governance role of audit committees. *Managerial Auditing Journal*, 16 (1), 5 – 9.

8 债务合同与债务契约在公司治理中的作用：基于演变和创新的思考

朱迪·戴伊（Judy Day）　　彼得·泰勒（Peter Taylor）[①]

摘要：本章探究债务合同与债务契约在公司治理中的作用。通过对公开及非公开债务中债务契约类型及事件的分析，研究债务合同实践的最新发展和最新的契约类型，将债务契约置于历史背景中并强调契约演变的本质。通过对实证事件中契约类型和使用模式的研究，我们注意到随着新契约的出现，旧契约会逐渐遭弃用。关于债务合同的选择，传统解释认为其与代理成本和缔约成本有关，但这仅能部分解释变化的原因；我们运用金融改革文献解释契约的演变。影响契约演变的因素包括法律法规的变化、风险管理带来的新机遇、外部冲击和危机、周期性和结构性经济因素以及理论进展。我们得出的结论是：对债务合同和债务契约创新的深入研究非常重要，包括对特定契约发展、代理人变更以及创新成本、收益的研究。上述研究将帮助确保在会计财务实证研究中债务契约对制度现实具有敏感性。

8.1 引言

在一篇早期文章（Day & Taylor，1998）中，我们分析了债务合同和契约在公司治理中的作用。该论文讨论了债务合同的形式和内容，分析了当时债务合同中出现的契约类型，列出契约在解决代理理论中借款者问题所发挥作用的证据，以及它们在控制借款者－公司关系方面作用的证据。除此之外，文章还审视了由债务合同的本质、订立合同的过程所引起的问题，并特别关注了债务合同中标准化与定制化的比较。本章关于债务合同的多个方面内容都与早期文章所列一致，但某些重要的

[①] J. Day · P. Taylor
联系地址：Manchester Business School, The University of Manchester, Manchester, UK
电子邮箱：peter.taylor@mbs.ac.uk
J. Day
电子邮箱：j.day@lse.ac.uk

问题已发展变化，本章将重点关注这些变化与发展。这里将围绕公司债务合同中限制性契约的演变进行讨论，其他内容包括：决定演变的因素，演变的本质，对限制性债务契约形式和运用的特别关注，以及我们所记录的债务契约实践变化蕴含的会计影响。如前期相关论文那样，本章将重点关注会计契约以及其他聚焦于财政会计领域可比的、非定量的限制性契约。

契约[①]作为合同协议的一部分（尤其是涉及不动产时），已经拥有很长一段时间的法制史（见 Rowley，1953，关于英国法律中限制性契约的论述）。而作为公司之间控制商业关系的限制条件，契约同样经历了长期的发展过程，例如赫基布（Hejeebu，2005）著作中关于 17 世纪英国东印度公司签订的雇佣合同中的契约。对于公司债务，借款公司管理的契约和其他限制性规定最初出现于 19 世纪 90 年代美国铁路公司重组中（见 Rodgers，1965；Tufano，1997）。特别是在美国（Smith and Warner，1979）和英国（Day & Taylor，1995）特有的制度安排下，限制性契约和会计契约早已列示于企业债务合同中。然而，关于会计债务契约起源却少有提及，新契约的出现过程也是如此。一些证据显示，会计限制债务契约最初在 20 世纪 50 年代的美国银行借款中普遍使用。在随后的十年间，英国在北海油气项目财务融资时正式使用会计限制债务契约（Donaldson & Donaldson，1982）。从那以后，在美国和英国，会计契约以及其他限制性契约成为金融机构双边和银团贷款中不可或缺的部分。限制性契约也成为公开发行公司债务的普遍特征。但分析发现，非公开债务合同则有不同的缔约实践。国际上各国制度的相互关联促使受美英财务、法律影响的澳大利亚、加拿大、南非和新加坡等国家将这些契约纳入公司贷款文件中（Ormrod & Taylor，2004）。后来，债务契约的使用范围更加广泛。现在，这些契约越来越普遍地用在发达国家的公司借款者与贷款者之间的借贷行为中。越来越多的证据显示，债务契约也逐渐用于一些发展中国家的公司借贷行为中。债务契约在国际范围内的广泛使用证实，通过债务市场传递公司治理机制的力量确实存在。

一直以来公认的是，非公开债务市场和公开债务市场中契约的应用实践具有长期、明显的差异，即由于两者的合同成本不同，契约更普遍用于非公开债务，而并非公开债务（Smith & Warne，1979）。实证研究证据和高成本缔约理论都表明，与公开债务持有者相比，非公开债务持有者会更主动地监督和执行契约。尽管存在这些公认的模式，通过对公开发行的公司债务合同的市场实践观察，高收益率债务广

[①] 契约两方或多方法律主体之间的协议，书面签署且盖章确认，据此各方都规定了明确的事实情况，或承诺履行或向另一方给付某物，或避免做某事。

8 债务合同与债务契约在公司治理中的作用：基于演变和创新的思考

泛使用契约。学术研究和对市场实践的观察也显示出在非公开公司债务合同中契约的实质也在随着时间变化发生明显变化。本章分析了研究者所观察到的会计契约类型与形式，我们注意到契约类型已发生演变。我们观察到新形式的会计契约（如契约中使用的现金流直接评估值和诸如息税折旧摊销前利润（EBITDA）的现金流间接指标）已经出现并被广泛应用，与此同时，以前确立且广泛使用的契约（如杠杆率），其使用率已经下降。还有证据显示，迄今为止，一些被遗忘的契约（如流动性比率契约）实际上已被广泛应用在某些公司的借款合同中。在管理非公开债务的代理关系时，类似的方法已演化为低门槛贷款合同的形式，由此可见，高收益债券合同中常见的维护契约以及其他缔约策略已被传递到其他的市场部分。因此，覆盖面更广的、基于契约的合同在市场中更为普遍，包括传统"过度契约"的银行借款合同、更加松散的契约合同以及"低门槛贷款"。这些进展可能与借款市场结构变化相关，也和更广泛的经济因素有关。此外我们还发现债务（非公开债务和公开债务）合同中契约的类型与形式会随着时间变化。这表明记录这些在契约实践中的变化非常重要，并且研究这些变化的过程并找出促使变化发生的动因同样具有很大价值。因此，从创新和发展的角度来看，不可认为债务合同的形式和内容是一成不变的，而应将债务契约视为不断发展的过程。本章将讨论上述变化的实质和内涵。[①]

本章讨论的一些议题之所以非常重要，是基于以下原因：债务契约作为控制代理成本的措施，在债务市场运行中非常重要。因此债务契约仍然是基于市场的公司治理的关键因素。在非公开债务市场中，契约在国际上的使用范围不断扩大，这表明基于债务契约的公司治理在国际上越来越重要。由于这些原因，探讨债务合同实践中契约的变化就变得十分重要。在会计与金融领域中，研究者们普遍将契约作为管理动因的来源，且在会计选择研究中将其视做与这些动因相关的代理成本的代理变量，然而，即使在这方面，变化也是可以观测到的。从沃茨和齐默尔曼（Watts & Zimmerman，1978）等人的著作发展而来的主动会计理论（PAT）假设契约形式给定，探讨管理者将如何根据给定契约条款来决定会计选择。近来，越来越多的实证会计文献倾向于通过研究债权人对会计准则的需求来分析债务市场在何种程度上影响财务报告实践（Ball，R.，Bushman，R.，& Vasvari，F.，2008；Kim，J.-B.，Tsui，J. S. L.，& Yi，C. H.，2011）。因此，我们认为研究者需要重视债务

---

① 尽管本章重点关注债务契约行为中一个方面的发展变化，即债务契约的类型，尤其是基于会计的契约，但这并不意味着与公司治理相关的债务契约的其他方面未发生发展变化。贷款人与借款人对违约行为、贷款人监管手段、测算方法及债务契约其他方面的反应存在阶段性变化，对这种变化的本质与内涵的分析有待于进一步研究。

契约实践的演进历程，更全面地理解公司债务市场的功能，从而确保债务契约的方法和模型都能如实反映现状。

本章组织结构如下：接下来的一节将从理论和实证数据角度分析债务契约的运用，重点关注公开债务和非公开债务中基于会计的债务契约，并分析目前在一些债务市场实践中契约领域的进展；第三部分讨论金融创新文献；第四部分探索将金融创新方面的研究应用于债务契约创新中；第五部分为结论。

8.2 债务契约：理论视角和实证证据

尽管债务契约的法律和商业历史悠久，但从公司治理的理论视角来看，债务合同形式、内容和目的，以及相关的债务契约仅在20世纪最后的25年时间才成为会计财务文献中前沿研究的主要内容（见Jensen & Meckling，1976；Kalay，1982），而且仅见于美国关于债务合同制度安排的指南中史密斯和华纳（Smith & Warner，1979）的分析。从本质上来说，这项工作假定债务合同和契约力图减少因公司所有者和经理人将贷款人财富转移（通过大量发放红利、过度借贷、资产替换、过度投资等方式稀释贷款人的权利）的代理成本。有效设计的债务合同不仅可以减少代理成本，还能降低合同条款的保证和监督成本（Day & Taylor，1998）。

史密斯和华纳（Smith & Warner，1979）对债务合同实践以及美国律师基金会《关于契约的评论》中"文件样板"[①]的分析（美国律师基金会，1971），为后来的诸多研究打下了坚实的基础。当时美国有关该问题的其他资料（如Moody's Industrial Manual；Simmons，1972；Castle，1980）对史密斯和华纳的成果进行了补充。与此同时，尽管英国没有任何一家与美国律师基金会相似的权威机构对契约问题进行权威学术分析，但通过对英国后来的资料分析证实，英国债务合同实践存在大致相同的模式（Encyclopedia of Forms and Precedents，2010；Lingard，1995；Association of Corporate Treasurers，1991）。[②] 随后基于史密斯和华纳的成果，检验会计选择假设的实证研究迅速发展（Bowen, R. M., Noreen, E. W., & Lacey, J. M. 1981；Daley；Vigeland，1983；Holthausen & Leftwich，1983）。这些工作都基于这样的假设：史密斯和华纳的成果是真实实践的代表，而并不仅是专业意见。

这种区分十分重要，因为实证研究中使用契约作为代理变量是基于制度和理论

---

① 按照法律含义，"文件样板"指标准的、常用的合同规定。
② Day & Taylor（1998），第174~175页中分析了标准形式债务契约的框架结构。

研究的,而非契约本身的直接数据。直接查看非公开债务条款方面的保密约束以及对财务报告的限制已经成为实证研究中一个有待解决的问题,而搜集公开债务数据同样存在问题。例如权益负债比率经常作为违约的近似代理变量,也因此表征债务合同成本因素的存在。这种代理变量的有效性决定于以下情形:债务合约中最大杠杆率限制条件的存在;杠杆契约条款不存在,资产负债表杠杆率表征相关的非杠杆契约条款(如利息保障倍数或直接借款限制);杠杆率表征其他契约条款(如最低净资产、股利限制或营运资本限制);或者杠杆水平和违反契约之间潜在的经济上或统计上的关联。对代理变量稳健性的研究似乎产生了矛盾的结果。杜克和亨特(Duke & Hunt,1990)发现杠杆率和限制股息、营运资本、净资产的契约显著正相关,但与杠杆率契约自身则不存在这种显著关系。其他的研究发现上述代理变量包含测量误差(Mohrman,1993)或存在释义困难(Ball & Foster,1982;Leftwich,1990)。迪切夫和斯金纳(Dichev & Skinner,2002)提供了杠杆变量作为债务契约近似代理变量直接有效的证据。然而,尽管他们发现杠杆比率与契约松弛负相关,但从经济学角度看相关性不高,意味着杠杆比率仅仅是管理层受债务契约激励的一个噪声代理变量。这表明杠杆率对债务契约违约而言可能是一个弱代理变量。因此,无论是对公开的、还是非公开的实际债务合同内容的研究调查,对建立实证研究假定的有效性而言都非常重要。此类研究已发现债务市场实践和理论研究发现之间广泛的一致性,但还未包括一些重要的区别与不规则性。这也预示着契约类型与使用的变化与发展,因此随着契约演进,此类研究依然重要。我们应该梳理关于会计契约类型和事件的主要文献,首先是公开债务,其次是非公开债务,接下来再考虑债务市场实践中契约的最新进展。

8.2.1 公开债务契约的证据

早期研究围绕公开债务契约的形式和内容开展。卡拉(Kalay,1982)分析了1956—1975年期间的《穆迪行业指南》(*Moody's Industrial Manual*),得出结论认为关于股息的契约在美国公开债务中非常普遍,穆迪所报告的企业债务中85%都包含了一项基于净收益的股息限制契约。史密斯和华纳(Smith & Warner,1979)曾报告了股息契约使用的比例(23%)较低,但是在借款中运用杠杆率的会计契约限制比例非常高(90%)。惠特德与兹莫尔(Whittred & Zimmer,1986)在分析澳大利亚公开上市的债券、无担保票据和可转换债券时,列举了其合同中四种主要的财务契约:杠杆率(负债与全部有形资产比率),担保负债与有形资产比率,优先偿付债券与有形资产比率，利息保障倍数。斯托克斯和泰伊（Stokes & Tay，1988）进一步提供了来自澳大利亚可转换债券市场的证据，证实了惠特德与兹莫尔的部分发现，但未发现关于利息保障倍数或优先偿付债券的契约，他们发现资产处置（80%的样本）和借款（97%的样本）的限制条件非常普遍。弗朗西斯（Francis，1989）随机选取了 45 只在美国公开发行的债券作为研究样本，发现有 6 个常用契约，涉及本息的偿付，制定偿债基金条款的要求，售后回租交易、企业并购和股息分配的约束。她发现没有关于营运资本、净现值或流动性比率的契约限制，报告称她的研究成果与《穆迪行业指南》相一致。杜克和亨特（Duke & Hunt，1990）分析了基于《穆迪行业指南》选择的一个以公开债务合同为主的样本，发现接近 50% 的公司受到股息分配限制（主要通过留存收益），接近三分之一的公司受到营运资本或流动性比率契约的限制，28% 的公司面对杠杆率限制。西特伦（Citron，1995）在一个关于 108 件英国公开债务合同的研究中发现，其中的 35% 包含会计契约，大多数与杠杆率有关。

贝格利和弗雷德曼（Begley & Freedman，2004）分析了一个美国公开债务样本在三段时期的内容：1975—1979 年，1989—1993 年，1999—2000 年。他们注意到在 25 年的研究期间，公开债务协议中会计契约的使用明显减少。他们观察到，尤其是关于股息限制和新增借款的会计契约限制，从 1975—1979 年期间占样本数的 50%，下降到 1989—1993 年的 25%，1999—2000 年只剩下 10%。他们还指出，尽管早期新增借款受到杠杆率的限制，但在后两个阶段，利息保障倍数在借款限制中更为典型，且利息保障倍数反映出非现金项目（如折旧、摊销和资产处置利得损失）调整后的利润。

马瑟和皮尔逊（Mather & Peirson，2006）分析了澳大利亚最近发布的 36 个公开债务合同，并与惠特德和兹莫尔的发现进行了比较。他们指出，在会计契约使用的类型上，两项研究存在明显区别。马瑟和皮尔逊发现，与惠特德和兹莫尔的发现相比，他们发现的契约约束力较弱，契约类型更加混杂。他们得出结论认为，澳大利亚市场中使用杠杆率（总负债与总有形资产比率或担保负债与总有形资产比率）的契约明显较少，仅有 28%。47% 的样本包含其他负债约束契约（包括规定或有负债与有形净资产最大比率的两份合同），17% 的合同样本限制了最低利息保障倍数以及最低股息保障倍数的限制条件，12% 的合同样本包含净值和流动性比率的契约。

8.2.2 非公开债务契约证据

非公开债务合同往往难以获得，这使得对它们的研究难以开展。然而，在有些国家可以获得非公开债务合同。普雷斯与维恩特罗普（Press & Wientrop, 1990）分析了一个涵盖美国主要非公开债务合约类型的样本，发现大约60%的样本公司有股息约束，50%的样本公司受到杠杆率、最低净资产和营运资本的契约约束。但很少有基于利息保障倍数或现金流动量的契约。西特伦（Citron, 1992a, 1992b）分析了英国银行借款合同，发现三个最常用的财务比率契约包括：最低有形净资产，利息保障倍数和杠杆率（借款与净资产之比），50%的合同样本都包括上述三个比率。戴伊和泰勒（Day & Taylor, 1997）确认了西特伦关于英国的结论，即三个最常用的财务比率契约：覆盖了利息保障倍数、杠杆率和最低有形资产净资产这三个内容。科特（Cotter, 1998）在一个澳大利亚非公开债务合同研究中发现，契约中最可能包含的便是杠杆限制（如总负债与有形总资产之比），利息保障倍数（如息税前利润与总利息费用之比），流动性比率和优先偿付债券比率（优先偿付债券与总有形资产之比）。正如惠特德与兹莫尔（1986）一样，她也发现大公司并不限制股息。戴伊和泰勒（Day & Taylor, 1995）以及伦茨等（Leuz, C., Deller, D., & Stubenrath, M., 1997）也分别在英国和德国的案例中发现传统非公开债务合同中缺少股息契约的情况，相反，希利和帕利普（Healy & Palepu, 1990）注意到股息限制在美国债务合同中是最普遍的契约形式。戴伊和泰勒（Day & Taylor, 1997）指出，传统的公司借款契约，如现金流（例如经营活动现金流量与利息支付之比，经营活动现金流量与股息之比）在英国的债务合同中少见。戴伊和泰勒的报告显示，在44家公司样本中，仅有一家公司的债务合同中有现金流契约，另一家公司在过去的债务合同中有过类似契约。[①] 那段时期现金流契约的相对稀少可以从以下几个方面解释：现金流内容信息或许可在其他契约中获得；尽管监管者对现金流的披露进行了规定，现金流契约仍存在难以界定的困难；应计会计信息在某些特定的合同条件下具有信息优势（如一些有结构性非常规现金流的借款者）；或贷款人认为，在激励机制为利润导向的企业中，现金流契约可能会扭曲管理动机（Leuz, C., Deller, D., & Stubenrath, M., 1997）。

拉姆塞和西杜（Ramsay & Sidhu, 1998）从澳大利亚大型律师事务所中获得了

---

① 还有两家公司没有真正意义上的现金流契约，但却包含适用于美国贷款协议的、类似于现金流契约的内容。除此之外，另有两家公司的合同中规定了现金流预测的条款，还有两家公司明确了现金不足等同于违约。

16 家匿名的非公开公司债务合同,包括 2 份合同样本和 14 份真实合同。相比于惠特德和兹莫尔(1986)、斯托克斯和泰伊(Stokes & Tay, 1988)提供的澳大利亚公开债务契约,他们研究的契约范围更大。会计契约并没有包括在样本合同中,但存在于所有的实际合同中。最常用的会计契约是杠杆率限制(在 11 份合同中出现,取决于对资产负债表数量不同的界定),其次是利息保障倍数(10 份合同,其中 6 份是基于利润,4 份基于调整非现金项目利润,如息税折旧摊销前利润)、担保债务(6 份合同,其中 4 份使用杠杆率对担保债务予以限定)与流动性比率(2 份合同)。还有其他一系列会计契约用于某些特定的合同,包括 6 份合同中的最小净资产限制;2 份合同中的会计类股息限制(限制股息分配率的最大值);以及一份合同中关于最低经营活动现金流量与总财务费用之比。马瑟(Mather, 1999)开展了一项调查研究,对在澳大利亚经营的国内外银行(其中国内 19 家)的 48 名贷款官员进行调查,以确定澳大利亚非公开债务合同中的会计契约。马瑟向被调查者发放李克特量表以评估契约的使用频率,显示 7 项主要的会计契约使用频率一直处于上升状态。最常用的是利息保障倍数和最大债务或杠杆率(两者几乎一直处于上升状态),而使用频率最低的(有时候使用频率上升)是最小股息保障倍数、现金流财务契约和最大担保债务水平;最小营运资本和最小有形净资产通常是上升的。马瑟和皮尔逊(Mather & Peirson, 2006)随后的一项研究分析了 41 份近期澳大利亚非公开债务合同。他们的发现与理论一致:与同一研究中(见"8.2.1 公开债务契约的证据"最后一段)的公开债务合同相比,非公开债务合同样本包含数量更大、种类更多、约束性更强的会计契约。在被研究的合同中利息保障倍数契约使用频率更高,78% 的合同包含该契约。大部分合同利用比率法对负债进行限制,如最常见的是设定总负债比总有形资产最大比率,或担保负债与总有形资产最大比率(分别占合同数的 42% 和 22%)。非公开债务合同通常还包括最低流动性比率契约(46%),以及最小净资产契约(49%)。除此之外,还有许多其他类型的契约,如最大周转率、最小净利润以及对或有负债、经营租赁和资本性支出的限制。与科特(Cotter, 1998)、拉姆塞和西杜以及其他的研究者对澳大利亚的研究一致,马瑟和皮尔逊(Mather & Peirson)指出基于现金流信息的契约缺失这一情况。他们还注意到在财务契约中,非公开债务合同对会计准则的运用与公共债务不同。

迪切夫和史金纳(Dichev & Skinner, 2002)分析了"Dealscan"非公开借款协议信息数据库中一个美国非公开借款协议样本的数据,以检验债务契约的近似代理变量。由于流动性比率和净资产契约这两种类型的会计契约被违反的次数多、使用广泛且相对容易界定,因此采用它们检验代理变量。研究将变量检验的数据限制在1989—1999年美国银行发放的高额银团商业贷款。另外,迪切夫和史金纳提供了一些来自其他契约的案例(时间段为1993—1999年)作为研究的附带议题。他们研究了12份合同后发现,最常用的比率也是在其他研究中频繁出现的,即杠杆率(多种表示,如债务与有形净资产比、总资产权益比、股权债务比);利息保障倍数、固定费用保障倍数和偿债备付率(前两者几乎同等重要);最低有形净资产;流动比率限制条件。有趣的是,他们还列示了几项现金流类契约,其中债务现金流量比是12项合同中最常用的契约,并且包含在大多数贷款合同中。其他两项涉及现金流契约则不常用,即优先债务现金流量、现金流量利息保障倍数。因此,在其涵盖的区间内传统契约依然占据主流,但现金流契约也开始受到重视(至少在美国大型公司中如此)。无论如何,如迪切夫和史金纳指出的,"现金流"适用于不同类型的契约(如营运现金流和EBITDA)。

莫伊尔和桑德萨那姆(Moir & Sudarsanam,2007)分析了同时期英国的数据。他们利用一项对英国200家上市非金融公司财务总监的调查问卷和约1999年得出的实际研究报告来研究非公开债务契约。调查结果显示,在72家回复的公司中,17家承认没有财务契约;在披露的会计契约中,最常用的契约包括杠杆率(72家中的28家使用债务与资产比率,7家设定担保借款上限)、利息保障倍数(34家)、最低有形净资产(19家)。最有趣的是三种具有创新性的契约:对债务与EBITDA倍数之比的限制(13家),对利息保障倍数(以利息费用与EBITDA之比衡量)的限制(7家),对杠杆率(以债务与总市值之比衡量)的限制(1家)。莫伊尔和桑德萨那姆注意到,在1997—1999年签订的所有债务合同中,以债务与EBITDA倍数之比限制的债务契约数量增多。根据一名公司财务总监(他曾在1999年时参与过新债务谈判)的评论,当时许多贷款人都使用此契约。

8.2.3 债务市场中契约的最新发展

前两部分对相关证据的回顾表明,尽管传统会计契约仍存留在债务市场中,但与新的契约(基于现金流及EBITDA这样的类现金流指标)相比,其重要性已大幅下降,这是大势所趋。市场实践中的有关证据和尚存局限性的学术研究已经表明,契约的发展还呈现出其他趋势,如无形资产指标的使用,绩效定价契约,契约与信用评级的关系,低门槛贷款现象或事件驱动契约和特定审计师契约。本部分内容将关注契约在当代的发展。

我们已经注意到，在契约的学术研究中逐渐出现了现金流契约。现金流契约表现为依赖对现金流的间接测度方式，如 EBITDA，它可以使得传统契约产生基于现金流的变化，比如杠杆率的变化（如财务负债与 EBITDA 之比）和利息保障倍数的变化（EBITDA 与净利息或总利息之比，或者调整后的 EBITDA 与总融资成本之比）。其他的学术研究也确认了这一趋势，同时也列出其他一些发展。黄（Huang，2009）指出，过量现金结算契约在美国 1995—2006 年的贷款合同样本中占比 17%。设计此类现金结算契约的目的是强制清光净现金流，从而迫使借款人提前偿还债务。黄发现此类契约的出现是由于借款人与股东利益的冲突，因而具有明显的公司治理特征。黄指出，此类契约的出现往往与高杠杆（这样股东更容易转移风险）相关；股东在公司控制中居于强势地位（如机构股东，或公司合并发生在法律鼓励恶意收购的司法管辖区），或当股东倾向于持有过量现金。麦斯威尔和申克曼（Maxwell & Shenkman，2010）发现，过量现金流在此类契约中通常被定义为 EBITDA 减去利息费用、营运成本变动、税金、资本性支出和本金偿还。进一步讲，触发强制措施的过量现金流与债务之比一般基于杠杆率，并与绩效相联系，随杠杆率下降而下降。

近期，债务合同"低门槛贷款"的特征（Markland，2007）俨然已成为某些债务市场的（如果是周期性的）趋势。维持契约是本章讨论最多的债务契约，换言之，借款人要在整个贷款周期内履行合同义务。低门槛贷款将部分或全部维持契约替换成触发性契约，也就是说，契约是在借款人特定的行为出现时有效，如收购或杠杆率上升。此类契约结构与高收益、高杠杆借款相关并经常涉及私募股权。低门槛贷款是最近出现的现象。英格兰银行（2007）以"标准普尔杠杆贷款的评论和数据"（Standard and Poor's Leveraged Commentary and Data）为文献依据，指出在美国杠杆借款中维持契约的平均数量从 2000 年（每项贷款约 4.5 项）至 2007 年（少于 3 项）逐渐下降，而被触发性契约所替代。触发性契约在 2006—2007 年集中增长（至 2007 年约为每笔贷款 4.5 项）。尽管其他资料中预测低门槛贷款会出现明显增长，但这段时期里，此类贷款在欧洲较少出现（见 House of Commons，2007；May & Verde，2005），最近出现的一个新变化是包含绩效定价契约的贷款的出现。在传统的合同协议中，贷款人可能以在合同期限内提高贷款利率作为违反契约的对策。另外，他们可能会在同意债务合同之前或之后，且当借款人出现预期之外的情况改善下，允许提前偿还。绩效定价的贷款合同规定了事前契约，即当借款人信用质量指标表明发生相关变化时，会触发利率自动变化。这样，银行贷款的利息成为

8 债务合同与债务契约在公司治理中的作用：基于演变和创新的思考

借款人当前信用等级或规定的会计数据（如债务与EBITDA之比，杠杆率或利息保障倍数）的函数。阿斯奎斯等（Asquith, P., Beatty, A., & Weber, J. 2005）注意到，绩效定价自20世纪70年代开始使用，直到90年代末才普遍见于美国（至少是在美国，限于银行借款）。他们查询了贷款定价公司1994年之后的数据库并形成分析样本，其中41%包括绩效定价契约。且发现样本中既有升息法契约，也有降息法契约。在这两种情况下，绩效定价改变了正常合同选择。因此，当借款人信用下降时，绩效定价升息法允许贷款人在违约前提高利率。降息法则是当借款人绩效出现超预期改善时，它以自动降低利息替代偿还条件改善后的重新谈判。阿斯奎斯等认为两种绩效定价改变了代理成本，即在借款人与贷款人之间从不对称信息中产生的逆向选择，会引发信用风险的错误分类，以及逆向选择和道德风险问题（往往危及事后结账）。他们确定债务与EBITDA之比为两种绩效定价类型中最常使用的比率，其在降息法合同中使用比例为58%，升息法合同中为45%。债务等级被视做第二个最常使用的衡量方法，而固定费用比率是最不常用的。阿斯奎斯等得出结论：除其他因素外，绩效定价具有可测的经济效果，当在合同中使用升息法时，贷款人向借款人提供的初始利率平均低约26个基点。查特吉（Chatterjee, 2006）在一项未公开发表的研究中发现，在包含绩效定价契约的英国债务合同中，最常引发利率调整的是债务与EBITDA之比，随后是利息保障倍数、固定费用保障倍数以及最小有形净资产。该样本表明，相比于平均定价，大额贷款更倾向于选择绩效定价。

与绩效定价相关的是和借款人信用评级相关联的契约，此类契约的目的是控制可能发生的财务困难。一般来说，此类契约要求借款人维持最低信用等级或保持最初的信用等级，当信用等级下降时，技术性违约的可能性就会上升；或在信用评级上升的情形下，此类契约便允许发放额外贷款（Norton & Pettengill, 1998）。

契约的发展并不局限于会计契约的创新。最新证据表明，贷款人开始将特定审计师契约纳入债务合同，以实现对会计信息外部监督的控制。这些契约将对借款人会计账簿进行审计的审计师限定在特定事务所，一般来说，如四大会计师事务所。[①]并无系统性的证据证明这种举措的使用程度，其使用的频繁性已在英国受到英国银行家协会（见"会计时代"2010、2011）的质疑。然而，这种契约的反竞争本质意味着更多详细的证据可能在特定情况下出现。根据英国公平贸易办公室（以下简

---

① 据《会计时代》（2010）报道，一家美国公司的债务合同中包含以下内容：经审计的集团成员的合并资产负债表……必须由"四大会计师事务所"之一审计并附上无异议的审计报告。

称OFT）临时决定为竞争委员会就英国大型公司所获审计服务供给展开的市场调查咨询。OFT在其2011年7月的咨询文件中认定了一些市场特征，这些市场特征可能会限制竞争，包括银行在与一定规模的公司进行交易时，可能提出雇佣四大会计师事务所中的审计师的强制条件。为证明这一点，文件作了如下阐述：

  市场中许多重要参与者和目击者都指出存在这样的条件或契约。例如，注册会计师协会在回答上议院质询时，指出银行总是在借款合同中向上市公司提出要雇佣四大会计师事务所中的一家。类似地，财务报告理事会相信，有充足的证据表明，需要就银行借款契约中该类要求进行更深入地调查。然而，我们了解到，至少在某些情况下，这样的要求可能比合同协议更为缓和。（OFT，2011，第34—35页）先前提到的关于契约类型和事例的实证讨论，无论是就公开还是非公开债务而言，都得到理论分析所得结论和预测的支持，但理论分析也呈现了契约在不同时间和地点所表现出的多样性和可变性，表明了债务合同实践的动态特征。总之，这也提出了几个重要的且有内在联系的问题，即为什么所用契约的类型和形式会随着时间和地点的不同而有差异？为什么一些契约形式消失或变得不重要了？新形式的契约为什么出现及如何出现？这些问题要求我们研究契约的演变与创新。为探索建立一个该主题的理论框架对该问题进行研究，我们首先要研究分析金融创新的文献，然后考虑将其应用到债务契约实践的创新和变化中。随后的讨论将特别关注债务契约的研究。

8.3 金融创新与债务契约

  债务契约的产生是代理成本与缔约成本相互影响的结果，这一解释已经得到公认，这一解释从绝对和相对层面解释了代理成本和缔约成本的变化会导致债务契约的创新。然而我们可能会注意到，至少从最狭隘的经济意义上来讲，这种交互作用仅仅提供了一部分解释。图法诺（Tufano，1997）观察到金融实践中的变化除了有经济上的解释，也需要考虑其他方面，特别是从法律视角去捕捉立法背景和司法实践决策，以及从商业史的角度去考察特定商业主体在特殊时期的行为。综合多种角度考虑后，我们认为很有必要从比经济创新更宽泛的角度考虑金融创新的过程。作为金融实践的一个子集，债务契约也同样应当如此论证。我们还发现：虽然会计和财务研究人员会很快察觉到金融创新的产物，比如新的债务契约形式，但是对这些创新起源的考察，对创新发生过程的探讨，或是对创新过程中重要因素的识别却很少被涉及。

如果我们考虑更一般的创新过程，我们会发现两个方面：第一是新技术、新产品或新服务发展的过程；第二是创始人向其他供应者传播创新的过程。研究对金融创新的这两个方面均有涉及，对金融创新理论和实证研究都有所贡献。这些工作大部分都集中在金融研究领域，但是也对债务契约创新领域的研究作出了一定贡献。我们将首先考虑那些试图解释金融创新影响因素和金融创新过程的研究，然后考虑广义上的金融创新研究在理解债务契约发展方面如何具有的相关性。

8.3.1　金融创新的因素和过程

西尔柏（Silber，1975）、本·霍利姆和西尔柏（Ben-Horim & Silber，1977）较早地开展了金融创新研究，考察了新金融工具（或称之为金融实践）的发展。创新被视为企业所面临的昂贵且持续存在的财务约束驱动的结果，当约束的价值足以弥补创新成本时，创新在经济上就具有价值。他们看到了创新的可能性取决于创新成本。认为财务约束可能来源于监管的狭隘观点导致大多数金融创新试图规避监管约束，凯恩（Kane，1981）为此观点提供了一些论据，凯恩（Kane，1981）认为应当辩证地看待监管，并将监管视为一个周期性的过程，在此过程中监管和被监管之间的对立力量不断进行相互调整，这个过程中的一个关键要素就是创新。在后面的章节中，西尔柏（Silber，1983）通过分析1970年至1982年新金融产物和实践的一系列驱动因素，并将它们与有关的特定外生经济因素，包括通货膨胀、利率波动性、信息处理和数据传输技术的发展、立法动机和国际化相联系。他援引西拉（Sylla，1982）关于美国经济史上新货币体系创新始终伴随着金融抑制所导致的成本提高而生，并指出危机在诱发利益集团共同创新产品上的作用。①

范·霍恩（Van Horne，1985）认为，金融创新是对市场无效率或市场不完全的反映。他认为新的金融工具或程序的真正创新，必然能够提高市场效率和市场完整性，因此，如果金融市场足够完善，那么就没有机会出现重大的金融创新。他认同金融创新能够更有效率地实现交易成本降低、差别税收和减少其他损失这一观点，并认同在不能通过现有工具整合来提升市场完全性时，可通过新工具的设计来实现这一目的。

米勒（Miller，1986）在一项重要的研究中指出一个当前被广泛接受的观点，

---

① 信用紧缩在金融历史上发挥的作用在于强调设计新产品是为保证公司财务的灵活性。关于该问题，另见 Wojnilower（1980）。

企业试图降低监管成本的努力催生了金融创新，并在其撰写的章节中通过对过去25年的回顾，得出监管和税收法规中意想不到的变化成为金融创新的原动力这一结论。他还将金融创新视为不可预测的改进，并在短暂、永久、成功或重大的创新之间做了区分。在此背景下，他认为，很多金融创新在成为一种突出的创新方式之前通常都要以这样或那样形式存在多年，而环境的改变将成为他们最终得到确认的催化剂①。米勒也观察到金融创新螺旋上升状态的存在，在这个状态下，新形成的金融产品在最初通常都由发起金融机构在较低的规模层面上使用，并可能受到信息不对称的保护。当这种新的金融产品被证明成功或合理时，它们的供应方式就会从开始只有它们的初创者提供到被其他方以更通用的形式提供，并最终被市场以标准格式提供。

莫顿（Merton，1995）基于功能视角提出金融中介机构动态变化的概念框架，即金融中介所承担的经济功能以及寻找最佳的制度结构来实现这些功能。虽然关注的是结构层面的创新，但是莫顿的工作同样对创新在实际和技术层面进行了深入了解，通过这些我们可以找出推动金融产品创新的众多因素，如金融（财务）理论的发展、② 计算机和电信技术的进步（降低了交易成本）、金融基础设施的变化（比如法规的改变支持或促进了的产品创新）以及市场机制（对新金融产品予以标准化）。莫顿认为金融工程为实施金融创新提供了机制，并确定其组成部分包括诊断（发现新问题）、分析（在目前的监管、技术和理论下寻找最佳解决方案）、生产（进行创新）、定价（确定生产的成本和边际利润）和定制（根据客户具体需求标准化创新产品）。类似于米勒的创新螺旋理论，莫顿强调，在机构和/或有影响力的个人（创建和测试新的金融产品和服务），以及所在的交易市场之间会产生动态的相互作用。新产品和创新以及现有市场的交易量促成市场的产生，反过来市场又为了降低生产成本而帮助实现产品的标准化。在对企业层面的统计研究中，赫弗南等（Heffernan，S.，Xiaoqing，M. F.，& Xiaolan，F. 2008）研究了1 100家英国金融公司的样本，来从中找出金融创新的决定因素。他们发现金融创新可能性会随着公司规模的扩大、员工教育水平提高、研发支出的加大、融资规模和程度提高以及企

---

① Miller（1986）也提供了一份关于金融革新起源和发展的有价值且罕见的案例研究，其研究包括在金融革新领域辨识出创新的发起者、主要参与者、激励因素，以及米勒称之为"牡蛎中沙土"的浮动汇率。

② 在导致重大变化的理论与实践之间的相互关系问题上，莫顿引证伯恩斯坦（Bernstein，1992）金项链详细的论述。许多知识领域都有强有力的理论发展阶段，但在金融之类的领域中，理论发展并不一定转化成实践方面的高效快速发展，这使得金融革新如何实现的问题悬而未决。或许最好将强有力的理论视做创新的重要条件，而非全部条件。

业间的合作程度加深而增加。根据销售百分比测量,其中,研发、合作和排他性被确定为金融创新的主要驱动变量。该变量由创新产品销售所占份额来衡量。①

图法诺(Tufano,1995)回顾了证券创新历史,认为金融创新是一个学习和实践的过程。这一观点与其他学者的观点吻合,比如米勒创建创新螺旋理论,区分暂时、永久、成功、重大的或者经验丰富的创新;莫顿强调在新金融产品和服务的创造和测试、新产品的规范化和标准化中,机构和个体之间存在动态的相互作用。图法诺新增了一个有趣的视角,指出金融创新可能会增加失败的概率这一鲜明特征,这是金融协议的合约基础。然而,无论怎样创新,金融协议都将基于合同,并且创新合同就其本质而言是不完整的,以至于它们不能完全确定在新情况下的所有权利以及权利在法律上应如何解释。这个问题在早期阶段表现得特别明显,证明创新在合理化和标准化之前具有阶段性。金融创新与非金融创新相比,进一步区分的特征在于对创新作为知识产权提供法律保护的难度。商业机密法、商标、版权和专利都提供不同程度的法律保护,从而通过对创新回报的保护来为知识产权提供法律保护。因此,对知识产权法律保护的不足可能会限制金融创新,此外也应该意识到,在对垄断利润的追求面前,限制的存在也可能会延缓或阻止创新的传播,同时法律不能防止逆向工程的独立发展,佩特鲁兹(Petruzzi 等,1988)等通过举例说明,即便在那时,对法律保护更广泛的解释开始出现并传播到金融领域,其仍然是金融创新的一个重要议题。②

鉴于此,一组为数不多但却内容充实的文献探究了金融创新的过程及各决定因素。这些决定因素的概览见芬尼迪的研究(Finnerty,1988)。他对米勒(Miller)、西尔柏(Silber)与范·霍恩(Van Horne)合著中界定为金融创新推动力的要素进行了整理,整理清单同样见于莫顿(Merton)后来的研究成果。芬尼迪列举出11种创新的决定因素:税收福利、交易成本、代理成本、降低或重新分配风险的机会、增强流动性机会、监管或立法变化、利率波动、价格水平与波动、金融理论创

---

① 赫弗尔南(Heffernan)等还研究了地区与行业变量,发现股票经纪、基金管理及与之相关的活动最容易出现发展变化。
② 关于金融知识产权提供法律保护的最著名案例为思腾思特公司。公司网站的知识产权部分列出五 + 一项专有知识产权测算方法:经济增加值(EVA)、当期运营价值、未来增长价值、财富增长指数、相关财富增长与市场增加值(见 http://www.sternstewart.com/?content = intellectualprop)。EVA 已广泛用于学术目的与学术研究(见 Mouritsen 1998;O'Hanlon & Peasnell 1988)。

新、会计方法的改变以及科技创新。[①]

图法诺（Tufano，1995）从两大方面总结了金融创新的另一种更简略动因。首先，在不断变化的税收、法律和监管环境下金融工具供应成本增长的减缓；其次，外部冲击和金融危机，以及经济周期因素的影响。这种分类与上文研究者的观点紧密吻合。这种观点为我们考虑债务契约和债务合同领域的创新奠定了基础。

8.4 债务契约的创新

图法诺（Tufano，1995）所总结的第一类创新驱动力，在很大程度上与因税收、法律法规改变而引起的供应成本降低有关。如果扩大到国际差异，我们可以把这种相关性作为债务合同实践中存在区别的解释。如上文中曾提到，澳大利亚、德国、英国以及美国之间分红限制契约在使用上存在差异。罗伊茨（Leuz, C., Deller, D., & Stubenrath, M., 1997）等提出，相对于美国同行，德国和英国银行的债务合同中分红契约出现的频率相对较少，之所以出现这样的情形是因为某些方面的合同成本，即在英国和德国针对红利分配规则的法律规定的出现是对私人规则的有效替代，私人规则往往使得谈判成本变得更高。在美国，由于有效规则制定的缺乏，分红限制方面私人协商规则更有效，但是在英国和德国，法律规则管控分红限制，这种法律规则形式便体现出优势；而且英国潜在的诉讼成本也让私人协商契约效率低下。因此，我们可以总结出，源自于法律与法规差异所导致的合同成本差异，可以影响特殊契约在国际间的使用。雅轩和瓦尔德（Yaxuan & Wald, 2008）在研究美国各州法律对债务契约的影响时，得出了法律差异的影响力这一方面的相似结论。他们分析了1987—2004年美国公共债券发行的样本，考虑了债券分红派息方面各个州法律对最小资产负债比规定的差异，发现在分配方面限制越严格的州，在其治下注册成立的公司越不可能在债务契约中限制分红派息、额外债务或资产销售。他们总结到，美国的派息限制是对某些债务契约使用的一种替代。有关债务契约受监管影响的相似的确定性证据来自于马瑟和皮尔逊（Mather & Peirson, 2006）。我们已经提到，通过对澳大利亚公共债务合同的分析，发现与惠特德和兹莫尔（1986）20年前的发现相比，契约的诸多内容已很少受限且契约间的差距较

[①] 芬尼迪（Finnerty, 1988）也列举了大量其文章发表之前时间的金融革新，同时分析了导致创新出现各因素的影响；另见 Finnerty, 1992。其他对某些特定金融革新驱动因素的分析研究见 Tufano, 1995 与 Mason, S., Merton, R. C., Perold, A. F., & Tufano, P. 1995，前者记录了19世纪与20世纪早期的金融革新。关于某些特定金融革新的案例分析，见 Brown & Smith, 1988；Briys & Crouhy, 1988；McConnell & Schwartz, 1992。

8 债务合同与债务契约在公司治理中的作用：基于演变和创新的思考

大。尤其是，契约限制总负债与总有形资产比率和担保债务总额与总有形资产比率的情形显著减少。马瑟和皮尔逊将实践中的变化与以澳大利亚股票交易所上市规则体现的监管变化联系起来。具体来说，1996年7月1日前，澳大利亚股票交易所上市规则包括贷款债券、无担保债券和可转换债券的信任条款，条款要求对总负债和担保负债加以限制（担保负债信任条款自1979年7月1日将贷款债券发行纳入管理起开始执行）。由此，惠特德与兹莫尔（1986）发现相关契约发生率很高。而1996年7月之后对这些规则的删除和简化，赋予了合同缔约方对包括公开债务合同在内的各项契约拥有更大的自由裁量权，这也有助于解释契约实践中的创新。

然而，其他证据表明，债务合同实践中其他决定性因素削弱了法律与监管法规的作用。例如，西特伦等（Citron，1997，1999）提供的证据表明，在英国，尽管分红限制契约在其他的债务合同中并不常见，但其在管理层收购与管理层换购的借款协议中很是普遍。① 由于管理层收购和管理层换购中分红限制契约的使用与出借人在此类交易中面临相对较大的代理成本一致，代理成本可能削弱监管规则的影响。雅轩和瓦尔德（Yaxuan & Wald，2008）也注意到了债务契约对代理成本的缓和效应。他们考察了各州不同的反收购法案和分红限制条件的影响，发现与他们关于分红限制契约的研究结果相反，反收购政策越严格的州，则在该州注册的公司越趋向于使用债务契约。他们得出结论，受法定反收购保护的公司更容易产生代理成本，因此，更倾向于使用债务契约来使代理成本最小化。

图法诺（Tufano，1995）总结到，外生冲击、金融危机与经济生命周期因素的影响是第二大类金融创新驱动力。有几项研究很好地阐述了这些创新决定因素的影响。图法诺（Tufano，1997）指出美国铁路公司普遍受到财务困境的影响，考虑到那时此经济部门的重要性，对债务合同而言，这无疑是一种金融危机。图法诺引用多方资料并指出，这些铁路公司的重组将会促使证券合同中新契约的出现（Dewing，1911；Draper，1930；Rodgers，1965；Stetson，1917）。这些合同实践的改变源自银行界既独立又相关的创新活动（如改变担保合同的设计）或源自相关法律的改变（如法院的推动），这体现了一种螺旋式的创新（Miller，1986）。② 美国铁路公司的金融困境和与之相对应的司法应对措施对代理成本产生了极大的影响，这促使债权人寻求在公司治理中更直接的参与权。图法诺指出，那时出现了几个包括或

---

① Dichev & Skinner（2002）中列出一系列现金流契约，包括债务契约和现金流契约，因为在美国，全部买入或补仓是这一特定管理领域中最常见的现象。

② 除上述两种影响因素外，我们还可以将有影响力的个人所发挥的作用加入其中，作为金融革新的重点问题。尽管他们并不直接与金融革新有关，但拉米雷斯（Ramirez，1995）等论述了金融领域中有影响力个人的作用。

有费用证券和投票信托条款在内。① 在没有导致违约或法院干预的情况下，或有费用债券允许推迟债务偿还。因此，或有费用债券的偿还并不固定，其取决于未来的经济情况。这些工具有两种形式：收益债券和优先股。在有收益债券的情况下，事件的发生取决于会计核算，这意味着利息的支付直接建立在公司的收益基础之上。②

投票信托合同条款赋予债券持有者和优先股股东对负债公司的监督权和治理权。监督可由三至五个专业托管人组成的团队开展（授权通常要达到5年）或直至公司恢复规律性分红前开展。虽然这些新的合约机制是应对危机和高昂代理成本的对策，但他们似乎也成为由于法律变更而削弱事后债权人地位的反应机制。图法诺（Tufano，1997）记录了一系列法律判决，在这些判决中，有担保债权人的权利被重新定义的现有证券合同所取代。③ 因此，新的合同通过采用更严格的监管来避免事后司法干预，从而应对法律变化。

近期发生的危机可能已经促进了本章第二节所提到的债务合同的发展。监控契约的一些创新可能与外界对审计师、信用评级机构的信任危机有关，这最终会导致管理上的回应。随着知名企业破产，利用借款人信用评级契约（其捕获违约风险的有效性可能高于审计师的判断）可能会受到压力。尤其是在世界通信公司和安然公司破产之后，科尔纳吉亚（Kornaggia，2011）意识到，监管机构对评级机构的压力可能为继续使用信用评级依据的条款带来负面影响。但是同时他也指出了重新缔结契约的高昂成本可能是继续沿用旧有条款的一个原因。同样，在安然和世界通信公司事件后债权人越来越注重审计师的选择，使用指定审计契约的现象也越来越普遍，这是SOX（Sarbanes–Oxley）法案条款带来的趋势。④

我们已在上文述及以现金流为基础的契约逐渐出现，在学术上出现了关于相应契约发生率和现金流间接计量相较直接依照一般会计准则（GAAP）计量所具备优势的研究，这种模式在20世纪80年代末会计监管机构批准发布现金流量表后出现。⑤ 我们对金融创新的研究为解释这种模式提供了基础。因此，马瑟和皮尔逊

---

① 其他革新包括优先股与延期付息债工具。
② 图法诺提供了通过对契约中名词的定义进行盈余操纵的证据。有人投机取巧地将"设备改建"重新命名为"维修费用"（见图法诺报告中斜体字部分），如此便可以降低收益和利息支出。另外他还引证Stetson（1917）中的内容，提出对公司收入界范畴的法律监管，以及借款人债务证券或有收益契约条款的法律执行。
③ 比如法庭允许发行收款人证明书，这是一种为压力公司提供流动性的短期票据，反转了已建立规则，使受保护的债权人有对未受保护债权人的优先权。
④ 根据Jones（2011）的说法，安然（Enron）与世界通讯（Worldcom）的失败显然与外部审计监管的失败有关，见原文第476页。
⑤ FASB于1987年11月在美国发布了SFAS95，*Statement of Cash Flows*，紧接着在1991年9月，ASB在英国发布了FRSI，*Cash Flow Statements*，后来IASC于1992年对IAS7进行了修改。

(Mather & Peirson，2006）对非公开债务合同中会计规则的有关研究未能直接证明监管对契约实践的影响。随后，拉姆塞和西杜、科特（Ramsay & Sidhu，1998；Cotter，1998）指出，在1992年6月30日及其之后的报告时期，尽管澳大利亚强制要求企业编制现金流量表，这种监管规则本身也可以减少合同的缔约成本，但企业仍长期缺乏基于现金流信息的契约。以现金流为基础的契约主要基于EBITDA（息税折旧及摊销前利润）的数据，采用近似的权责发生制计算现金流量，而非使用GAAP现金流量表的数据。这表明，尽管公共会计数据节省了合同成本，但是相比于私下建立的契约对现金流量的定义，缔约方对强制的现金流量披露有所轻视。莫伊尔和桑德萨那姆（Moir & Sudarsanam，2007）观察到EBITDA是现金流量的替代，它提供了新资本支出产生前的债务偿还能力，但并不代表从经济学观点出发的自由现金流。缔约方认为私下建立的会计计量属性比息税前利润、自由现金流，或者一般公认会计原则强制使用的现金流更有用。斯达姆普（Stumpp，2000）从历史角度提供了EBITDA作为公司偿还债务能力的指标的使用情况。她认为EBITDA最初是在20世纪80年代早期，作为一种在公司完成大幅度溢价收购时补偿商誉摊销的方法使用的。接着，EBITDA开始"在公司濒临破产的极端情况下被用来评估现金流。随着时间的推移，这一概念被越来越多地应用于拥有大量长期资产的企业中"。斯达姆普认为在这种情况下，EBITDA是现金流的相关指标，但她也认为，它不太适合用于更高的评级和投资级信贷。因此，合约越来越多地使用EBITDA通过一般公认会计准则计量现金流来解决代理成本问题可能存在一些感知到的缺陷，广泛使用EBITDA也表明信息和网络优势的存在减少了合同成本（如1997年Kahan & Klausner所论，见下文）。

图法诺（Tufano，1995）认为经济周期因素的影响是金融创新的一个潜在驱动力。在这样的背景下，卡亨和克劳斯纳（Kahan & Klausner，1993）为契约应用（与收购活动的数量相关）的周期性质提供了证据：这些证据表明在经济上契约的使用和创新是由市场效用决定和驱动的。他们分析了美国债券反收购契约条款应用的发展（即"事件风险条款"或"毒丸计划"）。该种契约在本质上是指当与收购相关的特定事件发生时，债券持有人有权利将债券回售给发行公司或上调债券利率以反映收购相关的额外风险。因此，从20世纪80年代开始，美国杠杆收购和资本重组的发展将部分投资级债券转化为投机级的垃圾债券，许多企业通过提前在协议中约定额外的合同（法律）保护契约开始主动扩大对债券持有人收购损失的相关保护。1991年，当收购活动的频率下降时，与控制权改变的相关契约的应用呈现急剧下降趋势。然而，市场驱动模式显示，卡亨和克劳斯纳发现的情况远比这种确定性更复杂。他们注意到，公司债券的寿命以及收购活动的周期性，使反收购条款为债券持有人带来了持续的潜在吸引力，因此也形成了对长期合同的需求，而非仅提供短期的保护。反收购契约条款使用的变化表明还存在其他决定性因素。卡亨和克劳斯纳观察到反收购契约往往反映管理者的利益而非债券持有人的利益，但是在活跃的收购期间这种利益会向债券持有人的利益倾斜，这表明管理层在市场压力下有意让利于债券持有人。①

图法诺（Tufano，1995）认为经济生命周期的影响是金融创新的潜在决定因素，这一观点在冈珀斯和莱内尔（Gompers & Lerner，1996）的建议中得到体现，即债务契约的变更取决于金融市场的供需形势，也取决于相关的潜在代理问题。这些分析可能与前文所讨论的低门槛契约的创新相关。怀特海德（Whitehead，2009）认为市场条件的周期属性会影响契约的严格和弱化、低门槛贷款契约的增长和下降，更大的流动性导致反映在契约使用和分散债权人监控上的代理成本有所降低。弗兰克尔和里托福（Frankel & Litov，2007）使他想起了新的债务契约，如低门槛贷款契约与金融市场中流动性过剩相关。英格兰银行报告认为契约弱化（指使用低门槛贷款契约）部分反映出银行间贷款人的激烈竞争，允许借款人将风险转嫁给出借人，但是该报告不能确定这种趋势是周期性的还是结构性的（英格兰银行，2007）。英格兰银行指出，契约弱化可能暗示着贷款人监控违约的减少，以及潜在违约事件发生时较低的恢复率。市场参与者将这个阶段条款应用的降低归因于信用市场对冲风险能力的提高，以及银行对借款人筛选和监控动机的弱化（Acharya, V. V., Franks, J., & Servaes, H. 2007）。在这样的背景下，市场因素的影响可能导致市场参与者在选择契约条款时并不总是做出最优选择，除非在新契约采用前的评估中充分考虑次优解决方案的成本（如低门槛贷款契约，见 Kealhofer，2003）。

前文旨在讨论债务契约领域金融创新发展的决定因素。为了理解债务合同实践在市场中发起后，创新如何传播，我们需要考虑的是创新的过程而不是更宏观层面的影响因素。卡亨和克劳斯纳（Kahan & Klausner，1997）创新地研究了债务合同条款的标准化、定制化和整个创新过程。研究主要围绕使用标准化契约取代定制化契约的成本和收益，以及这种成本收益激励缔约方承担与现有合同偏差有关的转换成本的情况。虽然个性化的合同条款对改善特定的代理成本有明显优势，但是采用

---

① 公司治理在协调债券持有人、经理人与股东之间的关系中发挥着作用，反收购条款使该问题成为激烈争论的焦点问题，见 Day & Sigfrid，2001。

标准化的合同或债务契约也同样有两项优势：学习优势和网络优势。学习优势源于对已使用过的合同形式的采用，这种优势并不受未来他人采用类似合同的影响。当一项契约在过去的使用中被证明有效并已越来越普遍时，学习优势便会出现。此时若缔约方有效地起草合同，学习优势便会增加，并通过此方式降低缔约成本，如起草错误、模糊或信贷控制松动引起的失控以及随之而来的代理成本。其他好处是新型或标准合同通过司法判决已证明其有效性，减少了不确定性，实现了诉讼成本的降低以及缔约双方对合同条款的共同理解。此外，随着合同条款使用的增加，它便具有了永续的价值。我们已经看到，新契约的建立最初可能是为了加强债务市场的作用，或为了改善已有合同，抑或是为了应对变化的合同环境。一旦学习行为发生，采用在其他市场功能已经完善的条款会使缔约方获取巨大效益，这种效益继而会进一步促进合同条款的改进（莫顿术语称之为"时效性"）。卡亨和克劳斯纳（Kahan & Klausner）指出网络优势与新契约的采用相关。研究还表明，标准化未必会导致最优合同条款的使用，创新的传播也并非总是没有摩擦。卡亨和克劳斯纳（Kahan & Klausner, 1996）指出，在合同条款中使用一些明显次优的例子是可以观察到的，标准化的条款有时并不那么有效，合同条款整体的一致性原则要求多样性和定制化的保留。他们认为，合同委托人和起草律师间的代理问题可能会导致合同的不合理标准化，从众行为和认知偏差也会导致条款过分标准化。与此结论相一致，卡亨和克劳斯纳（Kahan & Klausner, 1997）提供的证据表明，债券承销商会显著影响合同参与方的选择。戴伊和泰勒（Day & Taylor, 1997）证实律师在表达债务合同贷款人的意图上所起到的重要中介作用。

实证研究为合同中存在使用次优方案的可能以及创新中存在有影响力当事人的作用提供了额外的确证。崔和古拉特（Choi & Gulat, 2006）使用1995年到2004年之间主权债券发行的数据，测验了在付款条款内容修订上标准化的重要性。他们提供的证据表明，标准化可能导致缔约方采用的标准并非出于偏好。但是尽管如此，标准仍具有可塑性。他们的结论是，标准变化的过程不一定是快速和直接的，变化可能在受到"冲击"后发生，冲击对特定缔约方理解已成熟合同来说是个意想不到的变化[①]。在冲击之后，债券发行人和投资者并不会立即做出改变合同条款的反应，但是在冲击后的初始平静期，投资者和债券发行人会总结出冲击影响的经验，然后

---

① 他们的研究显示主权债务合同条款的修订要求获得债券持有人的一致同意，这使得变化发生的可能性弱于允许债券持有人放弃投票权的情形。在这次冲击后，借款人和投资者并没有立即做出修改合同条款的反应。直到偿付条款改变不再需要债券持有人一致同意的观念达成共识，基于多数赞成原则而非全体赞成原则的债务合同改变才得以发生。

据此修改条款。崔和古拉特的报告称，处理大量债券发行案件的借款人律师成为适应性延迟和合同条款重大改变背后的推动因素。

因此，综合考虑本章节上述研究，围绕金融创新已建立的完善理论在解释债务合同和债务契约的演变方面有普遍适用性。我们观察到，对债务合同的内容解释除了相对狭隘地关注代理成本和合同成本，还可以有效地扩大到新视角（如变化的关键驱动因素的识别、对变化有影响力的当事人的识别）以及内容更加丰富的合同成本模式）如学习、网络成本以及转换成本）。无论如何，虽然我们不能断定债务合同总是最优的，但是我们可以得出的结论是它是不断创新和演变的。

8.5 结论

债务合同及其包含的相关契约不仅持续地在公司治理、会计和财务中扮演重要作用，而且对研究者而言也相当重要。现代对债务契约和合同的理解和分析，至少在学术研究和会计实证研究上，可以追溯到19世纪七八十年代。我们注意到契约作为合法权利的控制工具有漫长的历史。基于此历史背景，我们试图解释债务契约的发展。我们关注不同时期债务缔约实践和契约内容本身的变化，我们也研究这二者在不同国家间的不同情况。后者在我们对不同司法管辖区发生的契约行为的研究结果中充分展现。我们在契约种类和应用的经验数据中观察到一些规律，但我们也观察到一些契约不再受欢迎或不再适用，而另一些契约则变得更为重要或开始出现。对债务契约中模式和驱动因素变化的理解相对而言是一个被忽视却重要的领域。新的契约和新的使用模式意味着缔约实践的创新。我们研究了金融创新的文献，试图解释为什么契约会变化，什么因素导致变化的产生，以及变化如何产生。研究表明传统对债务合同和契约选择的解释是由于代理成本和缔约成本的交互作用。这能够解释变化和创新，但不够完整。其他影响依然在起作用，这些影响创造了一个新缔约行为必须存在而其他则被取代的条件在改变代理成本和缔约成本的过程中，形成了新的经济激励框架。这些额外的影响因素包括：变化的法律和法规，包括会计变化，减少或重新分配风险的新机遇，外生冲击，金融与商业危机，周期性和结构性经济因素和相关理论发展。这些影响因素帮助建立了一种机构制度，继而影响了合同环境、缔约成本结构和代理成本结构。由于债务缔约行为和契约演变反映了其所处的创新压力下的制度环境，因此有必要继续对创新和演变的后果进行研究，以使债务合同与契约成本模型在会计和财务实证研究中能够对现实的制度环

8 债务合同与债务契约在公司治理中的作用：基于演变和创新的思考

境保持敏感性。此外，拓展已有的关于债务合同和契约创新过程的有限研究至关重要，包括对特定契约发展，特定代理人变化，以及成本、效益创新的研究。没有这些研究，我们对公司治理中债务合同的理解就会显得不够全面。

参考文献

Accountancy Age. (2010). Restrictive bank covenants keep the Big Four on top, M. Christodoulou, 17th June; Big – Four – only clauses are rare: BBA, M. Christodoulou 18th June 2010.

Accountancy Age. (2011). Auditors respond to Big Four clause investigation, R. Orlik, 24th Mar 2011.

Acharya, V. V., Franks, J., & Servaes, H. (2007). Private equity: Boom and bust? *Journal of Applied Corporate Finance*, 19 (4), 44 – 53.

American Bar Foundation. (1971). *Commentaries on indentures*. Chicago: American Bar Foundation.

Asquith, P., Beatty, A., & Weber, J. (2005). Performance pricing in bank debt contracts. *Journal of Accounting and Economics*, 40, 101 – 128. Association of Corporate Treasurers. (1991). *The treasurer's handbook* 1991. London: Hemmington Scott.

Ball, R., & Foster, G. (1982). Corporate financial reporting: A methodological review of empirical research. *Journal of Accounting Research*, 20, 161 – 234.

Ball, R., Bushman, R., &Vasvari, F. (2008). The debt – contracting value of accounting information and loan syndicate structure. *Journal of Accounting Research*, 46, 247 – 288.

Bank of England. (2007). Markets and Operations, *Quarterly Bulletin*; *Second Quarter*, London.

Begley, J., & Freedman, R. (2004). The changing role of accounting numbers in public lending agreements. *Accounting Horizons*, 18, 81 – 96.

Ben – Horim, M., & Silber, W. (1977). Financial innovation: a linear programming approach. *Journal of Banking & Finance*, 1, 277 – 296.

Bernstein, P. L. (1992). Capital Ideas: *The improbable origins of modern wall street*. New York: Free Press.

Bowen, R. M., Noreen, E. W., & Lacey, J. M. (1981). Determinants of the corporate decision to capitalize interest. *Journal of Accounting and Economics*, 3 (2), 151 – 179.

Brown, K. C., & Smith, D. J. (1988). Recent innovations in interest rate risk management and the re – intermediation of commercial banking. *Financial Management*, 17 (4), 45 – 58.

Briys, E., & Crouhy, M. (1988). Creating and pricing hybrid foreign currency options. *Financial Management*, 17 (4), 59 – 65.

Castle, G. R. (1980). Term lending: A guide to negotiating term loan covenants and other financial restrictions. *Journal of Commercial Bank Lending*, 63, 26–39.

Chatterjee, A. (2006). *Performance pricing covenants in debt contracts in the UK*. Cambridge: Judge Business School.

Choi, S. J., &Gulat, G. M. (2006). Innovation in boilerplate contracts: an empirical examination of sovereign bonds. *Emory Law Journal*, 53, 929–996.

Citron, D. (1992a). Accounting measurement rules in UK bank loan ontracts and accounting policy choice. *Accounting and Business Research*, 23 (Winter), 21–30.

Citron, D. B. (1992b). Financial covenants in UK bank loan contracts and accounting policy choice. *Accounting and Business Research*, 23 (88), 322–335.

Citron, D. B. (1995). The incidence of accounting-based covenants in UK public debt contracts: an empirical analysis. *Accounting and Business Research*, 25 (99), 139–150.

Citron, D. B., Robbie, K., & Wright, M. (1997). Loan covenants and relationship banking in MBOs. *Accounting and Business Research*, 27 (4), 277–297.

Citron, D., Wright, M., Robbie, K., Bruining, H., & Herst, A. (1999). Loan covenants, relationship banking and MBOs in default—a comparative study of the UK and Holland. In M. Wright & K. Robbie (Eds.), *MBOs and venture capital—into the next millennium*.

Cheltenham: EdwardElgar. Cotter, J. (1998). Utilisation and restrictiveness of covenants in Australian private debt contracts. *Accounting and Finance*, 38, 181–196.

Daley, L. A., &Vigeland, R. L. (1983). The effects of debt covenants and political costs on the choice of accounting methods: The case of accounting for R&D costs. *Journal of Accounting and Economics*, 3 (2), 195–211.

Day, J. F. S., & Taylor, P. J. (1995). Evidence on the practices of UK bankers in contracting for medium-term debt. *Journal of International Banking Law*, 11 (5), 394–401.

Day, J. F. S., & Taylor, P. J. (1997). Loan documentation in the UK market for corporate debt: Current practice and future prospects. *Journal of International Banking Law*, 7, 7–14.

Day, J., & Taylor, P. (1998). The role of debt contracts in U. K. corporate governance. *Journal of Management and Governance*, 2 (2), 171–190.

Day, J., & Sigfrid, P. (2001). Who needs merger covenants? An analysis of the effects of takeover covenants within a corporate governance perspective. *Journal of International Banking Law*, 16 (1), 12–19.

Dewing, A. S. (1911). The position of income bonds, as illustrated by those of the central and georgia railway. *Quarterly Journal of Economics*, 25, 397.

Dichev, I., & Skinner, D. J. (2002). Large-sample evidence on the debt covenant hypothesis. *Journal of Accounting Research*, 40 (4), 1091.

Donaldson, J. A., & Donaldson, T. H. (1982). *The medium term loan market*. London: Macmillan.

Draper, C. M. (1930). A historical introduction to the corporate mortgage. *Rocky Mountain Law Re-*

view, 2, 71-98.

Duke, J. C., & Hunt, H. G. (1990). An empirical analysis of debt ovenant restrictions and accounting-related debt proxies. *Journal of Accounting and Economics*, 12, 45-63.

Encyclopaedia of Forms and Precedents. (2010). 5th edn. (London: Butterworths).

Finnerty, J. D. (1988). Financial engineering in corporate finance: An overview. *Financial Management (Winter)*, 17 (4), 14-33.

Finnerty, J. D. (1992). An overview of corporate securities innovation. *Journal of Applied Corporate Finance (Winter)*, 4 (4), 23-39.

Francis, J. (1989). Covenants in US public debt agreements. *Accounting and Finance Research*, 28 (2), 326-347.

Frankel, R., &Litov, L. (2007). *Financial accounting characteristics and debt covenants*. Unpublished Working Paper, Washington University, Saint Louis.

Gompers, P., & Lerner, J. (1996). The use of covenants: An empirical analysis of venture partnership agreements. *Journal of Law and Economics*, 39 (2), 463-498.

Healy, P., & Palepu, K. (1990). Effectiveness of accounting-based dividend covenants. *Journal of Accounting and Economics*, 12, 97-123.

Heffernan, S., Xiaoqing, M. F., & Xiaolan, F. (2008). *Financial innovation in the UK*. Unpublished Working Paper (No 4, July), City University, London.

Hejeebu, S. (2005). Contract enforcement in the English East India company. *The Journal of Economic History*, 65 (2), 496-523.

Holthausen, R. W., & Leftwich, R. W. (1983). The economic consequences of accounting choice implications of costly contracting and monitoring. *Journal of Accounting and Economics*, 3 (2), 77-177.

House of Commons. (2007). Private equity: Tenth report of session 2006-2007, Vol. 1, HC 567I, House of Commons Treasury Committee, (London, The Stationery Office).

Huang, R. (2009). *Creditor control of free cash flow*. Philadelphia: Federal Reserve Bank of Philadelphia.

Jensen, M., &Meckling, J. (1976). Theory of the firm, managerial incentives, agency costs and ownership structures. *Journal of Financial Economics*, 3, 305-360.

Jones, M. J. (2011). *Creative accounting, fraud and international accounting scandals*. Chichester: Wiley.

Kahan, M., & Klausner, M. (1993). Anti-takeover provisions in bonds: Bondholder protection or management entrenchment? *UCLA Law Review*, 40, 931-982.

Kahan, M., & Klausner, M. (1996). Path dependence in corporate contracting: Increasing returns, herd behavior and cognitive biases. *Washington University Law Quarterly*, 74, 347-366.

Kahan, M., & Klausner, M. (1997). Standardisation and innovation in corporate contracting. *Virginia*

Law Review, 83 (4), 713 – 770.

Kalay, A. (1982). Stockholder – bondholder conflict and dividend restraint. *Journal of Financial Economics*, 4, 211 – 233.

Kane, E. J. (1981). Accelerating inflation, technological innovation, and the decreasing effectiveness of banking regulation. *Journal of Finance*, 36 (2), 355 – 367.

Kealhofer, S. (2003). Quantifying credit risk II: Debt valuation. *Financial Analysts Journal*, 59 (3), 78 – 92.

Kim, J. – B., Tsui, J. S. L., & Yi, C. H. (2011). The voluntary adoption of international accounting standards and loan contracting around the world. *Review of Accounting Studies*, 16 (4), 779 – 811.

Kornagia, K. J. (2011). Financial distress and bankruptcy. In H. K. Baker, & G. S. Martin (Eds.), Capital structure and corporate financing decisions: *Theory evidence and practice.* London: Wiley, Kolb Series in Finance.

Leftwich, R. (1990). Aggregation of test statistics: Statistics versus economics. *Journal of Accounting and Economics*, 12, 37 – 44.

Leuz, C., Deller, D., & Stubenrath, M. (1997). An international comparison of accounting – based pay – out restrictions in the United States, United Kingdom and Germany. *Accounting and Business Research*, 28 (2), 111 – 129.

Lingard, J. R. (1995). Bank security documents (2nd ed.). London: Butterworths.

Markland, J. (2007). Cov – lite: The new cutting edge in acquisition finance. *Journal of International Banking and Financial Law*, 20, 379 – 381.

Mason, S., Merton, R. C., Perold, A. F., & Tufano, P. (1995). *Case book in financial engineering, applied studies of financial innovation.* Englewood Cliffs: Prentice – Hall.

Mather, P. (1999). Financial covenants in Australian bank – loan contracts: Incidence, measurement rules and monitoring. *Australian Accounting Review*, 9 (17), 2 – 72.

Mather, P., & Peirson, G. (2006). Financial covenants in the markets for public and private debt. *Accounting and Finance*, 46 (2), 285 – 307.

Maxwell, W., & Shenkman, M. (2010). *Leveraged financial markets: A comprehensive guide to loans, bonds and other instruments.* New York: McGraw – Hill.

May, W., & Verde, M. (2006). Loan volumes surge, covenants shrink in 2005. Fitch Ratings *Credit Market Research*, Special Report. http://www.fitchratings.com/creditdesk/reports/report _ frame.cfm? rpt_ id = 271124 accessed 9 September 2013.

McConnell, J. J., & Schwartz, E. S. (1992). The origin of LYONS: A case study in financial innovation. *Journal of Applied Corporate Finance*, 5 (1), 40 – 47.

Merton, R. C. (1995). A functional perspective of financial intermediation. *Financial Management*, 24 (2), 23 – 24.

Miller, M. (1986). Financial innovation: The last twenty years and the next. *Journal of Financial and Quantitative Analysis*, 21, 459 – 471.

Moir, L., & Sudarsanam, S. (2007). Determinants of financial covenants and pricing of debt in private debt contracts: The UK evidence. *Accounting and Business Research*, 37 (2), 151 – 166.

Moody, (various years). *Moody's Industrial Manual*.

Mohrman, M. (1993). Debt contracts and FAS No. 19: A test of the debt covenant hypothesis. *The Accounting Review*, 68, 273 – 288.

Mouritsen, J. (1998). Driving growth: Economic value added versus intellectual capital. *Management Accounting Research*, 9 (4), 461 – 482.

Norton, E., &Pettengill, G. (1998). Event risk covenant rating announcements and stock returns. *Journal of Finance and Strategic Decisions*, 11 (2), 1 – 10.

O'Hanlon, J., & Peasnell, K. (1998). Wall Street's contribution to management accounting: the Stern Stewart EVA_ financial management system. *Management Accounting Research*, 9 (4), 421 – 444.

Office of Fair Trading. (2011). Statutory audit: Consultation on the OFT's provisional decision to make a market investigation reference to the Competition Commission of the supply of statutory audit services to large companies in the UK, OFT1357, July, London (available at www. oft. gov. uk).

Ormrod, P., & Taylor, P. J. (2004). The impact of the change to international accounting standards on debt covenants: A UK perspective. *Accounting in Europe*, 1, 71 – 94.

Petruzzi, C., Del Valle, M., & Judlowe, S. (1988). Protection for innovations in Finance. *Financial Management*, 17 (4), 66 – 71.

Press, E. G., &Weintrop, J. G. (1990). Accounting – based constraints in public and private debt agreements: Their association with leverage and importance in accounting choice. *Journal of Accounting and Economics*, 12, 65 – 96.

Ramirez, C. (1995). Did J. P. Morgan's men add liquidity? Corporate investment, cash flow, and financial structure at the turn of the twentieth century. *Journal of Finance*, 50 (2), 661 – 678.

Ramsay, I., & Sidhu, B. (1998). Accounting and non – accounting – based information in the market for debt: Evidence from Australian private debt contracts. *Accounting and Finance*, 38, 197 – 221.

Rodgers, C. (1965). The corporate trust indenture project. *The Business Lawyer*, 20, 551 – 559.

Rowley, R. G. (1953). The benefits of restrictive covenants a survey. *Modern Law Review*, 16 (4), 428 – 434.

Silber, W. (1975). Towards a theory of financial innovation. In W. Silber (Ed.), *Financial innovation. Lexington*: D. C. Heath & Co. Silber, W. L. (1983). The process of financial innovation. *American Economic Review*, 73 (2), 89 – 95.

Simmons, R. S. (1972). Drafting of commercial bank loan agreements. The Business Lawyer (November), 29 (1), 179 – 201.

Smith, C. W., & Warner, J. B. (1979). On financial contracting: An analysis of bond covenants. *Journal of Financial Economics*, 7, 117–161.

Stetson, F. L. (1917). *Some legal phases of corporate financing reorganization and regulation.* New York: Macmillan.

Sylla, R. (1982). Monetary innovations and crises in American economic history. In P. Wachtel (Ed.), *Crises in the economic and financial structure.* Lexington: D. C. Heath & Co.

Stokes, D., & Tay, K. L. (1988). Restrictive covenants and accounting information in the market for convertible notes: further evidence. *Accounting and Finance*, 28 (1), 57–73.

Stumpp, P. (2000). Putting EBITDA in perspective. *Ten critical failings of EBITDA as the principal determinant of cash flow.* Moody's Investors Service. Global Credit Research. Special Comment.

Tufano, P. (1995). Securities innovations: A historical and functional perspective. *Journal of Applied Corporate Finance*, 7 (4), 90–103.

Tufano, P. (1997). Business failure, judicial intervention, and financial innovation: Restructuring U. S. railroads in the nineteenth century. *Business History Review*, 71 (1), 1–40.

Van Horne, J. C. (1985). Of financial innovations and excesses. *Journal of Finance*, 40 (3), 621–631.

Watts, R. L., & Zimmerman, J. L. (1978). Towards a positive theory of the determination of accounting standards. *The Accounting Review*, 53 (1), 112–130.

Whitehead, C. K. (2009). The evolution of debt: Covenants, the credit market, and corporate governance. *The Journal of Corporation Law*, 34 (3), 641–677.

Whittred, G., & Zimmer, I. (1986). Accounting information in the market for debt. *Accounting and Finance*, 26 (2), 19–33. (Australia).

Wojnilower, A. (1980). The central role of credit crunches in recent financial history. *Brookings Papers on Economic Activity*, 2 (1980), 277–326.

Yaxuan, Q., & Wald, J. (2008). State laws and debt covenants. *Journal of Law and Economics*, 51 (1), 179–207.

9 监管、"绑定"与财务报表质量

克里斯蒂娜·达吉尼多（Christina Dargenidou）

阿齐兹·法尔（Aziz Jaafar）　斯图尔特·麦克利（Stuart McLeay）[①]

摘要：本研究表明，欧洲企业暴露于欧洲资本市场会显著抑制财务报告操纵。利用欧洲监管环境的变化，我们能够证明当企业暴露于至少一个比其所在国有着更好监管的资本市场时，减少财务报告操纵的激励来源于欧洲内部的一种法律绑定。此外，我们证明，当企业暴露于比其母国监管弱的资本市场时，存在声誉绑定。为证实声誉绑定，我们将研究扩大到即使没有强有力的法律监管仍可能引发管理者提高报告透明度的情形，如证券交易所合并和地理邻近。

9.1 引言

本章探讨了市场上的法律和声誉绑定机制如何促使国际上市公司承诺减少财务报告操纵。虽然法律绑定的概念最初是用来解释海外公司在受监管的美国市场交叉上市的行为（如 Doidge 等，2004；Lang 等，2003a；Huijgen & Lubberink，2005），但在其他地方，特别是欧洲资本市场，绑定于更严格的监管体制被认为影响很小或者几乎没有影响（Roosenboom 和 Van Dijk，2009；Abdallah 和 Goergen，2008；Cabán – Garcia，2009）。本章显示，对资本市场动态的更好解读将有利于识别法律

---

① C. Dargenidou
联系地址：University of Exeter Business School, University of Exeter, Exeter, UK
电子邮箱：C. Dargenidou@ exeter. ac. uk
A. Jaafar
联系地址：Bangor Business School, Bangor University, Bangor, UK
电子邮箱：a. jaafar@ bangor. ac. uk
S. McLeay
联系地址：School of Business, University of Sydney, Sydney, Australia
电子邮箱：s. j. mcleay@ sydney. edu. au

R. Di Pietra 等（主编），《会计与监管》
DOI：10. 1007/978 – 1 – 4614 – 8097 – 6_ 9

和声誉绑定对海外上市公司财务报告操纵的影响。

以前财务报告和交叉上市领域的研究主要关注额外股票交易所正式报价的存在，而除此之外本文对资本市场暴露的界定还基于公司在一个特定外国目的地实际交易其股票，这一界定使我们能够对暴露展开研究①。这种方法不仅可以在企业暴露于比其母国监管强的资本市场时，检验"法律绑定"；还可以利用欧洲各国的监管差异，在企业暴露于比其母国监管弱的资本市场时，检验"声誉绑定"的存在性（与 Licht 等，2013 一致）。

我们还研究了即使没有强有力的法律监管仍可能会导致更高报告透明度的其他因素，如地理邻近、证券交易所合并以及国际公认会计准则的使用。

本研究表明，暴露于欧洲资本市场的企业，财务报告操纵少。这种效应主要是由声誉绑定机制和一定程度上的法律绑定机制驱动。

声誉绑定主要是在更好的会计披露体制中发挥作用。能够跨司法管辖区对公司进行监督的环境条件可以强化声誉绑定对财务报告的影响。事实上，尽管本研究检验的是前国际财务报告准则时期（译者注：国际财务报告准则，下文简称为 IFRS），本文的结论对强制实施 IFRS 的后果研究具有启示。

之前研究（Soderstrom & Sun，2007）已指出，法律制度的差异是 IFRS 实施效果的决定因素，证券交易所合并和地理邻近的影响则表明，信息分割因素可以增进我们对暴露于欧洲资本市场企业的绑定动机的理解。

9.2 国际上市公司的财务报告质量

高质量的会计信息能吸引外国投资者，因为它使投资者能更好地监控自己的投资（Aggarwal 等，2005）。然而，相对于本地投资者，在评估不透明的财务报告时，外国投资者处于信息劣势，特别在那些更可能用盈余管理来混淆披露的较弱监管环境中这种劣势尤为突出（Leuz 等，2003）。②

---

① 暴露包括正式的交叉上市，也包括发行人不参与交易的情况。尽管后者可能会阻碍我们验证有关法律或声誉绑定的假设，不过本文得到的结果仍与绑定相一致。未来的研究可以进一步调查两种暴露之间的差异。

② 本研究与之前研究对公共和私有企业会计信息的不同需求有相似之处（Ball & Shivakumar，2005）。一方面，暴露于公共股票市场意味着存在外部股权。外部股权主要依靠财务报告对企业进行评价和监督。外部股东的存在要求上市公司的财务报告信息质量要超过一定的标准，才能使外部投资者购买或继续持有其股票。按照这一原则，Burgstahler 等（2006）的讨论意味着，因为无法对经济业绩进行评估，外部投资者可能不愿向信息质量差的企业提供资金。另一方面，在非上市企业中财务报告信息质量较少关注，因为在典型的股权集中结构下，评估和监督企业所需要的信息可能通过私人渠道会更容易获得。

这种对会计信息需求的差异来源于当地投资者和外国投资者的监督成本差异。也就是说，投资者在他们熟悉的地区能更好地解决治理问题，因此，对当地企业的监督成本较低（Leuz 等，2010）。[①]

由于对外国公司的监督成本更高，投资者只会购买或继续持有报告质量高的外国公司的股票。与这一观点相符的是，Bradshaw 等（2004）指出，为解决这个"本土偏好"[②] 问题，一些公司管理者会做出便于外国投资者充分监督的财务报告选择。

进一步的证据表明，外国企业倾向于做出符合美国公认会计原则（US GAAP）的财务报告选择，Covrig 等（2007）[③] 揭示，美国共同基金持有的外国股票中，如果其母国信息环境差、透明度低，自愿采用国际会计准则（IAS）的企业所占比例极高。上述结果意味着公司管理者为解决外国投资者的"本土偏好"问题，会采用高质量的会计准则，即 IAS/IFRS 或 US GAAP。

按照 Leuz 等（2010），本研究采用应计质量法下的盈余管理指标来代表财务报告的质量。基于以上分析，本文的基本观点是，希望吸引和留住外国投资者的企业管理者在进行财务报告选择时，会避免明显的虚报盈余，从而降低投资者的监督成本。

根据 Dichev 等（2013）有关管理者对盈余质量看法的调查盈余对现金流的持续偏离、偏离行业基准和其他对等业绩指标以及重大且无法解释的应计改变和应计水平。避免盈余虚假陈述，以吸引和保留外国投资者的观点也得到 Lang 等（2003a）和 Leuz（2006）的支持。

他们使用应计指标进行的检验表明，在美国交叉上市的外国企业比各自母国市场的本地企业具有更高的会计透明度。然而，来自于美国交叉上市的证据不足以支持更一般的假设，即暴露于国际资本市场能阻止管理者虚报盈余，因为企业在美国交叉上市对会计质量的影响取决于具体市场的监管制度框架强度和财务告信息环境的丰富程度。本章后面针对欧洲的分析，让我们能利用监管环境强度的可观测差异重新审视这个问题。

[①] 本地投资者拥有信息优势的观点与 Malloy's（2005）的研究发现一致，该研究发现在地理位置上与被分析企业接近的分析师比其他分析师的分析结果更准确。
[②] "本土偏好"这个词是用来描述投资者在投资组合中增持本国公司，减持非本国公司的一种趋势。有关 IFRS 强制实行的影响的相似结果也被 Florou & Pope（2012）报道。
[③] Florou & Pope（2012）也报告了关于强制实行 IFRS 所产生影响的相似结论。

9.3 监管和声誉的影响

如上所述，暴露于国际资本市场与财务报告操纵的关系部分取决于公司暴露于更强还是更弱的国外制度环境。法律绑定是我们用来描述暴露于海外更强制度环境的影响的术语。公司通过在一个更好的监管环境中交叉上市，接受更严格的审查，传递了财务报告质量相对提高和会计选择缩小的信号。相反，当企业暴露于比国内市场弱的制度环境时，就产生了声誉绑定。

一个容易被忽略的事实是，企业经常暴露于多重资本市场，这可能会强化法律和声誉绑定。本研究试图通过对公司所暴露的制度环境较其母国市场的相对强度排序，来解决这种复杂性。于是，出现了两种情况。第一种情况是，企业暴露于至少一个具有更强制度环境的市场。第二种情况是，企业暴露的市场中即使排名最高的，也弱于其母国市场。因此，正如迄今为止观察到的大多数在美国交叉上市一样，我们预期由于法律绑定效应，企业暴露于监管更强的其他欧洲市场，其财务报告操纵更少。

然而，本文法律绑定的概念没有必要与以在美国市场交叉上市为背景的法律绑定效应的典型定义相同。在美国，严格的公共和私人执法机制增加了被告的感知责任风险（Coffee，2002）。[①] 因为我们研究暴露，而不仅仅是交叉上市的形式，我们并没有针对东道国市场监管对暴露于其中的企业的财务报告事实上和法律上的影响做过多讨论[②]。

法律绑定效应还可能源于企业为在监管强的地区吸引和留住外国投资者，会努力达到该地区法规所要求的透明度水平。

如上文所述，当公司暴露于比其母国市场差的制度环境时，我们预期存在声誉绑定。为证实声誉绑定，我们考虑了即使没有强有力的法律监管仍可能实现更高透明度的情况。

来自美国交叉上市公司的证据表明声誉绑定的收益与市场力量相关联，更具体地说，与投资者监督的增加相关（如 Lang 等，2003b；Frésard & Salva，2010），且我们也认为声誉绑定在能够进行这种监督的环境下更可能发生。我们确认了在欧洲

[①] 后续研究也承认，在美国法律绑定的这种界定可能不是完全现实的。例如 Siegel（2005）认为，由美国法院授予股东的损害赔偿权能否实现取决于美国企业持有的资产规模。

[②] 欧洲证券交易所对正式在其股票市场交叉上市的外国公司行使司法管辖权的程度是一个需要继续研究的问题。

可能会增加投资者对国际上市公司了解和监督的因素，即证券交易所合并，使用国际公认会计准则（在强制实施 IFRS 前）和地理邻近。

交易所合并通过统一市场，便利公司股票交易，进而增进投资者对企业的了解。2000 年到 2002 年由阿姆斯特丹、布鲁塞尔、巴黎和里斯本证券交易所合并成立的泛欧证券交易市场（Euronext）为检验这一因素提供了机会。证券交易所合并的另一个例子同样出现在欧洲，当然它不如泛欧交易市场那样出名。北欧交易所（Norex）是北欧和波罗的海国家的联合交易平台，1998 年由瑞典和丹麦证券交易所联合创立，挪威于 2000 年加入，芬兰于 2003 年加入（Nielsson，2007）。

市场力量可以超越区域制度环境差异，与这个观点一致的是，Pownall 等（2012）发现选择在泛欧交易所列名上市的企业，会计质量提高。[①]

然而，在本文检验的期间，泛欧交易所对实施共同监管的选择权有限，很多相关监管法规仍是由各国分别制定。此外，Pownall 等（2012）认为参与者对相关要求的遵守似乎相当有限。上述分析表明，泛欧交易所对公司财务报告的影响很可能由声誉绑定而非法律绑定驱动。与此相类似，有人认为通过交易所合并增加了投资者的了解，这对暴露于制度环境弱于其母国市场的企业和在 Euronext 或 Norex 成员国内交易的企业，可能会引发声誉绑定。[②]

本文受到检验采用国际公认会计准则对盈余质量影响相关研究的启发[③]。采用国际公认会计准则可以被视为解决外国投资者本土偏好的一种方法，也同样被认为能使投资者监督在国际资本市场交易的企业。[④]

然而，正如 Daske 等（2013），自愿采用国际准则并不意味着承诺高质量的报告，这一承诺似乎最终是由管理者动机决定的。事实上，在企业暴露于国际资本市场的特定环境下，可以认为自愿采用国际准则的动机源于解决国外投资者本土偏好不良后果的需要。因此，使用国际上通用的会计准则（如 IAS/IFRS 或 US GAAP）编制财务报告的企业中，那些暴露于额外的欧洲资本市场的企业，更可能承诺减少

[①] 泛欧交易所在整个股票市场中建立了两个可供选择的上市场所，前期是企业预先承诺提高财务报告质量和完善公司治理，即从 2004 年开始的季度财务报告；从 2004 年开始执行国际会计准则或使现有信息符合国际会计准则；从 2002 年开始的英文财务文件；每年为分析师至少安排两次会议；在年度报告中描述公司治理政策；从 2002 年开始公布公告和会议时间表；从 2002 年开始在企业网站上公告关键财务信息（Pownall 等，2012）。

[②] 在 Pownall 等（2012）报告的统计结果中，表 9 并未显示暴露于国际市场的企业是 Euronext 的主要组成部分。因此，我们认为我们抓住了在他们的研究中没有完全处理的一种关系。

[③] 见 Soderstrom & Sun（2007）的对相关证据的综述。同样，Karamanou & Nishiotis（2009）认为，由于承诺增加信息披露和透明度，自愿采用 IAS 主要是一种声誉绑定。

[④] 另一种方法是检验反映会计准则间相似性的指标（见 Bae 等，2008）。而国际公认会计准则捕捉到了类似的概念，因为采用国际公认会计准则被认为能增加财务报告信息的可比性。

财务报告操纵，这是一种声誉绑定。

最后，以往的研究表明，投资者住所接近公司时，信息不对称和代理成本都趋于下降（见 Wang 和 Pirinsky（2010）对相关文献的综述）。地理邻近减少了信息不对称和代理成本，从而能够更好地监督企业，因此，企业母国与东道国距离越近，越便于监督，越多的管理者会表现出对财务报告操纵的自我克制。

这一假设背后的理念与 Ayers 等（2011）不谋而合。Ayers 等（2011）认为由于财务报告操纵对外部投资者的成本，财务报告操纵与企业和监管机构的距离正相关。大量证据表明外国投资者具有本土偏好，可以认为在跨境交易体系中，财务报告操纵对外部股东的成本相对较高①。因此，基于 Ayers 等（2011）的一个猜想是，当管理者意识到有监督能力的外国投资者距离较近时，他们减少操纵的压力就更大。

综上所述，在国际市场交易其股权的企业必须解决投资者对母国的投资偏好问题。我们认为管理者试图应对本土偏好的方法是接受更严格的监管或者是在没有更严格监管的情况下建立声誉资产。声誉资产的影响取决于能增进投资者对企业了解、便利他们评估企业财务状况的环境条件。本文认为，分别或共同使用两种途径都会导致管理者承诺减少财务报告操纵。

9.4 暴露于国际资本市场对财务报告操纵的影响评估

本文，用非预期营运资本增加或减少的绝对值，即与企业运营不一致的短期应计与短期递延的净改变量代表财务报告操纵②。

我们把这个指标称为"酌量性净流动应计"或简称为"酌量性应计"。酌量性应计具有一些特别有趣的特征：它容易从财务报表数字中得出，会在短期内转回，分析师们清楚地知道它被用于各种因素引起的收益操控。之前的研究已经显示营运资本的计量很容易被管理者为达到某些业绩目标而操控，主要是通过正的酌量性应计增加盈余（Burgstahler & Dichev，1997）。

最近，Ettredge 等（2010）同样提供了通过高估营运资本夸大盈余的证据。然

---

① Ayers 等（2011）同样提到他们基于美国国内市场的研究结论对跨境投资也有意义。本研究的贡献在于明确检验了这个猜想。

② Peasnell，Pope & Young（2005）说明了在模型中用营运资本应计代替总应计的合理性。这是因为，如果企业经常改变折旧政策，一定会引起负面关注，而在模型中加入环境负债、养老金义务等其他长期应计项会使模型过于复杂。还应注意，在本文检验的欧洲背景下，折旧政策通常是由税收法规引导的而非由管理者决定。

而，尽管以前的研究主要强调夸大收益的会计操纵行为，但也有研究报告了用负的净应计为未来建立"饼干罐"储备（DeFond & Park，1997；Chaney & Lewis，1998），特别是在业绩差的年度使用。

因此，本文从操纵幅度的角度研究财务报告操纵，更具体地说，是酌量性净流动应计的幅度。①

对营运资本变动的酌量性成分的估计，需要在考虑到基本业务活动的基础上，首先建立模型确定其预测值。为此，我们遵循会计研究的惯例并假设净流动应计是现金收入变动的函数，这种函数关系随行业和年度而变化。

更具体地讲，出于对生存偏差和样本规模的考虑，采用基于截面数据而非时间序列方法的业绩调整修正琼斯模型（Dechow 等，1995）估计酌量性应计。由 Kothari 等（2005）提出并得到 Cheng 等（2012）进一步支持的业绩调整是为了减少估计酌量性应计过程中的计量误差，即进一步将应计和递延的预期水平与成长相联系，在此用现金收入的变化表示。业绩调整意味着更高水平的业绩需要以营运资本投资水平的提高为支撑，因此流动性应计和递延中的这一部分被认为是正常的，而非操控性的。

鉴于本文检验的前 IFRS 时期欧洲各司法管辖区域之间的会计差异（这种差异在实施 IFRS 后仍可能存在），在这一背景下估计操纵面临更多的挑战。比如，LaFond（2005）研究发现，存货和应收账款等营运资本项目的确认方法在各司法管辖区之间存在显著变化。

更重要的是，已经建立的关于国家和行业因素对财务报告影响的统计评估表明，存货会计不仅在欧洲各国的差异显著，也存在行业差异（Jaafar & McLeay，2007）。这些结论可能支持了如下观点：在按行业分类的企业组合中会计差异能在一定程度上被抵消，产生一个能代表行业内典型欧洲企业的年度预期净应计的估计值。

考虑到我们研究的问题是企业财务报告操纵，所研究企业成立于不同的欧洲司法管辖区，其股份在一些其他的欧洲目的地进行交易，这种做法等同于将每一家公

---

① 本文所关注的是对投资者而言显而易见的一类盈余管理。投资者认为操纵的减少传递了企业承诺提供更诚信的财务报告的信号。实际上，证据表明管理者自身也认为操纵应计项是虚报盈余最常见的表现形式（Dichev 等，2013）。与（Cohen 等，2008）等研究不同，本文并没有尝试研究"真实盈余管理"。真实盈余管理对当期和未来财务报表的影响不明显。本文的研究背景是欧洲实施 IFRS 前的时期，若采用这种方法，在真实盈余管理确认方面会存在严重问题（Roychowdhury，2006）。首先，这一时期在欧洲现金流量表的供给非常有限（LaFond，2005），在数据可靠性和完整性方面存在严重问题。其次，一些重要的会计规则存在很大差异，如研发支出等无形资产的费用化和资本化：参见 Stolowy & Jeny-Cazavan（2001）对这一问题的讨论。

司与处于同一地理区域内的直接竞争对手相比较，这种做法是分析师和投资者广泛采用的。此外，它还反映了如下理念，CEO 们认为偏离对等组标准是一种盈余管理"红旗"Dichev 等（2013）。

Kothari 等（2005），Cheng 等（2012）[①] 建议在盈余管理研究中使用行业业绩调整的"修正琼斯模型"估计应计和递延中的酌量性部分，参照他们的做法，本文采用如下期望模型：

$$\frac{CACC_{it}}{TAsset_{it-1}} = a_0 + a_1 \frac{1}{TAsset_{it-1}} + a_2 \frac{\Delta REV_{it} - \Delta REC_{it}}{TAsset_{it-1}} + a_3 \frac{EARN_{it}}{TAsset_{it-1}} + \omega_{it}$$

(9.1)

企业 i 在年度 t 的可观测流动性净应计（CACC）的计算如下：其中，ΔCA 为企业 i 在年度 t 的流动资产的变动；$\Delta CASH$ 为现金及现金等价物的变动；ΔCL 为流动负债的变动；$\Delta STDEBT$ 为短期借款与长期负债中流动部分的变动。如上所述，预期净应计的决定因素是现金收入的变化（即收入的变动 ΔREV 减应收账款的变动 ΔREC）和资产收益率，其定义为非经常性项目和优先股股利前盈余（EARN）除以年初总资产（TAsset）。其他的变量也要除以年初总资产。

本章的研究中，用酌量性净流动应计（DACC）代表财务报告操纵，DACC 按行业和年度由（9.1）式的回归残差估计得出。

这里要解决的主要问题是暴露于国际资本市场是否与较少的财务报告操纵相关。本文研究的国际市场暴露是具体针对暴露于企业母国市场之外的其他欧洲资本市场（EXPOSURE）。EXPOSURE 的系数预期为负。当专门聚焦暴露于欧洲资本市场的问题时，就可以理解企业股票可能在一个以上额外交易所交易。

为反映欧洲市场暴露这方面的特性，本文使用的变量是除母国外企业股票交易地（按司法管辖区标准划分）的数量（NUMEX）。将暴露于额外欧洲资本市场的这一特征纳入考虑范围，就抓住了 Sarkissian & Schill（2009）的理念。他们认为，多重交叉上市可能存在不同的动机（正如我们的例子），这可能会影响市场暴露对财务报告操纵的作用。比如，Sarkissian & Schill（2009）认为，尽管首次上市可能是受资金需求驱动，后续上市并不总是出于这种需求，而可能是出于流动性需求等其他动机。

虽然在这里我们并没有明确地解决上市目的地序列问题。通过控制企业股票被

---

① 按照其他作者，这里采用的模型包含常数项。用常数项对使用资产作为平减指数仍未缓解的异方差进行额外控制，并缓解遗漏规模变量产生的问题。

交易的额外欧洲司法管辖区的数量,我们将可能会削弱管理者财务报告操纵动机的相关积极因素纳入考虑范围。另一方面,NUMEX 解释了投资者基数的扩大,这本身可能就是减少财务报告操纵的一个潜在积极因素。因此,我们无法预测这个变量的符号方向。

模型(9.2)是检验国际资本市场暴露对财务报告影响的基本模型,如下:

$$\text{DACC}_{it} = b_0 + b_1\text{EXPOSURE}_{it} + b_2\text{NUMEX}_{it} + \text{Controls} + u_{it} \quad (9.2)$$

在模型 9.2 中引入了一系列被以前研究证明与盈余管理有关的控制变量。它们的引入可以缓解遗漏变量问题。这些控制变量包括企业特征和司法管辖区特征指标并控制了暴露于欧洲之外的国际市场(即受监管的美国市场 NYSE、NASDAQ、AMEX 和不受监管的场外美国市场以及欧洲和美国之外的其他国际市场)。

公司层面特征包括分析师跟随(analyst following),用年度内跟随企业的分析师的平均数量衡量;股权结构(ownership structure),用紧密持股的比例衡量;杠杆(leverage),用短期与长期负债对权益资本的比率衡量;审计质量(audit quality),通过虚拟变量表示,如果该公司由具有国际地位的审计师事务所如德勤、安永、毕马威、普华永道或永道会计师事务所审计,则取值为 1;规模(size),通过以美元计量的市值的自然对数衡量;滞后净经营资产/总资产(lagged net operating assets scaled by total assets),因为盈余管理受净资产高估水平的限制(Barton 和 Simko,2002),所以加入这一控制变量;出口导向(export orientation),通过国外销售额占总销售额的百分比衡量;业绩差(weak performance),通过一个虚拟变量表示,如果公司报告盈余为负取值为 1,否则取值为 0;成长机会(growth opportunities),由托宾 Q 值衡量,托宾 Q 值 = (总资产 - 权益账面价值 + 权益市场价值)/总资产;债务市场考量(debt market considerations),由权益账面价值和总负债百分比变动表示。

预期财务报告操纵与分析师关注(Yu,2008)和规模(Watts 和 Zimmerman,1986)负相关,因为伴随着大公司的知名度,来自分析师、股东或其他监管、执法主体的监督增加,可能会阻碍管理者进行机会主义的应计或递延估计。

此外,虽然之前研究表明被认可的会计师事务所的存在与盈余管理负相关(Becker 等,1998),更新的国际证据表明这种影响取决于企业运营的制度环境(Francis 和 Wang,2008),在我们的研究中也控制了这一因素。

另一方面,股权紧密的企业会危害报告透明度要求,操纵与更紧密的股权结构正相关(Leuz 等,2003;Leuz,2006)。类似地,基于对盈余质量文献的回顾,Dechow 等（2010）得出结论，业绩差为盈余管理提供了动因。

当净应计被用于信号传递目的时，可以预期财务报告操纵与成长机会之间的正相关关系。我们也预期操纵与通过吸引股东、债权人的方式为投资机会融资正相关。最后，在公司层面，对国外销售百分比用来控制国外股东对财务报告自由操纵的影响。

在这项研究中检验的其他控制变量考虑的是国际环境，特别是本文检验的欧洲环境。我们控制了欧洲区域在 IFRS 之前对国际上公认的会计准则的采用（即 IAS，以及较小程度上，和一个重要的证券交易所合并——即 Euronext 的影响（同样，较小范围内北欧 Norex）。

我们还研究了那些最可能影响在欧洲资本市场交易企业股票的机制在提高声誉绑定方面的潜力。然而，将它们作为本文的控制变量，是因为预期它们会对财务报告质量产生一个整体影响（Barth 等，2008；Pownall 等，2012；Daske 等，2013）。

此外，我们考虑了各司法管辖区之间税收制度的差异，由此预测高税率与更多会计操纵相关（避税假说）。最后，我们将行业、年份、国家的影响包括在内，这样一来，在法律和声誉绑定效应的详细分析中，我们通过将管辖区制度环境各方面的强度纳入考虑范围，拓展对国家效应的研究。

9.5 财务报告自由裁量与披露于国际资本市场的内生性

对交叉上市更广泛的研究表明，我们这里讨论的财务报告操纵的决定因素变量有可能同样与企业暴露于国际资本市场相关。

研究显示，驱动交叉上市决策的是：为成长机会融资的需求、增加投资者对企业的认同、出于流动性原因或是作为控股股东退出战略的一部分而扩展股权结构（Pagano 等，2002；Bancel & Mittoo，2001 & 2009）。此外，暴露于国际资本市场的企业往往规模更大（Pagano 等，2002），成长更快，国外销售更多（Claessens & Schmukler，2007）。它们在投资界更引人注目（Baker 等，2002；Lang 等，2003b；Abdallah，2008），来自于更大、更开放的经济体，收益更高、处于更好的宏观经济环境（Claessens & Schmukler，2007），并倾向于在熟悉的市场交叉上市（Sarkissian & Schill，2004）。①

---

① Wysocki（2004）采用了盈余管理指数和类似的管辖区具体的制度环境因素（披露和私人执法、公共执法指数）之间的相关系数。

由于难以找到与结构方程中内生变量相关，但与误差项不相关的工具变量（即满足排除限制），用工具变量法解决内生性问题是不可行的。①

Hail& Leuz（2009）在研究交叉上市过程中也遇到了类似的困境，他们提出了采用企业效应和双重差分法（differences – in – differences）的研究设计。根据 Hail & Leuz（2009），使用固定效应的面板数据方法，②这样的回归方法应该能减少遗漏变量、基于不可观测性的选择偏差和非时变企业特征（尽管作者仍担心没有被时变控制变量捕捉到的时变选择）问题。

类似的选择偏差问题也可以通过关注企业在欧洲资本市场从"非暴露"到"暴露"的状态改变的研究设计得到解决。然而，由于企业实际在国际资本市场暴露前可能已准备了几年，这种方法可能无法捕捉到暴露对财务报告操纵的影响，导致错误的证据不足。③

最后，选择偏差问题也可以通过按倾向分值对企业进行配对的方法解决，倾向分值根据企业国际暴露的决定因素估计。使用这种方法需要注意的是，它减少了基于可观测值的选择偏差，但无法解决基于不可观测值的选择偏差。

为了支持我们的证据，在对本文模型的实证检验中，即总模型 9.2 及评估法律和声誉绑定对财务报告操纵影响的后续模型中，分别使用了每一种方法。④

9.6 评估法律和声誉绑定对财务报告自由操纵的影响

尽管以前大部分研究通过在受到高度管制的美国市场上市寻找法律绑定的证据，但仍有一些研究试图在非美国市场发掘类似证据（如 Cabán – Garcia 2009；Ro-

---

① 考虑到在给定年度将一个企业分类为暴露于国际市场，并不独立于对同一企业上年度的分类，因此使用 Heckman 法也不合适。事实上，除非有明确的退市，否则很难确定停止暴露于国际市场的时间。鉴于我们的数据性质，其包含了严格的交叉上市概念，一旦我们将某家公司分类为暴露于国际市场的公司，则这种分类在考察期间保持不变。这种抽样假设可能不利于证明我们的预期；换句话说，如果我们在已停止暴露的企业中探寻国际市场暴露的影响，这种相关性应该是不显著的。

② 尽管 Hail & Leuz（2009）主张采用固定效应，我们使用了随机效应，以适应企业母国市场制度环境的影响。

③ 如国际化的预期和计划将促使公司在国际化的前几年避免财务报告操纵，以便向未来的外国投资者提供令其满意的报告。最近更多的研究发现，企业可能非自主地在外国管辖区交易（Brüggemann 等，2012；Brüggemann 等，2012），减少财务报告操纵能在多大程度上吸引这类没有发行者参与的交易，仍是一个有待解决的问题。

④ 更具体地讲，根据分析师跟随、股权结构、杠杆、审计师、规模、净经营性资产、国外销售、报告损失、托宾 Q、权益变动、杠杆变动、所属国家和行业、时间等方面对企业进行配对，进而评估出倾向分值。配对只用于本研究涵盖的期间内在欧洲上市交易的企业和严格在当地上市交易的企业。估计倾向分值 logistic 回归的 R 为 42%。

osenboom & Van Dijk，2009；Abdallah & Goergen，2008），但到目前为止尚未取得显著的成果。[①]

我们认为，以前研究的成果较弱或是不显著的一个潜在原因是没有充分考虑到企业暴露于国际资本市场的复杂性。

如前所述，我们通过对企业所暴露的市场相对其母国市场的制度优势排序的方法解决这一复杂性。然后，出现了两种情况。第一种情况是，企业暴露于至少一个具有更强制度环境的市场。第二种情况是，企业暴露的市场中即使排名最高的，制度也弱于其母国市场。

因此，我们预期暴露于监管更强的其他资本市场的公司，财务报告操纵行为将更为克制，这是一种法律绑定的结果。这一观点通过构建法律绑定（LEGAL BONDING）变量体现，模型9.2扩展为如下模型：

$$DACCit = c_0 + c_1 EXPOSUREit + c_2 NUMEXit + c_3 LEGALBONDINGit \\ + c_4 HOMEREGULATIONit + Controls + v_{it} \qquad (9.3)$$

其中，DACC是酌量性应计，按行业和年度由式（9.1）的回归残差估计得出。EXPOSURE是虚拟变量，如果除本地市场外公司的股票还在其他欧洲资本市场交易，则取值为1，否则取值为0；NUMEX是公司的股票在其中进行交易的额外欧洲司法管辖区的数量；LEGAL BONDING是虚拟变量，如果企业暴露于至少一个比其母国市场具有更强制度环境的市场，则取值为1，否则取值为0；HOME REGULATION是公司母国市场制度环境的指标，这一指标是基于La Porta 等（2006）涉及披露、公共和私人执行的证券监管指数。

变量LEGAL BONDING的重要特征是，它是基于公司所有欧洲目的地的排名，[②] 根据可能影响财务报告操纵的监管环境特征相对于其母国市场的评分来衡量。变量LEGAL BONDING的引入影响变量EXPOSURE的解释。鉴于变量LEGAL BONDING反映的是暴露于监管环境相对较强的目的地，EXPOSURE的系数c_1现在反映的可能是声誉绑定效应（即不能归因于法律绑定的国际市场暴露的影响）。[③]

这样的解释也与Licht等（2013）的说法一致：法律绑定与声誉绑定主要的

[①] Roosenboom & Van Dijk（2009）检验了在美国、英国、欧洲大陆、日本八大主要证券交易所交叉上市的经济利益；Abdallah & Goergen（2008）基于19个市场检验了交叉上市选择的决定因素。更重要的是，Cabán－Garcia（2009）检验了13个欧洲司法管辖区的样本，并发现国外的监管要求对在欧洲交易所交叉上市的欧洲公司的报告盈余影响很小或是没有影响。

[②] 暴露于美国和其他海外市场的影响通过在控制变量中加入离散的虚拟变量分别反映。

[③] 或者，变量LEGAL BONDING的系数可视为至少被暴露于一个市场监管环境相比国内市场强的增量效果。

9 监管、"绑定"与财务报表质量

区别就是前者取决于东道国的执法力,而后者可能会激励内部人出于声誉考虑,即使在执法差时,仍会遵守相关法规。因此,法律绑定的存在可以通过系数 c_3 显著为负证实,而在模型9.3中,若系数 c_1 显著为负,则可以为声誉绑定提供证据。

此外,控制了法律绑定后,暴露的广度 NUMEX 反映的就是相对较弱的监管环境的综合效应。关于 NUMEX 的系数 c_2 的一种可能的预期是,这种暴露的广度会削弱管理者减少财务报告操纵的动机,即显著为正的系数代表"反"法律绑定效应。

除在模型9.3中反映了企业暴露于额外的监管环境,本研究还调查了这些环境能对财务报告操纵起决定性作用的各个方面。为此,我们参照了交叉上市(Cabán – Garcia,2009)领域的研究,这些研究涉及私人—公共执行及证券监管中与披露相关的其他方面。

Cabán – Garcia(2009)基于类似的观点,将信息披露监管维度①加入执法参数,即选择一个对信息披露和治理要求高的外国市场使管理者能够传递关于公司质量和承诺达到更高披露和治理标准的更可置信的信号。

此外,其他研究表明,披露与应计操纵(本文的因变量)之间的相互作用能为投资者提供相关信息(Christensen and Demski,2003;Dargenidou 等,2011)。本文沿用了 Cabán – Garcia(2009)采用的证券监管指数,这一指数是基于 La Porta 等(2006)关于披露要求、责任标准和证券法律公共执行的指数。②

本研究的一个补充性的实证问题是,法律绑定的影响能显著超过企业母国本土监管影响的程度。在美国交叉上市环境下,Lang 等(2006)和 Leuz(2006)均指出,本土监管对交叉上市公司具有普遍的影响。

相较于美国 SEC 的集中执法机制,在欧洲,IFRS 实施前监管的重点被放在协调和互认(Enriques,2006),因此在当地制度特征可能会发挥更重要的作用。本研究与 Raonic 等(2004)有关联,Raonic 等(2004)建立了母国和东道国监管的相对效果模型,检验市场力量和监管力量对盈余性质的共同作用。针对监管的相对效果,本研究还引入了本土市场监管中对财务报告操纵能起决定性作用的各个方面。

---

① 需要注意的是,我们在这里讨论的披露变量指的是信息披露监管而不是自愿性披露得分(如 CIFAR 分数、S&P 透明度、Disclosure 得分等)。

② 披露要求指数取披露六个方面得分的平均值:提供招股说明书,内部人员薪酬,股权结构,内部持股,不规则契约和关联方交易。责任标准指数捕捉的是当信息错误或是信息遗漏造成损失时使投资者能够得到补偿的责任规则的存在。它综合了发行人、董事、经销商、会计师责任标准的得分。私人执行指数综合了责任标准和披露要求的分项指数。公共执行指数包括了市场监管者的特点和调查权以及证券违法行为的刑事和非刑事制裁存在性的分项指数(Gaban – Garcia,2009)。

Raonic 等（2004）表明，监管执法与报告盈余的条件稳健性正相关。Bushman & Piotroski（2006）为这一结论提供了更多的详细证据，他们使用与本文相同的监管变量，证实了 Raonic 等（2004）中证券监管公共执行方面的结论，但没有发现私人执行方面的证据。Wysocki（2004）的研究表明公共和私人执行指标都与盈余管理指标负相关。因此，我们预期模型 9.3 中的 HOME REGULATION 的系数 C 为负，这不仅意味着本土监管是财务报告操纵的重要决定因素，根据 Wysocki（2004），这也证实了本文使用的财务操纵指标的有效性。

本文认为，除法律绑定外，企业的国际市场暴露还受声誉绑定的驱动。模型（9.3）通过 EXPOSURE 的系数 C 反映这种影响。为证实我们关于声誉绑定的推断，我们检验了各种可能增进外国市场参与者对企业了解的环境。更具体地说，我们检验了交易所合并、采用国际公认会计准则及地理邻近的影响。为此，我们对模型（9.3）进行了扩展，加入了上述因素，这种交互作用使我们能观察到存在法律绑定和不存在法律绑定时它们的影响。

本文所检验的每一种声誉绑定机制分别纳入了下列模型（9.4a – c），并对其加以讨论。这三个模型是对模型（9.3）的扩展。这些模型是：

$$DACCit = d_0 + d_1 EXPOSUREit + d_2 NUMEXit + d_3 LEGALBONDINGit$$
$$+ d_4 HOMEREGULATION + d_5 EURONEXTit + d_6 NOREXit +$$
$$d_7 EXPOSUREit \times EURONEXTit + d_8 EXPOSUREit \times NOREXit$$
$$+ d_9 LEGALBONDINGit \times EURONEXTit$$
$$+ d_{10} LEGALBONDINGit \times NOREXit + Controls + v_{it} \quad (9.4a)$$

模型（9.4a）加入了交易所合并的影响，也就是 Euronext 与 Norex 的情况。EURONEXT 是一个虚拟变量，当相应的观察对象是一家成立于法国、荷兰、比利时的企业，或者企业的股票在 2001 年后在上述三个国家的证券交易所进行交易，2001 年后在上述三个国家的证券交易所进行交易，该变量取值为 1；NOREX 也是一个虚拟变量，当相应的观察对象是一家成立于瑞典，或 2000 年后在挪威、2003 年后在芬兰的证券交易所交易，该变量取值为 1。

交易所合并对本地企业的影响程度由系数 d_5、d_6 表示，因交易所合并产生的声誉绑定效应由系数 d_7 与 d_8 表示。如果交易所合并能产生声誉绑定效应，我们可以预期 d_7、d_8 显著为负。此外，交易所合并变量与 LEGAL BONDING 的交互作用显示的是替代效应或互补效应的程度。

如果证券交易所合并与法律绑定是替代的，则可以预期不存在法律绑定时，交易所合并对财务报告操纵的影响更明显。如果两者是互补的而非替代关系,则法律绑定可以强化声誉绑定对财务报告操纵的影响。

与交易所合并的效果类似,无论是本土企业还是暴露于国际市场的企业,采用被国际上所理解的高质量的会计准则的效果都可以被观测到。在模型(9.4b)中,IAS 或 US GAAP 对本土企业的影响由 d_5、d_6 表示,而声誉绑定效应可以由系数 d_7、d_8 证实。我们还检验了法律绑定与会计准则的交互作用,用系数 d_9、d_{10} 反映。①

$$\begin{aligned} DACCit = & d_0 + d_1 \text{EXPOSURE} + d_2 \text{NUMEX} + d_3 \text{LEGALBONDING} \\ & + d_4 \text{HOMEREGULATION} + d_5 \text{IAS} + d_6 \text{USGAAP} + d_7 \text{EXPOSURE} \\ & \times \text{IAS} + d_8 \text{EXPOSURE} \times \text{USGAAP} + d_9 \text{LEGALBONDINGIAS} + \\ & d_{10} \text{LEGALBONDING} \times \text{USGAAP} + \text{Controls} + v_{it} \end{aligned} \quad (9.4b)$$

最后,"地理邻近"变量只适用于暴露于国际市场的企业。需要说明的是,相应的变量 DISTANCE 是对(1 + distance in kilometers)取对数,这里的 distance in kilometers 是企业进行股票交易的司法管辖区首都之间以千米为单位的距离。②

在模型(9.4c)中,我们感兴趣的是系数 d_1,它代表了在没有法律绑定的情况下,当母国与东道国市场足够近时产生的声誉绑定效应。

$$\begin{aligned} DACCit = & d_0 + d_1 \text{EXPOSURE} + d_2 \text{NUMEX} + d_3 \text{LEGALBONDING} \\ & + d_4 \text{HOMEREGULATION} + d_5 \text{DISTANCE} + d_6 \text{LEGALBONDING} \\ & \times \text{DISTANCE} + \text{Controls} + v_{it} \end{aligned} \quad (9.4c)$$

总的来说,本研究认为,企业暴露于额外市场与减少财务报告操纵相关。这种暴露产生的影响可以归因于法律绑定和声誉绑定。对法律绑定的研究是通过考察企业暴露于至少一个具有更强制度环境的市场进行的。

另一方面,在没有法律绑定时,声誉绑定对暴露于多个资本市场的企业的财务报告操纵的减少作用才能表现出来。为证实声誉绑定的存在,我们研究了欧洲市场中那些可能增加来自于不同司法管辖区的市场参与者对企业的了解和便于其评估企业的机制与环境(交易所合并、采用被国际上所理解的会计准则、地理邻近)。

---

① 根据 Worldscope 数据库,如果企业财务报表遵循 IAS 或 US GAAP,则变量 IAS 或 US GAAP 取值为 1。Daske 等(2013)在将企业分类为按 IAS 编制财务报告的类型时也采用了这一标准。但他认为,Worldscope 数据库中的有关信息可能存在错误;如果是这样,则会对本文假设的证明产生负面影响。

② 这一信息来自于 Sarkissian & Schill(2004)。

9.7 样本采集与描述性统计

数据来源于 Worldscope 和 Datastream 数据库，期间为 1995—2004 年，企业限定为在 16 个欧洲经济体成立的企业。[①] 原始样本包括 39 370 个企业财年观察值，可以用于估计酌量性净流动应计（DACC）。但由于计算本文模型中的控制变量所需观察值存在缺失以及为消除异常值的影响对变量在 1% 水平截尾，样本量减少到 12 968 个企业——年度观察值。[②]

欧洲上市企业的市场暴露数据由手工收集，最初使用 Worldscope，[③] 然后对于已经开始交易的企业通过 Datestream 的数据进行鉴别。本研究中，企业股票在额外市场的报价是基于 Datestream 数据。

因此，暴露的概念不仅包括正式的交叉上市还包括企业股权在其他市场上被交易，甚至是没有发行人参与的情况（例如，Brüggemann 等，2012 论及的法兰克福证券交易所的 Open Market）或伦敦证券交易所的 SEAQ – I（Bris 等，2012）。因此，证据的收集并不严格集中于交叉上市，还涉及在额外的市场交易其股票的证据[④]。

本文的样本构成见表 9 – 1，每一年度将企业划分为"暴露"和"非暴露"于额外的欧洲司法管辖区监管环境两类（应当指出的是，在后一种情况，在欧洲背景的非暴露企业，股权仍可能会被在美国或其他地方交易）。在表 9 – 1 的 Panel A 部分，企业——年度观察值中公用事业部门在暴露于额外的欧洲资本市场的子样本中占比高达 8.9%，而在非暴露的子样本中仅占 2.4%。

这一结果也许可以归因为在本研究涉及的期间欧洲的私有化浪潮和多重上市

[①] 由于计算和估计净应计需要用到滞后会计数据，为得出 1995 年的估计值我们还使用了 1994 年的会计数据。

[②] 例如，用于估计酌量性净应计的企业——年度观察值原始样本中，分析师跟随缺失的有 14 220 个，海外销售百分比缺失的有 14 298 个，紧密持股比例缺失的有 10 928 个，采用的会计准则缺失的有 4 420 个。一种可供选择的方法是当存在缺失值时，添 0 代替（例如分析师跟随、海外销售）。但是，不采用这种方法，可能使我们的样本向包含所处信息环境更相似的企业偏置。

[③] 在国际通行标准下评估收益质量的研究中也使用了这类信息，例如 Barth 等（2008）使用了变量 NUMEX 相关信息，但这类研究没有考虑司法管辖，也没有对这些信息作进一步分析。

[④] Sarkissian & Schill（2009）发现，与交叉上市相关的价值获取往往是暂时的并主要集中于交叉上市前的事件。本研究的数据库包括 1995 年以前的市场暴露，这些早期交叉上市的影响可能已经过时了。这是否以及如何影响本文得出的关于财务报告的推论，以及这是否会对发现外国资本市场暴露与财务报告操纵之间的显著关系产生偏差等问题仍有待探究。

(Pagano 等, 2002)。

表 9-1 样本组成

行业	暴露			非暴露		
	酌量性应计 DACC（中位数）	观察值数量	在样本中占比/%	自由裁量收益 DACC（中位数）	观察值数量	在样本中占比/%
A：行业						
基础产业	0.0234	166	14.90	0.0302	1 304	11.00
生产资料	0.0251	230	20.65	0.0353	3 410	28.77
耐用消费品	0.0352	12	1.08	0.0377	393	3.32
非耐用消费品	0.0205	169	15.17	0.0327	1 606	13.55
消费性服务	0.0265	136	12.21	0.0318	2 541	21.44
能源	0.0218	52	4.67	0.0374	261	2.20
医药保健	0.0244	79	7.09	0.0333	616	5.20
公用事业	0.0203	99	8.89	0.0240	288	2.43
科技	0.0458	120	10.77	0.0522	1 176	9.92
交通运输	0.0157	51	4.58	0.0266	259	2.18
合计	0.0244	1 114	100	0.0343	11 854	100
国家						
奥地利	0.0257	46	4.13	0.0308	138	1.16
比利时	0.0293	21	1.89	0.0285	261	2.20
瑞士	0.0232	237	21.27	0.0283	494	4.17
德国	0.0241	46	4.13	0.0445	1 519	12.81
丹麦	0.0251	12	1.08	0.0334	385	3.25
西班牙	0.0353	40	3.59	0.0277	365	3.08
芬兰	0.0247	44	3.95	0.0344	432	3.64
法国	0.0219	134	12.03	0.0310	1 655	13.96
英国	0.0246	194	17.41	0.0348	4 458	37.61
希腊	0.0095	8	0.72	0.0562	143	1.21
爱尔兰	0.0239	139	12.48	0.0182	120	1.01
意大利	0.0256	61	5.48	0.0323	424	3.58

续表

国家	暴露			非暴露		
	酌量性应计 DACC（中位数）	观察值数量	在样本中占比/%	自由裁量收益 DACC（中位数）	观察值数量	在样本中占比/%
荷兰	0.0312	90	8.08	0.0414	638	5.38
挪威	0.0717	5	0.45	0.0392	120	1.01
葡萄牙	0.0137	13	1.17	0.0383	122	1.03
瑞典	0.0255	24	2.15	0.0293	580	4.89
合计	0.0244	1 114	100	0.0343	11 854	100

注：表9-1分行业和国家报告了酌量性净流动应计（DACC）的企业——年度观察值的中位数。企业被分为两类：（1）暴露于其所属司法管辖区之外的欧洲其他地区的一个或多个资本市场。（2）没有暴露于欧洲其他地区，即没有在母国市场之外的欧洲股票交易所上市。

类似地，在 Panel B 中，能观察到瑞士和爱尔兰企业具有明显的（净）向外流动性。在表9-2中，暴露企业和非暴露企业最显著的差异在于分析师跟随和股权结构统计量的差异。通常，暴露于国际市场的企业吸引更多分析师的关注并具有股权紧密度低的特征，这与之前研究（Bancel & Mittoo 2001，2009；Pagano 等，2002）描述的欧洲企业通过交叉上市提高知名度的动机一致。

表9-2中描述性统计显示，暴露于国际资本市场的企业规模更大，他们倾向于聘用有信誉的审计师，来自于海外的收入所占比重更大，在本文的检验期间使用的杠杆更少、更倾向于遵循 IAS。上述所有特征都与暴露于国际资本市场的典型企业的情况相符。表9-2还显示出那些国际暴露企业倾向于通过更低的酌量性净应计（DACC）的绝对值展示财务报告中较少的操纵。

表9-3的相关分析表明，减少财务报告操纵的行为可能受这里提到的每一种特性的影响，这强化了将它们作为控制变量纳入后续测试的合理性。

9.8 结果讨论

表9-4提供了对基本模型9.2的两种不同形式的检验。这些检验是：使用样本中所有企业——年度观察值的随机效应估计（ALL）；类似的检验应用于包含所有在1995—2004年，即首次交叉上市之前和之后（PRE/POST），暴露于额外的资本市场的企业观察值子样本；类似的检验还应用于包含在研究期间从未暴露的企业观察值子样本。这些观察值与上一个子样本中的企业——年度观察值配对（MATCH），配对是基于倾向分值。所有的检验都包含年度、行业和国家效果，并

以企业层面的群集误差估计。①

第一次回归包括了本文感兴趣的主要变量，即暴露于额外的欧洲资本市场（EXPOSURE），企业股票被交易的额外欧洲司法管辖区的数量（NUMEX），仅控制了欧洲企业更远的交易目的地：受监管的美国交易所、美国场外交易市场和其他海外市场。

这一检验所得出的证据证实了之前的研究，表明暴露和在受监管的美国市场上市都对财务报告有强烈的影响。对模型9.2的三种检验中，在受监管的美国市场上市的系数都显著（ALL：-0.0087，p-value<0.01；PRE/POST：-0.0097，p-value<0.05；MATCH：-0.0117，p-value<0.01）。与之相比，暴露于欧洲其他地方尽管也有明显的影响（ALL：-0.0101，p-value<0.05；PRE/POST：-0.0142，p-value<0.05；MATCH：-0.0004，p-value>0.1），但显著性弱于在受监管的美国市场上市的影响。

表9-2　　　　　　　　　　描述性统计

	酌量性净流动应计	分析师跟随	所有权	杠杆	审计师	规模	经营性资产百分比/%	海外销售
全部样本（ALL）								
中位数	0.0333	5 917	36.786	0.5519	1.0000	5.719	0.5376	41.254
均值	0.0518	8 352	38.470	0.8289	0.7801	5.815	0.5129	41.344
标准差	0.0591	6 999	25.214	1.0773	0.4142	1.650	0.1962	30.952
暴露样本								
中位数	0.0244	12 167	27.756	0.6881	1.0000	7.715	0.5548	61.354
均值	0.0379	13 273	30.762	0.9492	0.9039	7.440	0.5211	58.505
标准差	0.0447	8 434	23.704	1.1204	0.2948	1.697	0.1853	27.146
非暴露样本								
中位数	0.0343	5 583	38.070	0.5364	1.0000	5.595	0.5356	38.890
均值	0.0531	7 889	39.195	0.8176	0.7684	5.663	0.5121	39.731
标准差	0.0601	6 665	25.231	1.0725	0.4219	1.561	0.1972	30.799
	损失	托宾Q	权益变动	负债变动	法定税率	IAS	US GAAP	距离（km）
全部样本（ALL）								
中位数	0.0000	1.3057	0.0690	0.0211	33	0.0000	0.0000	N/A

---

① 尽管我们采用的是随机效应模型的GLS方法，我们仍加入了年度虚拟变量以捕捉回归残差中的截面依赖性。

续表

	损失	托宾Q	权益变动	负债变动	法定税率	IAS	US GAAP	距离（km）
均值	0.1695	1.6181	0.1519	0.4526	34.410	0.1319	0.0304	N/A
标准差	0.3752	1.0278	0.6641	2.1384	7.340	0.3384	0.1716	N/A
暴露样本								
中位数	0.0000	1.3332	0.0581	-0.0111	30	0.0000	0.0000	511
均值	0.1706	1.6901	0.1219	0.3242	30.726	0.3160	0.0817	663.29
标准差	0.3763	1.1513	0.5964	1.6898	6.641	0.4651	0.2740	403.62
非暴露样本								
中位数	0.0000	1.3037	0.0698	0.0239	33	0.0000	0.0000	N/A
均值	0.1694	1.6113	0.1547	0.4647	34.756	0.1146	0.0256	N/A
标准差	0.3751	1.0152	0.6701	2.1755	7.308	0.3186	0.1578	N/A

注：表9-2报告了酌量性净流动应计和本文使用的控制变量的企业——年度观察值的中位数、均值和标准差，对企业——年度观察值区分为暴露（EXPOSED），即在其住所地以外的欧洲司法管辖区交易其股权；和非暴露（NON EXPOSED），即没有暴露于其他欧洲司法管辖区两种。DACC是酌量性净流动应计，按行业和年度由(9.1)式的回归残差估计得出；ANALYST FOLLOWING是年度内跟随企业的分析师的平均数量；OWNERSHIP是紧密持股的比例；LEVERAGE是长期与短期负债对权益资本的比率；BIG（N）AUDITOR是一个虚拟变量，当企业账目由大型国际审计公司审计时，取值为1，否则为0；SIZE是以美元计价的企业年末市值的自然对数；OPERATING ASSETS %是年初经营性资产与年初总资产之比；FOREIGN SALES是海外销售占总销售的百分比；LOSS是虚拟变量，当企业报告了损失时取值为1，否则为0；Tobin's Q =（总资产－权益账面价值＋权益市场价值）/总资产；CHANGE IN EQUITY是权益账面价值变动的百分比；CHANGE IN DEBT是总负债变动的百分比；STATUTORY TAX RATE是特定年度公司成立地的法定税率；IAS是虚拟变量，在本研究涉及的年度，如果Worldscope显示企业遵循IAS编制财务报告取值为1，否则为0；US GAAP同样为虚拟变量，如果Worldscope显示企业遵循US GAAP编制财务报告取值为1，否则为0；DISTANCE是对（1 + distance in kilometers）取对数，其中distance in kilometers是企业进行股票交易的司法管辖区首都之间以千米为单位的距离。

表9-3　　　　　　　　　　Pearson & Spearman 相关分析

	酌量性净流动应计	分析师跟随	所有权	杠杆	规模	经营性资产百分比/%	海外销售	托宾Q	权益变动	负债变动	法定税率
DACC		-0.1230	0.0558	-0.0623	-0.1749	-0.1065	-0.0633	0.119	0.1176	0.0667	0.0632
		0.00	0.00	0.00	0.00	0.00	0.00	0.00	0.00	0.00	0.00
关注度	-0.1101		-0.1489	0.0941	0.67	-0.0449	0.2193	0.0970	0.0347	0.0648	0.1308
	0.00		0.00	0.00	0.00	0.00	0.00	0.00	0.00	0.00	0.00
所有权	0.0654	-0.1266		0.0257	-0.1893	-0.0479	-0.0128	-0.1064	0.0088	-0.0256	0.3712
	0.00	0.00		0.00	0.00	0.00	0.14	0.00	0.32	0.00	0.00

续表

	酌量性净流动应计	分析师跟随	所有权	杠杆	规模	经营性资产百分比/%	海外销售	托宾Q	权益变动	负债变动	法定税率
杠杆	0.0014 0.88	0.0224 0.01	0.0442 0.00		0.0596 0.00	0.2011 0.00	0.1508 0.00	−0.1975 0.00	−0.1371 0.00	0.2422 0.00	0.0538 0.00
规模	−0.1463 0.00	0.6439 0.00	−0.1810 0.00	0.0040 0.65		−0.0641 0.00	0.2160 0.00	0.3202 0.00	0.1450 0.00	0.0440 0.00	−0.0531 0.00
营运资产率	−0.1087 0.00	−0.0538 0.00	−0.0554 0.00	0.0830 0.00	−0.0578 0.00		−0.0106 0.23	−0.2005 0.00	−0.0932 0.00	0.0008 0.93	−0.1462 0.00
国外销售率	−0.0501 0.00	0.2023 0.00	−0.0174 0.05	0.0813 0.00	0.2062 0.00	0.0072 0.41		−0.0204 0.02	−0.0479 0.00	−0.0460 0.00	−0.0125 0.16
托宾Q	0.1283 0.00	0.0352 0.00	−0.0686 0.00	−0.1187 0.00	0.2289 0.00	−0.2059 0.00	−0.0084 0.34		0.3052 0.00	0.0694 0.00	−0.0687 0.00
股权结构变化	0.208 0.00	−0.0398 0.00	0.0016 0.86	−0.1074 0.00	0.0707 0.00	−0.0640 0.00	−0.0170 0.05	0.1788 0.00		0.0303 0.00	−0.0202 0.02
债务结构变化	0.0875 0.00	−0.0154 0.08	−0.0209 0.02	0.0038 0.67	−0.0098 0.00	−0.0840 0.00	−0.0586 0.00	0.0822 0.00	0.0576 0.00		0.0435 0.00
法定税率	0.0875 0.00	0.1666 0.00	0.3581 0.00	0.0707 0.00	−0.0474 0.00	−0.1446 0.00	−0.0133 0.16	−0.0628 0.00	0.0067 0.45	−0.0055 0.53	

注：表9-3报告了本文所使用的变量的pearson（左）与spearman（右）相关系数。DACC是酌量性净流动应计，按行业和年度由（9.1）式的回归残差估计得出；ANALYST FOLLOWING是年度内跟随企业的分析师的平均数量；OWNERSHIP是紧密持股的比例；LEVERAGE是长期与短期负债对权益资本的比率；SIZE是以美元计价的企业年末市值的自然对数；NET OPERATING ASSETS是年初净经营性资产与年初总资产之比；FOREIGN SALES是海外销售占总销售的百分比；Tobin's Q =（总资产−权益账面价值+权益市场价值）/总资产；CHANGE IN EQUITY是权益账面价值变动的百分比；CHANGE IN DEBT是总负债变动的百分比；STATUTORY TAX RATE是特定年度公司成立地的法定税率。

表9-4　　财务报告操纵（DACC）与国际暴露

	ALL	PRE/POST	MATCH	ALL	PRE/POST	MATCH
EXPOSURE	0.0101** [−2.228]	−0.0142** [−2.419]	−0.0004 [−0.090]	−0.0111*** [−2.584]	−0.0184*** [−3.200]	−0.0077* [−1.877]
Numex	0.0035 [1.319]	0.0035 [1.218]	0.0026 [0.975]	0.0073*** [2.948]	0.0115*** [3.830]	0.0075*** [2.888]
Regulated US	−0.0087*** [2.816]	−0.0097** [−2.397]	−0.0117*** [−3.348]	−0.004 [−0.123]	−0.0017 [−0.426]	−0.0044 [−1.360]

续表

	ALL	PRE/POST	MATCH	ALL	PRE/POST	MATCH
OTC US	-0.0011 [-0.235]	-0.0019 [-0.382]	-0.0056 [-1.231]	0.0051 [1.114]	0.0031 [0.606]	-0.0011 [-0.248]
Overseas	-0.0154 [-1.200]	-0.0159 [-1.048]	0.0017 [0.255]	-0.0083 [-0.637]	-0.0115 [-0.719]	0.0051 [0.706]
Analyst following				-0.0006*** [-4.087]	-0.0004 [-1.437]	-0.0004 [-1.584]
Ownership				0.0001* [1.872]	0.0000 [0.272]	0.0001 [1.059]
Leverage				0.0023*** [3.461]	0.0009 [0.741]	-0.0003 [-0.393]
Big (N) auditor				0.0007 [0.422]	-0.0119 [-1.591]	0.0030 [0.786]
Size				-0.0032*** [-4.760]	-0.0058*** [-3.172]	-0.0041*** [-3.000]
Operating assets %				-0.0178*** [-4.185]	-0.0197** [-2.264]	-0.0127* [-1.664]
Foreign sales				-0.0000 [-1.482]	-0.0001 [-1.109]	-0.0000 [-0.472]
Loss				0.0049*** [2.918]	0.0019 [0.359]	0.0072** [1.961]
Tobin's Q				0.0058*** [6.183]	0.0016 [0.675]	0.0050*** [3.061]
Change in equity				0.0149*** [9.356]	0.0096*** [3.307]	0.0075*** [2.731]
Change in debt				0.0025*** [8.095]	0.0032** [2.197]	0.0030** [2.465]
Statutory tax rate				-0.0001 [-0.501]	0.0005 [1.245]	-0.0001 [-0.367]
Euronext				0.0044 [1.527]	-0.0122* [-1.772]	-0.0051 [-1.002]
Norex				0.0021 [0.653]	0.0030 [0.502]	-0.0095 [-1.232]
IAS				0.0035 [1.476]	0.0028 [0.630]	-0.0019 [-0.630]

9 监管、"绑定"与财务报表质量

续表

	ALL	PRE/POST	MATCH	ALL	PRE/POST	MATCH
US GAAP				0.0024 [0.529]	0.0114 [1.442]	0.0042 [0.671]
常量				0.0580*** [5.601]	0.0954*** [3.851]	0.0665*** [4.299]
行业、年度、国家				yes（是）	yes（是）	yes（是）
观察值数量				12 968	1 659	2 218
企业数量				3 000	300	659
Chi²				845***	228.9***	209.7***
R²				0.131	0.153	0.140
VIF（Mean）				3.13	2.77	2.62

注：表9-4报告了对基础模型9.2 $DACC_{it} = b_0 + b_1 EXPOSURE_{it} + b_2 NUMEX_{it} + Controls + u_{it}$ 的三种检验结果。这些检验包括：运用全部企业年度观察值样本（ALL），使用群集误差的随机效应；类似的检验应用于包含所有在样本期（PRE/POST），暴露于额外的资本市场的企业观察值子样本；类似的检验还应用于包含在研究期间从未暴露的企业观察值子样本。这些观察值与暴露企业观察值配对（MATCH），配对是基于倾向分值。所有的检验都包含年度、行业和国家效果，并以企业层面的群集误差估计。DACC是酌量性净流动应计；EXPOSURE是虚拟变量，如果除本地市场外企业股票还在其他欧洲资本市场交易，则取值为1，否则取值为0；NUMEX是公司的股票在其中进行交易的额外欧洲司法管辖区的数量；REGULATED US是虚拟变量，如果企业股票在NYSE、NASDAQ、AMEX交易，则取值为1，否则取值为0；OTC US是虚拟变量，如果企业股票在美国场外交易市场交易，则取值为1，否则取值为0；OVERSEAS是虚拟变量，如果企业股票在其他地方（即不是在欧洲或美国）交易，则取值为1，否则取值为0；EURONEXT是虚拟变量，当相应的观察对象是成立于法国、荷兰、比利时的企业，或者成立于其他地方但企业的股票在2001年后在上述三个国家的证券交易所进行交易，或类似的2003年后在葡萄牙的证券交易所交易，取值为1；NOREX是虚拟变量，当相应的观察对象是成立于瑞典或丹麦的企业，或者成立于其他地方但企业股票1998年后在上述两个国家的证券交易所进行交易或2000年后在挪威、2003年后在芬兰的证券交易所交易，该变量取值为1；IAS是虚拟变量，如果Worldscope显示企业遵循IAS编制财务报告取值为1，否则为0；US GAAP是虚拟变量，如果Worldscope显示企业遵循US GAAP编制财务报告取值为1，否则为0；进一步的控制变量定义见表9-2。* 代表10%水平下显著 ** 代表5%水平下显著 *** 代表1%水平下显著。

表9-4的右侧引入了一组企业层面财务报告操纵的可能决定因素变量。① 加入这些控制变量后发现，在受管制的美国市场上市的效果不再显著，而暴露于欧洲市场的效果无论是大小还是显著性水平都提高了（ALL：-0.0111，p-value<0.01；PRE/POST：-0.0184，p-value<0.01；MATCH：-0.0077，p-value<0.1）。

现有研究的证据显示，在美国交叉上市的收益与投资者监督的增强相关（如

---

① 鉴于这些变量之间大部分显示了显著的相关性，在这里我们用VIF方法检验了可能存在的多重共线性。

Lang 等，2003b）。因此，加入控制变量后在美国上市效果的显著性消失的原因可能是，在回归中加入的代表知名度与投资者监督的控制变量（分析师跟随、股权结构和规模）反映了对在美国上市的显著效果具有主要驱动作用的市场力量。

然而，这些力量还不足以解释欧洲市场暴露的效果为何变得更为显著。值得注意的是，企业暴露的交易所数量变成了财务报告操纵的非常显著的一个决定因素，尽管符号为正（ALL：0.0073，p - value < 0.01；PRE/POST：0.0115，p - value < 0.01；MATCH：0.0075，p - value < 0.01）。这一结果意味着，暴露于多重资本市场可能会削弱对财务报告操纵的最初效果。在类似研究中遗漏了多重暴露或交叉上市变量可能正是以前关于欧洲交叉上市的研究整体而言获得的证据较弱的原因。尽管我们并未明确解决单个企业的资本市场暴露序列问题。基于 Sarkissian & Schill (2009) 一个可能的猜测是，这些市场暴露受能削弱管理者减少财务报告操纵激励的因素驱动，如暴露于监管弱且不支持声誉绑定的环境。

模型 9.3 反映的是法律绑定假设，通过暴露于比母国市场更强的监管环境的情况检验，表 9-5 报告了检验的结果。本文在三种情境下检验法律绑定：公共执行、私人执行以及具体针对披露制度的私人执行。

之前的研究将重点放在披露制度上，与此相一致，表 9-5 的结果显示在披露制度框架下，法律绑定持续具有显著影响（ALL：- 0.0181，p - value < 0.01；PRE/POST：- 0.0233，p - value < 0.01；MATCH：- 0.0090，p - value < 0.1），在公共执行（ALL：- 0.0075，p - value < 0.1；PRE/POST：- 0.0086，p - value < 0.1；MATCH：- 0.0012，p - value > 0.1）和私人执行（ALL：- 0.0103，p - value < 0.05；PRE/POST：- 0.0125，p - value < 0.05；MATCH：- 0.0051，p - value > 0.1）框架下，仍存在影响，但影响的程度降低。

表 9-5　　　　　法律绑定——暴露于额外的监管更强的欧洲市场

	披露			公共执法			私人执法		
	ALL	PRE/POST	MATCH	ALL	PRE/POST	MATCH	ALL	PRE/POST	MATCH
EXPOSURE	- 0.0150 *** [- 3.695]	- 0.0191 *** [- 3.478]	- 0.0085 * * [- 2.059]	- 0.0150 *** [- 3.559]	- 0.0191 *** [- 3.336]	- 0.0087 * * [- 2.074]	- 0.0167 *** [- 3.790]	- 0.0217 *** [- 3.650]	- 0.0098 ** [- 2.241]
NUMEX	- 0.0107 *** [4.399]	0.0138 *** [4.403]	0.0078 *** [3.012]	0.0103 *** [3.763]	0.0134 *** [3.830]	0.0068 ** [2.356]	0.0127 *** [3.928]	0.0164 *** [4.194]	0.0089 *** [2.588]

续表

	披露			公共执行			私人执法		
	ALL	PRE/POST	MATCH	ALL	PRE/POST	MATCH	ALL	PRE/POST	MATCH
LEGAL BONDING	−0.0181 *** [−3.576]	−0.0233 *** [−2.870]	−0.0090 * [−1.952]	−0.0075 * [−1.857]	−0.0086 * [−1.732]	−0.0012 [−0.299]	−0.0103 ** [−2.236]	−0.0125 ** [−2.286]	−0.0051 [−1.150]
HOME REGUL-ATION	−0.0300 *** [−5.392]	−0.0372 [−1.570]	−0.0230 ** [−2.224]	−0.0168 *** [−4.003]	−0.0043 [−0.269]	−0.0079 [−0.894]	−0.0132 ** [−2.068]	−0.0100 [−0.476]	−0.0126 [−1.222]
Constant	0.0689 *** [8.361]	0.1034 *** [4.735]	0.0561 *** [4.410]	0.0546 *** [7.582]	0.0881 *** [5.152]	0.0449 *** [3.883]	0.0544 *** [5.783]	0.0943 *** [4.886]	0.0516 *** [4.133]
Controls	YES	YES	YES	YES	YES	YES	YES	YES	YES
观察值数量	12 968	1 659	2 218	12 968	1 659	2 218	12 968	1 659	2 218
e	3 000	300	659	3 000	e	659	3 000	300	659
Chi^2	790.3 ***	130.7 ***	163.0 ***	774.4 ***	128.9 ***	163.7 ***	779.8 ***	140.2 ***	166.3 ***
R^2	0.124	0.141	0.124	0.123	0.142	0.124	0.122	0.145	0.125

注：表 9-5 报告了对基本模型（9.3）$DACC_{it} = c_0 + c_1 EXPOSURE_e + c_2 NUMEX_{it} + c_3 LEGAL\ BONDING_{it} + c_4 HOME\ REGULATION + Controls + v_{it}$ 的三种检验。三种检验是：运用全部企业年度观察值样本（ALL），在企业层面使用群集误差的随机效应；类似的检验应用于包含所有在样本期（PRE/POST），暴露于额外的资本市场的企业观察值子样本；类似的检验还应用于包含在研究期间从未暴露但与暴露企业配对（MATCH）的观察值子样本。配对是基于倾向分值。所有的检验都包含年度和行业效应，并以企业层面的群集误差估计。DACC 是酌量性净流动应计，按行业和年度由（9.1）式的回归残差估计得出；EXPOSURE 是虚拟变量，如果除本地市场外企业股票还在其他欧洲资本市场交易，则取值为 1，否则取值为 0；NUMEX 是公司的股票在其中进行交易的额外欧洲司法管辖区的数量；LEGAL BONDING 是虚拟变量，如果企业暴露于至少一个比其母国市场具有更强制度环境的市场，则取值为 1，否则取值为 0；HOME REGULATION 是公司母国市场制度环境的指标，这一指标是基于 La Porta 等（2006）涉及披露、公共和私人执行的证券监管指数。控制变量的定义见表 9-4。* 代表 10% 水平下显著 ** 代表 5% 水平下显著。

需要注意的是在三种情境下检验法律绑定的过程中，模型 9.3 考虑了企业母国相关监管制度的差异，替代了模型 9.2 为控制母国各自监管制度的影响而采用的国家效应。

表 9-5（及采用类似方法的表 9-6）报告的 LEGAL BONDING 系数估计值，在使用全部观察值进行的所有回归检验中都显著为负，而使用特定子样本时，显著性明显降低。

本研究的设计使我们能研究基于欧洲背景的另一个有趣的特征，即暴露于较弱的监管环境的影响。①

即使企业暴露于监管弱的新区域，这种市场暴露与财务报告操纵显著受限仍可能相关，这种影响被认为是来自于企业的声誉绑定。这种效应现在由变量 EXPOSURE 的系数反映，对其而言 LEGAL BONDING 事实上是一个增量效应。表9-5的结果支持了声誉绑定效应的广泛性，这一结论可由在各种法律情境下 EXPOSURE 的系数在所有回归检验中都显著为负证明。

表9-6 Panel A 检验的声誉绑定的来源是证券交易所合并带来的"可见度"的增加。在检验期间，这方面最突出的进展是 Euronext，从2001年起它在法国、荷兰和比利时之间建立起一个共同的交易平台，2003年又纳入了葡萄牙。还有一个没有被广泛提及的进展是 Norex，它形成了一个北欧和波罗的海国家的联合交易平台。Norex1998年由瑞典和丹麦证券交易所建立，2000年扩展到挪威，2003年扩展到芬兰（Nielsson，2007）。

尽管很少公布关于 Norex 的影响，Pownall 等（2012）发现在 Euronext 进行交易与更高的财务报告质量相关，这是由于企业在高度引人注目的市场部分上市。把证券交易所整合作为声誉绑定的一种来源，基于该模型我们检验了法律绑定和声誉绑定机制各自的影响以及它们之间可能的相互作用。

我们感兴趣的是 EURONEXT 和 EXPOSURE 之间的相互作用，以及 NOREX 和 EXPOSURE 之间的相互作用，是指如下情况：一家公司在其成立地的 Euronext 或 NOREX 上市，并同时还暴露于欧洲其他监管环境相对本地管辖区弱的资本市场，这为证实声誉绑定提供了条件。

事实上，EURONEXT * EXPOSURE 的交互项系数都是负的，并且在大部分回归中是显著的，这表明即使没有法律绑定，交易所合并带来的"可见度"的增加也可以约束财务报告操纵。然而无论是何种交易所合并，由于 EXPOSURE 的系数显著为负，这种效应似乎更多的是对已有声誉绑定的加强。

---

① 这样的效应无法在以美国为背景的交叉上市主流研究中观察到，因为美国的监管到目前为止一直被认为是最高标准的。

表 9-6　法律绑定——交易所合并、会计准则和地理邻近

变量	披露			公共执法			私人执法		
	ALL	PRE/POST	MATCH	ALL	PRE/POST	MATCH	ALL	PRE/POST	MATCH
A. 交易所合并									
EXPOSURE	-0.0169***	-0.0193***	-0.0093**	-0.0183***	-0.0207***	-0.0098**	-0.0183***	-0.0215***	-0.0104**
LEGALBONDING	-0.0188***	-0.0255**	-0.0086	-0.0092**	-0.0093*	-0.0024	-0.0102**	-0.0124**	-0.0052
NUMEX	-0.0131***	-0.0133***	-0.0094***	0.0143***	0.0140***	0.0092***	0.0150***	0.0154***	0.0105***
EURONEXT	0.0046*	-0.0088	-0.00	0.0052*	-0.0100	-0.0004	0.0037	0.0108	-0.0010
EURONEXT * EXPOSURE	-0.0164***	-0.0088	-0.0125*	-0.0186***	-0.0090	-0.0144**	-0.0157**	-0.0066	-0.0122*
EURONEXT * LEGAL BONDING	0.0076	0.0113	0.0040	0.0088	0.0098	0.0075	0.0035	0.0058	0.0016
NOREX	-0.0022	-0.0163*	0.0043	-0.0013	-0.0147**	0.0056	-0.0007	-0.0154*	0.0057
NOREX * EXPOSURE	0.0225*	0.0344**	0.0094	0.0271**	0.0372***	0.0112	0.0144	0.0279*	0.0029
NOREX * LEGAL BONDING	-0.0214	-0.0172	-0.0195**	-0.0327**	-0.0273**	-0.0227**	-0.0148	-0.0136	-0.0092
HOME REGULATION	-0.0304***	-0.0398**	-0.0228**	-0.0171***	-0.0030	-0.0083	-0.0127**	-0.0101	-0.0120
Constant	0.0691***	0.1054***	0.0561***	0.0547***	0.0877***	0.0453***	0.0537***	0.0953***	0.0514***
B. 会计准则									
EXPOSURE	-0.0127***	-0.0160***	-0.0063	-0.0117***	-0.0155***	-0.0049	-0.0141***	-0.0191***	-0.0072
LEGALBONDING	-0.0190***	-0.0198***	-0.0148**	-0.0083***	-0.0063	-0.0061	-0.0096***	-0.0093	-0.0074
NUMEX	0.0107***	0.0134***	0.0082***	0.0102***	0.0130***	0.0070**	0.0128***	0.0164***	0.0089***
IAS	0.0026	0.0032	-0.0002	0.0023	0.0040	-0.0001	0.0024	0.0031	-0.0007
IAS * EXPOSURE	-0.0066	-0.0069	-0.0104**	-0.0087	-0.0085	-0.0127**	-0.0078	-0.0073	-0.0108**
IAS * LEGALBONDING	0.0028	-0.0027	0.0163*	0.0038	-0.0009	0.0147**	0.0018	-0.0035	0.0115
US GAAP	0.0047	0.0159	-0.0054	0.0057	0.0212	-0.0037	0.0064	0.0195	-0.0034
US GAAP * EXPOSURE	-0.0020	-0.0079	0.0122	-0.0027	-0.0094	0.0113	-0.0000	-0.0068	0.0139

续表

变量	披露			公共执法			私人执法		
	ALL	PRE/POST	MATCH	ALL	PRE/POST	MATCH	ALL	PRE/POST	MATCH
US GAAP * LEGALBONDING	0.0030	-0.0078	0.0002	-0.0039	-0.0144	-0.0040	-0.0115	-0.0209	-0.0121
HOME REGULATION	-0.0299 ***	-0.0359	-0.0225 **	-0.0167 ***	-0.0031	-0.0084	-0.0128 **	-0.0127	-0.0120
Constant	0.0689 ***	0.1022 ***	0.0556 ***	0.0546 ***	0.0869 ***	0.0457 ***	0.0541 ***	0.0961 ***	0.0522 ***
C. 地理邻近									
EXPOSURE	-0.0725 ***	-0.0539 *	-0.0462 *	-0.0788 ***	-0.0591 *	-0.0538 *	-0.0720 ***	-0.0565 **	-0.0477 **
LEGAL BONDING	-0.0027	0.0025	0.0431	0.0412	0.0425	0.0563	0.0314	0.0394	0.0524
NUMEX	0.0090 ***	0.0128 ***	0.0072 ***	0.0099 ***	0.0139 ***	0.0074 ***	0.0119 ***	0.0163 ***	0.0089 ***
DISTANCE	0.0095 **	0.0057	0.0061	0.0102 **	0.0063	0.0071	0.0090 **	0.0056	0.0060
DISTANCE * LEGALBONDING	-0.0027	-0.0041	-0.0082	-0.0078	-0.0081	-0.0091	-0.0066	-0.0081	-0.0090
HOME REGULATION	-0.0298 ***	-0.0359 ***	-0.0228 **	-0.0166 ***	-0.0020	-0.0067	-0.0127 ***	-0.0074	-0.0111
Constant	0.0686 ***	0.1020 ***	0.0564 ***	0.0544 ***	0.0868 ***	0.0450 ***	0.0539 ***	0.0928 ***	0.0510 ***

注：表 9-6 报告了模型 9.4a-c 的总括检验结果。企业数与观察值的数量与表 9-5 相同，R² 与模型 9.3 没有实质性差别。因变量 DACC 是酌量性净流动应计，按行业和年度由（9.1）式的回归残差估计得出；EXPOSURE 是虚拟变量，如果除本地市场外企业股票还在其他欧洲资本市场交易，则取值为 1，否则取值为 0；NUMEX 是公司的股票在其中进行交易的额外欧洲司法管辖区的数量；LEGAL BONDING 是虚拟变量，如果企业暴露于一个比其母国市场具有更强制度环境的市场，则取值为 1，否则取值为 0；HOME REGULATION 是公司母国市场制度环境的指标，这一指标基于 La Porta 等（2006）涉及披露、公共和私人执行的证券监管指数。EURONEXT 是虚拟变量，当相应的观察对象是成立于法国、荷兰、比利时的地方但企业的股票在 2001 年后在上述三个国家的证券交易所进行交易，或成立于其他地方但企业的股票在 2001 年后在上述两个国家的证券交易所进行交易，或类似的 2003 e1；NOREX 是虚拟变量，当相应的观察对象是成立于瑞典或丹麦的企业，或企业股票 1998 年后在上述两个国家的证券交易 2000 年后在芬兰进行交易，该变量取值为 1，否则为 0；IAS 是虚拟变量取值为 1，否则为 0；US GAAP 是虚拟变量，如果 Worldscope 显示企业遵循 US GAAP 编制财务报告取值为 1，否则为 0；Worldscope 显示企业遵循编制财务报告取值为 1，否则为 0；DISTANCE 是对（1 + distance in kilometers）取对数，其中 distance in kilometers 是企业进行股票交易的司法管辖区首都之间以千米为单位的距离。

* 代表 10% 水平下的显著 ** 代表 5% 水平下的显著 *** 代表 1% 水平下的显著。

值得注意的是，没有任何证据表明，证券交易所合并会对本身是 Euronext 成员但并未超出其本国司法管辖区进行交易的公司产生类似的影响，这就表明资本市场整合与协调对地方企业和国际企业产生了非对称性后果。令人惊讶的是，对于 Norex，我们并未观测到类似的机制，我们也没有任何声誉绑定的证据；相反，我们在公共执法的条件下，只观测到了法律绑定机制的效果。

根据 Nielsson（2007），Norex 是有限整合，参与 Norex 的市场规模相对较小，交投清淡。因此，我们假设证券交易所合并的影响取决于参与合并交易所的实力和整合程度。

本文检验的第二个机制是使用国际上可理解的会计准则尤其是侧重于本文检验的第二个机制是使用国际上可理解的的应用。对于会计准则的检验依据的是模型 9.4b。受 Karamanou and Nishiotis（2009）的启发，我们探索采用 IAS 是否构成一种声誉绑定机制，用 IAS * EXPOSURE 的系数表示。

表 9-6 Panel B 报告的结果显示这一系数为负，但是仅在配对公司子样本中是显著的。有趣的是，这一系数的显著只出现在 EXPOSURE 系数变得不显著的情况下，这表明在没有国际公认会计准则的情况下缺乏任何声誉绑定。

此外，IAS * LEGAL BONDING 的系数显著为正，可解释为：在企业没有暴露于（而非暴露于）更强监管环境时，IAS 对约束财务报告操控具有更明显的影响。这与 Karamanou and Nishiotis（2009）的观点一致。而且，尽管 US GAAP 也同样对财务报告编制者提出了更多的披露要求，但这种效果却仅限于使用 IASeUS GAAP。这些结果可能要归因于 IAS 被使用的频率更高，欧洲市场参与者对其更熟悉。

最后，除证券交易所合并和采用 IAS 等被国际上所普遍理解的会计准则，地理邻近也有利于声誉绑定的发展。受以前以单一司法管辖区（美国）为背景的类似研究的启发，模型 9.4c 旨在探讨公司暴露于距其成立地近的资本市场在多大程度上可以使市场参与者更好地监督。

通过引入衡量母国和目的地资本市场之间地理距离的变量（或者，在多重暴露的情况下，成立地管辖区和最远目的地的距离），EXPOSURE 的系数衡量在没有法律绑定机制的情况下，母国和目的地市场尽可能接近（一种"邻里效应"）的影响。

根据表 9-6 Panel C 报告的实证结果，地理邻近对约束财务报告操纵有非常明显的影响。这种影响现在由 EXPOSURE 的系数反映，在这里 EXPOSURE 系数的大小与之前检验取得的类似系数显著不同。

这样的效果可以归因于地理邻近的司法管辖区之间密集的信息流，使市场参与者的监督达到令法律绑定变得不相关的程度，这可以从 LEGAL BONDING 的系数都不显著得到验证。另一方面，有非常微弱的证据表明地理距离对约束财务报告操纵存在负面影响。这有可能是我们的变量 DISTANCE 没有很好界定，尽管以前的研究对市场参与者与公司邻近的临界值进行了限定（在美国，100km），但是据我们所了解，在欧洲还没有类似的分界点。

因此，我们采用了距离（或邻近）的直接测量，而不是引入随意的分界点。尽管对距离衡量的适当性持保留意见，但检验结果确实表明，信息流和法律绑定之间存在潜在的替代效应。换句话说，在地理邻近便利了信息流的传递，对跨境投资者而言法律绑定可能就不再那么重要。

相反，法律绑定机制对那些因为远离主要资本市场而信息环境相对较差的公司来说仍是重要的。尽管与这个猜想一致，交互项 LEGAL BONDING * DISTANCE 的系数为负，但却并不显著。未来的研究若能校订欧洲的距离测度，则可以对这一问题重新评估。

9.9 结论

在本研究中，我们发现欧洲公司暴露于欧洲其他资本市场与显著的财务报告操纵约束相关。利用欧洲监管环境的差异，我们的研究表明，当企业暴露于至少一个相对其母国监管更好的资本市场时，降低财务报告操纵的动力来自于一种法律绑定形式。

此外，我们为公司暴露于比本地监管弱的资本市场环境下存在声誉绑定提供了证据，这也是 Licht 等（2013）的理念。同时，我们通过将研究拓展到即使没有强有力的法律监管仍可能引发更高财务报告透明度的情景如交易所合并、地理邻近，来证实声誉绑定。

有趣的是，这里存在一致和强有力的证据表明法律绑定或声誉绑定的影响会被公司暴露于多重资本市场稀释。由于对多重资本市场上市知之甚少（如 Sarkissian & Schill, 2009），这一发现在一定程度上有助于重新解释之前研究中报告的在欧洲上市的影响微弱甚至是不存在影响，也为今后的研究提供了方向。

这项研究结果还有一些值得注意的事项。

第一，暴露于额外的欧洲资本市场的概念不仅包括正式的交叉上市，也包括在没有发行人参与的情况下与其他资本市场交易的情形。

第二，这里采用的法律绑定概念并不完全等同于在受监管（置于美国证券交易委员会监管和执法权力之下）的美国市场交叉上市的概念。

第三，我们对于公司按 IAS 和 US GAAP 编制财务报告的分类所依据的数据库，根据（Daske 等，2013）的研究，可能存在错误。

第四，地理距离衡量方法，可以通过构建具体的表示地理邻近的分界点来校准。

然而，值得注意的是，上述几点对建立本文报告的统计上显著的证据会产生影响。

也许，在本研究中最重要的发现是声誉绑定的存在。虽然我们试图通过观察便于市场参与者监督的环境来阐明这种绑定的来源，但是这种对财务报告相当广泛的影响仍然难以捉摸。

鉴于上述观点，并考虑到近期在促进欧洲跨境股权投资方面的进展（与实施 IFRS、进一步的交易所合并以及在发行人未参与的情况下股权交易的实现相联系），进一步研究这类绑定是如何与加强证券监督力度的新举措，如市场滥用指令和透明度指令，共同发展，将会收获很多。

参考文献

Abdallah, A. (2008). Do regulations matter? The effects of cross‐listing on analysts' coverage and forecast errors: A comparative analysis. *Review of Accounting and Finance*, 7 (3), 285–307.

Abdallah, W., & Goergen, M. (2008). Does corporate control determine the cross‐listing location? *Journal of Corporate Finance*, 14 (3), 183–199.

Aggarwal, R., Klapper, L., & Wysocki, P. (2005). Portfolio preferences of foreign institutional investors. *Journal of Banking & Finance*, 29 (12), 2919–2946.

Ayers, B., Ramalingegowda, S., & Yeung, P. (2011). Hometown advantage: The effects of monitoring institution location on financial reporting discretion. *Journal of Accounting and Economics*, 52 (1), 41–61.

Bae, K., Tan, H., & Welker, M. (2008). International GAAP differences: The impact on foreign analysts. *The Accounting Review*, 83 (3), 593–628.

Baker, H., Nofsinger, J., & Weaver, D. (2002). International cross listing and visibility. *Journal of Financial and Quantitative Analysis*, 37 (3), 495–521.

Ball, R., & Shivakumar, L. (2005). Earnings quality in UK private firms: comparative loss recognition timeliness. *Journal of Accounting and Economics*, 39 (1), 83 – 128.

Bancel, F., & Mittoo, C. (2001). European managerial perceptions of the net benefits of foreign stock listings. *European Financial Management*, 7 (2), 213 – 236.

Bancel, F., & Mittoo, U. (2009). Why do European firms go public? *European Financial Management*, 15 (4), 844 – 884.

Barth, M., Landsman, W., & Lang, M. (2008). International accounting standards and accounting quality. *Journal of Accounting Research*, 46 (3), 467 – 498.

Barton, J., & Simko, P. (2002). The balance sheet as an earnings management constraint. *The Accounting Review*, 77 (Supplement), 1 – 27.

Becker, C., DeFond, M., Jiambalvo, J., & Subramanyam, K. (1998). The effect of audit quality on earnings management. *Contemporary Accounting Research*, 15 (1), 1 – 24.

Bradshaw, M., Bushee, B., & Miller, G. (2004). Accounting choice, home bias, and US investment in non – US firms. *Journal of Accounting Research*, 42 (5), 795 – 841.

Bris, A., Cantale, S., Hrnjic', E., & Nishiotis, G. (2012). The value of information in cross – listing. *Journal of Corporate Finance*, 18 (2), 207 – 220.

Brüggemann, U., Daske, H., Homburg, C. & Pope P. (2012). How do individual investors react to global IFRS adoption? Working Paper, available at http: //ssrn.com/abstract = 1458944.

Burgstahler, D., & Dichev, I. (1997). Earnings management to avoid earnings decreases and losses. *Journal of Accounting and Economics*, 24 (1), 99 – 126.

Burgstahler, D., Hail, L., & Leuz, C. (2006). The importance of reporting incentives: earnings management in European private and public firms. *The Accounting Review*, 81 (5), 983 – 1016.

Bushman, R., & Piotroski, J. (2006). Financial reporting incentives for conservative accounting: The influence of legal and political institutions. *Journal of Accounting and Economics*, 42 (1 – 2), 107 – 148.

Cabán – Garcia, M. (2009). The impact of securities regulation on the earnings properties of European cross – listed firms. *The International Journal of Accounting*, 44 (3), 279 – 304.

Chaney, P., & Lewis, C. (1998). Income smoothing and underperformance in initial public offerings. *Journal of Corporate Finance*, 4 (1), 1 – 29.

Cheng, C., Liu, Z., & Thomas, W. (2012). Abnormal accrual estimates and evidence of mispricing. *Journal of Business Finance and Accounting*, 39 (1 – 2), 1 – 34.

Christensen, J., & Demski, J. (2003). *Accounting theory: An information content perspective.* NY: McGraw Hill.

Claessens, S., & Schmukler, S. (2007). International financial integration through equity markets: Which firms from which countries go global? *Journal of International Money and Finance*, 26 (5), 788 – 813.

Coffee, J. (2002). Racing towards the top? The impact of cross-listings and stock market competition on international corporate governance. *Columbia Law Review*, 102 (7), 1757-1831.

Cohen, D., Dey, A., & Lys, T. (2008). Real and accrual-based earnings management in the pre- and post-Sarbanes Oxley periods. *The Accounting Review*, 83 (3), 757-788.

Covrig, V., Defond, M., & Hung, M. (2007). Home bias, foreign mutual fund holdings, and the voluntary adoption of international accounting standards. *Journal of Accounting Research*, 45 (1), 41-70.

Dargenidou, C., McLeay, S., & Raonic, I. (2011). Accruals, disclosure and the pricing of future earnings in the European market. *Journal of Business Finance and Accounting*, 38 (5-6), 473-504.

Daske, H., Hail, L., Leuz, C. & Verdi, R. (2013). Adopting a label: Heterogeneity in the economic consequences around IAS/IFRS adoptions. *Journal of Accounting Research*, 51 (3), 495-547.

Dechow, P., Sloan, R., & Sweeny, A. (1995). Detecting earnings management. *The Accounting Review*, 70 (2), 193-225.

Dechow, P., Ge, W., & Schrand, C. (2010). Understanding earnings quality: A review of the proxies, their determinants and their consequences. *Journal of Accounting and Economics*, 50 (2-3), 344-401.

DeFond, M., & Park, C. (1997). Smoothing income in anticipation of future earnings. *Journal of Accounting and Economics*, 23 (2), 115-139.

Dichev, I., Graham, J., Harvey, C. & Rajgopal, S. (2013). Earnings quality: Evidence from the field. *Journal of Accoundting and Economic*, forthcoming.

Doidge, C., Karolyi, G., & Stulz, R. (2004). Why are foreign firms listed in the US worth more? *Journal of Financial Economics*, 71 (2), 205-238.

Enriques, L. (2006). EC company law directives and regulations: How trivial are they? University of Pennsylvania *Journal of International Economic Law*, 27 (1), 1-78.

Ettredge, M., Scholz, S., Smith, K., & Sun, L. (2010). How do restatements begin? Evidence of earnings management preceding restated financial reports. *Journal of Business Finance and Accounting*, 37 (3-4), 332-355.

Florou, A., & Pope, P. (2012). Mandatory IFRS adoption and institution investment decisions. *The Accounting Review*, 87 (6), 1993-2025.

Francis, J., & Wang, D. (2008). The joint effect of investor protection and Big 4 audits on earnings quality around the world. *Contemporary Accounting Research*, 25 (1), 157-191.

Frésard, L., & Salva, C. (2010). The value of excess cash and corporate governance: Evidence from US cross-listings. *Journal of Financial Economics*, 98 (2), 359-384.

Hail, L., & Leuz, C. (2009). Cost of capital effects and changes in growth expectations around US cross-listings. *Journal of Financial Economics*, 93 (3), 428-454.

Huijgen, C., & Lubberink, M. (2005). Earnings conservatism, litigation and contracting: The case of cross-listed firms. *Journal of Business Finance and Accounting*, 32 (7-8), 1275-1309.

Jaafar, A., & McLeay, S. (2007). Country effects and sector effects on the harmonization of accounting Policy choice. Abacus, 43 (2), 156 – 189.

Karamanou, I., & Nishiotis, G. (2009). Disclosure and the cost of capital: Evidence from the market's reaction to firm voluntary adoption of IAS. *Journal of Business Finance and Accounting*, 36 (7 – 8), 793 – 821.

Kothari, S., Leone, A., & Wasley, C. (2005). Performance matched discretionary accrual measures. *Journal of Accounting and Economics*, 39 (1), 163 – 197.

La Porta, R., Lopez – De – Silanes, F., & Shleifer, A. (2006). What works in securities laws? *Journal of Finance*, 61 (1), 1 – 32.

LaFond, R. (2005). Is the accrual anomaly a global anomaly? Working Paper, MIT Sloan School of Management.

Lang, M., Smith Raedy, J., & Yetman, M. (2003a). How representative are firms that are cross – listed in the United States? An analysis of accounting quality. *Journal of Accounting Research*, 41 (2), 363 – 386.

Lang, M., Lins, K., & Miller, D. (2003b). ADRs, analysts, and accuracy: does cross listing in the US improve a firm's information environment and increase market value? *Journal of Accounting Research*, 41 (2), 317 – 345.

Lang, M., Raedy, J., & Wilson, W. (2006). Earnings management and cross listing: Are reconciled earnings comparable to US earnings? *Journal of Accounting and Economics*, 42 (1 – 2), 255 – 283.

Leuz, C., Nanda, D., & Wysocki, P. (2003). Earnings management and institutional factors: An international comparison. *Journal of Financial Economics*, 69 (3), 505 – 527.

Leuz, C. (2006). Cross listing, bonding and firm's reporting incentives: A discussion of Lang, Raedy and Wilson (2006). *Journal of Accounting and Economics*, 42 (3), 285 – 299.

Leuz, C., Lins, K., & Warnock, F. (2010). Do foreigners invest less in poorly governed firms? *The Review of Financial Studies*, 23 (3), 3245 – 3285.

Licht, A., Poliquin, C., Siegel, J. & Li, X. (2013). What makes the bonding stick? A natural experiment involving the US supreme court and cross – listed firms. Working Paper, Harvard Business School.

Malloy, C. (2005). The geography of equity analysis. *The Journal of Finance*, 60 (2), 719 – 755.

Nielsson, U. (2007). Interdependence of Nordic and Baltic stock markets. *Baltic Journal of Economics*, 6 (2), 9 – 28.

Peasnell, K., Pope, P., & Young, S. (2005). Board monitoring and earnings management: Do outsidedirectors influence abnormal accruals? *Journal of Business Finance and Accounting*, 32 (7 – 8), 1311 – 1346.

Pagano, M., Röell, A., & Zechner, J. (2002). the geography of equity listing: Why do companies list abroad? *The Journal of Finance*, 57 (6), 2651 – 2694.

Pownall, G., Vulcheva, M. & Wang, X. (2012). Increasing liquidity on global stock exchanges: The structure of Euronext. Working Paper, available at http://ssrn.com/abstract=1800384.

Raonic, I., McLeay, S., & Asimakopoulos, I. (2004). The timeliness of income recognition by European companies: An analysis of institutional and market complexity. *Journal of Business Finance and Accounting*, 31 (1-2), 115-148.

Roosenboom, P., & Van Dijk, M. (2009). The market reaction to cross-listings: does the destination market matter? *Journal of Banking and Finance*, 33 (10), 1898-1908.

Roychowdhury, S. (2006). Earnings management through real activities manipulation. *Journal of Accounting and Economics*, 42 (3), 335-370.

Siegel, J. (2005). Can foreign firms bond themselves effectively by renting US securities laws? *Journal of Financial Economics*, 75 (2), 319-359.

Sarkissian, S., & Schill, M. (2004). The overseas listing decision: New evidence of proximity preference. *Review of Financial Studies*, 17 (3), 769-412.

Soderstrom, N., & Sun, K. (2007). IFRS adoption and accounting quality: A review. *European Accounting Review*, 16 (4), 675-702.

Stolowy, H., & Jeny-Cazavan, A. (2001). International accounting disharmony: The case of intangibles. *Accounting, Auditing and Accountability Journal*, 14 (4), 477-497.

Wang, Q. & Pirinsky, C. (2010). Geographic location and corporate finance: a review. Handbook of emerging issues in corporate governance. Available at http://ssrn.com/abstract=1619541.

Watts, R., & Zimmerman, J. (1986). Positive accounting theory. London: Prentice-Hall.

Wysocki, P. (2004). Discussion of "ultimate ownership, income management, and legal and extra-legal institutions". *Journal of Accounting Research*, 42 (2), 463-474.

Yu, F. (2008). Analyst coverage and earnings management. *Journal of Financial Economics*, 88 (2), 245-271.

10 公允价值与 IASB/FASB 概念框架项目：一种替代观点

杰弗雷·惠廷顿（Geoffrey Whittington）[①]

摘要：本章分析的问题源于 IASB 和 FASB 制定财务报告准则联合概念框架项目。特别探讨了以公允价值作为首选计量基础的可能性。对此有两种竞争性观点：公允价值观和替代观点。IASB 公开声明中体现的是公允价值观，而对 IASB 声明的公开批评意见中所体现出的则是替代观点。公允价值观假设市场是完美的和完全的，并且财务报告应反映来自于当前市场价格的公允价值以满足投资者和债权人的需求。替代观点假设市场是不完美和不完全的，在这样的市场环境下，财务报告还应满足现有股东的监督需求，为此应使用能反映报告主体可用机会的计量方法报告交易和事项。两种观点的不同含义可以通过近期会计准则中的具体问题加以说明。

10.1 引言

IASB 和 FASB 在各自现有框架基础上制定联合概念框架项目，很可能对会计准则的发展产生长远的影响。因此不难理解，项目的第一份讨论稿便引起了超出准则制定者预期的激烈批判，而且其中很多批判来自致力于采用 IASB 制定的国际财务报告准则（IFRS）的欧盟内部。

[①] 本章包括了作者 2008 年发表于 Abacus 的一篇题为"公允价值与 IASB/FASB 概念框架项目：一种替代观点"的论文，并后附了作者对 IASB 概念框架项目进一步发展的评论。它是基于提交给 2007 年第四届会计与监管国际研讨会的论文。作者感谢 Richard Barker、Michael Bradbury、Graeme Dean、Andrew Lennard、Stuart McLeay、Geoff Meeks、Steve Zeff 对初始稿件的评论。感谢 2007 年 9 月在锡耶纳召开的第四届会计与监管国际研讨会的参会者，感谢 ASB 学术论坛，但是对于本文的错误或遗漏由作者负责。

G. Whittington
联系地址：Centre for Financial Analysis and Policy, University of Cambridge, Cambridge, UK
电子邮箱：gw12@cam.ac.uk
R. Di Pietra 等（主编），《会计与监管》
DOI：10.1007/978-1-4614-8097-6_10，
版权所有 Springer Science + Business Media，纽约，2014 年

10 公允价值与 IASB/FASB 概念框架项目：一种替代观点

尽管在概念框架项目中计量问题还没有达到讨论稿阶段，但这一问题似乎最有争议。

特别是，IASB 对公允价值计量的偏好如果被纳入概念框架讨论稿，很可能会引发强烈的争论。IASB 早期发布的讨论稿中已经涉及这一问题（但并未得到支持），加拿大会计准则委员会工作人员 2005 年撰文称赞采用公允价值计量具有积极意义。①

2006 年 11 月 IASB 以讨论稿的形式发布了 FASB 的"公允价值计量"准则（SFAS157），进一步激化了这种争论。IASB 试图将 FASB 准则中的公允价值解释成当前市场销售价格，忽略交易成本、摒除主体特定假设。许多批评者认为，在 IASB 准则中采用这种观点将对会计实务产生显著不利的影响，因为相对 FASB 的准则，IFRS 将公允价值更广泛地应用于非金融资产。相对金融资产而言，用销售价格计量非金融资产时，被认为相关性和可靠性较低。

虽然公允价值是近期许多对 IASB 准则批评的焦点，在 IASB 概念框架项目中也同样如此，但批评的原因却在于框架中的其他因素。实际上，公允价值的批评者提供了关于财务报告的一种替代观点，但这种观点通常没有得到很好的阐述。公允价值观同样没有得到很好的阐述：争论通常是基于接受一些使公允价值成为一个显而易见选择的简单假设，而这些假设本身值得探讨。

本章的目的是在识别这些替代观点方面取得一些进展，进而阐明关于概念框架特别是公允价值争论的本质。

本文是基于 IASB 的视角，而非其概念框架项目合作者 FASB 的视角，本文作者在 2001—2006 年是 IASB 成员。作者为 IASB 的草案及准则书写替代观点的经历渗透于本文的讨论②。

在上述零散的描述基础上，逐渐呈现出一个条理清晰的模式，即一系列不同的假设或观点，本文称之为"替代观点"。这与 IASB 声明中所持的"公允价值观"形成鲜明对比。这种表述可能是主观的和不完整的，可能还存在许多其他"观点"。

然而，当对一种观点存在如此激烈的争论时，确定分歧的主要来源肯定有助于对问题的理解。还必须承认，一些争议问题来自现有概念框架内。由于框架正在修订，因而正是时候质疑这些问题。

---

① 本篇只讨论首次确认的计量，但讨论有更广的应用。
② 替代观点是对没有投票支持发布特定征求意见稿或准则的理事会成员观点的说明（对准则而言，它被称为"不同意见"）。本章中的替代观点不仅包含上述观点还吸收了对 IASB 的外部批评意见。因此，它并非 IASB 特定成员的观点，也不仅仅是对特定草案或准则的评论，而是一个"广泛的观点"。

本章结构如下：首先，描述当前 IASB 与 FASB 制定联合概念框架项目以及项目的动机和目标。其次，讨论新框架已经以讨论稿形式发布的前两章草案中在财务报告目标与会计信息的理想属性方面的争议。再次，讨论新框架中处于制定不同阶段的后续章节的相关问题，包括会计要素的概念、确认和计量。

然后，尝试确定具体问题争论双方的竞争性观点。我们考虑这些竞争性观点如何反映在 IASB 过去的声明中以及对 IASB 声明的反对意见中。最后，我们在探讨替代观点的理论支持的基础上得出结论。

10.2 IASB 和 FASB 概念框架项目

IASB 和 FASB 都已经有了概念框架。FASB 从 20 世纪 70 年代开始首先制定概念框架，由七个单独发布的实质性概念公告组成。[①]

发布于 1989 年的 IASB《编报财务报表的框架》（1989）则简单得多，是一份由 110 个段落组成的文件。尽管在细节上有重要差别，但 IASB 框架的内容与 FASB 早期工作具有很强的相似性。

IASB 框架与 FASB 框架的一个重要相似之处是，缺乏对计量的处理，因而是不完整的。这是由于对此问题的激烈争论悬而未决造成的，这种争论在 20 世纪 70 年代尤为激烈。当时准则制定者努力寻求会计信息的使用者和编制者都能接受的通货膨胀会计问题解决方案，但并不成功。

这一时期压力和争论的另一个后果是，两个框架都强调以决策有用性，特别是对资本市场投资者的决策有用性，作为财务报表的主要目标。这在当时是明显的进步，摒弃了传统观点。传统观点认为会计主要是为法律和受托责任服务的，决策有用性只是一个有用的可能的额外收益。后来有人认为，目前的框架修订在财务报表目标重心转变方面可能走得太远了。

联合项目的主要动机是整合两个委员会的框架，以便为整合两套准则提供一致的知识基础，两个委员会在 2002 年的诺沃克协议中已经承诺准则的整合。然而，整合不是唯一的动机：改进同样重要[②]。

有两个方面需要改进：填补空白以实现完整性、消除内部矛盾以提高一致性。

[①] 对 FASB 概念框架发展的一个有价值的"内部人"说明见 Storey and Storey（1998）。对 IASC 框架发展的权威说明见 Camfferman and Zeff（2007，9 章）。

[②] Bullen 和 Crook（2005）提供了对目标的概述。

最明显的需要填补的空白是制定计量指南。在 IASB 框架的一致性方面还有许多需要改进的地方。

最近一个特别困难的领域是负债的定义，特别是负债与权益的区别。

联合项目开始于 2005 年，表 10 – 1 列示了项目计划的系列主题和目前已取得的成果。

项目的工作底稿由 IASB 和 FASB 的联合团队编制，每个阶段的工作由不同的团队完成。尽管加拿大准则制定机构的工作人员目前正在负责开发关于要素和确认的提案，但 FASB 更多的参与人员意味着他们通常占据大多数。

每份底稿都由两个委员会讨论，通常是分别进行但有时也在联合会议上讨论。因此，尽管大量的 FASB 现有框架以及强大的人员投入意味着项目是以 FASB 而非 IASB 的现有文件为起点，但该项目是一个真正的联合项目。在大多数方面，IASB 和 FASB 现有框架的差别不大。因此，FASB 的显著影响主要体现在两章草案和已完成的工作底稿中整体阐述和论证风格（可以礼貌地描述为"周密的"）。

表 10 –1　　　　　　概念框架修订时间表（2007 年 9 月 30 日）

阶段	已发布	计划发布		
		2007	2008	未定
A：目标与质量特征	DP	ED		
B：要素与确认			DP	
C：计量				DP
D：报告主体		DP		
E：列报与披露				DP
F：用途与地位				DP
G：非营利组织的适用性				DP
H：其他问题				TBD

注：DP 讨论稿，ED 征求意见稿，TBD 有待确定。

资料来源于 IASB 工作计划——预计时间表，见 IASB 网站：iasb.org.uk，完整的 IASB 工作计划见如下网址：http://www.iasb.org/Current + Projects/IASB + Projects/IASB + Work + Plan.htm（2008 年 2 月 20 日访问）。

然而，本章基于 IASB 的视角撰写，这意味着从这一视角看到的改变是与 FASB 现有状态整合的结果。

10.3 目标与质量特征

修订项目的第一阶段（表10-1中的阶段A）最初被认为是毫无争议的，因而计划直接发布征求意见稿征询公众意见。

然而，明智的建议占了上风，最终决定第一阶段（以及修订的所有后续阶段）将先发布讨论稿，以后再发布征求意见稿。

2006年7月发布了初始意见稿"财务报告目标与财务报告信息的决策有用性质量特征"，征求意见截至日期为11月3日。

收到的反馈意见表明这些提案存在争议，发布讨论稿的决定是正确的，这样就可以对其后的征求意见稿继续征询意见。提案最初被认为没有争议，是因为提案基本上重申了现有框架的许多内容。但是，相对于IASB薄弱的现有文件，提案确实在形式与论证方面进行了显著的重构，这引发了争论。[①]

此外，对现有框架一些概念的保留也存在争议，特别是在那些最近才开始采用IFRS但并未参与框架最初制定的国家。

10.3.1 财务报告目标

讨论稿第一章财务报告目标是框架其余部分的基础。它重申了编制满足通用目标的财务报表问题，即财务报表能满足无法获取主体内部信息的所有外部使用者的需要。它还延续了现有政策，重点关注投资者和债权人的需求。

这包括现有的和潜在的投资者，既包括贷款人也包括股权投资者。投资者的需求被认为是进行资源分配决策，这就需要会计提供"能帮助现有和潜在投资者、债权人和其他各方评估主体未来现金流入、流出的金额、时间和不确定性的信息"（para. OB3）。

这与以前的框架一致，但对IFRS新的使用者而言，它似乎低估了现有股东作为企业实体当前所有者的特殊地位。

当然，"通用目标"财务报表使用者范围广泛，他们有许多共同的需求，但有人可能会觉得现有股东作为所有者具有特殊地位，因而额外满足其合理需求是对财务报表的必然要求，而其他使用者的要求权弱于股东。

这种观点在"结论的依据"（BC1.8—1.13）中被明确拒绝。因为广阔的主体

---

① 讨论稿前两章（包括结论的依据）涵盖目标与质量特征，文件长度已经超过IASB整个现有框架的两倍。

视角比狭窄的所有者视角更具包容性。

将所有者视角归类为狭窄的和排他的存在争议：讨论稿也承认，所有的投资者具有实质性的共同利益，因此所有者方法并不必然导致不包含属于外部人的资产和交易的信息，例如，比例合并方式，但更可能为现有股东带来关于他们的股权如何变动的更详细信息。

受托责任问题引起了人们对迎合当前股东具体需求问题的强烈关注，它吸引了两位IASB成员提出替代观点（AV1.1—1.7）以及随后征询公众意见中反馈的大量反对意见。

讨论稿（OB27—28）承认管理者对现有股东的受托责任义务，但主张其报告需求可以被纳入决策有用性的总目标，通过提供与未来现金流相关的信息得到满足（以上援引自OB3）。因此，没有必要将受托责任作为财务报告的确切目标。

BC1.32—1.41阐述了这一决定背后的逻辑。这并不标志着对IASB现行框架的重大改变，现行框架在财务报告用途中仅将评估受托责任列为第二位（前言B），但宣称所有的用途都是借助类似信息的"经济决策"。

然而，对讨论稿中这一问题的广泛研究引起了人们的关注，对很多最近才开始采用IFRS且具有受托责任作用观的国家而言，忽视受托责任目标显然难以接受。

例如，英国ASB的原则公告，尽管采用了广泛的"投资者决策有用性"目标，但明确声明目标包括"评估管理者的受托责任"（1.6）。值得注意的是，替代观点的两位提出者都是原ASB成员。

IASB成员提出的替代观点中反对将受托责任并入决策有用性目标，认为受托责任包括的不仅仅是预测未来现金流。受托责任维度涉及监督过去和预测未来，有时还涉及管理诚信与经济业绩（例如，管理者薪酬、关联方交易）。

因此，相较于决策有用性，受托责任更注重过去，尽管两种需求通常会重叠：关于管理者过去行为的信息可能与预测未来现金流相关，恰当评估受托责任则需要估计未来以评价管理者过去政策的结果。

因此，两种目标并非相互排斥，其差异在于强调的重点不同。要达到恰当的平衡，就需要对两种目标均认可。①

在他们的替代观点中没有彻底阐述的一个问题是代理理论。管理者与现有股东的关系是典型的委托—代理问题。管理者作为代理人有自由行动的空间，而股东需要使用财务报告信息来监督这种自由。这就是为什么在许多司法管辖区管理者要向

---

① 准则中这一平衡过程的一些实例将在后面的"可靠性和谨慎性"部分给出。

年度股东大会提交财务账目，这也是术语"受托责任"的产生背景。

这一过程的目标是基于股东的角度提高管理绩效，因此财务报告涉及决定未来现金流，而不仅仅只是预测它们①。

监督管理过程的流行术语是公司治理，受托责任过程是它的一部分。讨论稿尽管承认代理关系（BC1.40），但令人惊奇的是它似乎在一定程度上试图拒绝（不完全令人信服）财务报告与公司治理的相关性（BC1.41）。

一个可能的解释来自于 Bush（2005）的有趣研究，他分析了英国和美国财务报告监管体系的不同起源和形式，得出结论前者是基于公司法而后者是基于市场法规（证券法）。

后一种基础导致了对市场和市场价格的强调，因而强调与未来现金流相关的信息，而前一种基础导致更加重视公司治理和受托责任。FASB 概念框架反映了美国的制度安排，因此支持市场基础。所以毫不奇怪的是，具有强有力会计监管法律传统的欧盟成员国支持公司法方法，强调受托责任等公司治理机制。

10.3.2　决策有用的财务信息质量特征

讨论稿第二章的标题是决策有用的财务信息质量特征，表明第一章所作出的假设的重要性，特别是将受托责任纳入决策有用性的总体目标。

本章与第一章一样，主张基本上保留以前框架采用的原则。但是它在形式和语言上有实质性的改变，这可能会影响对基本原则的解释。

形式上主要的变化是对质量特征阐释采用序列法代替同步法（同步法中需要进行明确的权衡），语言上的主要变化是用如实表述（faithful representation）代替可靠性。

这些变化将消除相关性和可靠性之间可能的权衡，二者之间的权衡被视为现行框架的一个重要方面。这种权衡经常被当做不使用公允价值计量的理由，公允价值通常被认为相关但不可靠②。

质量特征的序列法在段落 GC42—7 中表述并在 BC2.59—2.65 讨论。据解释，应首先考虑相关性，因为它是基本的质量特征。其次就应考虑如实表述。但这两个质量特征都是决策有用性所必需的，因此它们彼此协同合作（QC45）。

---

① ASB 在对讨论稿的反馈中阐述了这一点，可在 ASB 的网站上获取（http://www.frc.org.uk/asb/press/pub1343.html，2008 年 3 月 8 日访问）。

② 沃尔顿（2006），一个 IASB 会议的密切观察者，注意到这一变化可能对今后推广公允价值计量产生的影响。

这种解释没有承认相关性和如实表述都不是会计信息的绝对属性但相反地有不同层次的相关性和如实表述，这使得两者之间可能存在权衡。如果忽略这一点，建议的序列将表明首先选择一种相关性最高的会计方法，该方法只要能满足最低水平的如实表述即可。

基于以上标准，毫无疑问，需要更多的如实表述才能弥补相关性较少的减少，即使后者的减少是非常微小的。

用如实表述替代可靠性减少了这种权衡的可能性，IASB 对可靠性的现有定义是：信息具有质量可靠性是指，它不存在重要错误和偏差，如实反映信息提供者所意图要反映的或是被合理预期要反映的内容，从而使得使用者能依赖它（IASB 框架，第 31 段）。

如实表述的定义在 QC16 中：

出于对投资、信贷和类似的资源分配决策有用的目的，信息必须如实反映其所意图要反映的现实世界经济现象。财务报告所列报的现象是经济资源和义务以及改变它们的交易、事项和环境。为了如实表述这些经济现象，信息必须是可验证的、中立的和完整的（QC16）。

尽管讨论稿认为新定义符合现有框架的意图，但两个定义存在显著差异。差异不仅在于如实表述被提升到最重要的概念，还在于它现在具体指"现实世界的经济现象"，而不是简单的"意图要反映的"。此外，讨论稿还阐明"信息只有描述了交易或其他事项的经济实质，才能被认为是对经济现象的如实表述"（QC17）。

因此，新的质量特征的实质是，它要求判断经济实质和现实世界的经济现象，而不仅仅是准确反映所"意图要反映的"。因此，如果认为公允价值更好地捕获了"经济实质"，则可以认为历史成本是一项不恰当的计量属性，尽管后者可能更准确地反映了意图要反映的信息（历史成本）。

在 QC18 中，讨论稿尝试解释何谓"现实世界的经济现象"，但略显笨拙。它主张"财务报告外的现实世界并不存在递延借项和递延贷项"。这当然是非常有争议的：比如，财务报告外是否存在着购买商誉？

继续以机器作为现实世界的经济现象举例，认为原始成本也是一种经济现象，但原始成本并不能如实反映已取得 3 年的机器。

在这个案例中，已折旧成本将"更好地反映机器现在的状态"，现行重置成本会"更胜一筹"。公允价值被当做另一个选择，但并未评估。

该案例说明为什么那些对 IASB 意图扩大公允价值使用持反对意见的人认为讨

论稿是向哪个方向倾斜的。

提案另一项重要改变也可以视为是向公允价值倾斜。即删除了短语"不存在重要错误和偏差",这一短语出现在现有框架的可靠性定义中,但在新的如实表述定义中没有被提及。许多公允价值的批评者认为,与其他一些计量属性相比公允价值往往涉及更多的估计和主观性(导致错误和偏差),而在新框架的这种改变削弱了反对意见的力量。

讨论稿并没有完全忽视计量误差问题。它认为(QC20—2),绝对的确定性和精确性在财务报告中是达不到的,但确定性和精确性的提高意味着更好的信息质量(尽管没有明确承认)。将"不存在重要错误"整合入"如实表述"的一个要素"可验证性"而将"不存在偏差"整合入"如实表述"的另一个要素"中立性"。

可验证性意味着具有不同的知识和独立性的观察者能达成共识,尽管不是完全一致,或者:

(a)信息反映了意图要反映的经济现象,没有重要错误或偏差(直接验证);或者

(b)所选择的确认或计量方法的应用没有重要错误或偏差(间接验证,QC23)。

这个概念要求独立的观察者得出相同(或非常相似)的结论,因而包含了部分客观性。然而,它却没有要求估计的准确性,即符合"其意图表现的内容",从更严格的客观性观点来看,这种准确性是必要的,而且是可靠性理念的一个重要元素①。

讨论稿的一个简洁的替代观点(AV2.1—2.2)指出,这是不尽如人意的,因为没有要求共识是建立在可靠的证据基础上。此外,在(b)间接验证的情况下,没有要求使用的方法能得出没有重要错误和偏差的估计。

中立性是如实表述的另一个要素,被定义为没有旨在达到预定结果或引发特定行为的倾向。中立性是如实表述的基本方面,因为带有倾向性的财务报告信息不能如实表述经济现象(QC27)。

令人好奇的是,这个定义具有局限性,因为它实际上需要影响结果的意图。计量或估值中其他形式的倾向性,如在收购时管理者天然的乐观导致的倾向性,可能被允许。这反映出讨论稿抛弃了计量经济学和统计学中使用的可靠性概念(BC2.25)。

---

① Paton and Littleton(1940, pp.19–20).

10.3.3 中立性和谨慎性

IASB 现行框架支持谨慎性，但讨论稿明确弃用该术语，因为它与"中立性要求的没有倾向性"相矛盾（BC2.22）。

现有框架（37）指出"在不确定条件下进行估计需要谨慎的判断，这样资产或收益不会被高估，负债或费用不会被低估"，试图以此来调和谨慎性与中立性。但明确禁止以谨慎为由故意低估或高估。

英国 ASB 的原则公告（1999）采用了与框架类似的方法，试图调和谨慎性与中立性，如下：

谨慎性是指在不确定条件下进行估计需要一定程度的谨慎判断，这样收益和资产不会被高估，损失和负债不会被低估。特别是，在这样的条件下，相较于负债和损失需要关于收益和资产存在性及计量可靠性的更多确证证据（3.19）。

通过明确引入"确证证据"来减轻不确定性，ASB 在一定程度上澄清了"可靠性的两个方面——中立性和谨慎性"之间的关系，但它承认两者之间存在"拉力"，这要求"找到一个平衡，以确保不发生故意地和系统性地低估收益与资产、高估损失与负债"（3.36）。

讨论稿的立场（取消谨慎性）避免了这种权衡，但这样做它忽略了源自受托责任的财务报告的一个重要方面。许多代理理论都关注的一个问题是，代理人有夸大业绩以增加报酬的动机，当高管被授予股票期权且股价由报告财务业绩驱动时这一问题尤为严重。近期一系列会计"丑闻"便是由此引起。在这样的背景中，与"更确证的证据"要求相联系的"一定程度的谨慎"可以提高可靠性（表现为使用者对信息的信任），这将充分弥补任何可能的偏差。

谨慎性的一个具体案例是减值测试，它在 IASB 和 FASB 的准则中都很重要（IAS 36）。当资产的可收回金额低于账面金额时，将账面金额减少为当前可收回金额。当可收回金额高于账面金额时，不增加账面金额。因此，它从根本上说是一种有偏的计量方法，也是一种谨慎的方法。①

一个类似的对负债的有偏计量是 IASB 保险准则（IFRS 4）使用的负债充分性测试；这个测试会导致负债账面价值的增加但并不会减少。在这两个测试中，严格遵循中立性意味着调整应是对称性的，即在减值测试中资产应始终以当前可回收金额反映（在一些情况下，可以是公允价值）。

---

① Bromwich（2004）认为，减值测试不应该是单方面的。

对购买商誉进行减值测试以取代摊销的方法最近才被采用（IFRS 3, 2004），这样做的结果将尤为显著和具有争议性。因此可以预期，从框架中删除谨慎性将招致很多反对意见。

反对者不是单纯地坚持过去的谨慎性做法；他们也关心取消谨慎性与当前做法的不一致性，其中有些是 IASB 最近才实施的。

10.4 要素与确认

迄今为止，阶段 B "要素与确认"的工作集中于两个基本要素的定义：资产与负债。现行 IASB 框架中定义的其他要素（权益、收益与费用）还没有涉及，也没有成为重要的、具有潜在争议性的确认问题，尽管 IAS37（负债）的修订与之相关。

以资产与负债的定义作为工作起点，IASB 重申了 IASB 和 FASB 现行框架中的"资产负债表"法。

这种方法赋予资产和负债"首要概念"（Johnson, 2004）的地位，超越收益和费用等流转指标，认为由确认流转项目引起的应计项必须符合资产和负债的定义以便能在财务报表中确认，即收益和费用等利润表要素产生的应计金额必须与资产负债表要素一致。

这种方法约束了应计项的估计，避免了 Sprouse 描述的"你可以说是它的"这样的确认规则。但这种方法并不要求将综合收益（按资产负债表变动衡量的总收益）提高到业绩的核心计量指标的高度，尽管它可能便利了这种做法。

10.4.1 资产的定义

IASB 现有框架对资产的定义为：

过去事项形成的由主体控制的资源，预期会带来未来利益流入主体（IASB 框架, 49a）。

目前提案中的定义为：

资产是主体对其拥有现时权利或其他现时特权的现时经济资源。

新的定义删除了原始定义中两个重要短语："过去事项形成的"和"预期会带来未来利益流入"。这可能会影响在概念框架修订中尚未讨论的确认标准。

删除"过去事项形成的"是因为它是多余的：任何现存事物一定是在过去某个

时间形成的。

然而，这种删除确实削弱了对过去交易和事项重要性的强调，受托责任观的支持者可能会为此感到遗憾。如果确认标准是只要现在满足新定义的事物就可确认为资产，这将削弱以过去交易和事项作为确认基础，降低了财务报表的可靠性。这种做法对"如实表述"的削弱不明显，因为"如实表述"强调反映"现实世界经济现象"。

未来前景不是由过去交易形成，可以被视为现实世界经济现象。因此能够以公允价值确认自创商誉要素，自创商誉至今仍被认为不适合在财务报告中确认。

对预期未来利益的删除表明，未来将会有提案建议从框架中删除现行确认标准中的一项：

一个满足要素定义的项目还应符合如下条件，才能被确认：

（a）与之相关的未来经济利益很可能流入或流出主体；并且（b）该项目的成本或价值能够可靠地计量（IASB 框架，83）。

显然，如果预期未来利益不再是资产定义的一部分，则框架 83（a）就失去了意义。IASB 对此项删除的解释是，这个短语引起了一些混淆。而且必须承认，这一定程度上是由现行框架（85）对其解释引起的，该解释混淆了计量和确认。

大多数财务报表要素的结果是不确定的，如果资产（或负债）的存在是确定的，与之相关的现金流的不确定性可以通过计量来处理。

例如，应收款项经常由于预期坏账损失而减值，股票可能因预期损耗而减值。减值测试在资产计量中是反映预期未来现金流的一种常见方式。

确认（而非计量）独有的不确定性是英国 ASB 原则公告中所称的要素不确定性（ASB 1999，5.13—5.15）。

这种不确定性在于要素是否存在、是否满足要素的定义，IASB 的确认标准"未来经济利益很可能流入主体"就涉及这种类型的不确定性。

如果利益不流入主体，资产就不是主体的资产，因而不能在其账目中确认。

主体的这种"非资产"包括无法以可接受的概率水平确定其存在性的资产，如自创商誉。这显然是一个存在（确认）问题，而非计量问题，资产定义的拟议似乎修订忽略了这一点。

目前，IASB 在对 IAS 37（负债）的修订中正纠结于同样的问题。它正试图界定一项推定义务何时应确认为负债。

计量同样是确认过程的一部分（83b），但涉及的是计量的可靠性而非结果的不确定性。IASB 框架（85）可能会令人困惑，因为选择的案例（应收账款的信用风险）似乎与参数已知的不确定性结果计量（风险已知的结果，可以被定价，因此可以通过计量处理）有关，而不是与参数的不确定性（计量本身的不可靠性，它会妨碍对结果的可靠定价）有关。

总之，IASB（和 FASB）对资产定义的初步提案包括了两个可能削弱现行框架确认标准的变化。作为阶段 B 一部分的确认标准问题还未开始解决，曾有工作人员提议开展此项工作，但为了更好地进行当前的资产定义工作该项提案 2007 年 7 月被拒绝。

公允价值的批评者可能担心：从资产定义中删除"过去交易和事项"，从确认不确定性转为计量不确定性（公允价值被认为很符合这一转变），以及可能修订甚至删除现行的可靠计量的确认标准，这些将为扩展公允价值计量的使用范围开辟道路。

10.4.2　负债

迄今为止，在阶段 B 受到关注最多的是资产定义，因为在"资产负债表"法下它是其他要素的基础。

另一个受到极大关注的要素是负债，负债被作为资产的平行定义提出。IASB 现行框架中的定义是：

负债是由过去事项形成的主体的现时义务，负债的清偿预期会导致代表经济利益的资源流出主体（IASB 框架，49c）。

目前提议的定义是：

负债是现时经济负担，是主体负有的现时经济义务。

正如负债定义与资产定义相对应，定义中的变化也同样如此。与资产定义一样，过去事项和预期未来现金流都被删除。因此，对资产和负债而言这种删除具有同样的影响，特别是在确认标准方面。

前面已经指出，IASB 在对 IAS 37（1998）的修订中正面临确认标准问题。它提议取消准备的概念，将以前所有的准备归为负债（IAS 37 建议修正案，2005）。

准备是"时间或金额不确定"的负债（IAS 37，第 10 段），IASB 目前的想法是，很多负债都存在一定程度的不确定性，这反映在它们的计量中。因此设置准备子类别是无益的，尽管它可能传递各个类别的相对可预测性信息。

对于负债的确认，IASB 聚焦于义务是否存在的问题。它已经确定了引起负债的义务，如在保证或保险合同中，作为一项负债，未来现金流出的不确定性反映在计量中。它目前正在探索当不存在合同义务时推定责任的确认环境问题。

这是一个要素不确定性问题，但 IASB 目前倾向于（IASB 修订，2007 年 7 月）拟定一系列指标，而不是通过为确认规定一个概率阈值，如"更有可能"，来直接面对决策的概率特性。

通过从确认中删除不确定性标准而将不确定性在计量中反映，这些进展可能会增加 IASB 向要求以公允价值作为确认标准的立场转变的可能性。因而可以推断，主体的任何能以公允价值反映的预期未来现金流从本质上说都可以被认为能满足新的要素定义，能被确认。

10.4.3 权益

权益的定义以及界定负债和权益的区别是在阶段 B 要解决的另外一个要素问题，但还未被直接涉及，尽管 FASB 的确有一个关于负债/权益区别的项目，IASB 在跟进。区别负债和权益的困难部分地源于现行框架将权益作为一种剩余范畴：

权益是主体资产在扣除全部负债后的剩余利益（IASB 框架，49c）。

这导致了股票期权等多种多样的金融工具被纳入权益范畴，因此较之只有股票一种权益工具的情况，这造成了混乱。

同时还导致了负债边际相当大的模糊性：本质上，任何不属于会导致失去经济资源的现时义务的项目都是权益。这种模糊性使 IASB 曾违背框架（以股份结算固定货币金额的承诺被归为负债），IASB 的征求意见稿（可按公允价值回售的金融工具，2006 年 10 月）再次背离框架，建议将一些有权以现金方式回售因而满足现行负债定义的工具作为权益处理。

本项目最近在探讨的一个可能的解决方案是要求权法，将资产负债表贷方的所有项目都视为"要求权"，不再区分负债与权益。这种方法通过消除问题而解决问题，但不太可能被采纳。

然而，也没有表现出采用双层权益的积极性。双层权益中，基础层是现有股东的要求权，另一层包括其他权益工具，如认股权证、股票期权（在集团账户）的少数股东权益。

这种方法符合一部分人的要求。他们认为，现有股东作为所有者具有特殊地位，董事会对其负有特殊的受托责任，股东是企业实体的最终控制者。目前被 FASB 与 IASB 支持的"企业实体"观并未向这一群体让步，导致他们通过会计确定其在一定期间的收益或损失相当困难。

10.4.4　财务报表的其他要素

在 B 阶段尚未开始讨论其他要素，还不清楚在现有框架中的所有要素是否会被保留。现有框架定义的要素中在 B 阶段尚未被提及的两个是收益（包括收入和利得）和费用（包括损失）。

基于"资产负债表"法，它们似乎不会被作为要素讨论，而会作为业绩报表的一部分在框架修订的 E 阶段"列报与披露"进行讨论。

IASB 和 FASB 已经有一个关于业绩报告的联合项目，最初是源于利润表的列报问题。它引起了大量的批评意见。IASB 首选的单一综合收益表的反对者中很多是会计账目的编制者，他们担心实质上基于公允价值的综合收益可能会成为业绩评价的核心指标。[1]

他们认为公允价值和综合收益的不稳定性会掩盖营业利润，而营业利润被他们认为是反映主体产生未来现金流内在潜力的更好指标。

IASB 仍在探讨对营业利润（按现有框架的术语大体上是收入减去费用）等进行小计的解决方案。难点在于要基于合理的原则规定这种小计、实用且能被财务报表的使用者和编制者接受。

10.5　报告实体

概念框架 D 阶段的工作内容是报告实体，已经取得了比阶段 C "计量"更大的进展，这可能是因为对此争议较少。关于报告实体的讨论稿预计将在 2008 年发布。这并不是说这个问题不重要或者是没有争议（Walker，2007）。

一种批评可能是针对目前 IASB 支持的刚性观点，即对于集团实体，只有通用目的的财务报表才是适当的。

排斥单独的控股公司会计的重要性意味着拒绝业主观而支持实体观，即认为在财务报告中不应特殊考虑控股公司资金提供者（特别是股东）的利益。

无论哪种观点下集团会计都是重要的，但业主观认为基于控股公司视角的控股公司会计能增加有用信息，例如，反映其直接控制的资产和负有法律义务的负债的范围。

---

[1]　对综合收益的进一步探讨，见 Cauwenberge 和 De Beedle（2007，pp. 1-26）。

10 公允价值与 IASB/FASB 概念框架项目：一种替代观点

10.6 计量

C 阶段"计量"的工作已经开始，该主题的重要性和争议性使得这可能会是一个漫长的过程。之前的概念框架回避直接解决这一问题，探讨计量的理想属性而不是推荐单一的首选计量目标。

这一主题具有争议性的部分原因是 20 世纪 60 年代和 70 年代关于通货膨胀会计的辩论，当时 FASB 建立了自己的概念框架，为后来的框架（如 IASB 的框架）提供了一个样本。

当时的争论是关于价格变化是否应该在会计中反映。换句话说，它是关于历史成本与某种形式的现值的对抗。很容易将辩论双方区分为："老式的"历史成本支持者，其依据是狭隘的受托责任观，和"现代的"现值支持者，他们信仰信息的决策有用观。

但是在当时，被很多人接受并且被 IASB 和 FASB 的框架认可的观点是，决策有用目标和受托责任目标并不一定互相冲突。受托责任要求提供关于业绩的及时信息，而现值是反映这类信息的理想计量属性。

此后，争论一直在持续。虽然综合价格变动会计被证明是不成功的，但近年来在会计准则中越来越多地采用现值，特别是在金融工具会计（IAS 39）领域，而且也同样应用于农业（IAS 41，2001）等领域①。

在这些新的应用中，讨论的焦点是应使用哪种现值。建立在现行成本（依据的是剥夺价值推理）基础上的价格变动会计是一次失败的尝试。最近，准则制定者倾向于使用术语"公允价值"，表示当前市场价值：

公允价值是在公平交易中，熟悉情况的交易双方自愿进行资产交换的金额（IAS16，6）。

这一定义与买入价值（如现行成本）或脱手价值（如销售价格）一致，它并没有规定对交易成本的处理，因此，它与可变现净值并不一致（销售价格减去销售成本，是销售者收到的金额）。以 SFAS 157（FASB，2006）为基础的 IASB 近期讨论稿消除了这些模糊性：

公允价值是计量日，在有序交易中，市场参与者之间销售资产收到的或者转让

---

① Tweedie 和 Whittington（1984）描述了价格变动会计的发展，Tweedie 和 Whittington（1997）描述了对价格变动会计的反对意见（主要来自账户编制者），及其随后的退出。

负债支付的价格（SFAS 157，5）。

因此，公允价值是一个脱手价值（销售资产收到的价格），不包括交易成本（所以用价格代替金额）。

此外，提及市场双方而不是交易双方，强调计量是非特定主体的，即它应该是基于假设性的最优市场价格而不是报告主体实际支付或实际获得的价格。

基于 SFAS 157 的讨论稿仅仅是一个针对现有的公允价值使用范围"如何做"的提案，而不是扩大使用范围，但新定义却清楚地划分了关于恰当的计量基础的各种观点的界限。现在的差别不在于历史成本与现值之间，而在于买入（成本基础）价值和脱手（销售）价值之间，以及希望计量特定主体的可用机会与希望使用假设性市场价格之间的区别。

虽然讨论稿的最新进展可能比 C 阶段工作产生的影响更大，但讨论稿并不是严格的框架修订 C 阶段的一部分。后者的工作是列出计价基础清单并开发一种概念方法以便能评估这些计价基础。

在 C 阶段分析的九种备选计价基础不包括曾经受准则制定者青睐的剥夺价值，理由是它是一种混合方法，源自于对其他方法的比较（当前买入价值、当前脱手价值和使用价值）。这就忽视了剥夺价值是一致的价值目标的事实。

放弃对如何达成目标的考量而专注于特定方法的内在属性，似乎没有抓住会计问题的关键。会计的核心应该是在不完美和不确定的世界中向使用者提供信息。[①] 这种类型的分析似乎会导致漫长的没有结果的争论。

被提交给 IASB 2007 年 7 月会议的计量方面的提案证实了这种感觉。在认真分析计量理论的基础上，提出了对 IASB 计量定义的修订。目前的定义是：

计量是确定财务报表要素在资产负债表和利润表中确认和列示的货币金额的过程（IASB 框架，99）。

提议的新定义是：

财务报表计量是利用预先清晰设定的基础，根据与该基础相关的货币单位对一项资产或负债（或一项资产或负债的变动）与其他资产或负债（或其他资产或负债的变动）的数值排序或比较，结果是给资产或负债赋予适当的货币比例规模

---

① 这并不是说具体方法不能与特定目标相联系。一个显著例证为 Chambers（1966）的研究，证明出于衡量财务适应性的目标需要采用脱手价值。但值得注意的是，Chambers 的当前现金等物方法与公允价值不一样：注意，他认为非可售的耐用资产价值应被计为 0（因为无法获取现金等物），而不是采用假设性的脱手价值（Chambers，1970）。如果存在可比资产的可替代公平交易价格，他会使用这个价格来报告该项目。Chambers 同样提倡按面值而非当前市场价格评估债券。综述见 Chambers（1974）。

(IASB Information for Observers, Board Paper2B, July 2007, 第69页)。

这一定义可能严格根植于计量理论, 但从财务报表编制和使用者的角度来看, 它似乎不像现在的定义这样具有直观吸引力。

最终, IASB 和 FASB 将不得不停止分析定义的内在一致性, 而转向会计方法的效用。在评估中, 有必要就财务报告的目的和它们的使用环境达成一致。这是比计量广泛得多的问题, 或者, 具体而言, 根据某种标准判定公允价值是否是一个好的计量属性。这与前面描述的"观点"有关。更确切地说, 这是一个关于财务会计目的及其运行环境的模型。

10.7 竞争性观点

在前面对框架的讨论中, 可能会发现两大流派或观点。它们没有得到充分阐述, 因为前面讨论通常着重于框架的特定方面而不是整个体系。在每个大的流派中还有多种观点, 所以一定程度的分类是有必要的。但是, 如果能以整体的方式阐述各方观点, 确定每一流派的共同基础及其竞争性观点的根本差异, 就可能澄清争论。

这里确定的两个竞争性模式是公允价值观和替代观点[1]。后者的命名原因是它的很多想法都得到了 IASB 声明所附的"替代观点"的支持。

使用这种相当平和的描述的另一个原因是, 这种观点的许多属性都太容易与不是必然由其引起的后果相联系。例如, 如果被描述为受托责任观, 就可能会被不恰当地认为这必然意味着对历史成本计量的偏好。

10.7.1 公允价值观

这一观念在许多修订框架的提案中都能见到。在现行框架中也同样能见到它的一些特性。这种广泛的观点得到了 FASB 和 IASB 大量成员(但不一定是大多数)的支持以及可能得到两个委员会中曾经或正在制定框架的工作人员中的大多数支持[2]。

因为是由专业的准则制定者(尽管在某些方面存在个体观点的差异)阐述, 相

---

[1] Andrew Lennard 一篇关于"负债及如何解释它们"(2002)的有趣且有见地的文章结尾划分了两个类似(但并不完全一致)的流派。

[2] 工作人员观点并未公开表述, 虽然他们的作用只体现在议案中, 但是他们的建议提交给了委员会。无论如何, 工作人员撰写发布的讨论稿有时强有力地表达了他们的观点(如 Johnson, 2005)。

较于替代观点，公允价值观被以"联合"系统的方式更加清晰地阐明。

公允价值观的主要特征：

- 以经济决策有用性作为财务报告的唯一目标。
- 现在和潜在的投资者和债权人是通用目的财务报表的参考使用者。
- 这些使用者的主要需求是尽可能直接地预测未来现金流。①
- 相关性是财务报表要求的基本质量特征。
- 可靠性不那么重要，可以被"如实表述"更好地代替，这意味着更重视捕捉经济实质，而对统计准确性的关注降低。
- 会计信息需要理想地反映未来②，而不是过去，所以过去的交易和事项只是次要相关的。
- 市场价格能够反映在信息充分的条件下，对非特定企业潜在现金流的估计，市场通常是完全有效的，能为如实表述提供证据。

公允价值观的含义：

- 受托责任不是财务报表的一个独立目标，虽然它的需求在实现其他目标时可能附带地被满足。
- 现有股东在使用财务报表的投资者中没有特殊地位。
- 过去的交易和事项仅在有助于预测未来现金流量时才是相关的。
- 谨慎性扭曲了会计计量，违背了如实表述。
- 成本（买入价值）是一个不恰当的计量基础，因为它与过去的事项（购买）相关，而未来现金流是由未来脱手引起的，以公允价值计量。
- 公允价值应该是计量目标，它在 SFAS 157（FASB 2006）中被定义为市场销售（脱手）价格。
- 资产负债表是基本财务报表，特别是如果它以公允价值计量。
- 综合收益是利润表的基本要素，它与资产负债表中报告的净资产的改变量一致。

---

① "直接地"意味着这种方法总括预期未来现金流，就如贴现后现值。

② Barth（2006），一个 IASB 委员会成员，提出了面向未来的会计信息导向的有用观点，明确区分了确认（只有现在的权利和义务应当被确认）和计量（来自于那些权利和义务的预期现金流会影响它们的计量）。她从公允价值的视角看待计量。Bromwich（2004）从另一个角度看待未来导向的信息，剥夺价值视角。本期刊中 Rosenfield（2008，pp. 48 - 60）讨论了在公允价值报告体系内报告"前景"数据的方法。

10 公允价值与IASB/FASB概念框架项目：一种替代观点

10.7.2 替代观点

如上所述，替代观点比公允价值观更难以阐明，因为它来自于准则制定过程中的多元化成分，典型的情况是从实践出发评论特定问题，而不是像框架编写者那样试图建立一个内在统一的财务报告列报模型。

但是，这并不意味着替代的系统观点不存在、不会作为框架的替代得到广泛的支持，当然不同群体支持的内容可能会有差异。

以下内容尝试阐明什么是可以被称为"有见识的"替代观点。它将得到这样一些人的认同，他们承认基于一套系统的原则制定会计准则的价值，认识到改变会计实践以满足会计信息使用者需要的必要性。

因此，替代观点不包括完全保守的观点（这在专注和忙碌于其业务经营和日常事务的人群里并不罕见）。这种保守观点认为，当前实践中没有什么需要改变的，财务报告准则是对业务不必要的干扰，会计的概念思维是学术的象牙塔活动，与现实世界无关①。

替代观点的主要特征：

- 受托责任，被定义为对现有股东的经管责任，是一个独立的目标，和决策有用性同样重要。
- 控股公司的当前股东作为财务报告使用者具有特殊地位。
- 未来现金流可能是内生的：股东（和市场）对会计报告的反馈可能会影响管理决策。
- 在不确定的世界，财务报告减少了信息的不对称，所以可靠性是基本质量特征。
- 过去交易和事项对于受托责任和作为预测未来现金流的输入变量（作为间接而非直接计量）都是重要的。
- 作为经济环境的市场是不完美和不完全的，市场机会存在主体差异。

替代观点的含义：

- 必须满足现有股东的信息需求，包括受托责任要求。
- 过去的交易和事项是相关的信息，它与计量可靠性和存在的可能性都是会

---

① 准则制定的一个特征就是学术界和实务界的建设性接触。准则制定机构总是有经验丰富的从业者，也同样包括知名的学者。如David Solomons是提出创立FASB的Wheat委员会成员，Robert Sprouse是FASB的首批成员之一。Robert Sterling和Paul Rosenfield也是FASB的早期成员。在英国ASB的主席（David Tweedie）和副主席（Brian Carsberg）都是作为全职学者开始他们的职业生涯。

计要素确认的关键要求，以实现可靠性。

- 谨慎性，正如现行 IASB 框架和 ASB 原则公告的解释，可以增强可靠性。
- 成本（历史或现行）是相关的计量基础，例如作为预测未来现金流的输入变量，同时它对于实现受托责任也发挥着重要作用。
- 财务报表应当反映特定主体的财务业绩和财务状况。如果能反映主体可获得的真实机会，就应该建立特定主体假设。
- 在某种情况下业绩报表和盈余指标可能比资产负债表更重要（但是流量报表和资产负债表之间应该有数字上一致的链接）。

10.7.3 两种视角的总结

公允价值观强调财务报告服务资本市场投资者的功能。它寻求具有"向前看"内容的会计信息，基于非特定主体的市场视角估计未来现金流。最有可能达到公允价值要求的条件是相关市场是完全的和竞争性的，理想的状态是存在完美市场。

宽泛地说，替代观点也力求服务于投资者，但它优先考虑现有股东并认为受托责任是财务报告的一个重要的独立功能。它也谋求与预测未来现金流相关的会计信息，但它假定通常可以通过为投资者的评估模型提供有用的输入信息达到这一目标，而不是直接估计未来现金流。这种信息可能是主体特定的。这种方法假定信息不对称和市场的不完美、不完全是常态。

这两个竞争性观点可能的冲突在一系列 IASB 的近期声明中已显现出来，将在下面讨论。

10.8 支持批评意见的替代观点 IASB 提案

IASB 的许多提案（在讨论稿、征求意见稿和准则中）已经受到来自各方的强烈批评，在某些情况下，替代观点来自委员会内部。下面所列内容并不完整，但它说明了批评意见反映替代观点的实例。

IASB 及其合作伙伴 FASB 表达的观点，通常与公允价值观一致。这并不奇怪，因为指导两个委员会工作的概念框架同样与这种观点一致。

10.8.1 "现有股东"焦点

IFRS 2，股份基础支付，采用授予日法来计量股票期权。一旦授予，该期权就是一项权益工具，后续的价值利得或损失作为权益内部转移处理而不是作为利得或损失处理。

基于现有股东的视角，这些利得或损失是真实的，对此应透明地报告，直到行权日利得或损失实现。这个准则的大量批评者主张行权日计量法，反映了"现有股东"视角。

IASB征求意见稿，IFRS 3 的拟议修订案（2005），提出修订子公司的非控制性股权投资的利得和损失（少数股东权益）的现行处理方法（按IAS 27）。新处理方法是基于经济主体视角，将非控制性（少数股东）权益视为集团的权益。

因此，少数股东的交易利得或损失仅被作为股东之间的转移处理，在所有者权益变动表中报告，而不在损益表中报告。然而，从控股公司股东的角度来看这样的交易确实产生了利得或损失。来自三个委员会成员的替代观点（AV8—10）放大了这种争论。一种类似的替代观点附于IAS 27 的拟议修订案，合并和单独财务报表（2005年6月，AV1—3）。

IAS 27 的当前版本是在2004年修订的，当时在列报中少数股东权益（现在称为非控制性权益）被归类为权益。该准则包含了一个成员的反对意见（DO1—3），这名成员预见到将这种方法延伸到对少数股东权益变动的确认和计量的后果。

10.8.2 主体特定假设

在某些实例中IAS B的现行准则确实允许主体特定假设。最值得注意的是，IAS 36，资产减值，基于预计现金流可收回金额（当公允价值不是一个恰当的计量方式时），这必然要建立在主体特定的管理预测基础上。如前所述，减值测试可以被看做是谨慎性的应用，从而使IAS 36 在两个方面违背了公允价值观。

IAS 37，准备，在估计"资产负债表日清偿义务的最佳估计金额"（IAS 37，36）时，允许使用主体特定假设。然而，拟议修订案（在2005年6月IASB征求意见稿中）向FASB的公允价值计量靠拢，收窄主体特定判断的范围，但并未取消（征求意见稿、IAS 37、IAS 37 修订案，2005年6月，BC77—8）。

拟议的方案是："资产负债表日，清偿现时义务或将其转让给第三方所需支付的合理金额"。转让给第三方意味着市场交易，这是向公允价值迈进。

收入确认项目中也存在主体特定假设问题，其中一个建议模型主张对客户的义务应以公允价值计量，即反映一个中立的"市场参与者"应承担的成本，而替代的做法是反映主体保有义务的预期成本。

这个问题的一个具体应用，是在 IASB 最近的保险合同（2007）讨论稿中。首选的"脱手价值"模型可以解释为公允价值计量，但公允价值排斥主体特定假设，而在实践中主体可能在很大程度上依赖来自于自己经营模式的证据，因此 IASB 对这种方法是否应该被描述为公允价值保留判断。

10.8.3 成本的相关性

成本指标在 IASB 和 ASB 的准则中被广泛使用，特别是对于资产和负债的初始确认，也有许多资产和负债以历史成本或摊余成本进行后续计量。

项目被重估时通常采用公允价值。我们已经看到，SFAS157 提案建议在计量的基础层面上不再将公允价值解释为重置成本（"买入"价值），尽管在没有其他计量方式时重置成本可能被作为公允价值的替代。

这将改变一些领域目前的做法，如 IAS16 "不动产、厂房和设备"和 IAS17 "租赁"，在这些领域重置成本似乎是对在经营中使用的资产的未来现金流更相关的计量方式，因此代表未来成本的节约而不是未来取得的收入。

在初始确认时以公允价值的销售价格取代成本尤其受到争议。这就产生了金融工具"首日"利润（IAS39）。这种利润依赖于主体将来能以公允价值变现资产。

因此，有人提出异议，认为首日利润还没有赚得′，这就是为什么零售商通常需要以成本而不是更高的零售价格记录手里的存货。①

在修订 IFRS3 "企业合并"的征求意见稿中，从成本分配模式转变为以整个被合并主体的公允价值为基础的模式的提案争议很大，大量委员会成员持替代观点（AV1—20）。

提出的批评意见之一（AV18）是包括收购成本的购买考量（公允价值计量基础下将不予考虑），最好地捕捉到了并购交易的经济实质，反映了收购方期望收回的支出。

10.8.4 可靠性与谨慎性

关于拟议的 IFRS 3 修订本的争论提出了一系列可靠性方面的问题，特别是关于"全部商誉"的计量（包括被收购单位属于少数股东权益的商誉）。

这依赖于能否对被收购单位公允价值可靠地计量，而不是仅仅对被收购的部

---

① 这种类型的评论持续了很长时间，见本期刊中描述的对 George Husband20 世纪 30 年代观点的讨论（Reinstein et al. 2008, pp. 82 – 108）。

分。五个委员会成员对这个提案提出了替代观点（AV1—7），理由是计量的不可靠性。

IFRS 3 的现有版本也受到了大量的批评，特别是针对商誉的处理。以前的处理方式商誉摊销被减值测试取代。

IFRS 3 的批评者承认摊销是武断的（就如有形资产的折旧），但认为这保证了管理者对收购支出的受托责任，因为商誉的全部成本将在其整个寿命期内从利润中扣减。使用减值测试，由于难以区分合并商誉和自创商誉，就没有这种保证。

（IFRS 3，反对意见，DO16）。

一个相关的问题是，减值测试的作用比所需要的弱，因为它没有包含英国 ASB 的原始准则中要求的后续现金流测试（IAS 36，反对意见，DO6—10）。这样的测试可能被视为谨慎性原则的应用，但减值测试本身就体现了整体非对称原则。

10.8.5 确认标准

在现行 IASB 框架下的两个确认标准是主体将获得未来现金收益的概率（对资产而言）和计量的可靠性。概率标准已被 IASB 近期的一些决议削弱。

IFRS 3 "企业合并"以及对 IAS 38 "无形资产"的相应修订，导致对企业合并中取得的无形资产取消概率确认标准，理由是它们是按公允价值计量的，已包含了概率评估。

如前面所解释的，这忽略了不确定性因素，且与其他无形资产的处理不一致。对 IFRS 3 的一个反对意见（DO7）就是针对这个问题，正如对修订的 IAS 38 的反对意见（DO1—3）。

使用同样的理由，IFRS 3 还取消了企业合并中取得的或有负债的概率要求，因为它们是以公允价值计量的，而这一问题在 DO7 也涉及了。

10.8.6 业绩与盈余

IASB 对报告财务业绩有一个长期项目。这个项目中存在相当大的争议，该项目现在是 FASB 联合项目的一部分——财务报表列报。

该项目主要的初始目标是完善利润表的列报，在利润表中包含综合收益指标，有时被称为"干净盈余"收益。这可以通过两个报表（如英国 ASB 的 IFRS 3 格式，（会计准则委员会，1992）和 FASB 现行准则的一个选项）或者一个报表来实现。一些 IASB 成员公开表达了对单一报表的强烈偏好和对营业利润等进行小计的强烈厌恶。

这是反对的主要来源：反对意见主要来自报表编制者，也同样来自一些报表使用者，他们认为对营业利润的计量是管理业绩的一个重要指标和评估主体的重要输入变量。很容易将这种态度归类为对变革的抵制或管理者需要营业利润来隐藏坏消息，但反对意见存在更有价值的理由。

在许多企业，经营和经营毛利驱动了现金流，在这种情况下，将这些"核心"活动从其他活动（如融资或财产所有权投资等非核心投资）中独立出来更有益于提供信息。

Penman（2007）的文章生动地说明了这种方法。他使用对可口可乐公司估价的案例说明基于成本的盈余数字如何有效运用于估价中。[①]

10.9 总结思考：理论上哪一个是正确的

公允价值的主张以及更广义的公允价值观，有一个一致的观念，即从理论角度看世界具有一致性和简单性。因此，它很容易由于"理论上行得通，实践中行不通"被驳回。

但是，应该指出的是，公允价值观的理论基础是相当直观和简单的。以前脱手价值的支持者，特别是Chambers（1966）和Sterling（1970），提出了更为综合的业务报告和计量理论，而不是公允价值观无保留的支持者，如上文所述。[②]

另一方面，替代观点来自于观点各异的人们，往往从实践的角度出发评论具体问题。因此，至少在表面上，有可能认为它存在一定程度的不一致性，务实但缺乏理论基础。

这种方法可能会由于"实用，但理论上不完善"被驳回。这些结论都不正确。正如我们所看到的，两种观点基于对经济环境性质的不同假设，是这些假设的准确性决定了各种观点与会计准则的相关性。

如果我们接受不存在完美和完全市场的观点，公允价值观的吸引力就大大降

---

① Penman 的论文使用历史成本盈余进行说明。这并没有否认当期重置成本（如果能获得）能进行更有用的计量。这符合本文表述的替代观点。这一观点并没有否认现值（买入或脱手）的潜在有用性，前提是它们能被可靠计量且与主体环境相关。

② Chambers的保留意见前文已提及注释13。Sterling极度谨慎地指出他的"结论仅限于商业企业的交易性资产"（Sterling, 1970, p. 36），他承认难题是由市场的不完美引起的。此外，与公允价值的提倡者不同，他主张从脱手价格中扣除交易成本以确定脱手价值，见第327页。对Sterling后期观点的总结，见Lee和Wolnizer, 1997。

10 公允价值与 IASB/FASB 概念框架项目：一种替代观点

低，因为它与准则制定者所在的现实世界不相关。在这个意义上，它就不是"理论上行得通"，因为从准则制定者的角度来看，好的理论不仅应具有逻辑上的一致性还应该与实际相关。

另一方面，替代观点的确与市场不完美的现实世界相关，但它没有提供简单、一致的解决方案。替代观点的解决方案更具有主体和行业特殊性，甚至允许更多的判断，这违背了准则制定者有序的本意。

然而，替代观点并不缺乏理论支持。Hicks（1946）的论文是收益计量方面作者的标准参考文献，仔细阅读他论文的读者（似乎比引用它的人少）会记得 Hicks 将他的收益分析限定在静态理论（不是对商业世界的现实观点），并拒绝在动态分析中使用其结论。在这一背景下，他写了收入、储蓄和折旧：

尽管它们被人们所熟悉，我不认为在以逻辑精度为目标的分析中它们是合适的工具。它们的含义太过模棱两可，最艰苦的努力也不能消除这种含糊。说到底，它们根本不是逻辑范畴。它们是粗略的近似，商人用它在面对眼花缭乱的形势变化时指导行为。

替代观点符合 Hicks 的"商人使用的粗略的近似"，虽然准则制定者希望尽可能消除这种粗略性，但无法全部去除。

Edwards 和 Bell（1961）的经典著作也为替代观点提供了理论支持，他们也都是训练有素的经济学家。他们的分析强调收益而不是资产负债表（尽管他们的系统包括总利得的"干净盈余"与资产负债表的联系），并考虑基于过去交易和事项的事后会计收益如何被用于业绩评价，采用现行成本计量而不是公允价值（公允价值包括在他们所称的"机会成本"中）。

在 20 世纪 60 年代的会计理论"黄金时代"及其后对通货膨胀会计争论期间，进行了大量的后续理论工作，并与替代观点相符。

在纯理论层面，Beaver 和 Demski（1979）的重要论文表明，在不完美和不完全的市场环境中收益是一个不明确的概念，在这样的环境中，会计的作用是提供有用的信息而不是确切计量：与 Hicks 的结论一致。

讽刺的是，在完美市场环境中收益是界定明确的概念，但不再需要它，也不再需要财务报表：所有相关的信息都表现在主体的现值中，这是它在完全知情市场中的市场价格①。

本着同样的精神，期权定价理论的先驱 Fischer Black（1993），阐述了其对如何改进财务报告的观点，这些观点非常务实，落脚点在于提供有助于确定可持续盈余的信息，而不是提供一个公允价值观。

在不完美和不完全的市场中不可能有通用的、理论上"正确的"会计计量方法。对此，许多学者的应对方法是放弃理论或规范研究转向会计信息市场反映的实证研究，进行有用性测试。这是不幸的，因为这样的测试只能研究可观测的东西，所以他们不能提出或测试新的报告方法：这一任务因此被推给准则制定者和从业者。

一种更有建设性的方法是承认理论不是万能的，不能提供普遍有效的单一计量方法，而只能以更有限的方式解决具体问题。

当然，这种方法在经济学相关学科中行之有效。凯恩斯（1930）很多年前，希望经济学家采用这种方法，经济学家已经在很大程度上实现了这一点。他们开发分析工具，如博弈论或代理理论，这些理论可以应用于具体问题而不是声称提供通用的解决方案。

这种模式已应用于会计领域，如会计披露②。结果显示，替代观点符合这类理论，相较于公允价值观它能提供更富有成效的实际应用。

一种包含这一元素且在学术文献中已经完善的会计计量方法是剥夺价值③。它提供了植根于企业经济的选择计量方式的算法（不是规定一种通用的方法）。

不幸的是，也许表明了标准制定者目前的偏好，这种限定计量目标而不是限定单一技术的方法在修订概念框架的待评估计量方案中被删除，理由是它是一种混合方法，允许使用一种以上的"纯"计量方法。

因此，经济学家的经验可能与正在探寻概念框架的准则制定者相关。也许是时候停止尝试创造财务奇迹（如基于抽象的计量理论从复杂定义中得出普适的"最佳"计量方法），而应追随凯恩斯的建议，"努力使自己成为谦虚、能干的人"。

---

① Hitz（2007）的近期文献从计量的视角和信息的视角，分别评估了公允价值会计的决策有用性，Beaver 和 Demski 指出在市场不完美和不完全的现实环境中财务报告的适当作用。这一评估的结论是只有在能获得可靠的市场价值时公允价值计量才得到支持。

② Verrecchia（2004）对会计披露理论模型的应用进行了一个简要的调查。对经济分析模型在财务报告的应用进行了一个更加全面的调查。

③ Tweedie 和 Whittington（1984）调查了这一概念的演进和它在通货膨胀会计论辩中的角色。近期将剥夺价值与公允价值联系在一起的例证是 Bromwich（2004）和 Van Zijl 和 Whittington（2006）。Edwards 等的研究（1987）是经济分析支持使用剥夺价值的有力例证。

10.10 后记：IASB 的进一步发展，2006—2012 年①

前文是作者对作为 IASB 成员经历的回顾。作者从 IASB 成立的 2001 年就是 IASB 成员直到 2006 年 6 月底。从那时起到这个后记的写作（2012 年 5 月）近 6 年过去了。在此期间，笔者作为外部观察者，注意到一系列决议似乎支持了替代观点而不是公允价值观，这也许意味着方向的改变。

然而，这种方向的改变并不一致，在概念框架的修订中进展不大，意味着 IASB 的未来方向尚不明确。

10.10.1 概念框架：2006—2012 年

2006 年，IASB 计划在 2012 年完成大部分的概念框架修订，但并没有完成。

此外，2006 年有迹象表明，计量的章节会完成，而且会支持以公允价值作为首选计量方式，和发布于 2005 年的讨论稿"初始确认计量"一样。这也没有发生：没有关于计量的进一步讨论稿或征求意见稿作为概念框架项目的一部分发布，目前该项目工作已暂停，以待议程审查。

此外，在暂停前 IASB 委员会关于计量的讨论，更关注界定计量目标和理想属性，而不是试图识别和确定单一的理想计量方法，如公允价值。因此，概念框架项目计量部分的进展更趋于替代观点而不是公允价值观。

然而，概念框架项目的进展并没有完全支持替代观点。特别是 2006 年草案的第一章（目标）和第三章（会计信息的属性），2010 年以最终形式发布，它保留了原草案中的"公允价值观"。特别是，第一章仍然主张将决策有用性作为基本目标，将受托责任视为辅助作用，第三章仍以如实表述而非可靠性作为好的会计信息的一项基本属性。

因此，尽管概念框架修订对公允价值计量的支持并没有达到 2006 年所预测的程度，它仍然保留了广义的公允价值观的重要特征。

10.10.2 准则的发展：2006—2012 年

尽管在概念框架中公允价值观未被删除，但 2006—2012 年准则的发展显示出

---

① 作者感谢 Andrew Lennard 和 David Tweedie 对后记早期草稿的有用评论，当然他们不对本文观点或仍存在的错误负责。

向替代观点的明显转变。

从公允价值观最显著的转变表现在负债的计量,这在三个项目均有体现——IAS37 的修订(准备,现更名为负债)、保险合同及收入确认。如原文所述,每个项目,2006 年 IASB 委员会的主流观点都认为义务应以公允价值计量,即独立的公平交易的承包商为解除主体义务所收取的金额。

显然,如果对主体而言履行义务最廉价的方法是自己完成,而不是由外部承包商完成(主体特定方法),公允价值法会高估义务的金额。另一方面,如果义务的公允价值(以独立承包商的估计收取金额表示)小于应向客户收取的报酬,公允价值法会导致在合同签订时记录即时利润(首日利润),理由是义务会以小于合同报酬的金额免除,尽管尚未完成履行合同的任何工作,也没有确定或雇用具体的外部承包商。

自 2006 年以来,公允价值法在每个项目中都被修订。例如准备(和另外的准则没有涉及的其他负债),2010 年征求意见稿"负债的计量",保留了以被解除义务"主体需要合理支付的金额"计量。这一金额可以是企业履行义务需要的资源,如果那是唯一的成本有效选择,但首选的评估基础是以市场为基础的独立承包商承担义务会收取的金额进行估计,与公允价值观一致。

该征求意见稿保留了废除负债确认的"可能流出"测试的决定,这种决定在以前的讨论稿中被认为是公允价值观的结果,然而取而代之的是一个听起来像非正式概率测试的"判断"概念。

反对该征求意见稿的委员会成员占少数,但人数相当可观,还有许多其他人同样反对。鉴于立即解决的可能性小,加上来自其他项目的工作压力,IAS37 的修订在 2010 年被暂停,直至今日。因此,2006 年之后公允价值在这一领域毫无进展。目前该项目已暂停,以待议程审查。

保险项目在 2006 年似乎向以公允价值计量保险合同义务方向推进。它是基于再保险人承担义务所收取的价格。当收到的保费大于估计的再保险成本时,就产生了"首日利润"。这在 2007 年的讨论稿中被确认。

此后,IASB 改变了它的立场,其 2010 年征求意见稿支持按取得价值进行义务的初始计量,即向客户收取的保费,而不是按脱手价值(名义上的再保险人收取的价格)。此后,基于主体对每个阶段运行成本的估计摊销初始金额:一种主体特定方法。

2010 年征求意见稿特别取消了报告保险合同的"首日利润"。这种改变从公允价值观转向替代观点。这将导致保险合同利润在合同义务履行时确认。

收入确认项目的情况与保险项目类似。2006年，IASB的首选方法是以公允价值确认合同义务：独立的市场参与者承担义务收取的金额。

近期的征求意见稿（2010和2012）从公允价值转向基于合同价格的初始计量，即取得价值。当具体义务因履行而解除后初始计量的金额随之被减少。

在可能的情况下，具体负债的识别和与收入配比的金额应基于市场价格，但在实践中很多情况下它可能是主体特定的。初始（首日）利润将不再被确认（因为义务以合同价格计量），但如果合同负担过重初始损失将被确认。这是谨慎性原则的应用，因此也是对替代观点的再次让步。

在业绩报告项目中，IASB同样转向了替代观点，更具体地说，是利润表的列报。

IASB早期的讨论占主导地位的是关注将综合收益作为关键业绩指标予以报告，不鼓励甚至阻止报告营业利润等成分指标。

这体现了公允价值观。公允价值观认为，反映在以公允价值计量的资产负债表中的财富总变化是业绩的最终衡量指标。营业利润等次级指标会产生潜在的误导并容易被操纵，因为"坏消息"会被推到"线下"作为其他综合收益。近期IASB的讨论表现出对公允价值观的背离。

IAS1的修订（2011）承认利润是综合收益的重要组成部分，报告其他综合收益成分同样重要。

换句话说，不仅仅净资产总量变化是重要的（公允价值观），其组成部分作为会计信息使用者应用评估模型的有用输入变量同样是重要的（与替代观点一致）。

近年取得重大进展的另一个领域是金融工具。在市场中交易的金融资产和负债最能满足公允价值计量及更广义的公允价值观要求的市场深度、流动性和信息充分的条件，然而近期的金融危机对此提出了挑战。

IASB长期以来一直关注改进金融工具会计（IAS39）及相关披露（IFRS 7），金融危机顾问小组起到了进一步的推动作用。该小组成立于2008年，为IASB和FASB应对危机（开始于2007年）提供建议。

金融危机带来的第一个重大改变是，2008年IASB屈于政治压力（Andre et. al. 2009）不情愿地放宽了对公允价值计量的金融工具重分类为摊余成本类别的限制（IAS 39修订案，2008）。

这无疑是从严格的公允价值法转为混合计量，但这不代表IASB本意的改变，因为这是迫于政治压力。

然而，IASB 已启动了一个长期项目，开发 IFRS 9，最终目标是完善和取代 IAS 39 中对金融工具报告与披露的现行要求。

这个项目似乎肯定了混合计量方法，和替代观点一样允许采用与环境相适应的计量方法，而不是像公允价值观那样坚持以公允价值作为通用计量目标。

2009 年的征求意见稿中首次提出简化金融资产类别，随后被 IFRS 9 的第一阶段采用，金融工具（2009）取消了以前的"可供出售"类别，该类别要求按公允价值计量（但不计入损益的利得和损失），保留了以摊余成本计量的类别（但条件不同且不再称为"持有至到期"），还保留了以公允价值计量的计入损益的利得和损失（后者现在条件不同且不再称为"为交易而持有"）。

金融危机带来的另一个问题是贷款损失准备的计量。

IASB 的现行做法是基于已发生的损失计量这种减值，即已发生的事项将导致的损失。有人认为这会导致金融危机期间损失准备不足。

为此，IASB 近期发布的征求意见稿（2011）建议改为预期损失法。这种方法基于现有知识按能合理预期的未来会发生的损失进行计量。这非常类似于存在市场时计算市场价值的基础。因此，它可以被认为是向公允价值观靠拢。然而，由于减值被应用于历史成本计量基础，这种解释并不恰当：本质上它是谨慎性原则的运用（当然不属于公允价值观）会导致混合方法，计量方法的选择基于传统的"成本与市价孰低"法。已发生损失法是严格地将历史成本应用于减值（损失事项必须已经发生）以及应用于初始计量，这种方法可能源自于坚持单一计量方法必要性的刚性观点。所有情况下都坚持单一计量方法当然是公允价值观的一个方面。

IFRS 9 在金融工具方面的另一个进展是对自身信用风险的处理。当以公允价值计量负债时，发行人信用评级下降会导致其贷款的公允价值降低从而产生利得。如果这种利得被作为利润的一部分报告，受托责任的支持者（属于替代观点）会认为由此产生的利润数据是误导性的：来自于主体不会履行其财务义务的利得与其他利得（如利率上涨引起的固定利率贷款利得）显著不同，而这些利得要进行加总。IASB 近期（2010 年 10 月的 IFRS 9 修订案）提出要求将自身信用风险改变引起的利得或损失分离出来，在其他综合收益中报告，而不是作为损益的一部分。这与替代观点一致，与公允价值观不一致。公允价值观专注于以总的综合收益（而不是其组成部分）作为核心的业绩指标。

巩固和澄清（尽管可以说没有扩大）IASB 文献中存在公允价值观的一个重要

的新准则是 IFRS 13 "公允价值计量"（2011）。该准则定义了公允价值并为其计量提供指导。它是基于 FASB 早期的 SFAS 157，因而是国际和美国准则整合过程中的重要一步。它改变了 IASB 以前的公允价值定义，明确指出它是销售价格，即它是处置（脱手）价格，而不是取得（买入）价格，它是价格而不是价值，因此交易成本被忽略。这正是等同于公允价值观的定义。IASB 表示这个准则没有扩大公允价值的使用范围，因为它仅应用于现行准则要求使用公允价值的领域。

然而，IASB 承认公允价值的定义发生了改变（剔除了买入价值和交易成本）。它研究了现有准则以确定新定义是否与准则要求存在冲突。最后结果表明，只在一种情况下存在问题（以股权为基础的支付）。

10.10.3 结论

以上分析清楚地表明，公允价值观在 IASB 决策中占据主导地位（在 2007 年文章中所预测的）的情形并没有发生。相反，IASB 只在其具有相关性和可靠性的领域继续使用公允价值，而在其他情况下采用不同的计量方法，包括一些主体特定方法。

符合受托责任的混合计量方法和保守做法似乎是可接受的，它体现了替代观点的务实性。

没有令人信服的最新概念框架的情形下，这种务实的方法有可能使准则失去一致性、连贯性和与核心目标的相关性，因此希望当前的议程协商完成后，立即恢复概念框架的修订。

一个显而易见的问题是，为什么 IASB 的方向明显改变了？直接原因是理事会成员的变化。

初始理事会（2001）的最后一批成员已于 2011 年 6 月离开理事会，他们的继任者背景更丰富、来自更多的地区，来自北美之外的成员更多。

理事会平衡变化的根本在于 IASB 基金会（其受托人负责监督理事会）持续改革的过程。改革的要旨是使 IASB 更好地对其成员负责，特别是这些国家中使用 IFRS 的会计信息使用者和编制者。

理事会成员的标准已经放宽，以减少对技术专长的强调，增加对业务的理解，促进地理背景的多样化。

这些变化反映了采用 IFRS 的国家不断增加以及执行准则过程中成员间接触的增多。

由此产生的政治紧张对 IASB 产生了影响，引起了一系列的危机和冲突，最明显的是（但不限于）欧盟内部会计监管者关于金融工具的冲突。

这些危机使 IASB 意识到它需要说服和适应而不是命令，为此 IASB 完善了它的程序。

特别是公允价值观假设市场是有效的、有深度的、流动的。2007 年以来，金融危机已经在一定程度上动摇了人们对市场的这种信心。一些评论者认为公允价值会计导致了危机（Plantin et. al. 2008，对公允价值潜在的不稳定效应进行了严谨的分析）。由此带来的政治压力导致咨询小组的成立。

因此，IASB 方向的改变实际上反映了在世界范围内其成员的增加，因此需要满足多样化观点的需求。

然而，有效的准则不是简单的政治妥协的产物。也许，替代观点比公允价值观更迫切地需要一个概念框架，因为它是基于更复杂的市场环境。

不幸的是，这一框架与 IASB 修订框架已经发布的两章（第一章和第三章）所设想的在理念上不同。

因此，IASB 首先应明确其概念框架，确保框架与其近期决议的理念一致。从头开始可能要好于试图修订和调和两个现有框架。现有框架产生于 20 世纪 70 年代和 80 年代 FASB 的工作，当时的经济环境与现在差异很大，而且是基于特定的制度环境（美国的制度环境）。

参考文献

Accounting Standards Board (1992). FRS, *Reporting Financial Performance*, ASB, (revised 1993 and 1999).

Accounting Standards Board (1999). *Statement of Principles for Financial Reporting*, ASB.

Andre, P., Cazavan-Jeny, A., Dick, W., Richard, C., & Walton, P. (2009). Fair value accountingand the banking crisis in 2008: Shooting the messenger. *Accounting in Europe*, 6, 3-24.

Barth, M. E. (2006). Including estimates of the future in today's financial statements. *Accounting Horizons*.

Beaver, W. H., & Demski J. S. (1979). The nature of income measurement. *The Accounting Review*.

Black, F. (1993). Choosing Accounting Rules. *Accounting Horizons*.

Bromwich, M. (2004). Aspects of the future in accounting: The use of market prices and "fair Values" in financial reports. In C. Leuz, D. Pfaff and A. Hopwood (Eds.) *The Economics and Politics of Accounting*, Oxford University Press.

Bullen, H. G., & Crook, K. (2005). *Revisiting the Concepts.* FASB and IASB.

Bush, T. (2005). *Divided by a common language: Where economics meets the law—US versus non-US financial reporting models.* Institute of Chartered Accountants in England and Wales.

Camfferman, K., & Zeff, S. (2007). *Financial reporting and global capital markets: A history of the inter-national accounting standards committee*, 1973-2000, Oxford University Press.

Canadian Accounting Standards Board (2005). Measurement bases for financial accounting measurement on initial recognition, *IASB*.

Cauwenberge, P. I., & De Beedle, I. (2007). On the IASB comprehensive income: An analysis of the case for dual income display. *Abacus*.

Chambers, R. J. (1966). *Accounting, evaluation and economic behavior.* New York: Prentice-Hall.

Chambers, R. J. (1970). Second thoughts on continuously contemporary accounting. *Abacus*.

Chambers, R. J. (1974). Third thoughts. *Abacus*.

Edwards, E. O., & Bell, P. W. (1961). *The theory and measurement of business income*, University of California Press.

Edwards, J., Kay J., & Mayer, C. (1987) *The economic analysis of accounting profitability.* Clarendon Press, UK.

Financial Accounting Standards Board (2006). SFAS 157, fair value measurements. *FASB*.

Hicks, J. R. (1946) *Value and Capital* (2nd ed.) Clarendon Press, UK.

Hitz, J.-M. (2007). The decision usefulness of fair value accounting—a theoretical perspective. *European Accounting Review* 16 (2).

国际会计准则委员会：标准

IAS 16 (2004). *Property, Plant and Equipment, amended.*

IAS 17 (2004). *Leases*, revised.

IAS 27 (2004). *Consolidated and Separate Financial Statements*, revised 2004.

IAS 36 (2004). *Impairment of Assets*, revised 2004.

IAS 37 (1998). *Provisions, Contingent Liabilities and Contingent Assets.*

IAS 38 (2004). *Intangible Assets, amended* 2004.

IAS 39 (2005). *Financial Instruments: Recognition and Measurement, amended* 2005.

IAS 41 (2001). *Agriculture.*

IFRS 2 (2004). *Share-Based Payment.*

IFRS 3 (2004). *Business Combinations.*

IFRS 4 (2004). *Insurance Contracts*

征求意见稿

Proposed Amendments to IFRS 3 (2005). *Business Combinations.*

Proposed Amendments to IAS 27 (2005). *Consolidated and Separate Financial Statements.*

Proposed Amendments to IAS 37 (2005). *Provisions, Contingent Liabilities and Contingent Assets*, and IAS 19, *Employee Benefits*.

讨论论文

Preliminary Views on an Improved Conceptual Framework for Financial Reporting (2006). *The objective of financial reporting and qualitative characteristics of decision – useful financial reporting information.*

Fair Value Measurements, Parts 1 and 2, November 2006. *Preliminary Views on Insurance Contracts*, Parts 1 and 2, May 2007.

其他公开出版物

Framework for the Preparation and Presentation of Financial Statements, April 1989.

IASB Update, monthly minutes of Board meetings.

IASB Information for Observers, edited versions of Board papers, on the IASB web site: www.iasb.org.

Johnson, L. T. (2004). The Project to Revisit the Conceptual Framework. *FASB Report*, 28.

Johnson, L. T. (2005). Relevance and Reliability. *FASB Report*, 28.

Keynes, J. M. (1931). Possibilities for our Grandchildren. *Nation and Athenaeum*, 18 October 1930. Reprinted in *Essays in Persuasion*, London: Macmillan.

Lee, T., &Wolnizer, P. (eds) (1997). the quest for a science of accounting: An anthology of the research of Robert R. Sterling, *New Works in Accounting History*, Garland.

Lennard, A. (2002). *Liabilities, and How to Account for Them: An Explanatory Essay*, Accounting Standards Board.

Paton, W. A., & Littleton, A. C. (1940). *An Introduction to Corporate Accounting Standards.* American Accounting Association.

Penman, S. (2007). Financial reporting quality: Is fair value a plus or a minus? *Accounting and Business Research*, Special Issue: International Accounting Policy Forum.

Plantin, G., Sapra, H., & Shin, H. S. (2008). Marking to market: Panacea or Pandora's box? *Journal of Accounting Research*, 46, 435 – 460.

Reinstein, A., Alvin, G., & Vangermeesch, R. (2008). George R. Husband: Contributions to the development of accounting thought. *Abacus*.

Rosenfield, P. (2008). Prospects: A missing piece of current selling price reporting. *Abacus*.

Sprouse, R. T. (1978). The importance of earnings in the conceptual framework. *Journal of Accountancy*.

Sterling, R. R. (1970). *Theory of the Measurement of Enterprise Income*, University Press of Kansas.

Storey, R. K., & Storey, S. (1998) *Special report: The framework of financial accounting concepts and standards.* Financial Accounting Standards Board.

Tweedie, D. P., & Whittington, G. (1984). *The debate on inflation accounting.* Cambridge University Press.

Tweedie, D. P., & Whittington, G. (1997). The end of the current cost revolution. In C. W. Nobes and T. Cooke (Eds.), The Development of Accounting in an International Context, Routledge.

VanZijl, A., & Whittington, G. (2006). Deprival value and fair value: A reconciliation. *Accounting and Business Research*.

Verrecchia, R. E. (2004). Policy implications from the theory-based literature on disclosure. In C. Leuz D. Pfaff and A. Hopwood (Eds.), The economics and politics of accounting. Oxford: Oxford University Press.

Wagenhofer, A. (2004) Accounting and economics: What we learn from analytical models in financial accounting and reporting. In C. Leuz, D. Pfaff and A. Hopwood (Eds.), *The Economics and Politics of Accounting*. Oxford: Oxford University Press.

Walker, R. G. (2007). Reporting entity concept: A case-study of the failure of principles-based regulation. *Abacus*.

Walton, P. (2006). Fair value andexecutory contracts: moving the boundaries in international financial reporting. *Accounting and Business Research*.

11 历史成本和公允价值会计制度的比较：总体监管事项和部分监管事项

迈克尔·布隆维奇（Michael Bromwich）[①]

摘要：一个简单的例证，完全根据对投资者决策（购买/持有和销售证券）的帮助比较两种会计制度的结果。本文通过使用不同的案例，侧重从监管的角度总结了布隆维奇等人（Bromwich，2011）的观点。本章的主要目的是表明实践会计模型可以帮助人们了解它们对预测未来的效用。各类监管机构经常模拟组织未来可能的结果，包括会计模拟和对不同会计制度结果的模拟比较。将报告结果与基准模型结果核对能揭示会计制度在提供决策信息方面的缺陷。研究显示，历史成本（HC）会计表现不佳。公允价值（FV）制度（不包括估计公允价值）可能表现更糟，还可能误导投资者，但允许公允价值估计增加了财务报告的主观性。

11.1 引言

本文通过使用不同的案例，侧重从监管的角度总结了布隆维奇等人（Bromwich，2011）的观点。后一篇文章认为对会计制度进行实证比较是困难的，因此建议运用模拟的方法。一个简单的例证：完全根据对投资者决策的帮助比较两种会计制度的结果，并与基准会计制度相比较。本文的基准会计制度建立在著名的经济收益和财富概念基础上，假设其能为投资决策提供"最优"会计信息系统。本文假设

---

① 本文部分使用了同布隆维奇等人（Bromwich，2011）相似的词语和段落，为简化表述没有直接标注引用。非常感谢我的合著者：Frank Clarke 和 Graeme Dean。

M. Bromwich
联系地址：Department of Accounting. London School of Economics, London, UK
电子邮箱：m.bromwich@lse.ac.uk

R. Di Pietra 等（主编），《会计与监管》，
DOI：10.1007/978-1-4614-8097-6_11,
版权所有 Springer Science+Business Media, 纽约，2014 年

11 历史成本和公允价值会计制度的比较：总体监管事项和部分监管事项

这两种会计制度提供的信息能够确定未来权益的价值与收益，并且仅考察它们在确定未来权益价值与收益方面的效用。将报告结果与基准模型结果核对能揭示会计制度在提供决策信息方面的缺陷，既包括与另一种会计制度比较的相对缺陷，也包括与基准模型比较的绝对缺陷。本文的重点是模型构建及在进行会计制度比较时简单模拟的效用。

各类监管机构，特别是那些调控竞争和公用事业的机构，经常模拟组织未来可能的结果，包括使用会计信息的模拟和对不同会计制度结果的模拟比较。为帮助完成这些任务，本章关注的是揭示实践会计模型有助于理解其在预测未来中的效用，其中本文设置的基准可以被理解成布隆维奇等人（Bromwich，2011）的经济假设。研究显示，要使模型结果有意义就要精心设计整合的经济基准。采用的经济核算基准系统的结果经常与所考察的会计制度的结果相差很大。制度之间的差异要素往往很细微，需要仔细解释，特别是在复杂模拟中。

布隆维奇等人（Bromwich，2011）的研究结果对会计制度的一些常见论述既有认同又有反驳。这种争论是当前关注的话题，在文献中有许多关于公允价值（FV）会计的论断经常伴随着对历史成本（HC）会计的严厉批评。同样，历史成本会计的捍卫者也猛烈抨击了公允价值会计。尽管其中有些文献是分析性的或使用了实证证据，但许多是基于断言。

本章将讨论布隆维奇等人（Bromwich，2011）的一些结论，以说明即使只用简单的模拟也可以得出这些结论。这些结论包括，会计制度帮助决策的能力是它如何及何时报告实现的和预期的超额利润（高于正常回报）的函数。有些会计制度在这方面表现良好，但需要很强的假设。众所周知，常见的历史成本会计制度表现不佳，但也许令人惊讶的是公允价值制度也表现不佳。要使公允价值制度有用，就必须在市场缺失或不完全时使用估计价格，但这种估计必须具有经济意义，以便与基准模型相联系时有效。在分析会计制度时资产价格变动对未来现金流可能的差别效应（文献中对此几乎未做确认）至关重要，但本文未做讨论。

本章的另一个目标是，使用反映实践会计要素的简约模型，通过对 HC 和 FV 两种会计制度为投资决策提供的相对帮助进行简要的数值比较（一个简单的模拟），以此来说明上述结论。本文的目的是确定在仅使用会计信息的情况下，哪一种会计制度最能帮助投资者做出是否购买、持有或保留股票的决策。发布的财务报表应有助于决策，这是财务会计准则委员会（FASB）和国际会计准则理事会（IASB）声明的主要目标（见 FASB 1978，SFAC No.1 和 IASB 2010，

OB5—OB11段)。

这些案例首先聚焦于非金融资产,因为有观点认为准则制定者(FASB和IASB)可能会将公允价值扩大到这一领域,该领域尚未在文献中被重点分析(参见Whittington,2008和Ronen,2008的研究)。目前,公允价值扩展到金融工具之外主要是基于它在早期财务准则中的使用以及循序渐进的执行。其次,非金融资产引发了一些与金融资产不同的问题。其中最重要的是,一般认为是非金融资产产生的净现值(NPVs)产生了剩余收益(RI)文献中所称的异常盈余,即大于期初净资产资本成本的期间盈余(Felthman and Ohlson,1995)。然而,在两种会计制度下对这些利润的财务报告都受准则制定者的限定,一些评论者认为这否定了市场及时信息,认为公允价值会计比历史成本会计表现更好。本文选择了一套假设的体系,以便能集中于两种制度在提供信息方面的差异。

对理想的会计信息系统缺乏共识,以及对此类系统实践应用有限,导致无法对任何推荐的理想会计制度与现存的会计制度进行实证比较。然而,模拟选定的"理想"制度及其他会计制度的结果是有用的,因为不同的会计制度有不同的优势和劣势,与选定的理想会计制度表现出差异。

评价两种制度使用了一系列基准。前两个反映企业价值(用资本的机会成本折现企业未来现金流)和经济收益(以企业价值随时间的改变量衡量,见Hicks 1946,第171—181页;以及Bromwich等,2010和Clarke,2010对Hicksian收益的近期讨论)。在本例中,股利是基于项目的经济收益,但这些股利仅用作基准,而不用于帮助决策。

项目每期产生的剩余收益用作进一步的基准。期间剩余收益是所使用的会计制度下某一期间产生的会计利润减去资本的机会成本乘以期初净资产账面价值之积。项目剩余收益在项目开始时点的折现金额与项目在这一时点的净现值一致(Preinreich,1938;Peasnell,1982)。期间剩余收益,随会计制度和期间的不同而变化。期间剩余收益,随会计制度与会计期间的不同而变化,其重要特征是表明所运用的会计制度在某期间实现的超额收益。

这并不是说这些基准通常会形成一种"理想的"会计制度。但是,在我们的例证中它们确实代表了"理想"状态,因为它们包含了投资决策需要的所有信息。从技术角度讲,它们为我们的问题提供了最佳的会计制度(提供了完整的信息)。基准与两种会计制度结果的差异说明了这些制度作为信息生产者的局限(见Hitz,2007)。因此,采用了一种对收益和价值的计量方法。

11 历史成本和公允价值会计制度的比较：总体监管事项和部分监管事项

为了只聚焦于本文所考虑的两种会计制度的优势和劣势，假设处于条件确定的情况下以便基准①能够很容易地确定。其他假设将在下文介绍。本文采用一个两阶段的例证，目标是研究只能使用第一期财务报表的投资者能在多大程度上预测第二期的利润和项目在第二期期末的终值。由于对会计制度进行实证比较的困难（考虑到对会计制度进行实证比较存在困难），本章进一步的目的是推动运用更复杂的模拟方法进行会计制度比较（Leuz 等，2003；Ball 等，2000）。此外，大部分实证研究关注会计制度输出对股票价格的信息效应（大部分实证研究关注会计制度的输出结果对于股票价格在信息方面的影响）（Barth & Clinch，1998）。

显然，从非常简单的模型中得到的一些结论不能必然地被推广（指那些涉及使用具体数值及假设的部分），但有些结论可以被推广而且很容易进行敏感性分析。如果这种方法被证明是富有成效的，则需要使用更复杂的模拟（关于一个早期例证，见 Choy，2006）。

比较不同会计制度的结果在会计中并不常用。最近，Nissim & Penman（2008）比较了他们所谓的"理想"历史成本会计制度与"理想"公允价值制度，但没有使用数值例证（同样见 Plantin 等，2008）。本文中这样的制度被称为"完美"的，因为它们代表了运用所采用的会计制度的基本要素。② 完美的历史成本会计制度，基于市场交易以历史成本计量所有会计项目，采用历史成本会计的传统惯例，特别是成本与收入的配比和保持历史成本（货币）资本。完美的公允价值会计制度以脱手市场价格计量包括超额利润在内的所有会计项目，它"从市场到市场"的方式把所有利得和损失都归入损益，保持净资产的公允价值资本，采用准则制定者感兴趣的公允价值假设。③ 完美的会计制度只使用一种计量属性，不包括混合属性会计，因此也可以被视为"纯"会计制度。Bell & Johnson（1979）提供了一个对各种会计制度进行数字化比较的例证。Sandilands Report（1975）也是如此，它是向英国政府提交的一份关于现行成本会计（买入价格会计）的重要报告。④ Sterling & Thomas（1979）的一些文章也采用这种方法，Sterling 解释了在模拟中使用简化的例证（如本文所使用的）的理由。但上述文献都没有使用基准或经济比较对象。

---

① 这样就避免了使用效用函数和决定市场均衡，从而简化了分析（参见 Wagenhofer & Ewart，2011）。这不意味着完整分析不需要这种优化，只有假设确定性才能聚焦于两种制度的结果。
② 因为使用应计项，历史成本会计记录只能基于市场交易。
③ 这样的市场是完全的（所有的项目都被交易）和完美的（价格相同）。会计记录基于市场价格的改变和市场交易。
④ 类似的例证见于 Richardson（NZ）报告（1977）以及由政府发起的加拿大报告。

会计制度回顾：

1. 完美的历史成本（PHC）制度；

2. 不完全（缺失）市场的公允价值制度（FVIM），但其他方面具有完美公允价值会计制度的特征。

一般而言，大多数会计制度下会计项目处理的缺口默认允许使用现行会计实践中的要素，本文例证也做了如是假设。

11.1.1 模型

使用一个简单的两阶段独立项目，研究重点是损益表和资产负债表中的会计信息对投资决策的效用，并聚焦于非金融资产会计。

正如前文所述，假设条件是一种完美的认知，在此情况下仅考虑两类会计制度的不同表现。本例中，两种会计制度仅仅是对已知的信息进行重新安排。作为完美认知的例外，问题是两种会计制度在第一期期末生成的损益表和资产负债表是否有助于预测第二期期末的项目权益价值和第二期的收入。当然，在确定性假设下，这样的信息对投资者没有增量价值——他们不会为此付钱。然而，完美信息和会计制度产生的不同信号的差异（与使用的基准的差异）有助于理解这些制度在帮助投资决策方面的缺陷，在不确定和不完美市场这些差异仍然存在甚至更糟。唯一明显的先验知识是对获取正常资产回报的预期。

初始资产负债表使用历史成本会计制度，最终资产负债表完全由现金构成。当然，项目结束时宣告的项目总利润在所有会计制度中都是相同的。有趣的是中期（第1期）会计结果，它表明了不同制度下会计结果与现金流不匹配的状况。模型的假设使我们能关注每种会计制度的基础而不是它们的所谓争议性特征。

使用的模型的细节见表 11-1。

表 11-1　　　　　　　　　　实例细节

元素	T_0	T_1	T_2
收入	1 500	1 500	
成本			
原材料	100	100	
人工	250	250	
投资			
经营资产	1 000		
发展资产	600		

11 历史成本和公允价值会计制度的比较：总体监管事项和部分监管事项

T_0 表示第一期期初，所有投资已完成，以股权融资，T_1 是第一期期末/第二期期初，T_2 是第二期期末。两期每期等额收到本期销售并发货的收入 1 500。每期用现金支付营业费用 350。每期股利支付前产生留存现金流 1 150。项目使用两种资产：经营资产和发展资产。经营资产花费 1 000，是行业专用资产，但在组织良好的市场自由交易。发展资产是项目独有的（它是 FAS 157，即 FASB 2008 公允价值条款中的专门资产），表中所示发展资产 600 代表形成其输入的相关资产的成本。这些资产广泛使用，同样在组织良好的市场交易。所有异常盈余（超出资本成本的超额利润）累加入发展资产，同经营资产一起使用。① 因此，发展资产有 FAS 157 "公允价值计量" 所称的 "使用价值"（FASB，2008）。②

表 11 - 2 经营资产价格变动

第 1 期价格	两期资产	一期资产
买入价格	2 000	1 000
脱手价格	1 500	750
原始价格	1 000	500

项目股权和所有非自建资产都在 T_0 由市场定价。直线法折旧反映了市场价格随着使用相比项目期初有所降低，或嵌入了适当的价格变动。项目结束时资产没有价值。借款和贷款的机会成本折现率（r）都是 10%。任何留存现金可以按此利率投资。支付的股利等于期间经济收益（项目每期期初现值的利息，见下文）。

然而，股利只用作比较，而不是用作形成预期的信息。这种假设是为了消除可能由股利传递的信息。为简化问题，假设在项目寿命期内只有经营资产会发生价格变动，在 T_0 后立即发生。表 11 - 2 给出了经营资产的价格。发生这些价格变动是因为在行业的其他部分对该资产的需求发生变动。假定总价水平不变，表中所示的变动价格是指两期资产或在此时保有的一期资产在第一期期初后立即发生的价格变动。

假设资产价格的变动不会影响项目的现金流（见 Bromwich 等，2011）。因此，价格上涨代表预期异常盈余的实现，而不是现金流的增加（见下文）。

---

① 异常利润及其折现金额，通常称为内部商誉或主观商誉，可由许多因素产生，包括正净现值机会、协同活动、特殊技能和区位优势、产品差异化和垄断力量（Edwards 和 Bell，1961，36 ~ 37）。
② 准则制定者在最新的公允价值公告中不再使用本术语，IASB 2011。

11.2 假定的理想会计制度

普遍认为在组织良好的证券市场中企业的市场价值是预期未来股利的现值。这种估价适用于可分离主体（在我们例证中的独立项目），条件是在估价时公共信息可获得。在完美和完全市场，所有的信息一旦被知晓就整合进股价，在我们的例证中是在项目期初。因此，在本例中我们将使用项目的市场价值作为对项目的理想估值。由于被准则制定者禁止，这种估值在财务报告中不能普遍使用。禁止的理由是这种估值方法将未实现利润资本化而且建立在管理估计的基础上。准则制订者规定：除了在不完全市场中，在估计市场价值时需要估计公允价值而必须使用管理估计的情况外，其他情况不能在财务报告中使用管理估计（FASB，2008）。

在项目期初 T_0，第一期期末 T_1，第二期期末 T_2，项目的现值是当期现金流价值加上未来现金流在这些时点的现值，使用10%的机会成本折现率。项目在 T_0 的净现值（NPV）是项目净现金流在此时点的现值扣除投资成本。这些数据（需要时，四舍五入）见表11-3。

T_0 时点现值的计算是将两个时期的现金流按10%折现率折现至时点 T_0，得到现值1 996（在表中以下划线标出）。T_1 时点现值的计算是 T_1 时点的现金流1 150加上在第二期期末收到的现金流（1 150）的现值1045.45，T 时点现值为2 195。在时点 T_1 项目的价值是本期的净现金流1 150加上第一期留存现金流及按10%计算的利息（1 150×1.10=1 265），合计2 415。在项目寿命期内现值的增加反映了10%的折现率随时间退出或10%的未支付股利。

每期经济收益的计算（仍是需要时，四舍五入）使用著名的 Hicks（1946年，特别是171-181）No.1 收益概念。根据这一概念，假设与股东没有其他交易，收益是保持项目的初始经济价值的前提下每期可以花费的最大金额。因为在项目进行过程中没有新信息被揭示，在本例中可以使用这一概念的事前版本。第一期经济收益（EI^1）是项目在本期期末的现值等于本期收到的净现金流（1 150）加上第二期收到的留存现金流折现至第一期期末的金额（1 045.45）减去期初项目价值（1 996）。第一期的经济收益计算如下：

EI_1 = 1 150 + 1 045.45 - 1 996 = 199.6（译者注：数字不对，差一点，原文这样，所以未改，而且后面用到这个数。）

11 历史成本和公允价值会计制度的比较：总体监管事项和部分监管事项

表 11-3　　期间现金流、每期项目现值和 T_0 时点的净现值

	T_0	T_1	T_2
收入		1 500	1 500
成本		350	350
净现金流		1 150	1 150
现值（10%，T_0）	1 996 =	1 150/1.10 +	1 150/1.21
现值（10%，T_1）		2 195 = 1150 +	1 150/1.10
现值（10%，T_2）			2 415 = 1 150 + 1 265
净现值（10%，T_1）			
现值（10%，T_0）	1 996		
减投资（T_0）	1 600		
净现值	396		

第二期期末项目的经济收益等于本期期末净现金流价值（1 150）减去该现金流在前期期末的价值（1 045.45）加上在第二期收到前期留存现金流支付该期股利后的利息 95 ［950（1 150 - 199.6）的 10%］。则两阶段经济收益为：

EI_2 = 1 150 - 1 045.45 + 95 = 199.6（见 Bromwich，1992）

同样，这一收益概念不能用于财务报告，因为它是基于未实现利润和管理估计。在组织良好的市场均衡状态下，企业可分离单项资产（包括异常利润）和负债以其各自市场价格计量的总价值等于企业权益市场价值（Revsine，1973；Revsine；Beaver & Demski，1979）。在这种不确定性的市场中，所有项目赚取风险调整正常收益（Holthausen & Watts，2001）。通常，当市场不是组织良好的和/或非均衡的，会计信息才有用。超额或异常利润产生于非均衡市场和不完美市场。异常利润通常只在实现时才在传统会计制度中记录而且在财务报告中不单独列示。因此，一般认为，从"投资者的角度"看，所有的会计实务制度都是"次优"的——它们既不产生企业权益价值，也不产生投资决策所需的全部信息。

因此，有必要在会计制度反映的期间净资产和理想制度反映的净经济价值间建立或估计一座"桥梁"（Holthausen & Watts，2001），① 一般来说，这座"桥梁"是对会计制度未确认项目的主观估计：未来超额利润的折现价值、其他未被

---

① 通常，这种关系等同于在组织良好、参与者分享共同信念及目标、拥有同样的信息、创造实际中没有的会计（既不激进，也不保守）的证券市场上企业的权益价值。这是我们例证中的一般情况。

制度确认的资产和负债的价值以及资产和负债市场价格的变动（Fektham & Ohlson，1995）。

收益数据与理想制度的调和运用了前面提到过的命题，即企业各期剩余收益的折现价值总额等于企业异常利润在决策时点的现值（项目 NPV，见 Peasnell，1982）。这一结论应用于所有会计制度。进一步的一般性结论是，在所有会计制度下任何期间期末的项目净资产加上项目未来剩余收益在这一时点的折现价值等于在这一时点项目的经济价值（PV）。

净现值与项目剩余收益现值之间的关系不适用于单期剩余收益，在不同的会计制度下剩余收益不同。这种不同会计和基准制度下应计异常利润的差异使我们能对各种会计制度提供的信息进行比较。期间剩余收益衡量每期会计收益报告的已实现异常利润捕捉项目实现的总异常利润的程度。已实现异常利润可以与项目隐含的总异常利润（以权益价值扣除会计净值反映）进行比较。①

以上讨论表明，要建立能刻画会计问题且具有经济意义的有用的例证和模拟需要大量的精心设计和谨慎选择基准。即便在这个简单的例证中调和需要的调整也相当复杂，特别是在监管者寻求将被监管企业模型化以有助于监管决策时。

我们现在来看本文考察的两种会计制度。

11.3 完美的历史成本

表 11-4 和表 11-5 分别列示了完美历史成本下的收益和净资产。这里的"完美"不是指实现会计目标，而是指在例证中完全和排他性地使用历史成本会计制度及其惯例。以交易价格计量交易是客观的，因为它反映了市场经验。所有应计利润最终都基于原始交易，但不必基于市场经验证据。内部商誉和异常利润价值没有被资本化。谨慎性（有时被描述为稳健性）是传统的历史成本会计的核心。例如，传统上损失在知道时确认，但利得推迟到被认为"实现"时确认。

第一期的销售收入是 1 500，该期总成本是 1 150，则营业利润为 350。这一数字可以与同期经济收益 199.6（项目期初项目的市场价值 1 996 按 10% 利率计算的利息）相比较。经济收益包括项目净现值的利息。这里假设期间经济收益是当期支付的股利，从利润中减掉支付的股利即为留存利润。

---

① 见布隆维奇等人（Bromwich，2011）。因此，期间剩余收益可以看做是衡量所使用的会计制度相对于经济收益法的结果产生的扭曲。

11 历史成本和公允价值会计制度的比较：总体监管事项和部分监管事项

表 11-4　　　　　　完美历史成本下的利润、剩余收益和净资产价值

项目	T_1	T_2
收入		
销售收入	1 500	1 500
T_1 净现金利息		95
		1 595
成本		
原材料	100	100
人工	250	250
折旧		
经营资产	500	500
发展资产	300	300
总成本	-1 150	-1 150
利润	350	445
减股利	199.6	199.6
留存利润	150.4	245.4
调整		
利润	350	445
资产利息	-160	-175
剩余收益	190	270
剩余收益现值	173	+223
		=396

表 11-5　　　　　　完美历史成本下的净资产

净资产	T_0	T_1	T_2
经营资产	1 000	500	
发展资产	600	300	
现金		950	1 996 [950+951+95[a]（留存收益的利息）]
净资产	1 600	1 750	1 996
调整			
异常利润	396（NPV）	246	
合计：股票市值	1 996	1 996	1 996

注：a 四舍五入：第一期和第二期的现金 1 150-199.6=950.4，第一期留存收益的利息 95.04。每期股利与历史成本利润的比较表明收益的失真是由于没有使用基准制度。

从第一期历史成本利润 350 中减去第一期经济收益 199.6，本期差额为 +150.4；类似地，第二期经济收益与历史成本利润的差额为 +245.4。这两个差额

之和等于项目的净现值396。因此，这些差额量化了历史成本会计制度提供信息的失真。历史成本会计提供了有关项目收益的所有信息，但在两期内存在发布滞后。留存利润下面各行不是财务报表的组成部分但却是基准，使我们能调和会计利润与前文所述的基准理想制度。调整部分计算项目两期的剩余收益。每一期的剩余收益是公布的会计利润减去本期期初净资产账面价值的利息或正常收益。项目剩余收益折现价值之和调和了历史成本利润与项目在决策时点的净现值。第一期剩余收益等于利润350减去利息160（期初净资产价值1 600按10%的利率计算的正常收益）（见表11-4），得到本期剩余收益为+190。类似地，第二期的剩余收益+270是净利润445减去期初净资产的正常收益175（净资产为1 750，见表11-4）第一期和第二期剩余收益在T_0时点的现值分别为136和270，表11-3的最后一行显示它们之和等于在T_0时点的项目净现值396。再次表明历史成本会计制度下公布的总利润传递了所有的可获得收益信息，虽然不是以最及时的方式。[①] 各期不同的剩余收益反映了由于使用历史成本会计制度引起的相对于基准制度的期间信息失真。[②]

第一期剩余收益为正表明历史成本会计获得正常收益并捕捉到一部分项目异常利润。这一剩余收益可以和项目隐含的总异常利润（以权益价值减去会计净值反映）进行比较，从而提示：不确定条件下项目包含的风险（以尚未获取的异常利润衡量）和企业是否有望实现项目权益价值中隐含的异常利润。更一般的，这些剩余收益有利于验证项目的市场价值，并有助于估计其中包含的异常利润。不假设其持续性就不可能预测未来剩余收益（见Nissem & Penman，2008；Penman，2011关于估计收益持续性时使用永久收益估计的讨论）。项目的历史成本利润表不能帮助提出这种假设，而这种假设需要建立在过去会计结果的基础上。

然而，对假设项目至少会继续赚取正常回报的投资者而言仅使用财务报表进行投资决策是合理的。第一期历史成本利润表似乎包含了所有信息，除非可以假定某种结果的持续性。历史成本利润表对估计现金流的时间和不确定性（如准则制定者所要求的，FASB 1978，SFAC No.1）能提供的帮助是有限的，特别是对确定报告剩余收益金额起重要作用的应计项显然与管理操控有关。类似地，寻求预测未来盈

[①] 当然，对于所有的这类项目（"cash for cash"）的其他会计处理这都是成立。但我们研究所检验的会计制度释放这一信息的不同时间。总利润—各期期初资产价值的累积利息等于T_0时点的净现值。$NPV_0 =$（795 - 199.6 - 199.6）= 396。

[②] 公布的剩余收益数字比它看起来的更为复杂。第一期和第二期剩余收益数字分别为190和270，每一个数字都包含两个因素。历史成本会计制度相对于经济收益未公布的利息，由第一期项目现值中有39.6的利息未纳入剩余收益计算（199.6 - 160）引起，第二期24.5（199.5 - 175）。第二个因素是剩余收益扣除这一利息。扣除利息后的剩余收益的合计为项目净现值（150.4 + 245.4 = 396）。

余的监管者如果不进行假设和使用额外信息,很难从历史成本利润表中获得帮助。

也许,令历史成本的批评者惊讶的是,第一期期末的资产负债表(净资产)能提供更及时的信息。

11.3.1 资产负债表

净资产报表(资产负债表)反映了会计制度确认的以历史成本计量的资产(扣除折旧)。T_0 时点和两期期末的净资产以其历史成本计量;第二期期末的现金就是当期的留存盈余;第一(应该是二,但原文如此)期期末的资产为现金,由两期的留存现金加上第一期留存现金在第二期赚取的利息构成。

表 11-5 净资产下的调整对调和任一时期传统会计制度的账面价值与理想制度下的权益净值(市场价值)是必要的。它们代表了调和期间会计净资产与项目市场价值的必要"桥梁"。[①] 在不确定性条件下,任一时期的必要"桥梁"表明了项目判断的固有未来风险。这使投资者能使用个人判断和私人信息评估这些估计值是否合理。不同会计制度下"桥梁"的相对规模表明不同会计制度对预测提供帮助的程度。

由于没有已实现的异常利润,调和 T_0 时点的净资产 1 600 与这一时点的项目市场价值需要的桥梁为项目的全部净现值 396。T_1 时点的净资产为 1 750,由于在第一期已出现异常利润 150(期末净资产 1 750 - 期初净资产 1 600),[②] 故所需桥梁仅为 246。第一期期末需要的桥梁 246 等于第二期应计异常利润在第一期期末的现值(270/1.1)。在第二期期末由于所有异常利润均已实现,不需要桥梁。

在传统的历史成本会计下,资产负债表确实有一些信息价值,管理者被视为承诺至少实现声明的资产价值(Edey,1970,1974)。在这个例证中,基于本文的假设和持续经营假设,T_1 时点的净资产价值表明在第二期期末项目的价值至少为 1 725(1 750 加上在 T_2 的资产正常收益 175 减去在 T_3 的股利 199.6),而在该时点相应的市场价值是 1 996。没有关于第二期知识的投资者无法利用历史成本资产负债表信息或其他任何历史成本信息获取未来异常利润的信息。从会计信息中只能估计

---

① 在我们的例证中,假定经营资产价格变动不会影响现金流,对净资产价值唯一需要的调整是遗漏的异常利润。我们不是要更正因使用权责发生制会计引起的失真,但我们希望能够对其评估。当企业没有采用放弃期权、净资产账面价值超过权益价值时,权益和会计价值之间所需的"桥梁"可能是负的。资产减值是减少负的桥梁规模的一种方法。在不确定性的现实世界,桥梁的存在可以提醒投资者股票市场价格的估计依赖于其对股票市场效率的有效性。这些估计可以检验投资者的私人信息集,特别是可能存在泡沫时。

② 第一期剩余收益 190 与这一期间净资产中的异常利润 150 的差异,是由于剩余收益计算没有包括异常利润的利息(被包含在股利中)。

未来正常收益。

总体而言,历史成本资产负债表(与许多评论家的观点相反)通过评估应计项可能会为投资者提供一些有用的信息(Mosso,2009)。当然,价格变动影响资产时,这种信息效果随时间减弱。对于监管者而言,使用财务报表帮助预测时,有必要以相关经济信息作为补充。

我们现在考虑在不完全(缺失)市场条件下使用公允价值会计制度时我们例证的结果。

11.4 不完全(缺失)市场下的公允价值

完美公允价值会计相对于历史成本会计制度的第一个创新在于,所有的计量都基于输入的现行脱手市场价格,所有的资产和负债都是"从市场到市场"的,利得和损失是利润的一部分。这意味着充分流动的市场。本文中发展资产的市场是缺失的。假设这类资产市场的缺乏在 T_0 时点后立即被知晓。根据完美公允价值会计这种资产因此没有公允价值,因此在公允价值会计制度中没有价值。发展资产的成本因此在第一期的公允价值利润表中被注销,因为完美公允价值制度不确认没有市场的资产和负债。标准制定者要求的在这些情况下估计公允价值,将在后面考虑。

公允价值会计的第二个创新在于,持有资产和负债的利得和损失在知道时立即予以确认。因此价格变动反映在利润中:利得和损失、折旧的调整及资产负债表中资产和负债的账面价值。第三个创新是,这些利得和损失被计入收益。这意味着,企业购买并持有的资产价格上升(下降)及负债的价格下降(上升)带来的利得(损失)。相比之下,我们假设资产的利得和损失不影响项目的未来现金流。资产价格变动只提供项目实现的异常利润和预期异常利润的信号。①

11.4.1 利润表

表 11-6 第一行列出了两期的历史成本利润,通过加上或减去(用括号表示)历史成本收益与公允价值收益的差异确定各期公允价值利润(表 11-6 第 2、第 3 列)。我们运用这种基于差异的方法来阐明两种制度下会计核算的不同。两个期间的第一个差异是经营资产折旧,在历史成本折旧基础上每期额外计提 250,以反映

---

① 假设这些变化并不代表现金流减少,这种资产价格下降表明使净资产账面价值等同于权益价值的桥梁需要增加。

经营资产价格变动500对期间成本的影响。每期增加折旧250（公允价值总折旧1 500）。

第二个差异只适用于第一期。发展资产在历史成本折旧300之外额外注销300，从而在第一期公允价值财务报表中将其价值降低为0，因为它没有市场价格。从第一期历史成本利润中减去这些差异得到不完全市场公允价值会计（以下简称FVIM）经营损失200（这是由于对发展资产更大的注销）。这一数字向投资者传递了不好的信号，表明该项目不值得投资，而且FVIM利润似乎比历史成本利润效用小。正是由于这一原因，准则制定者要求当市场缺失或不活跃时估计项目公允价值。如果这种估计是正确的（与基准模型一致）且应用于所有的缺失市场，将能准确预测未来利润和权益，但要求非常强的假设。

第一期因持有经营资产而获得的利得500在利润表中同样得以确认（经营利润下），得到FVIM利润300。从这一利润中减去股利（199.6）得到留存盈余100.4。在FVIM制度下第一期的剩余收益是140（300 − 1 600 × 10%，1 600为期初净资产价值）。从这个例证以及一般意义上看，这一利得掩盖了任何未确认资产价值的遗漏。公允价值效果的这两种扣除意味着公允价值剩余收益提供的信息比历史成本会计制度少。在第一期期末没有非市场资产价值的知识，就不能解释这种剩余收益，尽管对比净资产公允价值和项目的股票市场价值表明市场预期实质性异常利润（在T_1时点的现值为269）未来会发生。

准则制定者对于市场缺失问题的解决之道是要求估计若市场没有缺失时的公允价值。他们并不寻求对使用估计的合理解释，因为对他们而言所有的公允价值都是估计值，区别仅仅在于使用的信息的质量。公允价值的定义要求通过估计确定任何公允价值，这一定义是："在计量日，有序交易的市场参与者销售资产收到的或转移负债支付的价格。"（IFRS 13，Appendix A，IASB 2011）。尚不清楚管理者为何应擅长做出这些估计，也不清楚为何他们能避免可能通过选择估计值管理盈余的诱惑？[1] 尽管为了具有经济意义估计应与我们的基准模型一致，但估计的效用是实证问题。很多评论家认为一些允许使用的估计模型在财务报告中的使用可能过于主观。

以历史成本估计发展资产价值，可以说明估计的属性。它改变了第一期的

---

[1] 在当代环境，来自于经营资产价格增长的利得不可能像完美公允价值会计下那样计入利润，它会被作为综合收益的一个元素处理，即作为资本公积。如果这些利得被认为与来自市场到市场的利得质量相同，这不会影响资本利得提供的信息价值。

FVIM 财务报表，使第一期的利润从最初的 300 增加到 600，剩余收益从 140 增加到 440，净资产价值从 1 700 增加到 2 000。这些改变在第二期反转，利润从 495 减少到 195，剩余收益从 325 减少到 -5。因此，经营利得的效果可以完全体现，导致全部异常利润出现在第一期。出现这样的结果是因为基准仅以历史成本账面价值计量发展资产。实际上，第一期剩余收益本身高估了项目的异常回报。在没有市场价格时高估资产公允价值的诱惑显而易见。基于不同基础的其他估价会产生不同的结果。存在资产重置的长期项目，历史成本估计计量公允价值具有滞后性，这对长期资产可能产生实质性的影响。

第二期将历史成本利润转化为 FVIM 利润唯一需要的调整反映了 FV 会计制度下经营资产折旧的增加。这种因价格变动引起的折旧和相关资产价值的调整通常被认为是公允价值会计相对于历史成本会计的优点。这里，基于资产市场价格的折旧具有经济意义。对折旧增加的调整得到了第二期 FVIM 利润 495，减去股利后得到留存利润 295.4。扣减掉期初 FVIM 资产 1 700（见表 11-6 的 5 列）的利息，第二期的剩余收益为 325。同样，如果没有无价格资产价值的知识，难以对此做出解释。

期间公允价值利润与期间经济收益的差异在第一期约为 100（300 - 199.6），第二期为 296（495 - 199.6）。这些差异表明相对于基准模型两个期间实现的异常利润。

综上所述，与理想制度和任何股价预测的调和通常需要建立公允价值净资产和反映未来异常利润的项目市场价值之间的桥梁。即使是微小的市场失灵都会损害预测。因此，至少本例证中，公允价值会计仅以市场价格为依据（没有额外的估计价格），存在非市场项目时在帮助投资者方面表现不佳，但完美历史成本同样表现不佳。

第 5 列 T_1 时点的资产负债表以历史成本净资产 1 750 开始，然后推导出 FVIM 净资产。第一个调整是加上经营资产利得结转至第二期的部分 250。第二个调整是历史成本法下结转至第二期资产负债表的发展资产价值 300 被取消，因为完美公允价值会计制度下第一期已全额注销这项资产的价值。这些调整得到 FVIM 净资产 1 700。调整至项目的市场价值需要加上未实现异常利润在 T_1 时点的现值。T_3 时点的预期异常利润是 325，即第二期的剩余收益，在第一期期末的现值为 296①。一般而言，FVIM 净资产不同于历史成本会计报告的净资产。因此，公允价值净资产的

---

① 这是项目的净现值 396 扣除经营资产净利得 250（第一期额外折旧 500 - 250），得出达到项目 T_1 时点的现值 1 996 所需的金额。

11 历史成本和公允价值会计制度的比较：总体监管事项和部分监管事项

预期未来正常收益也不同于历史成本会计确定的数额。

11.5 HC 与 FVIM 会计的比较及简要结论

最后，我们简要比较两种会计制度的结果。表 11-7 概括了 HC 与 FVIM 利润、第 1 期和第 2 期的剩余收益、第 1 期和第 2 期期末的净资产价值及第 1 期期末的未来异常利润的信息。

表 11-6　　　　　　　　　　不完全市场下的公允价值（FVIM）

利润和剩余收益	T_1	T_2	净资产	T_1
HC 利润	350	445	HC 净资产	1 750
与 HC 会计的差异			与 HC 会计的差异	
减（损失）额外的折旧			经营资产的额外价值	250
经营资产	(250)	(250)	(实现的利得)	
减发展资产的额外注销（减值）	(300)	—	发展资产的额外注销	(300)
			FVIM 净资产	1 700
FVIM 营业利润（损失）	(200)	495	调整	
经营资产利得	500		未实现异常利润在第 1 期期末的现值	296
FVIM 利润（损失）	300			
股利	(199.6)	(199.6)		
留存利润	100.4	295.4		
调整				
FVIM 利润	300	495	合计 = 股票市值	1 996
减期初资产的利息	(160)	(170)		
剩余收益	140	325		
剩余收益现值	127 + 269 = 396			

表 11-7　HC 与 FVIM 会计的比较：利润、剩余收益、净资产价值和未来异常利润

项目	HC		FVIM	
	第 1 期	第 2 期	第 1 期	第 2 期
利润	350	445	300	495
剩余收益	190	270	140	325
剩余收益减异常利润的利息	150	246	100	296
净资产价值	1 750	1 996	1 700	1 996
未来异常利润	246	—	296	—

首先看收益，两种会计制度第一期结果提供的信息对投资决策而言都是不完美

的。这为文献中的一般性结论提供了例证。文献认为没有一种现行会计制度能完美计量组织的经济收益或经济财富，因为（除其他事项外）没有报告未来异常回报（Benson 等，2006）。如果没有能力对收益持续性提出完全准确的假设（这是一个很强的要求），第一期历史成本收益数字不能用来准确预测第二期的结果。历史成本利润表的确报告了当期利润，但没有任何迹象表明这种结果是否会持续。更有帮助的是，期间剩余收益表明了当期已实现的异常利润，这可以与隐含在项目市场价格中的异常利润比较。剩余收益扣除利息表明通常的剩余收益计算高估了实现的异常利润。

同样，只有当所有资产都由市场定价（包括预期异常利润价格——又是一个很强的要求）时，公允价值会计制度才能充分预测未来收益和财富。公允价值会计确实比历史成本会计具有优势。第一，相比于历史成本会计制度，资产价格的变化能更早地反映异常利润或其减少。因此，经营资产价格变动产生的利得 500 在公允价值第一期财务报表中确认，而历史成本会计只确认第一期交易产生的异常利润 190（HC 利润 350 – 期初资产的利息 160）。两种会计制度都确认已实现的异常利润。第二，这些价格变动的影响追踪到成本，可以产生更新更及时的成本数据。

然而，由于严格采用完美公允价值，发展资产在第一期被注销，因而 FVIM 财务报表中公布的异常利润的两个因素（来自交易和价格的利得）都被掩盖了。① FVIM 财务报表不确认发展资产、完全注销该项资产增加了解读 FV 报表数字的困难并且当存在市场缺失时会淹没使用公允价值的其他效果。为说明这些影响，我们集中关注忽视经营资产的价格上涨，不确认发展资产的情况。这相当于回到不包含发展资产的历史成本财务报表。在这个例证中不确认这项资产会使第一期历史成本利润减少至 50，历史成本剩余收益变为亏损 110，净资产变为 1 450。因此，市场缺失时不对重要资产估价的影响可以被看做是这一制度的致命缺陷，除非公允价值会计下可以对市场缺失资产进行估计。此外，通常认为公允价值会计的资产负债表能提供估价需要的所有信息。在本例中，对一种资产利得的补偿效应和注销另一项资产意味着 FVIM 资产负债表比历史成本资产负债表的信息含量低。

在本例中，经营资产利得的补偿效应和对其他资产的遗漏意味着历史成本会计制度在信息提供中占主导地位。第一期历史成本利润和剩余收益大于公允价值的对

---

① 第一期的公允价值剩余收益可以写成：交易中实现的历史成本异常利润加历史成本未确认的经营资产利得减经营资产历史成本折旧基础上额外的折旧减历史成本会计之外对发展资产额外的注销。即 190 + 250 – 300 = 140，公允价值剩余收益。

应数据而历史成本净资产需要的桥梁规模小于公允价值净资产需要的。为避免这些问题，有必要使用估计，但却使财务报告增加了额外的主观性。

如上所述，不同的假设数据可能会改变得出的结论。但是，本文已经确定了影响基于决策的会计制度选择的一般倾向，与使用的实际数据无关。

尚不清楚寻求使用公允价值财务信息的监管者是否愿意允许使用必要的估计以修复市场缺失，特别是允许可以使用的估计方法的主观性。事实上，监管者是否希望使用公允价值会计制度还没有作为一个问题提出。这里仅简单处理原则问题。许多监管者使用长期增量成本计量成本、以现行成本计量资产（重置成本）。这相当于使用买入价格体系计量资产，而不是使用公允价值会计制度的脱手价格。对监管者而言前一个体系有明确的理论基础。它广泛地代表新的具有同等效率的进入者或替代供应商的买入成本。公允价值会计相应的理论基础代表：不包含未来异常回报的在位者最低收购成本（因为公允价值资产计量不包括预期异常回报）或不包含未来异常回报的在位者最低估计机会成本。但对监管者而言信息效用或许并不是任务的核心。

此外，尚不清楚为什么监管者会希望强加给被监管组织金融资本保持基础，以保持其资产的脱手价值。一般来说，大多数监管者会使用，至少在第一个例证中，实物资本保持基础，希望被监管组织使用给定（假设）的技术保持其实物资产。这意味着使用买入价格会计制度。

最后，我们将本文理想或基准会计制度的要求与前文提到的两种制度的结果进行比较。本文理想制度表明要完整评估未来净现金流，就需要在本例中的第一期期末拥有关于项目异常利润和正常回报的全部信息，或者具有依据当时可获得的信息计算它们的能力。准则制定者如果希望帮助投资者充分估计可能的未来现金流的数额、时间和风险，就必须考虑将关于预期异常利润的信息整合到财务报告或补充报告中，以避免管理操控的可能性（IASB 2009，OB 3）。正是这些利润推动经济的增长。一种可能的局部方法是要求财务报告列示剩余收益。另一种方法是将实现的异常利润作为一个单独的收益项目。如果不整合预期异常利润，FASB 和 IASB 似乎很难维持以决策有用作为财务报告的唯一目标，而将其他都视为次优的。异常利润的公布也是值得监管者关注的问题。

最后，在实践中这两种会计制度可能被用于非金融资产——历史成本和主观估计价格的公允价值——在帮助投资决策方面具有重大缺陷。在其发展的现阶段将公允价值会计的应用扩大到非金融资产领域，需要考虑本文提出的问题以及其他被提出的问题。

参考文献

Ball, R., Kothari, S., & Robin, A. (2000). The effect of international institutional factors on the properties of accounting earnings. *Journal of Accounting and Economics*, 29, 1–52.

Barth, M. E., & Clinch, G. (1998). Revalued financial, tangible, and intangible assets: Associations with share prices and non-market-based value estimates. *Journal of Accounting Research*, 36, 199–233. (Studies on Enhancing the Financial Reporting Model).

Beaver, W. T., & Demski, J. (1979). The nature of income measurement. *The Accounting Review*, 54 (1), 38–46.

Bell, P. W., & Johnson, L. T. (1979). Current value accounting and the simple production case: Edbejo and other companies in the taxi business. In R. R. Sterling & A. L. Thomas (Eds.), *Accounting for a simplified firm owning depreciable assets* (pp. 95–130). Houston: Scholars Book Co.

Benston, G. J., Bromwich, M., Litan, R. E., & Wagenhofer, A. (2006). *Worldwide financial reporting: The development and future of accounting standards*. New York: Oxford University Press.

Bromwich, M. (1992). *Financial reporting, information and capital markets*. London: Pitmans.

Bromwich, M., Macve, R., & Sunder, S. (2010). Hicksian income in the conceptual framework. *Abacus*, 46 (3), 348–376.

Bromwich, M., Clarke, F., & Dean, G. (2011). Fair value accounting: A comparative example of different accounting systems. *Working Paper*, London School of Economics and Political Science.

Choy, A. K. (2006). Fair value as a relevant metric: A theoretical investigation. *Working Paper*, University of Alberta.

H Clarke, F. L. (2010). "Alas poor hicks", indeed! sixty years of use and abuse—commentary on Bromwich et al. *Abacus*, 46 (3), 377–386.

Edey, H. C. (1970). The nature of profit, *Accounting Business Research*, No. 1 (Winter), pp. 50–55, reprinted in Edey, H. C. (1982). *Accounting queries*, New York: Garland.

Edey, H. C. (1974). Deprival value and financial accounting. In H. Edey & B. S. Yamey (Eds.), *Debits, credits, finance and profits*. Sweet and Maxwell: London.

Edwards, E. O., & Bell, P. W. (1961). *The theory and measurement of business income*. Berkeley and Los Angeles: University of California Press.

Ewert, R., & Wagenhofer, A. (2011). *Earnings quality metrics and what they measure* (August 16). Available at SSRN http://ssrn.com/abstract=1697042 or http://dx.doi.org/10.2139/ssrn.1697042.

FASB. (1978). *Objectives of financial reporting by business enterprises*. Statement of financial concepts No. 1, Norwalk: Financial Accounting Standards Board (superseded).

11 历史成本和公允价值会计制度的比较：总体监管事项和部分监管事项

FASB. (2008). *Statement of financial accounting standards* 157, "*Fair Value Measurements*". Norwalk: Financial Accounting Standards Board.

Feltham, G. A., & Ohlson, J. A. (1995). Valuation and clean surplus accounting for operating and financial activities. *Contemporary Accounting Research*, 11 (2), 689 – 731.

Hicks, J. R. (1946). *Value and capital.* Oxford: Clarendon Press.

Hitz, J. - M. (2007). The decision usefulness of fair value accounting – a theoretical perspective. *European Accounting Review*, 16 (2), 323 – 362.

Holthausen, R. W., & Watts, R. L. (2001). The relevance of the value relevance literature for financial accounting standard setting. *Journal of Accounting and Economics*, 31, 3 – 75.

IASB. (2009). *Fair value measurement.* London: International Accounting Standards Board. (Exposure Draft).

IASB. (2010). *Conceptual framework for financial reporting* 2010. London: International Accounting Standards Board.

IASB. (2011). *IFRS* 13, *fair value measurement.* London: International Accounting Standards Board.

Leuz, C., Nanda, D., &Wysocki, P. (2003). Earnings management and investor protection: an international comparison. *Journal of Financial Economics*, 69 (3), 505 – 527.

Mosso, D. (2009). *Early warning and quick response: Accounting in the twenty – first century.* Emerald: Bingley.

Nissim, D., & Penman, S. (2008). *Principles for application of fair value accounting.* Centre for Excellence in Accounting and Security Analysis (CEASA), Columbia Business School.

Peasnell, K. V. (1982). Some formal connections between economic values and yields and accounting numbers. *Journal of Business Finance and Accounting*, 9 (3), 361 – 381.

Penman, S. H. (2011). *Accounting for value.* New York: Columbia Business School Publishing.

Peterson, R. (1977). *Waikato inflation accounting project.* Hamilton: University of Waikato. (administrator).

Plantin, G., Sapra, H., & Shin, H. (2008). Marking to market: Panacea or Pandora's box? *Journal of Accounting Research*, 46, 435 – 460.

Preinreich, G. (1938). Annual survey of economic theory: The Theory of Depreciation. *Econometrica* 6, 219 – 241.

Revsine, L. (1973). *Replacement cost accounting.* Inglewood Cliffs, NJ: Prentice Hall.

Ronen, J. (2008). *To fair value or not to fair value: A broader perspective* (pp. 181 – 208). June: Abacus. 44 (2), 181 – 208.

Sandilands Committee. (1975). *Inflation accounting: report of the inflation accounting committee under the chairmanship of F. E. P. Sandilands*, Cmnd, 6225, HMSO.

Sterling, R. R., & Thomas, A. L. (Eds.). (1979). *Accounting for a simplified firm owning depreciable assets*. Houston: Scholars Book Co.

Whittington, G. (2008). Fair value and the IASB/FASB conceptual framework project: An alternative view. *Abacus*, 44(2), 139–168.

12 国际会计准则委员会（IASB）对管理层报告的征求意见稿与欧洲监管的比较研究

——基于对意大利证券交易所上市公司管理层报告的影响

丹妮拉·亚根托（Daniela Argento）

罗伯托·迪皮特罗（Roberto Di Pietra）[①]

摘要：本章主要研究监管环境变化对企业信息披露的影响。文中讨论以制度理论为基础，来理解企业对于监管框架变化的反应。通过内容分析法，本章重点关注2007年法律施行后意大利主要上市公司披露的管理层报告信息。该法律扩大了企业的披露范围，规定管理层需要披露的风险与不确定性、业绩指标、经营环境和人力资源相关的信息。新要求不仅增加了必须披露的信息量，还调整了披露信息的性质。除披露更多的传统财务信息外，还要求提供有关社会、环境和战略的信息。内容分析的主要结果有助于揭示企业对2007年监管环境变化的接受程度。

12.1 引言

随着利益相关者要求知情权，年度报告所提供传统财务信息的局限性凸显，企业信息披露也成为业界和学界争论的问题（Beattie，2000）。管理层应披露更多的信息，以使年度报告使用者更好地理解和预测公司的业绩（Beattie，V.，McInnes，B.，& Fearney，S. 2004）。因此，管理层报告中发布的补充信息，即所谓的"管理层讨论与分析"（MD&A）或"经营与财务概况"，对整体的信息披露至关重要（Clarkson，P. M.，Kao，J. L.，& Richardson，G. D. 1999）。报告应体现管理层从过去、现在以及未来发展三个视角审视的公司状况。由于信息是由管理层出于自愿

---

① D. Argento
联系地址：Centre for Business Studies, Kristianstad University, Kristianstad, Sweden
电子邮箱：daniela.argento@hkr.se
R. Di Pietra
联系地址：Department of Business and Law, University of Siena, Siena, Italy
电子邮箱：dipietra@unisi.it

（或责任）披露的，或许对公司本身和使用者而言都是敏感的，因此管理层提供的信息非常重要。

通过研究2007年监管法律变化对意大利证券交易所（Borsa Italiana SpA）主要上市公司管理层报告的影响，本章旨在进一步探究之前已论及的问题。此处的研究以制度理论为基础，来理解企业对于监管框架变化的反应。

本研究的依据主要来自两个方面。首先，意大利和欧盟的立法机构曾多次干预，以明确管理层报告应包含的内容。2007年意大利监管框架采用《欧洲指令》第51/2003/CE条，扩充了管理层报告需包含的内容，因此，研究2007年意大利相关法律实施后产生的变化很有必要。例如，现在管理层必须对公司的风险、财务和非财务业绩指标、经营环境和人力资源信息进行明确的披露（Sottoriva，2007）。其次，IASB同样对管理层报告非常重视，在2009年6月发布了ED/2009/6号（IASB，2009）有关管理层报告的征求意见稿。虽然该征求意见稿并非具有强制约束力的国际会计准则，但它提供了一个大致的框架，可用于指导管理层决策，筹备并制定管理层报告。

为更好地理解公司"披露信息的压力"，本章将2007年调整后意大利监管框架要求的管理层报告与IASB征求意见稿中的要求进行了分析，比较了两者间的异同。

关于意大利证券交易所FTSE MIB 40指数成分股对应的主要上市公司，对它们信息披露的实证研究结果也见于本章。实证研究的依据是对这些公司2008年管理层报告的内容分析，因为这是新要求实施以来的第一个会计年度。内容分析旨在评价所选管理层报告的完整性程度，并判断管理层披露的信息是否、且如何符合新规的。综上所述，如果管理层对2007年的监管变化持接受态度的话，研究结果则有助于明确地反映监管环境变化对管理层报告的影响。

本章其余内容的框架大体如下：首先介绍了研究的理论基础（12.2）；接着对"2007年修订后的意大利监管框架要求的管理层报告内容"与"IASB征求意见稿的要求"（12.3）进行了比较；然后介绍了实证研究所遵循的方法（12.4）与内容分析的主要成果（12.5）；最后部分归纳了本章研究的主要结论，并突出本章研究内容的局限性及未来发展方向（12.6）。

12.2 理论基础

会计和公司信息披露的相关性和重要性在学界和业界引起广泛争论。在编制和

12 国际会计准则委员会（IASB）对管理层报告的征求意见稿与欧洲监管的比较研究

发布年度报告时，公司应该披露能够满足利益相关者需求的信息（Catturi, 1997; Di Pietra, 2005; Leuz, C., Pfaff, D., & Hopwood, A. (2004); Burchell, S., Clubb, C., Hopwood, A. & Hughes, J. (1980); Hopwood, 1983; Roberts & Scapens, 1985）。在这种意义上，管理层报告增加的披露信息应对传统的财务信息予以补充和完善（Clarkson, P. M., Kao, J. L. & Richardson, G. D., 1999）。

由于公司掌握着信息的披露权，报告活动需有制度制约。会计准则可以有效避免由虚假和误导性信息披露引起的市场失灵，从而保证年度报告的可信度与不同公司披露信息的可比性（Flower, 1999）。为了适应公司外部和内部环境的变化，需及时修订会计准则（March, G. J., Schulz, M. & Zhou, X., 2003）。外部环境是指公司运营所处的社会、经济、政治和竞争环境，内部环境是指公司的内部架构、企业文化和政治环境（Pettigrew, 1987）。

当前，经济活动的国际化和资本市场的一体化已对公司的管理报告活动产生影响。一方面，企业需要提供可靠的、可比的年度报告，不仅要符合特定国家的要求，更要适应国际化要求。另一方面，企业需要通过披露财务和非财务信息来满足不同利益相关者的预期（Di Pietra, 2002; Flower & Lefebvre, 1997; Flower & Ebbers, 2002; McLeay, 1999; McLeay & Riccaboni, 2000; West, 2003）。"全球化"的社会经济环境限制了国内监管的作用，但却使国际会计准则的地位日趋增强并逐渐法制化。因此，每家公司在编制年度报告时，都不仅要符合国内会计准则，同时还要考虑国际会计准则。

企业信息披露的调整这一议题与欧洲的大背景息息相关。最近几年，欧盟委员会发布了一系列旨在推动会计协调化进程的规章、指令。在2002年的1606号规章中，欧盟委员会同意IASB制定参考准则，要求在欧盟市场上市的公司在编制合并报表时采用IAS/IFRS（Camfferman & Zeff, 2007; Tamm Hallstrom, 2004）这一规范。

从本质上讲，企业需要同时遵守本国和欧盟会计准则。由于采用新准则需要在编制方法和程序上进行改变（轻微或重大），现行会计准则的变化必然会影响企业行为。

根据格林伍德和希宁斯（Greenwood & Hinings, 1996）提出的理论研究方法会发现，如果遵循与现行完全不同的会计准则，企业信息披露会发生根本性变化。相反，会计准则的细微变动都会引起企业会计披露的收敛变化。

通常，外生因素和内生因素相互作用会引起公司的重大变化。外生因素包括市场、制度背景，内生因素包括内部利益相关者的不满、改进义务、权力依赖与执行能力（Greenwood & Hinings，1996）。这些因素之间的相互作用会影响到信息披露变化的被接受程度和渗透程度，如果相互作用不当，那么预期的或强加的彻底变化（根本变化）将最终转变为收敛变化（Lapsley & Pettigrew，1994；Pettigrew，1987）。也就是说，向新会计准则的过渡和由此产生的披露行为变化不仅受监管框架变化的影响；还取决于公司自身的决策。

也就是说，欧盟和各国政府强制推行新会计准则的能力和权力（制度性压力）不足以带来立刻的、全面的趋同。是否适应会计监管变化还取决于公司的反应（Phillips，N.，Lawrence，T. B.，& Hardy，C.，2000）。迪马吉奥和鲍威尔认为（DiMaggio & Powell，1983），因为公司趋向于模仿其他同行，趋同制度压力久而久之会导致公司效仿类似行为。这种态度可能不是出于经济理性，而是由期望获得经营和社会合法性地位的需求驱使的。

孔德拉和希宁斯（Kondra & Hinings，1998）不同意"趋同行为会形成统一"，他们认为，有些企业不会屈从，而且会按照不同于其他公司的方法行事。对于制度压力，不同的公司会采取不同的战略和战术来应对。有的公司完全服从，还有一些抵制监管变化（有的强烈抵制，有的次之，Oliver，1991）。在采用新会计准则的过程中，公司准则趋同的困难程度决定着对监管变化的抵制程度。事实上，如果会计准则的改变需要对现行惯例进行大量调整，那么会计实践的改变就会较为困难（Burns & Scapens，2000）。从这种意义上讲，在普及和采纳新规之前，必须先将其理论化。在制度创新实现合法化的过程中，必须证明它们比现存制度更合理（Greenwood，R.，Suddaby，R.，& Hinings，C. R.，2002）。

综上所述，监管框架的变化，如增加管理层报告应披露的内容，会对必须接受新准则的企业产生影响。但考虑到公司可能存在的越轨行为，监管框架的变化并不一定产生预期的影响。

在明确监管框架的变化会对编制管理层报告产生如何影响后，下文将分析比较IASB征求意见稿和2007年修订后的意大利监管框架对管理层报告内容要求的异同。

12.3　IASB管理层报告征求意见稿和意大利监管框架

根据前文所述，经济活动的国际化和全球化影响着公司信息披露的水平与程度。管理层报告对财务报告信息披露起到补充完善作用，管理层报告应体现管理层对于公

12 国际会计准则委员会（IASB）对管理层报告的征求意见稿与欧洲监管的比较研究

司过去、现在和未来发展情况的看法。因此，管理层报告中提供的信息是管理层披露行为的结果，其质量具有高度敏感性，主要取决于监管框架强制性或选择性的要求（Barron，1999；Beretta & Bozzolan，2004；Pava & Epstein，1993；Penno，1997）。

管理层报告的价值，体现在意大利和欧洲立法机构曾数次干预其内容的制定。IASB 对管理层报告同样重视，于 2009 年 6 月发布了 ED/2009/6 号管理层报告征求意见稿，意见稿为筹备和编制管理层报告提供了一个大致的框架（IASB 2009）。

根据 IASB 的征求意见稿的内容，管理层报告是对财务报告的补充完善，是促进公司与资本市场进行交流的重要元素，为掌握企业的财务状况、经营成果和现金流量提供了背景，同时有助于了解管理层目标及为实现这些目标而制定的战略。投资者作为财务报告的使用者，可以将管理层报告提供的信息作为预估企业前景和整体风险、评价管理层为取得既定目标所采取的策略是否成功的工具（IASB 2009，第 4 页）。

IASB 的征求意见稿并非强制性的会计准则，它给管理层报告的编制和列报提供了框架，从而使管理层报告与财务报告相辅相成。该框架旨在帮助管理层编制有助于决策的管理层报告。据 IASB 认为，按该框架编制管理层报告可以为财务报告使用者提供企业的财务状况、经营成果和现金流量，因为其不仅涵盖了管理层对于公司已发生事项的观点，还包括管理层对已发生事项的原因分析及其对企业未来的潜在影响（IASB 2009，第 7 页和第 9 页）。

根据 IASB 的征求意见稿，在编制管理层报告时，管理层应在其中包含满足现有和潜在的投资者需求的信息，而现有和潜在的投资者是财务报告的主要使用者。对于"时间范围"，框架特别说明管理层报告不仅要包含当前信息，还需要有关企业过去经营成果、财务状况和发展的信息与对未来的展望（IASB 2009，第 8 页）。

进一步讲，为实现有助于决策的管理层报告，管理层应考虑以下"原则"：

A. 管理层报告应提供管理层对企业经营成果、财务状况和发展情况的看法；

B. 管理层报告应补充和完善财务报告中的信息；

C. 对未来方向进行展望（IASB 2009，第 9 页至第 11 页）。

一方面，框架没有为管理层报告提供特定的格式。管理层报告的形式根据企业实体的不同而差异，反映着企业的性质。另一方面，框架指出有助于决策的管理层报告应包含以下几方面的"内容要素"：

1. 经营业务性质，包括（a）企业所处行业；（b）企业的主要市场和在市场中所处的竞争地位；（c）影响企业和企业所面临的市场法律、监管和宏观经济环境的重要特征；（d）企业主营产品和服务，经营流程和利润分配方法；（e）企业的组

279

织架构和经济模式；

2. 管理层目标与为达目标所制定的战略，通过这些目标，使用者可以了解需优先应对的问题和为实现目标所需的资源；

3. 企业最重要的（财务或非财务）资源，（战略、信用、经营与财务）风险及与利益相关者的关系；上述资源、风险和关系如何影响企业的长期价值，企业是如何管理上述资源、风险和关系的；

4. 经营结果和预期，包括（a）企业的财务和非财务业绩；（b）上述业绩从何种程度上可以预测未来业绩；（c）管理层对于企业前景的评估；

5. 关键业绩（财务和非财务）评价指标，管理层在参照既定目标的基础上，对企业业绩进行评估（IASB 2009，第 12 页至第 16 页）。

表 12-1 大致呈现了 IASB 征求意见稿所要求的管理层报告的主要内容。

意大利《民用法典》第 2428 条，即"管理层报告"规定了管理层报告的内容，并随着欧盟规定的变化而不断修订（如第 51/2003/CE 条："会计现代化"指令）。

在 2007 年修订《民用法典》第 2428 条款时，意大利立法机构进行了重大变革，扩充了管理层报告的内容（Sottoriva，2007）。条款的具体内容如下，斜体字部分为 2007 年新增内容。

财务报告必须附带管理层报告。管理层报告需包括对公司状况、管理趋向和成果的详尽、均衡、可靠的分析，应分别从公司整体和不同部门两个角度出发，要特别关注成本、收益和投资，以及公司所面临的关键风险和不确定性。

上述内容要符合公司业务的规模和复杂性，需包含与公司特定活动相关的财务与非财务业绩指标及公司环境和人力资源的相关信息。报告中应适时给出财务报告中的相应信息，并对其作出补充解释。

表 12-1　　　　　　　IASB 征求意见稿要求的管理层报告内容

经营业务性质
管理层目标和战略
公司最重要的资源
战略、商业、经营和财务风险
公司最重要的业务关系
管理活动的结果
未来前景
业绩指标

12 国际会计准则委员会（IASB）对管理层报告的征求意见稿与欧洲监管的比较研究

每份报告都应包括：

1. 研发活动；

2. 与子公司、附属公司和母公司的关联交易；

3. 公司本身，以及公司通过受托人公司或受托人所持有的本公司股权份额和母公司股权份额的数量和面值，并注明相应的资本份额；

4. 在一个会计年度内，公司本身，以及公司通过受托人公司或受托人所持有的本公司股权份额以及公司买入或转让的母公司股权份额，并注明相应的资本份额，以及买入和转让的数额与动机；

5. 日后重要事项；

6. 可能发生的管理层变动；

6 附：如公司所使用的金融工具对评估公司财务状况和年度盈利（或亏损）非常重要，则应加以考量：

a. 公司管理财务风险的目标和策略，包括对主要经营业务的套期保值政策；

b. 公司面临的价格、信用、流动性和现金流波动风险。

最后，管理层报告需提供分支机构明细。

意大利注册会计师全国理事会为"新管理层报告"的编制流程提供了详细解释（CNDCEC，2009a）。意大利注册会计师全国理事会同时还强调应披露有关环境和人力资源的信息（CNDCEC，2009b）。

综上所述，在追求信息（披露）完全透明的过程中，从2008年开始（该会计年度在2008年12月31日截止），股份公司的管理层报告，除传统的成本、收入和投资信息以外，应包括风险和不确定性、财务和非财务业绩指标、与环境和人力资源有关的信息（Sottoriva，2007）。新要求不仅增加了需要提供信息的数量，同样改变了披露信息的性质：除了包括财务信息外，管理层报告还应包括反映社会、环境和战略性质的信息。这是比过去进步的地方，正如巴尼奥利（Bagnoli，2003）所述，过去的监管太过泛化，且学界和业界均未能解决有关管理层报告的内容及深度的问题（Ragnoli 2003，第37-38页，第91-93页）。

基于2007年修订后的意大利监管要求，表12-2列明了新规中管理层报告的关键内容。

一方面，通过对意大利立法机构的变革与IASB征求意见稿主要议题的比较，几乎可以认为意大利监管框架在某种程度上要优于IASB项目，因为前者明确要求有关环境和人力资源的信息（而在ED/2009/6中没有该项内容）。鉴于此，意大利会计局（意大利语作"Organismo Italiano di Contabilità"，简称为"OIC"）在对征求意见稿的意见函中明确指出，IASB应该解决更加重要和紧迫的问题，而不应只是编制一份管理层报告指南，因为IASB的文件对欧盟和意大利都有明确的约束力（OIC 2010）。

表12–2　　意大利《民用法典》第2428条规定的管理层报告内容

管理层报告需包括对公司状况、管理趋向和结果的分析，应分别从公司整体和不同分部两个角度出发，要特别关注成本、收益和投资；
描述风险和不确定性；
财务和非财务业绩指标；
与环境相关的信息；
与人力资源相关的信息；
管理层报告必须包括：
1. 研发活动；
2. 与子公司、附属公司和母公司的关联交易；
3. 公司本身，以及公司通过受托人公司或受托人所持有的本公司股权份额和母公司股权份额的数量和面值，并注明相应的资本份额；
4. 在一个会计年度内，公司本身，以及公司通过受托人公司或受托人所持有的本公司股权份额以及公司买入或转让的母公司股权份额，并注明相应的资本份额，以及买入和转让的数额与动机；
5. 日后重要事项；
6. 可能发生的管理层变动；
6 附：关于公司使用的金融工具：
公司管理财务风险的目标和策略；
公司面临的价格、信用、流动性和现金流波动风险；
分支机构明细

另一方面，IASB的征求意见稿明确要求公司应披露管理层目标和为达到目标所制定的战略。通过这种方式，管理层报告的使用者可以理解公司需优先考虑的问题，而意大利《民用法典》第2428条中并未明确提及该要求。

在比较了IASB征求意见稿与2007年修订后意大利监管框架要求的管理层报告内容的异同后，下文将介绍本研究所采用的研究方法。

12.4　研究方法

本章所采用研究方法的依据为文献综述和实证研究。在回顾国内外关于会计监管和管理层报告变革的文献后，又对在意大利证券交易所上市的（以股票市值确定

12 国际会计准则委员会（IASB）对管理层报告的征求意见稿与欧洲监管的比较研究

的）主要公司编制的管理层报告进行了内容分析。

值得关注的是，样本由 FTSE MIB 40 股指上市公司编制的管理层报告组成。在选定的 40 家公司中，13 家属于金融行业（银行、保险和金融服务）的公司被剔除，原因是这些公司适用于另外一种信息披露标准。剩余的 27 家公司分别属于以下行业：日用消费品（7 家公司）、工业生产（8 家公司）、基础材料（1 家公司）、消费者服务（3 家公司）、公用设施（4 家公司）、石油和天然气（2 家公司）、科技（1 家公司）和电信（1 家公司）。

在意大利证券交易所网站上，可根据每家公司的文件链接查找它们的管理层报告。阿根廷泰纳瑞司（Tenaris）公司的管理层报告无法在意大利证券交易所网站上搜寻，所以需直接从公司网站中下载。由于在意大利证券交易所网站和意法半导体（STMicroelectronics）公司网站中均未找到该公司的管理层报告，因此将从样本中剔除该公司。样本中的健乐仕（Geox）公司（日用消费品行业），虽然其 2008 年年度报告的许多内容都包含有管理层报告应披露的信息，但因年度报告中并未包含"管理层报告"之类的用语，因此同样予以剔除。在这一点上，研究人员始终保持中立态度，只关注管理层报告中清晰表述的内容。

综上所述，样本由 25 家公司的管理层报告组成。

表 12-3 说明了上述样本的筛选过程，列出了 FTSE MIB 40 股指（意大利证券交易所）的 40 家公司名称及所处行业，并注明是否被选为样本。

内容分析的对象是 2008 年会计年度的管理层报告，因为这是新准则实施后的第一年。具体来说，研究人员为每一家样本公司附写一条短注，其中包含两类信息。第一类信息为公司的基本信息：规模（资本总额、销售收入、投入资本与员工数）、股权构成（以评价股权中是否有外资成分）、公司办公的地理位置、所属行业、上市业务、编制管理层报告（财务报告）用语。第二类信息为管理层报告要求的特定信息。内容分析分为两步。第一步为核验，以厘清：

- 管理层报告是否为独立文档，还是包含于 2008 年度报告中；
- 意大利《民用法典》第 2428 条要求的内容是否都已体现。此举有助于弄清样本报告大致的完整程度；

表 12-3　　　　　　　　　　　样本筛选过程

公司名称	所处行业	是否被选为样本
A2A	公用设施	×
Ansaldo STS	工业（工业产品和服务）	×

续表

公司名称	所处行业	是否被选为样本
Atlantia	工业（工业产品和服务）	×
Autogrill	消费者服务（旅游休闲）	×
Azimut	金融业（金融服务）	
Banco Popolare	金融业（银行）	
Banca MPS	金融业（银行）	
Banca Popolare di Milano	金融业（银行）	
Bulgari	日用消费品（个人用品与家庭用品）	×
Buzzi Unicem	工业（施工和材料）	×
Campari	日用消费品（食品和饮料）	×
CIR	工业（工业产品和服务）	×
Enel	公用设施	×
Eni	石油和天然气	×
Exor	金融业（金融服务）	
Fiat Group	日用消费品（汽车及零部件）	×
Finmeccanica	工业（工业产品和服务）	×
Fondiaria Sai	金融业（保险）	
Generali Assicurazioni	金融业（保险）	
Geox	日用消费品（个人用品和家居用品）	
Impregilo	工业（建筑和材料）	×
Intesa SanPaolo	金融业（银行）	
Italcementi	工业（施工和材料）	×
Lottomatica	消费者服务（旅游休闲）	×
Luxottica	日用消费品（个人用品和家居用品）	×
Mediaset	消费者服务（传媒）	×
Mediobanca	金融业（银行）	
Mediolanum	金融业（保险）	
Parmalat	日用消费品（食品和饮料）	×
Pirelli and C.	日用消费品（汽车及零部件）	×
Prysmian	工业（工业产品和服务）	×
Saipem	石油和天然气	×
Snam rete gas	公用设施	×
Stmicroelectronics	工艺技术	
Telecom Italia	电信	×
Tenaris	基础材料（基础性资源）	×
Terna	公用设施	×
Ubi Banca	金融业（银行）	
Unicredit	金融业（银行）	
Unipol	金融业（保险）	

● 是否遵照了意大利《民用法典》第 2428 条规定的顺序。此举可反映管理层在编制管理层报告过程中的选择。

内容分析的第二步将通过段落数、字数和字数密度（分配给每项新规的字数除以管理层报告的全部字数）计算 2007 年修订的内容在管理层报告中所占的比重。由于分配给每项新规的字数不同，可以说明哪项新规在编制管理层报告时更受重视。类似的计算方法在之前也曾使用过（Bagnoli，2009；Unerman，2000）。为了完成上述计算过程，我们使用 A–PDF 程序将 PDF 中的文字内容导出形成 Word 文档，如此便可以选定目标文本内容，进而计算分配给特定问题的字数。

下文将对管理层报告样本内容分析中的重要发现进行讨论。

12.5 研究发现

通过对 FTSE MIB 40 股指（意大利证券交易所）的 25 家上市公司管理层报告进行内容分析，可发现 25 个样本中的 24 家公司将管理层报告纳入了年度报告，只有一家公用基础设施行业的公司单独编制了管理层报告。

报告的篇幅（总字数）各不相同，最少只有 4 272 字，最多达 57 432 字，平均长度为 27 912 字。表 12–4 显示在管理者报告篇幅（字数）不同区间中的公司（及其所处行业）数量。

表 12–4 显示，约三分之一公司的管理层报告篇幅为 10 001 字到 20 000 字，还有三分之一为 30 001 字到 40 000 字。其余公司管理层报告的篇幅处在其他区间。

纵观管理层报告完整性的整体水平可知，2428 条所涉及的内容（表 12–2 列示）并没有完全体现。大部分样本并没有体现下列内容：

● 分支机构明细：在 25 个样本中，22 家公司没有给出可供参照的其他文档，且未标明原因；究竟是没有分支机构？还是分支机构私有化了呢？

● 在 25 个样本中，有 15 家公司未列出关于自有和通过购买或转让所得股票的具体情况；实际上，在检测的样本中，超过一半的公司只披露了自有股票，没有披露购买和/或出售的股票数额和相应的票面价值。

● 与关联方的关系（25 个样本中有 11 家未标明）：有的管理层报告样本明确说明此项可参见财务报告附注；在其他一些样本中，可以理解为上市公司在合并年度报告的目录中已披露了此项内容；而部分样本根本未提及该项内容。

表 12-4　　　　　　　　　　　管理层报告的篇幅

字数	公司数	所处行业
少于 10 000 字	1	日用消费品（个人用品和家庭用品）
	1	石油和天然气
10 001 ~ 20 000 字	1	基础材料（基础性资源）
	1	日用消费品（食品和饮料）
	1	日用消费品（个人用品和家庭用品）
	1	消费者服务（旅游休闲）
	2	工业（施工和材料）
	2	工业（工业产品和服务）
20 001 ~ 30 000 字	1	日用消费品（汽车及零部件）
	1	消费者服务（旅游休闲）
30 001 ~ 40 000 字	1	日用消费品（食品和饮料）
	1	消费者服务（传媒）
	1	工业（施工和材料）
	2	工业（工业产品和服务）
	2	公用设施
40 001 ~ 50 000 字	1	日用消费品（汽车及零部件）
	1	石油和天然气
	1	电信
超过 50 001 字	1	工业（工业产品和服务）
	2	公用设施

- 在 25 个样本中，有 11 家公司完全没有披露，或以参见财务报告附注的形式处理公司财务风险与财务风险管理。

- 在 25 个样本中，有 8 家公司没有披露环境信息。

下列内容在样本中并未以系统的方式呈现：公司所面临的风险与不确定性、有关人力资源的信息、研发活动、可能发生的管理层变动及日后重要事项。

- 最后，在 25 个样本中，有 14 家公司的管理层报告有最多三项内容的缺失，其他的管理层报告有更多信息缺失。

在有的案例中，管理层报告缺失的信息会见于合并年度报告中。通过阅读管理层报告可以获知相应的信息，因为报告清楚地标明应参见的合并年度报告或其他文档的位置、或是可通过阅读合并年度报告的内容目录获取。在其他案例中，难以确定是否可在其他文档中参考到缺失的内容。

研究管理层报告样本所有事项的列报顺序可发现，它们并未完全遵照意大利

《民用法典》第 2428 条（如表 12-2 所示）的要求。在大部分管理层报告中，公司状况、管理趋向和结果是首先披露的内容。但 25 个样本中并没有采用完全一致的列报顺序，且形式各不相同。

此外，不同管理层报告会在同一段落中叙述多项事项。最常见的形式是，将规定所要求的多项事项置于"其他信息"的段落中。在诸如此类的段落中，最常见的披露内容包括：公司持有股票（自有的和通过购买和转让持有的）数额和票面价值、与关联方的关系和分支机构明细；有的案例中还披露了研发活动与财务风险等信息。

关于 2007 年修订后的新要求，样本显示的情况如下：

意大利《民用法典》第 2428 条要求公司描述其面临的风险和不确定性。在研究的大部分文件中，风险和不确定性均以统一的方式处理，但没有真正明确指出风险敞口大小和管理风险的决策。在一些样本中，只补充披露了关于风险的通用定义。分配给风险和不确定的字数密度介于 0.8% 和 20.8% 之间，整体平均水平为 6%。基本上所有的管理层报告都提到风险和不确定性，并将该项内容单独列出；但有 1 个样本将风险和不确定性置于"其他信息"段落中的一小节。有 2 个样本将风险和不确定性与可能的管理层变动置于同一个段落。

分析的大部分管理层报告将财务风险和财务风险管理置于风险和不确定性段落予以披露，但并非全部样本都标明了风险。为确定分配给该项内容的字数，研究人员必须挑出风险内容。分配给财务风险的字数密度介于 0.6% 和 6.8% 之间，整体平均水平为 1.4%。大体上，财务报告附注都标清了上述内容详细信息的参考位置。

另一项修订为引入财务和非财务指标，以更好地理解公司情况、管理趋向和结果。在这方面，分析表明很多指标都未见于管理层报告，且并未在所有报告中得到体现。指标大都位于讨论管理趋向和结果的段落。因此，几乎所有的样本都不太可能确定分配给业绩指标的字数。一方面，样本对数据和边际指标，如收入和成本、息税折旧及摊销前利润（EBITDA）、息税前利润（EBIT）、投入资本、净财务状况进行了列报和论述，但除此之外只对投资报酬率（ROI）、净资产收益率（ROE）、销售利润率（ROS）、资本充足率和杠杆率几项财务指标进行了披露（且并非所有管理层报告都进行了披露），其中只有两家公司的管理层报告披露了经济增加值（EVA）。另一方面，非财务指标并没有得到清晰的界定和讨论，意味着使用者需最终自行界定和解读。最后，在所研究的管理层报告中，几乎没有列报和解释业绩指标的专门段落。在 25 个样本中，有 7 份报告在段落或图表中提到了业绩指标。这意味着该项内容的字数密度是偏低的，介于 0.4% 和 2.4% 之间。整体平均水平只有 0.3%。

关于环境信息，分析表明，选定的管理层报告中有三分之一未在合并年度报告或其他文档中列明关于环境信息的参考内容。其中 1 家公司的管理层报告虽没有提供深层次的环境信息，但表示读者可参阅《可持续性报告》。在披露环境信息的管理层报告中，大部分样本都针对该项内容单列段落。但在有些样本中，与环境有关的信息被并入"企业社会责任（CSR）"、"健康、安全和环境"或"可持续发展"段落中。分配给环境信息的字数密度介于 0.3% 和 6.6% 之间，整体平均水平为 1.8%。

关于人力资源信息，分析表明，几乎在所有的管理层报告中都至少有一个段落（或段落中的一小节）描述该项内容。在 25 个样本中，只有 3 个未对此项列出参考内容。在有些管理层报告中，人力资源信息分布于不同段落中，如"健康、安全和环境"。分配给人力资源信息的字数密度介于 0.5% 和 14.6% 之间，整体平均水平为 4.7%。并非所有报告都提供了有关人力资源的完整信息，只是介绍了员工总数和培训活动，没有明确说明因工死亡和受伤的员工人数等信息。

关于 2007 年监管变化增加的新要求，表 12-5 总结了相关研究的主要发现。

通过实证研究，我们发现信息完整性（要求的内容是否全部披露）与分配给要求内容的字数密度之间并无明确关联。例如，其中相对最完整的一份管理层报告（只缺失了一项内容）显示了风险、不确定性和人力资源信息的字数比例，这些比例均低于平均水平，且十分接近最小值。

此外，对于所涉及的问题而言，管理层报告的总长度和字数密度之间也非显著相关。例如，风险和不确定性在最简略的管理层报告中所占的字数密度最高。同时，在篇幅最长的管理层报告中，风险和不确定性的字数密度远低于最大值。

表 12-5　　　　研究发现：修订后新要求内容所占的平均字数密度

新修订内容	平均字数密度（%）
风险和不确定性	6.0
财务风险	1.4
财务和非财务业绩指标	0.3
环境	1.8
人力资源	4.7

上述研究可见，在意大利证券交易所主要上市公司编制的管理层报告中，并未体现或完整体现意大利《民用法典》第 2428 条所规定的内容，且报告也不是完全

12　国际会计准则委员会（IASB）对管理层报告的征求意见稿与欧洲监管的比较研究

按照《民用法典》所要求的顺序呈列。根据某项内容在管理层报告中所占的篇幅，难以得出呈报顺序和内容重要性的相关结论。例如，在一份管理层报告中，关于人力资源的信息是第二个讨论的内容，但是字数密度均低于平均水平。还有两份报告在讨论管理趋向与结果前讨论了风险与不确定性，但是风险与不确定性的字数百分比却低于样本整体平均值。相反，在最后讨论风险与不确定性的管理层报告中，该部分的字数密度高于平均水平。上述证据证明公司披露行为的差异。

下节将讨论内容分析得出的结论，并说明本研究的局限性和未来研究方向。

12.6　研究结论

关于所选 25 份管理层报告的信息完整性，研究发现与 2003 年巴尼奥利（Bagnoli）的研究结果基本一致。作者认为很多意大利公司不仅不会追求信息完全透明，而且会回避某些信息的披露。特别是很多公司不愿披露有关现在和未来发展方向的信息，只是披露了关于人力资源、研发活动（但没有说明这些活动的成果）的表面信息，完全没有或只是部分披露了关于公司年度购买或出售的自由股、持有母公司的股票数额和票面价值的信息（Bagnoli 2003，第 250-271 页）。

内容分析的结果还表明，样本并没有很好地执行 2007 年意大利法律新修订的内容，而修订内容却与欧洲会计指令的要求一致。

分配给风险和不确定性的平均字数密度为 6%。在多数情况下，这种配比与意大利注册会计师全国理事会（CNDCEC）的初衷相悖。有些管理层报告根本没有披露风险和不确定性。有时财务风险也未得到完整披露。业绩指标的选用是为了完整反映公司情况和管理层倾向与结果的信息，但大多数样本只讨论了息税折旧及摊销前利润和息税前利润、投入资本、净财务状况和很少的其他指标。对于投资报酬率、净资产收益率与销售利润率等深度指标，即使予以披露也仅是计算了结果，并没有附上相应说明。对于人力资源和环境信息，情况同样不容乐观。大多数管理层报告没有披露或只是部分披露了这些内容，并没有按照意大利注册会计师全国理事会的规定来执行。

本章分析的管理层报告样本内容与 IASB 征求意见稿要求的内容也不一致。跟踪研究 IASB 对征求意见稿的后续进展及其在管理层报告编制过程中所扮演的角色（如果该征求意见稿不是强制执行的）是非常有意义的。如果 IASB 通过了最终版本，那么如何披露管理层目标和管理层为实现目标而制定的战略将极具挑战性。征求意见稿要求管理层披露上述内容时不仅要提供关于过去和现在事项的信息，还要对公司的未来发展做出具体的展望。考虑到意大利过去的会计环境管理保守且不完全透明的特点（目前仍然如此），新要求会面临相当大的挑战（Bagnoli，2003）。

研究发现，样本公司对于2007年法律修订的内容没有完全采纳和接受。只有很少的管理层报告规范地执行了规定，披露了所有要求披露的内容。这也意味着，与理论研究结果一致，公司没有立刻向新的披露准则趋同。而之所以出现这些偏离行为，可以由意大利长久以来对披露敏感信息的勉强态度来解释，但可能也与法规和准则制定者的施压方式有关。那么公司的披露行为在多大程度上是由监管框架的强制执行所决定的呢？

综上所述，为得出有关公司对监管变化接受程度的可靠结论，在时间和空间范围都应更广泛地分析研究。本章研究的局限性在于仅研究了一个会计年度的管理层报告。分析的管理层报告出自2008年这一会计年度，因为这是新规实施以来的第一年，但欲得出更全面的结论，还需研究2007年（新规执行前一年）和2009年的年度报告。

本研究的另一个局限性在于样本由不同行业的公司组成（除金融行业公司以外）。为更好地理解处于同行业公司的披露行为，将来或许可以进行专门的二次抽样。

最后，对于管理层报告和公司信息披露的理解与未来研究方向，希望本文讨论的内容能够起到抛砖引玉的作用。

参考文献

Bagnoli, C. (2003). *La relazione sulla gestione tra normativa e prassi*. Milano: Giuffrè.

Bagnoli, C. (2009). L'evoluzione delle strategie di disclosure volontaria delle imprese quotate italiane in un contesto di accresciuta incertezza ambientale. *Finanza, Marketing e Produzione*, 3, 104-132.

Barron, O. E., Kile, C. O., & O'Keefe, T. B. (1999). MDandA quality as measured by the SEC and analysts' earning forecasts. *Contemporary Accounting Research*, 16 (1), 75-109.

Beattie, V. (2000). The future of corporate reporting: a review article. *Irish Accounting Review*, 7 (1), 1-36.

Beattie, V., McInnes, B., & Fearney, S. (2004). A methodology for analysing and evaluating narratives in annual reports: a comprehensive descriptive profile and metrics for disclosure quality attributes. *Accounting Forum*, 28 (3), 205-236.

Beretta, S., &Bozzolan, S. (2004). A framework for the analysis of firm risk communication. *The International Journal of Accounting*, 39 (3), 265 – 288.

Burchell, S., Clubb, C., Hopwood, A., & Hughes, J. (1980). The roles of accounting in organizations and society. *Accounting, Organizations and Society*, 5 (1), 5 – 27.

Burns, J., &Scapens, R. W. (2000). Conceptualizing management accounting change: an institutional framework. *Management Accounting Research*, 11 (1), 3 – 25.

Camfferman, K., & Zeff, S. A. (2007). *Financial reporting and global capital markets. A history of the international accounting standards committee*, 1973 – 2000. Oxford: University Press.

Catturi, G. (1997). *Teorie contabili e scenari economico – aziendali*. Cedam, Padova: Seconda edizione.

Clarkson, P. M., Kao, J. L., & Richardson, G. D. (1999). Evidence that management discussion and analysis (MD&A) is a part of a firm's overall disclosure package. *Contemporary Accounting Research*, 16 (1), 111 – 134.

CNDCEC. (2009a). *La relazione sulla gestione dei bilanci d'esercizio alla luce delle novità introdotte dal d. lgs. 32/2007*. Roma, 14 Gennaio.

CNDCEC. (2009b). *La relazione sulla gestione dei bilanci d'esercizio alla luce delle novità introdotte dal d. lgs. 32/2007—Informativa sull' ambiente e sul personale*. Roma, 11 Marzo.

DiMaggio, P. J., & Powell, W. W. (1983). The iron cage revisited: institutional isomorphism and collective rationality in organizational fields. *American Sociological Review*, 48 (2), 147 – 160.

Di Pietra, R. (2002). *La cultura contabile nello scenario internazionale. Istituzioni, principi ed esperienze*, Cedam, Padova.

Di Pietra, R. (2005). *La comunicazione dei comportamenti aziendali mediante i dati contabili*. Cedam, Padova: Il ruolo della Ragioneria Internazionale.

Flower, J. (1999). Introduction. In S. McLeay (Ed.), *Accounting regulation in europe*. London: Macmillan Press LTD.

Flower, J., & Lefebvre, C. (Eds.). (1997). *Comparative studies in accounting regulation in Europe*. Leuven: Acco.

Flower, J., &Ebbers, G. (2002). *Global financial reporting*. New York: Palgrave. 308 D. Argento and R. Di Pietra.

Greenwood, R., &Hinings, C. R. (1996). Understanding radical organizational change: Bringing together the old and new institutionalism. *Academy of Management Review*, 21 (4), 1022 – 1054.

Greenwood, R., Suddaby, R., & Hinings, C. R. (2002). Theorizing change: the role of professional associations in the transformation of institutionalized fields. *Academy of Management Journal*, 45 (1), 58 – 80.

Hopwood, A. G. (1983). On trying to study accounting in the contexts in which it works. *Accounting,*

Organizations and Society, 8 (2/3), 287–305.

IASB. (2009). *Exposure draft management commentary*, ED/2009/6. London: IASC Foundation Publications Department.

Kondra, A. Z., & Hinings, C. R. (1998). Organizational diversity and change in institutional theory. *Organization Studies*, 19 (5), 743–767.

Lapsley, I., & Pettigrew, A. (1994). Meeting the challenge: Accounting for change. *Financial Accountability and Management*, 10 (2), 79–92.

Leuz, C., Pfaff, D., & Hopwood, A. (Eds.). (2004). *The economics and politics of accounting. International perspectives on research trends, policy, and practice.* Oxford: Oxford University Press.

March, G. J., Schulz, M., & Zhou, X. (2003). *Per una teoria delle regole. Nascita, cambiamento e strutturazione delle regole*, Università Bocconi Editore, Milano (edizione italiana di *The Dynamics of Rules. Change in Written Organizational Codes*, Stanford University Press, 2000).

McLeay, S. (Ed.). (1999). *Accounting regulation in Europe.* London: Macmillan Press LTD.

McLeay, S., &Riccaboni, A. (Eds.). (2000). *Contemporary issues in accounting regulation.* Boston: Kluwer Academic Publishers.

OIC. (2010). *Comment on IASB exposure draft management commentary.* Rome, 9 February.

Oliver, C. (1991). Strategic responses to institutional processes. *Academy of Management Review*, 16 (1), 145–179.

Pava, M., & Epstein, M. (1993). How good is MD&A as an investment tool? *Journal of Accountancy*, 175 (3), 51–53.

Penno, M. C. (1997). Information quality and voluntary disclosure. *The Accounting Review*, 72 (2), 275–284.

Pettigrew, A. M. (1987). Context and action in the transformation of the firm. *Journal of Management Studies*, 24 (6), 650–670.

Phillips, N., Lawrence, T. B., & Hardy, C. (2000). Inter-organizational collaboration and the dynamics of institutional fields. *Journal of Management Studies*, 37 (1), 23–43.

Roberts, J., & Scapens, R. (1985). Accounting systems and systems of accountability – understanding accounting practices in their organisational contexts. *Accounting, Organizations and Society*, 10 (4), 443–456.

Sottoriva, C. (2007). L'attuazione della Direttiva 2003/51/CE con il D. Lgs. n. 32/2007. *Le Società*, N., 6, 657–694.

Tamm, H. K. (2004). *Organizing international standardization.* Edward Elgar, Cheltenham: ISO and the IASC in Quest of Authority.

Unerman, J. (2000). Methodological Issues: Reflections on quantification in corporate social reporting content analysis. *Accounting, Auditing and Accountability Journal*, 13 (5), 667–680.

West, B. P. (2003). *Professionalism and accounting rules.* New York: Routledge.

13 管理层财务业绩分析的归因特征对分析师重要吗

——基于国际视角的研究

沃尔特·尔茨（Walter Aerts）　安·塔卡（Ann Tarca）[①]

摘要： 尔茨和塔卡（Aerts & Tarca, 2010）研究了美国、加拿大、英国和澳大利亚五个行业172家公司管理层评述报告中的业绩分析。他们指出，在解释会计结果之间的因果关系方面，与英国和澳大利亚的公司相比，美国和加拿大公司的独断性和防御性通常更低。此外，美国和加拿大公司的解释更加正规，信息量更大，在分析业绩结果时，也更多地使用会计专业术语。我们通过分析他们与分析师预测之间的分歧关系，来探究这些不同分析方法之间是否存在经济相关性。我们从之前的研究中选出158家公司，对其分析报告中所表现出的公司特点进行了因子分析，发现业绩分析的防御性和广泛性与分析师预测的分歧呈负相关关系，而独断性和正规性与分析师预测的分歧却不是负相关关系。研究结果表明，分析越详细，分析师受益越多，且他们可能会选择接受防御性解释、而忽略比较独断的解释。使用更多会计专业术语并不会减少预测分歧，这一点并不足为奇。此处的研究结合了两类文献：一类研究的是陈述报告中的阐释模式，另一类关注陈述报告对分析师的益处。

13.1 引言

本研究旨在探究公司管理层评述（简称 MC）报告中业绩分析的特点是否对分析师的预测分歧程度有影响。这里主要关注因制度环境差异而产生的业绩分析特

[①] W. Aerts
联系地址：Department of Accounting and Finance, Antwerp University, Faculty of Applied Economics, Antwerpen, Belgium
电子邮箱：walter.aerts@ua.ac.be
A. Tarca
联系地址：UWA Business School, University of Western Australia, Crawley, WA, Australia
电子邮箱：Ann.Tarca@uwa.edu.au

点。管理层评述报告通常由上市公司提供，以"管理层的视角"（SEC 1987；ASB 2003）向分析师和投资者披露公司的财务状况和业绩表现。业绩分析可以为阐释公司发生的重要事项提供帮助，为更好地理解相关的财务数据提供依据。然而，管理层评述报告大多没有固定模式且能反映出管理层的动机，如用归因理论研究陈述报告的结果所示，它们可以积极地反映管理层与公司的状况（Aerts 1994，2001，2005；Bettman, J. R., & Weitz, B. A., 1983；Baginski, S., Hassell, J., & Kimbrough, M., 2004, 2008；Clatworthy, M. A., & Jones, M. J., 2003, 2006；Merkl – Davies, D. M, & Brennan, N. M., 2007；Salancik, G. R., & Meindl, J. R., 1984；Staw, B. M., McKechnie, P. I., & Puffer, S. M., 1983）。

另一类文献总结指出，管理层评述信息是公司整体披露方案（Jones, C. L., & Cole, C. J., 2005；PwC, 2007）中重要且有价值的部分。研究表明，对分析师来说，陈述报告中所包含的高质量信息可能会具有经济价值，并且可能会降低分析师的预测分歧（Clarkson, P. M., Kao, J. L., & Richardson, G. D., 1999；Barron, O. E., Kile, C. O., & O'Keefe, T. B., 1999）。然而，之前的研究并未探究业绩分析特点是否会影响分析师的预测。本研究将对业绩解释进行详细的文本分析，并探索这些解释中不同特点之间的相关性，以厘清分析师在预测盈利时的分歧程度并对之前的研究进行补充。因此，本研究将上述两类文献的内容结合起来，有助于更好地理解业绩分析中某些特点的重要性。

之前的研究表明，财务报告的制度设定影响公司管理层评述报告中的披露行为（Frost, C., & Pownall, G. 1994；Beattie, V., & McInnes, B., 2006）。尔茨和塔卡（Aerts & Tarca, 2010）发现在一个国家的制度环境下，公司的监管成本和诉讼费用会影响归因陈述的性质，而归因陈述是包含在管理层评述报告中用来说明财务业绩的。他们称与英国和澳大利亚的同类公司相比，美国和加拿大的公司在解释会计结果之间的因果联系时独断性和防御性通常较低。北美公司分析财务业绩的内容更广泛，语言更正式，使用更多的会计专业术语。在私人执法与公共执法结合最为紧密的美国，这些趋势尤为显著（La Porta, R., Lopez – De – Silanes, F., & Shleifer, A., 2006）。

通过研究业绩分析的内容特点与分析师预测分歧之间的关系，本文探讨了业绩分析归因结构的差异性之间是否存在经济相关性，以补充之前的研究。具体而言，我们对尔茨和塔卡（Aerts & Tarca, 2010）的研究所得数据进行分析。基于四个国家（美国、加拿大、英国和澳大利亚）五个行业中上市公司 2003 年的样本，此处将研究是否可判断出与业绩结果有关的归因行为特点、归因内容是否会因国而异以及这些差异是否具有经济意义。为辨识出这些归因内容特征，我们对尔茨和塔卡（Aerts & Tarca，2010）研究出的归因特点进行了因子分析。我们十分关心业绩分析中的归因特征在何种程度上影响着所分析信息的价值。

我们认为公司业绩分析的信息量越大，分析师对企业财务状况和前景预测的意见分歧就会越少，继而预测分歧也会越少。所以研究的对象是公司管理层评述报告中的业绩分析特点与预测分歧之间的相关度。通过因子分析，我们识别出三种因素（业绩分析特征），并分别命名为"独断性"、"防御性"和"正式性—广泛性"。第一种特征，独断性，是指倾向于将积极的结果归因于管理层的行为，而不是外部事件，并避免使用会计专业术语解释积极的结果；第二种特征，防御性，主要描述的是倾向于将消极的结果归因于外部原因，而不是管理层的行为；第三种特征，正式性—广泛性，是指使用相对更正规的语言（即会计专业术语）进行解释，强调认知努力（分析行为的信息量与复杂程度）。

我们发现"正式性—广泛性"和"防御性"与分析师的预测分歧呈负相关关系，意味着分析中的认知努力（即"正式性—广泛性"特点）减少了分析师的分歧。将"防御性"分解为几个主要组成部分后，我们发现解释的深度和密度尤为重要，而多使用会计专业术语对减少分歧并无帮助。我们发现"防御性"尽管具有自利倾向，但在减少分析师之间的分歧方面还是有作用的。而"独断性"与预测分歧并不相关。

本研究表明，不同的实证框架模式——可能与美国、加拿大、英国和澳大利亚的监管成本和诉讼费用的差异有关——会对分析师的预测分歧产生影响，这是对之前研究的补充完善。之前研究已探及管理层评述报告中的披露对分析师的价值，我们通过识别与预测分歧有关的某些解释特点，扩充之前的研究（Barron，O. E.，Kile，C. O.，& O'Keefe，T. B.，1999；Lys，T.，& Soo，L. 1995；Lang，M.，& Lundholm，R.，1993，1996；Hope，O. K.，2003a；Hope，O. K.，2003b）。

监管者曾强调，公司管理层评述中高质量信息非常重要，公司也皆对解释内容主动进行了改进（SEC 2003，2004；ASB 2003）。监管者曾多次讨论如何提高公司管理层评述的信息披露的价值（IASCF 2005），本研究将为议题提供有益证据。并未出乎意料，我们发现公司提供的解释越详尽，分析师的意见就越一致。因此监管者应继续通过恰当的机制以使业绩分析更加综合、全面。我们关于解释内容的某些特点（特别是防御性）的调查结果表明一个国家的制度环境威胁性不能过大，以至于阻碍公司管理层因果解释的立场。即便明确带有自利性，因果解释也能够提供有益信息，而禁止此种信息披露对市场参与者无益。

13.2 研究背景与预测结果

由于管理层评述的监管水平各不相同，各国的公司管理层评述报告框架也不尽相同（IASCF 2005）。例如在美国，从1968年起公司就被强制要求披露"管理层讨论与分析（简称 MD & A）"。SEC 对披露的内容做了详细规定并审阅了这些报告，对不符合法律要求的报告采取了措施（SEC 2003，2004）。相反，在英国，伦敦证券交易所只是建议公司根据国内准则制定者提供的详细指南自主决定报告内容（ASB 2003）。

IASB 针对管理层评述的讨论文件对这些差异是否会带来影响提出了疑问（IASCF 2005）。到目前为止，很少通过多国比较研究来解决上述疑问。之前的跨国研究比较了陈述报告内容的不同方面（Collins，W.，Davie，E. S.，& Weetman，P.，1993；Beattie，V.，McInnes，B.，& Fearnley，S.，2002；Beattie，V.，McInnes，B.，& Fearnley，S. 2004）。另一类研究通过归因理论探索陈述报告的信息披露方式。一些研究指出解释原因和结果的文档范本中归因方式存在的自利偏向，而管理层就是在这些文档范本中将公司所处的环境和发生的事项朝着对公司有利的方向进行定义（Baginski，S.，Hassell，J.，& Kimbrough，M.，2000；Bettman，J. R.，& Weitz，B. A.，1983；Clapham，S. E.，& Schwenk，C. R.，1991；Clatworthy，M.，& Jones，M. J.，2003；Salancik，G. R.，& Meindl，J. R. 1984；Wagner，J. A.，& Gooding，R. Z.，1997）。

一些跨国研究比较了美国和英国的披露行为，表明法规制定会影响公司的披露行为（Frost，C.，& Pownall，G.，1994；Beattie，V. & McInnes，B.，2006）。在这方面，大量文献表明不同国家的诉讼风险存在差异，其中以美国的风险最高（Ball，R.，Kothari，S.，& Robin，A.，2000；Baginski，S.，Hassell，J.，& Kimbrough，M.，2002；Seetharamana，A.，Gul，F.，& Lynn，S.，2002；Hughes，P. & Sankar，R.，2006.；Khurana，I.，& Raman，K.，2004）。尔茨和塔卡（Aerts & Tarca，2010）发现，在一个国家制度环境下，预期监管成本和诉讼费用会影响公司管理层评述报告中分析财务业绩的用语。他们认为，同英国和澳大利亚相比，美国和加拿大的公司在进行明确的因果关系分析时，"独断性"和"防御性"通常更低。此外，北美的公司在业绩分析时使用更多的会计专业术语，因而更具广泛性和正式性。在私人执法与公共执法结合最紧密的美国，这些特征尤为显著（La Porta，

R., Lopez‐De‐Silanes, F., & Shleifer, A., 2006)。

我们在考虑了业绩分析的内容特征与分析师预测之间分歧关系的基础上，探讨了业绩分析内容的不同特征之间是否具有经济相关性，以补充之前的研究。归因理论主要研究人们如何通过对原因和实证先例的描述来解释事件，主要关注自我感知的因果关系，即人们关于"是什么促成了事件的发生"和"为什么事件会发生"的观点。归因陈述通常是陈述式的，反映因—果关系或先例—结果关系。①

公司管理层评述报告一般包含两类业绩分析："会计专业术语"分析和因果关系分析。会计专业术语分析使用正式的会计语言，运用与其相关联的概念和本身固有的计算关系来解释会计结果。例如，管理层可能将公司边际利润的上升解释为收入的增长或某类营运费用的下降。此类解释以财务会计模型的内在逻辑为基础。而基于因果关系的分析则将业绩结果与内在或外在事件、行动或决策之间的联系作为业绩的根本原因。这些深层次原因或推动因素可能是刻意的（如反映管理目标），也可能是无意的。例如，因果关系分析包括了业绩分析，业绩分析的内容有公司战略、基本经营模式、行业与一般的经济因素如何影响经营结果。因果关系分析包含了难以从财务报表中获取的解释性的、带有建议性质的内容（主要指原因和动机），而会计专业术语分析则主要反映了财务报表中蕴含的会计逻辑关系，是一种中间媒介性质的分析。

之前的研究表明，披露的信息量越大，分析师的预测越准确（Lang & Lundholm，1996；Hope，2003a）。研究同时表明在分析师使用的信息集合里，公司管理层评述中的陈述式解释颇为重要。朗和兰德豪姆（Lang & Lundholm，1996）称公司在管理层讨论与分析中披露的（按照财务分析师的排序）信息量越大，分析师的预测分歧越小。拜伦等的研究（Barron, O. E., Kile, C. O., & O'Keefe, T. B., 1999）发现，管理层讨论与分析中的信息（按照SEC的排序）质量越高，分析师的预测分歧越小。盎格和塞克空（Ang & Ciccone，2001）将研究课题推广到国际样本并得出如此结论：公司管理层评述披露的信息越多，分析师的预测分歧越小。同样，侯普（2003b）也发现对公司会计政策的披露可以降低不确定性，从而减少分析师之间的意见分歧。增加公共信息的披露会提高分析师提供的一般信息和特殊信息的准确性（Byard & Shaw，2006）。尼科尔斯和威兰德（Nichols & Weiland，2009）认为陈述性信息提升了公众可获得信息的质量。他们发现，公司在新闻公告中披露的非财务信息越多，对公司预测的失误与分歧越少。范斯特拉伦等

---

① 本文我们主要使用"归因事件"的广义定义，"归因陈述"和"解释原因的陈述"意义相同交叉使用。

(Vanstraelen, A., Zarzeski, M., & Robb, S., 2003) 尤为关注年度报告中对分析师有重要价值的非财务信息（基于杰金斯委员会的报告，委员会名英文作"Jenkins Committee"），并发现公司披露越多，分析师的预测分歧越少。博佐兰等（Bozzolan, S., Trombetta, M., & Beretta, S., 2010) 通过探究前瞻性的非财务信息特点产生的影响，完善了上述研究。所有这些研究表明，可检验信息可能会提高准确性并降低预测分歧。

监管者曾强调公司管理层评述中高质量信息的重要性。2001年SEC对全球财富500强公司报告的分析显示，公司通常会选择采用"样板"分析来披露信息，这些分析未能披露公司过去的业绩或经营前景。尼尔森和普理查德（Nelson & Pritchard, 2007）指出，从前几年开始，信息披露逐渐呈现"剪切和粘贴"的趋势，因此他们提出了疑问：以正式、惯例式的语言来重述收入与费用之间显而易见的关系，究竟能对披露公司业绩提供多大帮助？布朗和塔克尔（Brown & Tucker, 2011）指出，随着管理层讨论与分析内容的变化日益减少，管理层讨论与分析信息对美国公司的价值也在逐渐下降。莱亚维等（Lehavey, R., Li, F., & Merkley, K., 2011）指出，管理层讨论与分析报告的深度和复杂性日益增加，且报告可读性较差（基于迷雾指数）的公司，分析师预测的分歧往往更大。总的来看，这些研究都说明了管理层评述的质量非常关键。这里我们将在尔茨和塔卡（Aerts & Tarca, 2010）研究的基础上，继续探讨他们所认为的对制度背景敏感的业绩分析特点是否会影响分析师的预测行为。

13.3 数据和方法

13.3.1 样本选取：尔茨和塔卡（Aerts & Tarca, 2010）

鉴于之前的研究表明行业区别会影响披露行为（Hooks & Moon, 1993, Jones & Cole, 2005），尔茨和塔卡（Aerts & Tarca, 2010）的研究覆盖五个不同的行业（建筑材料行业、食品加工行业、制药行业、生物科技行业和零售业）。尔茨和塔卡（Aerts & Tarca, 2010）研究了173家公司，其中53家（占30%）来自美国，35家（占21%）来自加拿大，47家（占27%）来自英国，38家（占22%）来自澳大利亚。按行业分类如下：建筑材料行业26家（占15%），食品加工行业36家（占21%），制药行业34家（占20%），生物科技行业40家（占23%），零售业37家（占21%）。

尔茨和塔卡（Aerts & Tarca，2010）称，选取2003年的样本是为了明确当时管理层评述报告的制度环境差异。在2003年，美国和加拿大的监管者对公司管理层评述报告提出强制性要求，而英国和澳大利亚的管理层评述报告反映出"自主原则"。至2004年，英国宣布引入公司管理层评述报告的强制规定（之后被撤回，见Beattie & McInnes，2006）；此外，澳大利亚引入了编制管理层讨论和分析的规定，并将其作为公司法改革的一项举措（CLERP 9）。2003年的管理层评述报告在时间上早于英国和澳大利亚制度环境的变化，从而使研究人员能够探讨制度环境的差异对公司管理层评述报告中业绩分析的影响，而这也正是当时研究的主题。

13.3.2 归因陈述的编码

在尔茨和塔卡（Aerts & Tarca，2010）的研究中，归因陈述的编码过程为：首先识别出年度报告的管理层评述部分中对业绩的归因陈述，然后根据解释效应和解释因子特点对归因陈述进行编码。解释效应的编码基于五类特征：性质、价、时间导向、限制条件和解释效应的分析水平；每个特征又含有不同的元素。解释因子（原因和先例）的编码基于六类特征：先例—结果关系的清晰性、先例—结果关系的影响导向、解释因子的时间导向和限制条件、先例—结果关系的性质、因果观。至于解释效应，则根据不同的元素对其特征进行了分类。附录1给出了每类归因内容特点的定义。附录2介绍了编码维度。附录3则列举了一些对归因陈述编码的例证。

由于分析对象不是某个具体的原因而是某个公司，因此在从个体层面审慎地选择了相关的归因维度后，又在公司层面上对编码结果进行整合。公司层面上的归因变量一般被视作频率测量，以反映某些归因特点的相对频次，但是有一些变量（如果说有任何关联的话）已被进一步地转化为比例测量。比例测量控制每个公司的归因陈述数量的变动。通过将强度指标（Gardner & Martinko，1988；D'Aveni & MacMillan，1990）加入频次指标，比例测量为研究分析拓展了一个新的视角。

表13-1从整体上体现了归因内容特征的描述统计数据，并且将尔茨和塔卡（Aerts & Tarca，2010）提供的172家公司样本按国家分类。归因陈述的平均数为33.46，被解释结果的平均数为16.19，即平均每一个被解释结果对应2.04个原因。积极结果的数量多于消极结果的数量（9.50个积极结果，6.52个消极结果）。被解释结果中平均12.31%为前瞻性事项，即每份管理层评述中有1.73个前瞻性归因。近61%被解释结果与公司层面的数据相关（60.90%），这点与相对低层面的数据的结果大致平衡（经营分部或地理分部、分支机构、法人实体与产品线）。大部分

被解释结果是以数量来体现的（68.11%），31.48%的结果与收入有关。超过三分之一的归因陈述被定性为中间媒介性质的陈述（会计专业术语和合并专业术语解释）（38.37%），对消极会计结果的归因陈述会有偏差，这种倾向被称为"对积极会计结果的非正式偏向和消极会计结果的正式偏向"（见附录1）。

自利趋势在因果关系独断性偏向特征中表现得尤为明显（即用内部原因解释的积极结果数量减去用外部原因解释的积极结果数量）。独断性偏向平均值为4.95，显示出一种肯定自身的偏向，而相比之下，不是所有样本都出现了防御性偏向（即用外部原因解释的消极结果数量减去用内部原因解释的消极结果数量）。

本研究使用了主成分因子分析法，采用方差最大正交旋转，以补充尔茨和塔卡（Aerts & Tarca，2010）的研究结果，这样可以减少归因内容变量的数量，并识别出主要的归因特征。因子分析的内容包括归因性质，归因性质已被理论化为对印象整饰敏感（Bettman & Weitz，1983；Salancik & Meindl，1984；Aerts，1994，2001，2005；Clatworthy & Jones，2003；Fiol，1995；Sutton & Galunic，1996），且与"解释对分析师的价值"紧密相关。比例测量结果是要素分析的输入数据，由于一些比例测量的分母为零，因此将因子分析和使用回归因子的分析的观测值降到158①。

表 13–1　　　　　　　　　　　归因内容描述性分析

归因内容特征	总体 $N=173$	美国 $N=53$	加拿大 $N=35$	英国 $N=47$	澳大利亚 $N=38$
解释数量	平均数（标准差）				
需解释结果的数量	16.19 (11.48)	16.64 (7.99)	13.74 (9.12)	22.60 (14.95)	9.89 (8.36)
积极结果的数量	9.50 (7.93)	9.42 (5.86)	6.37 (5.29)	14.02 (10.35)	6.92 (6.55)
消极结果的数量	6.52 (5.22)	7.21 (3.67)	7.14 (5.71)	8.36 (6.46)	2.71 (2.40)
中性结果的数量	0.17 (0.56)	0.02 (0.50)	0.23 (0.49)	0.21 (0.66)	0.26 (0.55)
前瞻结果的数量	1.73 (2.04)	1.72 (2.04)	1.17 (2.43)	1.94 (1.86)	1.50 (1.90)
归因陈述的数量	33.46 (24.23)	39.08 (21.08)	28.14 (21.50)	42.11 (28.128)	19.84 (18.39)
相关内容特征（%）					
公司层次结果	60.90 (31.41)	67.86 (26.24)	73.99 (26.16)	48.43 (31.86)	54.44 (35.50)
定量结果	68.11 (24.96)	78.90 (16.67)	69.07 (27.64)	66.55 (17.68)	54.09 (32.30)
结果的积极性	55.95 (22.29)	55.45 (18.15)	48.43 (24.40)	60.14 (17.73)	58.39 (28.72)
结果的前瞻性	12.31 (14.36)	10.94 (13.17)	12.28 (14.76)	11.23 (11.21)	15.60 (18.51)
收入结果	31.48 (22.40)	28.38 (16.96)	27.13 (20.97)	33.99 (20.22)	36.73 (30.78)
原因解释	61.63 (23.81)	52.72 (19.67)	57.44 (20.76)	66.89 (20.61)	71.42 (30.06)
为解释付出的努力					
每个结果的解释数量	2.04 (0.60)	2.33 (0.52)	2.01 (0.67)	1.88 (0.38)	1.88 (0.73)
每个积极结果的解释数量 ($N=167$)	2.13 (0.79)	2.33 (0.60)	1.98 (0.84)	2.01 (0.73)	2.13 (1.01)
每个消极结果的解释数量 ($N=161$)	1.96 (0.67)	2.33 (0.67)	2.01 (0.73)	1.73 (0.50)	1.64 (0.53)

---

① 另外，为了研究归因内容的某些特性以及和与之相关的归因"特征"，每份公司管理层评述中至少应含有一处积极的归因陈述和一处消极的归因陈述。

续表

归因内容特征	总体 $N=173$	美国 $N=53$	加拿大 $N=35$	英国 $N=47$	澳大利亚 $N=38$
解释密度	1.25 (0.73)	1.55 (0.71)	1.10 (0.61)	1.38 (0.75)	0.83 (0.62)
正规语言的使用					
会计解释的使用（%）	38.37 (23.81)	47.28 (19.67)	42.56 (20.76)	33.11 (20.61)	28.58 (30.06)
对积极结果的非正式偏向	6.38 (11.19)	2.87 (10.46)	2.00 (6.44)	11.28 (13.06)	9.24 (10.17)
对消极结果的正式偏向	−1.32 (6.40)	−0.15 (6.73)	−0.69 (6.96)	−3.17 (7.36)	−1.24 (2.90)
原因解释中的自利内容					
放大和主观权利的使用（%除以总原因数）	24.09 (17.53)	18.81 (13.46)	19.67 (19.78)	27.43 (14.94)	31.40 (20.22)
借口、辩护的使用和否认因果关系（%除以总原因数）	6.95 (8.57)	6.08 (6.87)	6.67 (7.05)	8.96 (9.35)	5.90 (10.66)
对积极结果的独断倾向	4.95 (6.24)	3.92 (5.35)	3.34 (4.10)	8.17 (7.29)	3.89 (6.41)
对消极结果的防御倾向	−0.94 (4.23)	−2.26 (3.72)	−1.43 (4.40)	0.51 (5.31)	−0.42 (2.25)
解释的不一致性					
结果的"价"的正式性的不一致（$N=158$）	13.15 (11.77)	11.39 (9.46)	9.29 (8.36)	17.64 (14.40)	13.10 (12.07)
结果的"价"的深度的不一致（$N=158$）	0.58 (0.66)	0.54 (0.48)	0.61 (0.56)	0.50 (0.72)	0.78 (0.88)

注：本表提供了业绩分析特征总体和分别在四个国家中的平均数（标准差）。变量定义详见附录1。

表13−2　　主成分因素分析法——归因内容"特征"

	因素1 独断性	因素2 防御性	因素3 正式性/广泛性	因素4 整体积极性
板块A：特定公司的归因内容因素（相关系数>0.35）				
归因陈述特征				
对积极结果的独断偏向	0.66		0.38	
放大和主观权利的使用	0.76			0.41
对消极结果的防御偏向		0.82		
借口、辩护的使用和否认因果关系		0.69		−0.62
结果的积极性				0.86
结果的前瞻性		−0.37	−0.44	
收入结果（%）		0.38		
部门结果（%）	0.38	0.62		
归因深度			0.64	
解释密度			0.82	
会计专业术语解释的使用	−0.84		0.36	
对积极结果的非正式偏向	0.85			
结果的"价"的正式性的不一致	0.61			
初始特征值	3.86	1.98	1.73	1.03
可解释的方差百分比%	29.71%	15.22%	13.27%	7.91%
可解释的累积方差	29.71%	44.93%	58.20%	66.11%

续表

	因素1 独断性	因素2 防御性	因素3 正式性/广泛性	因素4 整体积极性
	平均数（标准差）			
板块B：根据国别分类的归因内容因素描述性统计数据				
澳大利亚（$N=29$）	0.63（0.91）	0.03（1.04）	-0.68（0.99）	0.31（1.12）
加拿大（$N=31$）	-0.44（0.72）	-0.16（1.01）	-0.15（0.84）	-0.39（0.95）
英国（$N=47$）	0.29（0.97）	0.38（1.04）	-0.03（0.97）	0.15（1.03）
美国（$N=51$）	-036（0.97）	-0.28（0.83）	0.50（0.86）	-0.08（0.86）

注：板块A反映了对印象整饰敏感的特征的归因陈述进行因子分析的结果（采用了方差最大旋转成分分析）。因子分析的结果得出了能够描述归因内容"特征"的因子。因子的命名可反映每个归因陈述的主要特点。板块B反映了不同国家的因子得分。因子分析的数据可得性限制使得样本规模从172家减小到158家公司（一致性/非一致性变量要求每个公司至少各有一处积极的和消极的需解释的结果）。

表13-2（板块A）列出因子分析模型（含最大累计可解释方差值）中产生的变量。最初选为因子分析的两个变量为"'价'效应的深度不一致性"和"对消极结果的正式偏向"，但由于这两种变量为干扰变量，因此未在因子分析中使用这两种变量。① 如表13-2（板块A）所示，我们识别出特征值大于1.0的四个因子，累积可解释66%的总方差。为识别因子，我们将0.38设定为截止值，共识别出以下四个因子：独断性（因子1），防御性（因子2），正式性—广泛性（因子3）和整体积极性（因子4）。

因子1所指的内容模式包含会肯定自身和扩大积极结果的自利解释倾向，在搭建叙述框架时因果关系的查找力度，在解释积极的会计结果时会选择性地避开会计解释的倾向。因子2是指归因陈述中的防御倾向，通过使用借口、辩护、查找补偿效应等途径，从分部信息层面防御性地解释和支持消极的结果。因子1和因子2的区别表明：在原因分析时，基本自我观念偏见的独断性和防御性这两个组成部分是不同的经验现象，其动因和后果也可能存在差异。

因子3与积极的认知努力正相关，包括归因深度（每个结果的解释数量）、解释的总密度（原因数量除以披露项目总数量）和正式会计专业术语解释的相关应用，而与前瞻性归因的数量负相关。因子4反映的是整体上积极的归因内容，相应地，还有较高水平的独断和较低水平的防御。有趣的是，无论机会主义的独断因子

---

① 有趣的是，在对每个归因变量的多元分析中，"深度不一致性"变量和"正式偏向"变量并未显示出国家敏感性。

（因子1）还是防御因子（因子2）都与归因内容整体的积极程度非显著相关，意味着在归因内容模式里存在明显的印象整饰。[1]

表13-2的版块B给出各国归因内容因子的平均值。平均来看，澳大利亚公司机会主义的独断性数值较高，正式和认知努力的数值较低。加拿大公司机会主义的独断性平均值较低，这点可能与归因内容更高程度的消极性相关。英国公司均存在独断和防御的归因内容，但是美国公司却避免了这些行为，其在正式和认知努力上数值最高。总体来看，尔茨和塔卡（Aerts & Tarca, 2010）从国家层面的分析，对单个归因内容变量的研究结论与此处各国之间基于因子分析的差异一致。

13.3.3 数据分析

由于一个公司的主动披露策略会同时影响公司管理层评述的披露、分析师的追踪和预测，因此我们考虑使用霍斯曼检验（Hausman test）检测这些关系中是否存在内生性（检验结果在本文的结论部分予以说明）。为了控制分析中的内生性，我们使用了两阶段和三阶段最小二乘法回归模型来检测归因特征因子、分析师的追踪和分析师预测分歧之间的关系。

首先，我们使用以下模型预估归因特征因子及其决定因素之间的关系：

归因特征因子值 = f（20F年度报告文档，杠杆变化，盈利能力变化，每股负收益，国外收入百分比，分部数量，市价与账面价值比率，资本密集度，公司治理综合指数，分析师追踪，规模，行业虚拟变量，国家虚拟变量）$_{it}$ (13.1)

模型包括了之前研究识别出的可以影响年度报表披露的变量。因此，公司规模、盈利能力的变动、杠杆变动、成长性、多元化、资本密集度、分析师追踪、申报纳税身份、公司治理、行业类别和国家可能会影响会计结果的归因陈述的需求和供给。通常规模越大、披露就越多，这可能是因为规模较大的公司产生信息的成本、与披露相关的竞争劣势成本较低（Lang & Lundholm, 1993）。披露越多，对应的股权投资者越多、国外收入越多，越可能在国外上市（Archambault & Archambault, 2003）。MD & A中披露的信息越多，则分析师追踪就越多（Clarkson, P. M., Kao, J. L., & Richardson, G. D., 1999）。其他变量（如盈利能力和杠杆、

---

[1] 必须根据编码的年报中的内容特征来解读整体积极性因子的中等特性。编码的归因陈述限制为与利润表项目（正式列报的和审计后的会计影响）有关的影响的解释。在特意忽略了没有以利润和损失等专业术语表达的对公司行为和决策的解释后，在选择和评论积极事件上的管理自主权只是在数据集合中的一部分里较为显著。考虑到非会计积极结果解释的补偿杠杆效应具有潜在的重要性（Aerts, 2001），可以预期如果所有公司角度的归因陈述（会计和非会计影响）被选为分析对象，总体积极性会提高。

成长性和多元化的水平和变化）催生了解释的需求（Aerts，2001；Clatworthy & Jones，2006）。我们采用相应的指标来控制盈利能力（股本回报率的变动和负 EPS 控制变量）、成长性（市价与账面价值比率）、公司多元化（分部数量）、资本密集度（固定资产与总资产的比率）和收益波动性（ROE 在前五年内的变异系数）的水平和变动。

公司监管结构同样也会影响主动披露行为，因为监管较好的公司披露的信息质量更高，以此将自己与其他企业区分开来。研究显示，信息披露和一些公司监管机制（Forker，1992；Eng & Mak，2003；Cheng & Courtnay，2006）之间存在关联。比克斯和布朗（Beekes & Brown，2006）指出，治理质量与披露的信息量有关。我们采用一个综合指数来表征公司监管结构（总分值为三分，当出现下列一项时得一分：董事会主席是非执行董事，董事会的大部分成员为独立董事，公司实行委员会制度，即审计委员会、提名委员会和薪酬委员会）。最后，行业成员数量也会影响披露（McKinnon & Dalimunthe，1993；Malone，D.，Fries，C.，& Jones，M.，1993；Meek，G. K.，Roberts，C. B.，& Gray，S.，1995），从而反映特定行业的某些特征会产生不同的披露模式。①

在第二步中，我们对归因报告和分析师追踪之间的内生性进行了控制。这里使用两阶段最小二乘法进行回归，并按照下列模型估算分析师追踪（由于多重共线性，归因因子回归中剔除了公司规模变量）：

$$\text{分析师追踪}_{it} = f(20F\text{ 年报呈报，市价与账面价值比率，收益变动性，公司规模，行业，国家})_{it} \tag{13.2}$$

我们预测非美国公司 20F 年报的列报情况将会影响对于分析师服务的需求。朗和兰德豪姆（Lang，M. & Lundholm，R.，2003）发现，对美国跨地区上市公司的分析师追踪更多。在美国上市可能会刺激国外分析师的活动，增加分析师服务的国内供应量。此外，相比于国内投资者，国外投资者所获得的信息可能会更加不对称，因此他们更迫切需要分析师的调查。从供应角度看，分析师可能会更倾向于追踪跨国上市的公司，此举可以吸引更广泛的投资者。前期对美国分析师追踪的研究

---

① 所处行业对归因内容的影响通过在最小二乘法模型中旋转国家控制变量可以得到更深的研究。通过设定显著差异水平为 5% 或更高，我们发现行业间通常没有差别，尽管可以观察到一些细小的差异。对于独断性（因子1），制药行业会比其他行业独断程度更高，而其他行业之间并没有什么不同。对于防御性（因子2），食品加工业比零售业防御程度更高。就正式性—广泛性（因子3）而言，制药和生物科技公司的程度显著低于食品加工公司。对于整体的积极性（因子4），零售公司的程度明显高于制药和食品加工公司。考虑到行业之间的差别较小，得出的主要结论为所处行业对于归因内容框架并无显著影响。但是，我们确实观察到制药公司在解释原因时更独断，可能间接地反映了其资产的实质（无形资产比例较高）。

表明，公司规模与分析师追踪正相关。布山（Bhushan，1989）认为，公司规模不仅影响分析师服务的总需求，还会影响服务总供给。进一步来说，有研究表明，分析师人数与托宾 Q 值相关（Lang, M. & Lundholm, R., 2003）。无形资产占比较大的公司对分析师服务的需求可能更大，因为这些公司的财务报告所含的信息量较少（Amir, E., Lev, B., & Sougiannis, T., 2003；Barth, M., Beaver, W., & Landsman, W., 2001）。由于市价与账面价值比率经常被用来表征无形资产的水平，我们预测该比率与分析师追踪正相关。之前的研究分析了盈利波动性与分析师人数之间的关系（Bhushan 1989；Lang, M., & Lundholm, R., 2003），并指出财务风险较高的公司对分析师服务的需求更大。因此，我们预测收益波动性与分析师人数之间正相关。财务分析师不会给予各行业同等的关注，所以我们使用虚拟变量控制行业的影响；而且常先生等（Chang, J. J., Khanna, T. & Palepu, K., 2000）的研究表明，国家层面的制度变量会影响分析师预测的可得性，所以我们引入国家虚拟变量以控制国别的影响。

第三步检测归因报告特征和分析师预测分歧之间的关系。鉴于之前的研究显示，分析师预测的属性、分析师追踪公司的水平和公司信息披露行为的程度和质量在很大程度上是同步的（Alford & Berger，1999；Hope，2003a），我们将第二个模型扩展为三阶段最小二乘法回归模型。从公司角度上说，上述同步关系会产生巨大的信息动力，分析师服务的水平和质量与公司披露状况得以互相影响。

我们把分析师的预测分歧定义为"分析师预测的标准差除以绝对平均预测值"。为了控制内生性，我们使用下列三阶段最小二乘回归模型（如下所示）。在三阶段最小二乘回归模型中，数据的条件（即每家公司至少需要两名分析师追踪、且保证预测可得）将观察公司数量限制在 116 家。

分析师预测分歧$_{it}$ = f（分析师追踪，盈利异常，收益变动性，负每股收益，美国 GAAP 会计准则的使用，归因列报数值）$_{it}$
(13.3)

归因"特征"因子值$_{it}$ = f（20F 年报列报，公司治理综合指数，杠杆变动，盈利能力变动，国外收入，分部数量，资本密集度，公司规模，市价与账面价值比率，行业，国家）$_{it}$
(13.4)

分析师追踪$_{it}$ = f（20F 年报列报，市价与账面价值比率，收益变动性，公司规模，行业，国家）$_{it}$
(13.5)

除归因特征测量外，我们还引入其他一些可能会决定分析师预测的变量。

分析师追踪。之前的研究（Imhoff & Lobo，1992；Marquardt & Wiedman，

1998）认为，可以使用分析师追踪功能来表征公众可得的公司信息。具体来说，洛尔斯通（Roulstone，2003）的研究证据表明，分析师可以通过向市场参与者提供公开信息来减少信息不对称，但是没有证据表明分析师追踪功能可以表征不公开的私人信息。如果分析师信息可以快速传播给许多市场参与者，那么对处于信息贫乏或部分信息贫乏的市场参与者来说，大量的分析师追踪代表着"良好的"信息环境。

上述观点意味着分析师报告事实上是公司披露的信息的替代品，而不只是补充。分析师追踪的替代品角色也与实证结果一致，即公司信息披露对资本成本和分析师预测属性的影响随着追踪公司的分析师数量增多而减弱（Botosan，1997；Richardson & Welker，2001；Hope，2003a）。鉴于分析师追踪只能表征公众信息，而不能表征非公众信息，我们使用分析师追踪作为公司信息披露整体质量最有效的表征。进一步来说，控制其他信息披露的渠道会增加系统中内生变量的数量，而这些变量很难有效控制。因此，可以使用公司的分析师追踪来表征公司整体的信息披露质量以及公司与财务分析师的沟通程度（Leuz，2003）。分析师处理和披露的信息越多，分析师预测质量越高（Alford & Berger，1999）。因此可以预期，分析师追踪与预测分歧负相关。

盈利异常和收益波动性。盈利波动性和历史会计收益率的波动增加了预测的难度。所以我们预测盈利波动水平与预测分歧之间正相关。同样的道理也适用于收益波动，在预测盈利时收益波动性可以测量内在不确定性。因此可以预期，收益波动性与预测分歧负相关。

负盈利。我们认为预测处于亏损的公司的盈利难度更大。我们针对负盈利采用了一个指示变量，并预期该二进制变量与预测分歧正相关（Hope，2003a，b）。

采用美国 GAAP 准则。由于美国 GAAP 准则质量较高，因此可以预期，美国 GAAP 准则的采用与分析师预测分歧负相关。

13.4 结果

13.4.1 回归结果

表 13-3 列示了二阶段最小二乘法回归模型的结果，显示了公司的四个归因"特征"因子值和其决定因素之间的关系。独断模型的结果表明，澳大利亚和英国的归因独断程度明显高于美国（缺省国家虚拟变量）。而美国和加拿大公司的归因独断程度没有显著差异。与国别影响一致，20F 年报格式降低了自我肯定的倾向。

高质量的公司治理结构也可以调和独断倾向。分部数量与归因独断程度正相关,这可能是因为分部越多,机会主义归因构架的发挥空间越大。此外,制药行业的归因独断程度较高(零售业是缺省行业类别变量)。

防御模型显示,相较于美国,澳大利亚、加拿大和英国的防御程度显著较高。分析师追踪越多,防御程度越高,而采用20F年报格式的非美国公司在解释会计结果时防御程度较低。与之前的研究结果一致(Aerts,2001、2005),防御性对盈利能力的水平和波动敏感,而归因独断倾向则非如此。此外,分部数量对归因防御性的影响表明分部的增多加大了机会主义的归因探求。

正式性—广泛性模型显示,相较于其他三个国家,美国公司解释更为深入和详细。成长中的公司(由市价与账面价值比率表征)的解释正式性和归因广泛性要少一些,意味着这类公司更愿意在管理层评述中选择描述性的方式或是更愿意解释非会计结果。分析师追踪的增多具有反向作用,会使公司展现出更正式和更广泛的归因态度。结果显示,第四个归因"特征"因子(总体积极性)主要体现的是行业区别,在稳健性检验中将予以详细讨论。

表 13-3 　　二阶段最小二乘法回归——归因内容"特征"的解释因子

N = 158	独断	防御	正式/广泛	总体积极性
常数项	-0.427	*** -1.711	0.220	0.656
20F 上市公司	** -0.592	*** -0.755	0.104	-0.068
杠杆变化	-0.028	0.013	-0.030	** 0.059
盈利能力变化	0.093	*** -0.193	* 0.136	-0.010
负每股收益	0.018	*** -0.720	-0.092	*** -0.717
建筑材料行业	-0.007	** 0.490	0.124	* -0.468
制药行业	*** 0.695	0.260	* -0.433	*** -0.795
生物科技行业	0.264	* 0.539	-0.254	-0.329
食品加工行业	0.250	*** 0.581	0.299	*** -0.627
国外收入%	0.196	0.333	0.008	-0.023
分部数量	** 0.125	0.137	0.056	-0.001
市价与账面价值比率	-0.014	-0.001	*** -0.059	0.032
资本密集度	-0.032	* 0.104	-0.044	-0.088
公司治理综合指数	** -0.260	0.161	-0.002	-0.082
分析师追踪	0.014	*** 0.047	*** 0.050	-0.004
澳大利亚	*** 1.361	* 0.415	*** -1.019	0.314
英国	*** 0.881	*** 0.538	*** -0.816	0.315
加拿大	0.095	** 0.526	** -0.468	0.036
校正的决定系数	0.229	0.318	0.266	0.156

注:二阶段最小二乘法回归方程检验了归因内容"特征"和公司特征之间的关系。美国是缺省的国家控制变量,零售是缺省的行业控制变量。如果公司在美国上市需要按照20—F格式调整年报,则20F上市公司=1,否则为0。

杠杆变化=(总负债/总权益2003—2002)/(总负债/总权益2002)。

盈利能力变化=(税后净利润2003—2002)/税后净利润2002。如果公司报告了负的每股收益,则负每股收益=1。

国外收入=国外收入占总收入的百分比。

市价与账面价值比率=年末权益的市场价值/权益账面价值。

资本密集度=非流动资产/总资产。

公司治理综合指数＝三项得分之和，如果董事会主席是非执行董事则加 1 分，如果董事会的大部分成员为独立董事则加 1 分，如果公司采用了委员会结构（如审计委员会、提名委员会和薪酬委员会）则加 1 分。

分析师＝追踪一个公司的分析师数量 * p<0.10　** p<0.05　*** p<0.01（双尾检验）。

13.4.2　归因内容"特征"与分析师的预测分歧

由于假设公司的主动披露策略可能会同时影响公司管理层评述的披露、分析师追踪和分析师预测，所以我们使用霍斯曼检验（Hausman test）来检测这些关系之间是否存在内生性。因此我们排斥了认为归因内容特征（反映防御性、正式性/广泛性）和分析师的预测分歧之间不存在内生性的假设。此外，霍斯曼检验（Hausman test）确认了分析师追踪和分析师预测分歧（p<0.059）①之间的内生性。所以，为了评价归因报告与分析师预测分歧的价值相关性，控制公司使用特定归因报告"特征"的动机非常重要，我们将使用前文中描述的三阶段最小二乘法回归来达到控制目的。

表 13-4　三阶段最小二乘法回归——归因内容"特征"和分析师预测分歧之间的关系

	标识	独断性	防御性①	正式性—广泛性
板块 A 归因内容特征				
常数项		** 0.163	*** 0.228	** 0.130
分析师追踪	-	-0.001	-0.001	0.002
每股收益变化	+	** 0.001	** 0.001	** 0.001
收益波动性	+	* 0.011	** 0.015	* 0.010
负每股收益	-	*** 0.173		* 0.098
美国 GAAP	+	* -0.069	* -0.085	0.024
归因内容特征	-	-0.018	** -0.067	*** -0.138
R^2	-	0.168	0.166	0.070
归因特征回归②的 R^2		0.375	0.560	0.382
分析师追踪回归②的 R^2		0.475	0.475	0.475
N		116	116	116

---

①　在三阶段回归模型中，所有的因变量都与系统存在内生性，这个现象被认为是对系统方程的干扰。所有外生变量都被用作工具。在回归和误差项不相关的例子中，例如没有内生性，三阶段最小二乘法产生的结果将与普通最小二乘法相同。因此，如果某些内生变量实际上是外生的，则三阶段最小二乘法仍然是恰当的（Judge, G. G., Hill, R.C., Griffiths, W. E., Lütkepohl, H., & Lee, T., 第 655 页）。

续表

	标识	归因深度	归因密度	会计解释的使用
板块 B　正式性–广泛性的归因内容特征				
常数项		** 0.554	*** 0.595	** 0.353
分析师追踪	−	−0.006	0.004	−0.002
每股收益变化	−	* 0.001	0.001	0.001
收益波动性	+	* 0.009	* 0.011	* 0.009
负每股收益	+	*** 0.229	* 0.121	*** 0.282
美国 GAAP	+	−0.031	−0.009	* −0.123
归因内容特征	−	* −0.178	*** −0.349	−0.231
R^2		0.102	0.085	0.182
归因特征回归②的 R^2		0.341	0.264	0.305
分析师追踪回归②的 R^2		0.475	0.482	0.482
N		116	116	116

注：* $p<0.10$　** $p<0.05$　*** $p<0.01$（如果预测了标识则单尾检验，否则双尾检验）。

①由于多重共线性，防御回归中没有包含负每股收益。

②归因"特征"回归和分析师追踪回归没有列示。

三阶段最小二乘法回归方程检验了归因内容"特征"（板块 A）、某一归因内容特征（板块 B）和公司特征之间的关系。由表 13-3 的因子分析得出独断、防御和正式/广泛为归因内容"特征"。归因深度、归因密度和会计解释的使用是正式/广泛的归因内容特征（表 13-3）。归因深度是指每个结果所对应的解释的数量，归因密度是指归因陈述的数量相比披露的总数量，会计解释的使用是指基于会计专业术语的解释（而不是因果解释）。分析师追踪=追踪某家公司的分析师数量。每股收益的变化 =（每股收益 2003—2002/每股收益 2002）的绝对值。收入波动性是指 2003 年以前的五年的净资产收益率 ROE 的变异系数。如果公司列报了负每股收益，则负每股收益=1。

三阶段最小二乘法模型的结果（表 13-4 版块 A）显示，归因防御程度（$p<0.05$）、归因正式性—广泛性程度（$p<0.01$）分别与分析师预测分歧显著相关，从而为归因内容"特征"之间的经济相关性提供了支持。但是归因独断性没有明显影响分析师分歧。正式性—广泛性的结果显示，公司的解释密度越大（如相比于总体的陈述式内容，对于业绩的解释更多）、深度越高（如对每个结果解释越多），分析师的分歧就越小。此结果与之前的研究结果一致，之前的研究发现公司管理层评述内容越多、质量越高，分析师的预测分歧越小（Lang & Lundholm，1996；Barron，O. E. ，Kile，C. O. ，& O'Keefe，T. B. ，1999）。版块 A 模型中的控制变量与预测一致。对处于亏损状态的公司（这点没有在防御模型中检测）、每股收益变化较大的公司（即异常收益）和收益波动性较大的公司，分析师预测分歧较大。如前文

所述，对采用美国 GAAP 准则的公司，分析师的预测分歧较小。

我们对表 13-4 中正式性—广泛性因子的主要成分进行了更深入的研究，板块 B 的结果显示，是归因分析中的广泛性（归因深度和归因密度）主要影响了正式性—广泛因子与分析师的预测分歧之间的关系。提供更多和更详细的解释可以减少预测分歧，但是更多地使用会计解释却不能起到上述作用。我们并未发现分析师偏爱某种解释方式。从这种意义上说，此处研究的结果与博佐兰等（Bozzolan, S., Trombetta, M., & Beretta, S., 2009）的研究结果相悖。在我们的研究背景中，并非可证实的解释（会计专业术语）越多，分歧就越少。

13.4.3 稳健性检验

模型中检验了国别可能产生的影响。我们引入了国家控制变量，而没有引入美国 GAAP 准则控制变量，以此在分析师的预测分歧回归中控制国家变量（结果未制表）。我们发现归因防御性和归因正式性—广泛性均在 1% 水平上显著，而归因独断性依然不显著。此发现与前文研究结果一致，即分析师忽略了归因独断性，而防御性和解释的深度与密度对于减少分析师的分歧非常有效。

13.5 结论

根据尔茨和塔卡（Aerts & Tarca, 2010）的研究发现，管理层评述报告中业绩分析的特征在不同国家之间有明显的区别。在此基础上，我们研究了是否可以识别出归因行为的"特征"、这些"特征"在各国之间是否存在差异、这些差异是否具有经济价值。我们发现，在业绩结果的归因架构中，广泛性越高（即提供了更详细和更深入的业绩分析），分析师的预测分歧越小。同样，业绩分析的防御性越高，分歧越小。有趣的是，我们发现归因架构独断性的增强并不能影响预测分歧，在英国和澳大利亚的报告中可以观察到这种迹象。同样，使用更多的会计专业术语（美国使用最多，加拿大次之）也不能影响预测分歧程度。

研究结合并拓展了两类文献。之前的研究强调了陈述性信息质量的重要性，此处的研究表明，因果关系和会计专业术语解释的深度和密度对于分析师的重要性，这与之前的研究一致（Barron, O. E., Kile, C. O., & O'Keefe, T. B., 1999；Lys & Soo, 1995；Lang & Lundholm, 1993、1996；Hope, 2003a, b）。归因防御性和归因独断性不同的组合效应与之前的系统研究结果一致，表明在影响公司外部人员评估的标准时，防御性的印象整饰比独断的语言行为更有效（Suchman, 1995；

Kim, P. H., Dirks, K. T., Cooper, C. D., & Ferrin, D. L., 2006; Wood & Mitchell, 1981; Barton & Mercer, 2005; Elsbach, 2003),而且没有证据直接表明独断性的语言策略能起到同样的作用。由于我们只研究了业绩分析,未来可以研究其他内容的分析特点。此方法还可用于研究分析师对管理层评述的反映和公司在管理层评述报告解释中的声誉动机研究。

附录1 尔茨和塔卡（Aerts & Tarca, 2010）的词条解释: 归因内容特点

归因陈述	前因后果陈述。在一句话或多句话(或者部分)中,每个结果(与公司的财务业绩有关,如收入、费用或净利润项目)都对应着一个或多个原因,如销售收入增长是由于较强的顾客需求和零售渠道的拓宽
需解释的结果	
公司/部门	归因陈述是对公司整体而言和/或对公司内部的某个部门而言,如当前年度公司整体的销售降低是对公司整体而言的;而在去年重组后,"Orange"部门的业绩突出是对单个部门而言的
结果/积极性的"价"valence	积极结果对公司有利(如收入增长、费用减少)。消极结果对公司不利(如费用增加,但是收入没有相应增加)
前瞻性	与未来事项或阶段相关的陈述,如由于利率降低,经济环境改善,预期下一年度的销售会增长
为解释付出的努力	
解释的深度	每个结果对应的解释数量(可能是一个也可能是多个),如由于较大的客户需求和零售渠道的拓宽,销售实现增长(一个结果,两个原因)
解释的密度	公司归因陈述的数量(与管理层讨论与分析、运营与财务评价OFR或是类似的文档中对运营结果披露项目的数量有关)
正式语言的使用 会计专业解释和原因解释	会计专业术语的解释是基于会计专业语言,其本质就是中间媒介(如利润的增加是因为边际收益的增加)。原因解释不同于会计专业术语解释(如销售收入增加是因为需求增加和经济活跃)
正式(非正式)偏向	更多(更少)地使用会计专业是术语解释相比原因解释
对积极结果的非正式偏向	解释积极结果时,使用因果关系多于会计专业术语的(相对)倾向
对消极结果的正式偏向	解释消极结果时,使用会计专业术语多于原因解释的(相对)倾向
自利内容	
原因解释的独断自利偏向	解释积极结果时,选择内部原因多于外部原因的(相对)倾向
原因解释的防御自利偏向	解释消极结果时,选择外部原因多于内部原因的(相对)倾向
增效	即使存在消极的外部因素,依然可以保证积极结果,如虽然全行业对商品的需求都减少了,但公司的"Orange"部门依然实现了收入的强势增长
主观权利	将积极结果归因于内部因素(如管理层决策)而不是外部因素(如行业或经济因素)
借口	将消极结果归因于外部因素(如行业或经济因素)而不是内部因素(如管理层决策),需求不足所造成一定时期内销量的下降,反映了经济周期中未预期的衰退

续表

正式语言的使用	
辩护	对消极结果进行有目的的解释,如为了加速引进新型高质量产品,增加了研究开发费用
否定因果关系	通过参考积极因素和补救因素,含蓄地否认某一因素导致了消极结果,如虽然销售人员付出了更多的努力,但本阶段的销售仍然下降了
不一致的解释	
结果的"价"valence的正式性的不一致	解释消极结果和积极结果时会计专业术语解释的使用程度对比
结果的"价"valence的深度的不一致	每个消极结果、积极结果解释数量的对比

一处归因陈述是指,在一句话或多句话(或者部分)中,每个结果(与公司的财务业绩有关,如收入、费用或净利润项目)都对应着与一个或多个原因。在每处归因陈述中,结果部分按 A01 – A05 维度来编码,原因部分按 B10 – B15 维度来编码。

附录 2 尔茨和塔卡(Aerts & Tarca,2010)对归因陈述的编码维度

A. 结果	B. 原因
A01 结果的性质 收入 1. 费用 2. 利润 A02 结果的"价" 1. 积极的(如销售增长,费用下降) 2. 消极的(如销售下降,费用增长) 3. 无变化 A03 结果的时间导向 1. 过去(涉及以前年度事项的结果) 2. 现在(观察年度) 3. 未来 A04 定量或定性表述结果 1. 定量 2. 定性 A05 需解释的结果的层次 1. 部门/产品/地理分部 2. 公司整体	B10 前因后果关系的清晰性 1. 明示 2. 暗示 3. 双重(结果 = 销售,原因 = 收入) B11 前因后果关系的方向 1. 同向 2. 反向 B12 原因的时间导向 1. 过去(涉及以前年度事项的结果) 2. 现在(观察年度) 3. 未来 B13 定量或定性表述原因 1. 定量 2. 定性 B14 解释的性质 1. 原因分析 2. 会计专业术语分析 B15 因果关系中的原因 1. 内部原因,明确提到管理委员会 2. 内部原因,明确提到公司的分部 3. 内部原因,明确提到人力资源 4. 其他内部原因 5. 外部原因,行业层次的原因 6. 外部原因,总经济水平的原因 7. 其他外部原因

附录3 尔茨和塔卡(Aerts & Tarca, 2010)对归因陈述的举例

1. 前因后果关系：是指一项费用结果与两个解释有关，一个是会计专业术语解释，另一个是原因解释：

相比于2002年，2003年的商品销售成本降低【结果】，反映了由于销售减少所导致的商品和服务的花费减少【会计专业解释】，同时反映了有利的采购环境【原因解释】。

加拿大Sears公司2003年年度报告第18页（加拿大零售行业）。

2. 明确解释：表示原因的连接短语或句子（如因为、是……的结果）和可以明确因果关系的动词（如导致、引起）的一种特征。例如，以内部原因来解释下列积极结果时使用了"通过"作为原因连接词：

通过更好地管理合并实体事务【原因解释】，本年的汇兑损失降低【结果】。

派普科技公司（Peptech）2003年年度报告第18页（澳大利亚生物科技行业）

3. 非明确解释：如果原因和结果非明确相关，那么只有当原因和结果可以合理地相互联系时，才考虑非明确解释。在下面的原因解释（包含借口和主观权利）中，原因和结果之间通过"由于"来连接：

由于加元的猛烈升值【原因解释】，制造商的收入迅速减少【结果】，公司的猪肉加工业务在2003年受到负面冲击。

枫叶食品公司（Maple Leaf Foods）2003年年度报告第29页（加拿大食品加工行业）。

由于增加海外生产和合并供应商【原因解释】，我们的主营利润实现了增长【结果】。

玛莎百货（Mark and Spencer）2003年年度报告第3页（英国零售业）。

4. 时间导向：前瞻性的归因陈述体现如下：

今年完成了阿特拉斯（Atlas Point）山梨糖醇液的生产外包【原因解释】，预期此举措可在明年提升利润空间【结果】。

英国联合食品集团（Associated British Foods）2003年年度报告第20页（英国食品加工行业）。

5. 会计专业术语解释：以会计专业术语来解释会计结果：

在2003年这一会计年度，较低的折旧费用【内部—会计专业术语解释】导致

毛利润和边际利润增长【结果】。

2003 年，其他收益由 2002 年的 2 285 000 美元增至 3 350 000 美元【结果】，主要是由于子公司净利润增长了 932 000 美元【原因：内部—会计专业术语解释】。

佛罗里达岩石工业公司（Florida Rock Industries Inc）2003 年年度报告第 8 – 9 页（美国建筑材料行业）。

参考文献

Accounting Standards Board（ASB）.（2003）. Operating and financial review. http：//www. ASB 银行. org. uk/publications/publication124. html.

Aerts, W.（1994）. On the use of accounting logic as an explanatory category in narrative accounting disclosures. *Accounting, Organizations and Society*, 19（4/5）, 337 – 353.

Aerts, W.（2001）. Inertia in the attributional content of annual accounting narratives. *European Accounting Review*, 10（1）, 3 – 32.

Aerts, W.（2005）. Picking up the pieces：Impression management in the retrospective attributional framing of accounting outcomes. *Accounting, Organizations and Society*, 30（6）, 493 – 571.

Aerts, W. , & Tarca, A.（2010）. Financial performance explanations and institutional setting. *Accounting and Business Research*, 40（5）, 421 – 450.

Alford, A. W. , & Berger, P. G.（1999）. A simultaneous equations analysis of forecast accuracy, analyst following, and trading volume. *Journal of Accounting, Auditing and Finance*, 14（3）, 219 – 240.

Amir, E. , Lev, B. , & Sougiannis, T.（2003）. Do financial analysts get intangibles? *European Accounting Review*, 12（4）, 635 – 659.

Ang, J. & Ciccone, S.（2001）. International differences in analyst forecast properties. Available at SSRN：http：//ssrn. com/abstract = 275091.

Archambault, J. J. , & Archambault, M. E.（2003）. A multinational test of determinants of corporate disclosure. *The International Journal of Accounting*, 38, 173 – 194.

Baginski, S. , Hassell, J. , & Kimbrough, M.（2002）. The effect of legal environment on preemptive disclosure：Evidence from management earnings forecasts issued in U. S. and Canadian markets. *The Accounting Review*, 77, 25 – 50.

Baginski, S. , Hassell, J. , & Kimbrough, M.（2004）. Why do managers explain their earnings forecast? *Journal of Accounting Research*, 72（1）：1 – 29.

Baginski, S. , Hassell, J. , & Kimbrough, M.（2008）. Macro information environment change and the quality of management earnings forecast'. *Review of Quantitative Finance and Accounting*, 31：311 – 330.

Ball, R. , Kothari, S. , & Robin, A.（2000）. The effect of international institutional factors on properties. *Journal of Accounting and Economics*, 29, 1 – 51.

Barron, O. E., Kile, C. O., & O'Keefe, T. B. (1999). MD & A quality as measured by the SEC and analysts' earnings forecasts. *Contemporary Accounting Research*, 16 (1), 75 – 109.

Barth, M., Beaver, W., & Landsman, W. (2001). The relevance of the value relevance literature for financial accounting standard setting: Another view. *Journal of Accounting and Economics*, 31 (1 – 3), 77 – 104.

Barton, J., & Mercer, M. (2005). To blame or not to blame: analysts' reactions to external explanations for poor financial performance. *Journal of Accounting and Economics*, 39 (3), 509 – 533.

Beattie, V., & McInnes, B. (2006). *Narrative reporting in the UK and US—Which system works best?* London: Institute of Chartered Accountants in England & Wales.

Beattie, V., McInnes, B., & Fearnley, S. (2002). *Through the eyes of management: A study of narrative disclosures.* London: Institute of Chartered Accountants in England & Wales.

Beattie, V., McInnes, B., & Fearnley, S. (2004). *Through the eyes of management: Narrative reporting across three sectors.* London: Institute of Chartered Accountants in England&Wales.

Beekes, W., & Brown, P. (2006). Do better – governed Australian companies make more informative disclosures? *Journal of Business Finance and Accounting*, 33 (3/4), 422 – 450.

Bettman, J. R., & Weitz, B. A. (1983). Attributions in the boardroom: Causal reasoning in corporate annual reports. *Administrative Science Quarterly*, 28, 165 – 183.

Bhushan, R. (1989). Firm characteristics and analyst following. *Journal of Accounting and Economics*, 11 (2 – 3), 255 – 275.

Botosan, C. (1997). Disclosure level and the cost of equity capital. *The Accounting Review*, 72 (3), 323 – 349.

Bozzolan, S., Trombetta, M., & Beretta, S. (2009). Forward – looking disclosures, financial verifiability and analysts' forecasts: A study of cross – listed European firms. *European Accounting Review*, 18 (3), 435.

Brown, S., & Tucker, J. (2011). Large – sample evidence on firms' year – over – year MD&A modifications. *Journal of Accounting Research*, 49 (2), 309 – 346.

Byard, D. & Shaw, K. (2006). Corporate disclosure quality and properties of analysts' information environment. SSRN eLibrary.

Chang, J. J., Khanna, T., & Palepu, K. (2000). Analyst activity around the world. HSB Strategy Unit Working Paper No. 01 – 61. Available at SSRN: http://ssrn.com/abstracts = 204570.

Cheng, E., & Courtenay, S., (2006). Board Composition, regulatory regime and voluntary disclosure. *The International Journal of Accounting*, 41 (3): 262 – 289.

Clapham, S. E., & Schwenk, C. R. (1991). Self – serving attributions, managerial cognition, and company performance. *Strategic Management Journal*, 12, 219 – 229.

Clarkson, P. M., Kao, J. L., & Richardson, G. D. (1999). Evidence that management discussion and analysis (MD&A) is a part of a firm's overall disclosure package. *Contemporary Accounting Research*, 16 (1), 111 – 134.

Clatworthy, M., & Jones, M. J. (2003). Financial reporting of good news and bad news: Evidence from accounting narratives. *Accounting and Business Research*, 33 (3), 171 – 185.

Clatworthy, M. A., & Jones, M. J. (2006). Differential pattern of textual characteristics and company performance in the chairman's statement. *Accounting, Auditing and Accountability Journal*, 19 (4), 493 – 511.

Collins, W., Davie, E. S., & Weetman, P. (1993). Management discussion and analysis: An evaluation of practice in UK and US companies. *Accounting and Business Research*, 23 (9), 123 – 137.

D'Aveni, R. A., & MacMillan, I. C. (1990). Crisis and the content of managerial communications: A study of the focus of attention of top managers in surviving and failing firms. *Administrative Science Quarterly*, 35, 634 – 657.

Elsbach, K. D. (2003). Organizational perception management. In L. L. Cummings, B. M. Staw (Eds.), *Research in organizational behavior* (Vol. 25, pp. 297 – 332).

Eng, L. L., & Mak, Y. T. (2003). Corporate governance and voluntary disclosure. *Journal of Accounting and Public Policy*, 22 (4), 325 – 345.

Fiol, C. M. (1995). Corporate communications: Comparing executives' private and public statements. *Academy of Management Journal*, 28 (2), 522 – 536.

Forker, J. (1992). Corporate governance and disclosure quality. *Accounting and Business Research*, 22 (86), 111 – 124.

Frost, C., & Pownall, G. (1994). Accounting disclosure practices in the United States and the United Kingdom. *Journal of Accounting Research*, 32 (1), 75 – 102.

Gardner, W. L., & Martinko, M. J. (1988). Impression management: An observational study linking audience characteristics with verbal self – presentations. *Academy of Management Journal*, 31 (1), 42 – 65.

Hooks, K., & Moon, J. (1993). A classification scheme to examine management discussion and analysis compliance. *Accounting Horizons*, 7, 41 – 59.

Hope, O. K. (2003a). Disclosure practices, enforcement of accounting standards and analysts' forecasts accuracy: An international study. *Journal of Accounting Research*, 41 (2), 272 – 273.

Hope, O. - K. (2003b). Accounting policy disclosure and analysts' forecasts. *Contemporary Accounting Research*, 20 (2), 295 – 321.

Hughes, P., & Sankar, R. (2006). The quality of discretionary disclosure under litigation risk. *Journal of Accounting Auditing and Finance*, 21 (1), 55 – 81.

International Accounting Standards Committee Foundation (IASCF). (2005). Discussion paper management commentary. Available on the internet from http: //www. iASB 银行. org/NR/rdonlyres/0FE78C14 – 8AF9 – 4CFB – A764 – 40B1A08E0DF5/0/DPManagementCommentary. pdf

Jones, C. L., & Cole, C. J. (2005). Management discussion and analysis: A review and implications for future research. *Journal of Accounting Literature*, 24, 135 – 174.

Judge, G. G., Hill, R. C., Griffiths, W. E., Lütkepohl, H., & Lee, T. (1988). *Introduction to the Theory and Practice of Econometrics*. New York: Wiley.

Khurana, I., & Raman, K. (2004). Litigation risk and the financial reporting credibility of Big 4 versus Non-B audits: Evidence from Anglo-American countries. *The Accounting Review*, 79 (2), 473-495.

Kim, P. H., Dirks, K. T., Cooper, C. D., & Ferrin, D. L. (2006). When more blame is better than less: The implications of internal vs. external attributions for the repair of trust after a competence-vs. integrity-based trust violation. *Organizational Behavior and Human Decision Processes*, 99, 49-65.

La Porta, R., Lopez-De-Silanes, F., & Shleifer, A. (2006). What works in SECurities laws? *Journal of Finance*, 61 (1), 1-32.

Lang, M., & Lundholm, R. (1993). Cross-SECtional determinants of analyst ratings of corporate disclosures. *Journal of Accounting Research*, 31, 246-271.

Lang, M., & Lundholm, R. (1996). Corporate disclosure policy and analyst behavior. *The Accounting Review*, 71, 467-492.

Lang, M. H., Lins, K. V., & Miller, D. P. (2003). ADRs, analysts, and accuracy: Does cross listing in the United States improve a firm's information environment and increase market value? *Journal of Accounting Research*, 41 (2), 317-345.

Lehavey, R., Li, F., & Merkley, K. (2011). Effect of firms' communication complexity on analyst following and the properties of their earnings forecasts. *The Accounting Review*, 86 (3), 1087-1115.

Leuz, C. (2003). IAS versus U.S. GAAP: Information asymmetry-based evidence from Germany's New Market. *Journal of Accounting Research*, 41 (3), 445-472.

Imhoff, E. A. Jr. &Lobo, G. J. (1992). The effect of ex ante earnings uncertainty on earnings response coefficients, *The Accounting Review* (April), pp. 427-439.

Lys, T., & Soo, L. (1995). Analysts' forecast precision as a response to competition. *Journal of Accounting, Auditing and Finance*, 10, 751-765.

Malone, D., Fries, C., & Jones, M. (1993). An empirical investigation of the extent of corporate financial disclosure in the oil and gas industry. *Journal of Accounting, Auditing and Finance*, 8 (3), 249-273.

Marquardt, C. A., & Wiedman, C. I. (1998). Voluntary disclosure, information asymmetry, and insider selling through SECondary equity offerings. *Contemporary Accounting Research*, 15 (4), 505-537.

McKinnon, J. L., & Dalimunthe, L. (1993). Voluntary disclosure of segment information by Australian diversified companies. *Accounting and Finance*, 33 (1), 33-50.

Meek, G. K., Roberts, C. B., & Gray, S. (1995). Factors influencing voluntary annual report disclosures by US., UK and continental European multinational corporations. *Journal of International Business Studies*, 26 (3), 555-572.

Merkl-Davies, D. M., & Brennan, N. M. (2007). Discretionary disclosure strategies in corporate narratives: Incremental information or impression management? *Journal of Accounting Literature*, 26: 116-196.

Nelson, K. & Pritchard, A. (2007). Litigation risk and voluntary disclosure: The use of meaningful cautionary language. SSRN eLibrary.

Nichols, D. & Weiland, M. (2009). Do firms' nonfinancial disclosures enhance the value of analyst services? Working Paper, Cornell University.

PricewaterhouSECoopers (2007). Corporate reporting—a time for reflection. A survey of the Fortune Global 500 companies' narrative reporting, April 26.

Richardson, A., & Welker, M. (2001). Social disclosure, financial disclosure and the cost of equity capital. *Accounting, Organizations and Society*, 26 (7/8), 597–616.

Roulstone, D. T. (2003). The relation between insider–trading restrictions and executive compensation. *Journal of Accounting Research*, 41, 525–551.

Salancik, G. R., & Meindl, J. R. (1984). Corporate attributions as strategic illusions of management control. *Administrative Science Quarterly*, 29 (2), 238–254.

SEC. (1987). SECurities Act Release No. 6231. Available at http://www.SEC.gov.

SECurities and Exchange Commission (SEC). (2003). Review of the periodic reports of the fortune 500 Companies. February 27. Available at www.SEC.gov/divisions/corpfin/fortune500rep.htm.

SECurities and Exchange Commission (SEC). (2004). Summary by the division of corporation finance of significant issues addressed in the review of the periodic reports of the fortune 500 companies. Available at http://www.SEC.gov/divisions/corpfin/fortune500rep.htm.

Seetharamana, A., Gul, F., & Lynn, S. (2002). Litigation risk and audit fees: Evidence from UK companies cross–listed on US markets. *Journal of Accounting and Economics*, 33, 91–115.

Staw, B. M., McKechnie, P. I., & Puffer, S. M., (1983). The justification of organizational performance. *Administrative Science Quarterly*, 28 (4): 582–600.

Suchman, M. C. (1995). Managing legitimacy: strategic and institutional approaches. *Academy of Management Review*, 20, 571–610.

Sutton, R., & Galunic, D. C. (1996). Consequences of public scrutiny for leaders and their organizations. In B. M. Staw & L. L. Cummings (Eds.), *Research in organizational behavior* (Vol. 18, pp. 201–250). Greenwich: JAI Press.

Vanstraelen, A., Zarzeski, M., & Robb, S. (2003). Corporate nonfinancial disclosure practices and financial analyst forecast ability across three European countries. *Journal of International Financial Management & Accounting*, 14 (3), 249–278.

Wagner, J. A., & Gooding, R. Z. (1997). Equivocal information and attribution: An investigation of patterns of managerial sense making. *Strategic Management Journal*, 18 (4), 275–286.

Wood, R. E., & Mitchell, T. R. (1981). Manager behavior in a social context: The impact of impression management on attributions and disciplinary actions. *Organizational Behavior and Human Decision Processes*, 28, 356–378.

14 财务虚假陈述对经理人造成的后果

乔纳森·卡普夫（Jonathan M. Karpoff）
斯科特·李（D. Scott Lee）　杰拉德·马丁（Gerald S. Martin）[①]

摘要：在1978年1月1日到2006年9月30日，共有788家公司因财务虚假陈述被美国证券交易委员会（以下简称SEC）和美国司法部（以下简称DOJ）采取强制措施，通过对上述公司管理层中2 206个人后续处理情况的跟踪，共计93%在强制措施执行期结束后失业，其中大部分被直接辞退。不正当行为对股东造成的损失越大、公司监管质量越高，被辞退的比例也就越高。此外，面对未来职业生涯限制、公司股票数额持有的限定以及SEC罚款，负有相关责任的经理人还将承担高额经济损失。相当多的此类少数派（28%）面临刑事指控和处罚，其中包括平均为期4.3年的监禁。这些结果表明，实施财务虚假陈述的违规者将面临严重惩罚。

[①] 本章包括一分单行本的文章（最初于2008年以《财务虚假陈述对管理者的影响》为题在金融经济日报上发表），其后便是笔者以后记为形式对财务虚假陈述进一步发展进行的的评述（以2007年第四届会计监管研讨会上的初稿为基础）。在此，我们对詹妮弗·尔伦（Jennifer Arlen）、约翰·阿尔摩尔（John Armour）、克里斯·安德逊（Chris Anderson）、詹妮弗·贝桑尔（Jennifer Bethel）、山姆·布尔（Sam Buell）、劳里·克里格曼（Laurie Krigman）、格奥弗雷·米勒（Geoffrey Miller）、一位匿名的仲裁员、哈佛法学院会议（the Harvard Law School Conference）（议题为"企业治理规则的强制执行"）的参与者，杜克法学院/ILEP圆桌讨论（the Duke Law School/ILEP Roundtable Discussion）（议题为"关于对证券诉讼、企业治理和列报行为的最新改革提议"）的参与者，亚利桑那州立大学（Arizona State University）、巴布森学院（Babson College）、亚利桑那大学（the University of Arizona）、堪萨斯大学（he University of Kansas）以及内华达大学（the University of Nevada）在拉斯维加斯举行的研讨会的参与者表示衷心的感谢，感谢他们提供大量使我们大受裨益的评论。同样，我们也对德州农工大学民营企业研究中心（Texas A&M University's Private Enterprise Research Center）和华盛顿大学的首席财务官论坛（the University of Washington's CFO Forum）以及福斯特商学院（Foster School of Business）的大力支持表示由衷的感谢。

J. M. Karpoff
联系地址：University of Washington, Foster School of Business, Seattle, WA, USA
电子邮箱：karpoff@ u. washington. edu

D. S. Lee
联系地址：University of Nevada, Lee Business School, Las Vegas, USA
电子邮箱：scott. lee@ unlv. edu

G. S. Martin
联系地址：American University, Kogod School of Business, Washington, DC, USA
电子邮箱：gmartin@ american. edu

14.1 引言

经理人是否因篡改账目而承担了后果呢？大部分主流观点持否定态度。"他们撒谎、欺诈、窃取，而且在很长一段时间内都侥幸逃脱。"《财富》杂志封面文章对于财务虚假陈述这样说到。[①] 这种看法有助于解释 2002 年萨班斯（Sarbanes - Oxley，简称 SOX）法案的一些特点，该法案加重了对财务舞弊的刑罚力度、新增了财务舞弊类别，并加重了 CEO 和 CFO 个人对财务虚假陈述需承担的责任。

之前的研究表明，当公司被指控虚假陈述时，公司股东蒙受巨大损失。[②]

但几乎没有证据表明个人违规者承担直接损失。他们是否承担直接损失对于公共政策和公司治理有着非常重要的影响。有关违规者承担个人后果的证据可以支持"目前公司治理、经理人市场和管制监督的组合在实际可以惩戒不法行为"的观点。而反向证据则表明，大部分公司监管在制止管理层虚假陈述方面并无效果，这也支撑着需追加监管干预的观点。[③]

我们对一系列有篡改公司账目行为管理层的个人后果进行了研究，并搜集 788 家公司的数据组成独特样本，这些公司在 1978 年 1 月 1 日至 2006 年 9 月 30 日，由于财务虚假陈述被 SEC 和 DOJ 采取了强制措施。通过公告和法律文件，SEC 和 DOJ 查出对虚假陈述负责的个人、违规行为发生的期间和不正当行为被揭发的日期。通过信息，可以非常准确地识别出作恶者，判断他们是否（1）失业；（2）被禁止在其他公司从事类似的工作；（3）通过持有股票损失财富；（4）被 SEC 罚款；（5）由 DOJ 发起刑事指控。

之前有几篇文章研究了由管理层承担潜在代价的其中一个方面，即他们是否失业。但是研究证据较为复杂，有的文章推断作恶者通常会失业，而有的则推断他们

[①]《财富》杂志，2002 年 3 月 18 日封面及相应文章题目。

[②] 见 Karpoff & Lott（1993）、Alexander（1999）；the US General Accounting Office《GAO，2002》；Karpoff et al.（2008a）。

[③] 关于这类看法的总论，见 Arlen（2007）和 Jackson & Roe（2007）；SEC 委员认为应加大对个人的惩罚力度，而非对公司的惩罚力度，见 Atkins（2005）；在 La Porta 等 2006 的研究中可找到有关全球执法体系的相关陈述。关于个人和公司惩罚力度最优组合的讨论，可参见 Arlen & Carney（1992）、Polinsky & Shavell（1993）Arlen & Kraakman（1997）的研究。上述文献指出，如果内部机制能够约束违规的管理层，那么针对公司的惩罚，如由股东买单的惩罚，就是有效的，因为相比于直接由监管者监督，由公司监督和控制产生的成本更低。

不会失业。① 我们的研究表明，所有这些研究均采用了实证研究法，并不适合此处的主题。这些研究的结果遗漏了很多违规经理人的离职情形（第一类失误），并且错误地将不应承担责任的经理人的离职归因为公司的不正当行为（第二类失误）。在14.2一节中我们将展示，当我们的样本数据应用到德赛等（Desai，H.，Hogan，C. E.，& Wilkins，M. S.，2006）的研究程序时，产生第一类失误的比例为47.2%，第二类失误比例为66.1%。即他们的程序遗漏了47.2%因篡改财务报表而离职的管理层，且将66.1%未被SEC认定为违规的离职管理层包含其中。在此需要声明，我们对之前这些文章的批判并非针对它们的逻辑或研究实施方法。这些研究已应用了当时最恰当的方法，而且他们也缺乏现在掌握的数据。

分析显示，实际上大部分违规的管理层都失业了。被监管者认定为违规的2 206人中，93.4%的人在违规或受罚期间离职，其中大部分被解雇（他们不是自愿离职）。我们同时发现离职可能性与不正当行为对股东和公司监管质量造成的负面影响正相关。尤其需指出，离职可能性分别与董事会独立性和外部大股东的持股比例正相关。

违规的个人还承担了除失业之外的其他后果。SEC已经禁止或正在禁止693人（31%）将来在上市公司任职高管或董事。违规的经理人平均持有公司6.5%的股权，当不正当行为被揭发后，他们遭受了价值约1 530万美元的股票损失，SEC还会平均额外加罚570万美元。此外，617人（28%）被判刑。到目前为止，469人已承认有罪或被判有罪，并被判处平均4.3年的监禁和3年的缓刑。总体来说，这些证据表明被发现篡改财务报表的经理人绝大部分都已离职，很多面临着惨淡的就业前景、经济或非经济的法律制裁以及刑罚，并承担非常严重的后果。

本文的后续结构如下，14.2一节将回顾相关研究，总结之前研究在调查经理人是否由于不正当行为而失业时出现的问题。14.3一节将阐述研究数据和对财务虚假陈述的监管执法过程。14.4一节描述在强制程序执行期间被SEC和DOJ认定为违规个人的解雇情况和失业率。14.5一节将对经理人是否会由于篡改财务报表而失业的决定因素进行多变量检验。14.6一节说明违规经理人的其他后果，包括由SEC和DOJ判处的刑罚、非经济制裁、监禁和由于持有受影响公司股票而遭受的损失。14.7一节为结论部分。

---

① 参见 Feroz 等（1991）；Agrawal，Jaffe & Karpoff（1999）；Alexande（1999）；Beneish（1999）；Arthard - Day（2006）；和 Desai 等（2006）的研究。上述研究将在14.2节中详细讨论。

14.2 先前研究回顾

一些文章调查了公司出现的不正当行为被揭露后经理人是否会失业。菲罗斯等（Feroz, E. H., Park, K., & Pastena, V. S., 1991）指出，在执行 SEC 制定的会计审计强制公告（Accounting and Auditing Enforcement Releases, AAERs）的公司中，72% 的公司在 1982 年到 1989 年至少解雇过一名经理人。类似地，德赛等（Desai, H., Hogan, C. E., & Wilkins, M. S., 2006）和阿索德等（Arthaud-Day, M. L., Certo, S. T., Dalton, C. M., & Dalton, D. R., 2006）发现，由美国总审计署（2003 年后改组为美国政府问责局）搜集的数据显示，经理人在进行盈余重述后均呈现失业的趋势。

相反地，贝内什（Beneish, 1999）认为，"夸大盈余的经理人失业率与未夸大盈余的经理人相似"。《华尔街日报》索引编制部（General Section of Wall Street Journal Index）列出了被认定为"欺诈"和"犯罪"的高级管理层离职情况，阿格拉沃尔（Agrawal, 1999）等对此也进行了调查。在多变量测试中，他们控制了其他因素对管理层离职的影响，发现欺诈被揭发后，高管离职率并没有显著增加①。

尽管他们的结论不同，但这些研究使用了相同的实证研究方法。它们分别侧重于不同的方面（如盈余重述或有关违法行为的新闻），并记录上述事项发生前后，一系列固定职位的经理人（如首席执行官，董事长和董事会主席）的离职情况。对同时期相同类型的控股公司管理层的离职情况与公司具体特点的研究表明，任何非正常离职均源于不正当行为。

以美国洗涤剂有限公司（USA Detergents）为例，该公司是美国总审计局（GAO, 2003）数据库中的一个案例，德赛（Desai, 2006）等和阿索德（Arthaud-Day, 2006）等都曾对其进行过研究。美国洗涤剂有限公司（USA Detergents）的八名高层密谋夸大 1996 年后两个季度的收益，但公司在 1997 年 8 月 11 日通过重述利润更正了上述虚假陈述。德赛（Desai, 2006）等研究了重述日期后的两年内首席执行官、董事长和董事会主席的离职情况，这家公司有且仅有一人，即董事长朱里奥·派里罗（Giulio Perillo）的离职符合德赛（Desai）的研究标准。

---

① Alexander（1999，表 4）也发现了大部分被指控为联邦犯罪（federal crime）的公司都存在雇员或经理人离职的证据（另见 Alexander, 2007）。在一份新的研究底稿中，Agrawal & Cooper（2007）检验了隐藏盈余公司高级管理层的离职情况。文章的实证方法同本节中回顾的文献基本一致。Helland（2006），Fich & Shivdasani（2007）检验了证券集团诉讼针对的存在欺诈行为的"目标公司"中董事和经理人的离职情况。

这种研究方法存在一个问题，即派里罗（Perillo）并未参与虚假陈述，因此他的离职不应该被记入。更准确地说，他在重述日期之前的 11 天被认命为临时董事长兼首席运营官，且在 6 个月之后辞职。因为记入了本不应该记入的离职，所以我们将此认定为德赛、霍根（Hogan）、威尔金斯（Wilkins）研究方法的第二类失误。当漏记违规经理人的离职时，这种方法也会导致第一类失误。在美国洗涤剂有限公司的案例中，事实上，所有违规的 8 名经理人全部离开了公司，但德赛（Desai，2006）等的研究方法漏记了其中 6 人，这是因为当时他们不在首席执行官、董事长或董事会主席的职位上；实际上，还漏记了被 SEC 认定为违规者的董事长弗兰克·瓦尔迪兹（Frank Valdez）的离职，但由于他是先于 GAO 数据库记录的 1997 年 8 月 11 日之前离开公司的，所以被研究漏记；漏记的首席执行官兼董事会主席尤里·埃文（Uri Evan）也被 SEC 认定为违规者，但因为直到 GAO 数据库记录的 1997 年 8 月 11 日的四年后，SEC 才对他下达韦尔斯通知（Wells Notice），之后他才离开公司。①

美国洗涤剂有限公司的案例说明，之前研究存在错误归类经理人离职的系统化趋势。为测算这些失误，我们重新使用德赛（Desai，2006）等的实证方法对 GAO 数据库里的 41 家公司进行研究，而这 41 家被 SEC 执行强制措施的"目标公司"已作为样本包含在我们的研究中。从 GAO 记录的重述日期开始的两年事件窗口期内，共有 66 名首席执行官、董事长或董事会主席离职。通过使用德赛等人的筛选程序，我们剔除了由于执行官的年龄或公司被收购等原因而离职的 10 名经理人。在剩下的 56 名中，监管者认定其中 19 名为参与违规者，37 名为非参与违规者，这样第二类失误率就是 66.1%（= 37/56）。而在我们的数据中，违规者共有 36 名（并且因此失业），所以德赛（Desai，2006）等的实证方法漏掉了 17 名（= 36 − 19）违规者，导致了 47.2% 的第一类失误率（= 17/36）。

应用到我们全部的样本中，德赛、霍根、威尔金斯的方法会使第一类失误率扩大到 67%。由于阿格拉沃尔（Agrawal，1999）等和贝内什（Beneish，1999）的筛选程序扩大了事件窗口期，因此第一类失误率分别降低到 36% 和 52%。但由于他们扩大了事件窗口期，之后的研究无疑会增大第二类失误的风险（我们并未准确计算第二类失误率，因为此举需要再重新筛选一遍他们的数据集合）。

如果研究人员不对占据上述特定职位的执行官人数进行控制，那么就会产生另外

---

① 再次声明，我们的意见只针对前期研究者可以获得的数据，而不是他们的研究设计或研究实施方法。我们着重分析了 Desai 等（2006）的研究方法，因为该文章是此类研究中最新的一个。Desai 等（第 90 页）明确说明了他们的研究方法会遗漏一些离职数，即产生第一类型失误。

一个问题。简言之，相比于一人身兼董事长、董事会主席和首席执行官的公司，三人分别任职的情况更可能观察到离职情况的发生。例如，德赛等发现重述后的两年内，146家公司中有87家（59.6%）至少有一名担任董事长、董事会主席和CEO职位上的执行官离职，在行业、公司规模和公司成立时间方面匹配的对照样本中，只有51家公司（34.9%）出现这种情况。此差异可能是由于在重述样本中，共有340人担任最高职位的执行官，而对照公司中只有181人担任。与此观点一致，阿格拉沃尔等将公司执行官数量作为控制变量，在回归分析中得到了最显著的系数。①

总体而言，之前研究对于由不正当行为导致离职的研究所使用的数据均存在显著的分类错误。这就可以解释为什么非常细致的研究依然会得出互相矛盾的结论。在下面章节中，我们会通过追踪SEC和DOJ认定为对不正当行为负责的违规个人的在职情况来解决这个问题，同时会记录这些违规个人由在公司中的权益变动而引起的财富损失、监管者执行的明确的经济或非经济惩罚以及刑罚。

14.3 违规经理人的离职数据

14.3.1 执行过程

我们的样本包括从1977年1月1日到2006年9月30日，SEC和DOJ对违反1934年《证券交易法》中三项条款的一项或多项的公司实施的全部强制措施。（1934年《证券交易法》根据1977年的《海外反腐败法》修订）：（1）15USC§§78m（b）（2）（A），要求公司在账簿和记录中持续准确地反映所有交易并保存；（2）15USC§§78m（b）（2）（B），要求公司设计和维护内部会计控制系统；（3）15USC yy 78m（b）（5），公司建立的内部会计控制系统应满足如下要求：任何人不可故意回避或不执行、不可故意伪造账簿、会计记录或账户信息等。任意一

---

① 即使是只研究CEO的检验也存在这样的问题，因为一些公司在观察期间拥有多名CEO。但是当研究者错误地假设所有的会计和审计法规实施公告都列明了对虚假陈述者采取的措施时，又出现了另一个问题。有些会计和审计法规实施公告的发布是为了预先警告那些已实施可能引起处罚的行为的公司。例如，SEC对Boston Scientific的日本子公司提起有关夸大事实的行政诉讼（具体参见证券交易法34—43183，会计和审计法规实施公告—1295）。通过此举，被警告的公司会立刻采取补救措施，向公众进行恰当的信息披露，同时积极配合SEC的调查。SEC并没有对公司或个人实施惩戒性措施，但其发布的会计和审计法规实施公告引起了公司关注，促使这些公司调整内部控制，防范类似的问题发生。使用会计和审计法规实施公告的事后方法（post-event method）会错误地将Peter M. Nicholas（发起人、CEO、董事会主席、董事长）的离职记入，他在GAO重述日期后大概四个月时将CEO和董事长职位移交给James Tobin。我们并未发现Nicholas的离任是与SEC提起行政诉讼有关。

条根据此三项条款提起的指控均可由SEC执行针对财务虚假陈述的强制措施。其他引起强制措施的指控在表14-1中列示。

图14-1描述了围绕联邦证券强制措施的所有事项发生顺序的时间轴。[①]

本文中的"措施"指向账簿可靠性受到质疑的公司所关联的整条公共关系链。强制措施通常混合了行政、民事和刑事诉讼，这些诉讼可能会牵连公司本身、其他子公司、公司雇佣或与公司有关的个人。当SEC签署了行政公告或诉讼公告时，大部分诉讼会向公众披露。一些由DOJ提起的民事和刑事诉讼会通过新闻公告来披露。当受到SEC审查，并由SEC发布与审查相关的公告后，公司通常会招致强制措施。SEC审查公告一经出台，强制措施便随之而来。触发事件通常是指公司对潜在问题进行的披露。普通的触发事件包括对渎职、重述、审计人员离职和异常交易的自我披露。由其他联邦机构（如国防部、环保部）进行的检查也是触发事件的来源，触发事件之后，通常会伴随着SEC文件的延迟发布、管理层离任、揭发者控诉和SEC的常规检查。在参考后续联邦文件的基础上，我们收集并补充了触发事件。在这些文件中，我们鉴定出575个（或73.0%）强制措施的触发事件及发生日期。

戴克（Dyck, 2007）等认为，由公司外部人士揭发财务欺诈的情况居多，而我们发现公司自发的公告成为触发事件的概率较高，这或许可以体现样本的差异。戴克等人的样本来源于斯坦福大学法学院证券集团诉讼统计中心（Stanford Securities Class Action Clearinghouse）。正如卡尔波夫（Karpoff, 2008b）等在报告中所提到的，我们的样本中有低于50%的强制措施是由证券集团诉讼或派生诉讼引起的。同样地，很多集团诉讼并未导致SEC的强制措施。

触发事件之后，SEC通过非正式询问（如果批准的话会成为正式调查）来搜集信息。在调查期间，被调查公司会发布新闻稿，说明其正在接受SEC的非正式询问或正式调查。这些新闻稿在违规期结束的平均7个月后发布。

调查结束后，SEC会决定是否撤销立案、提起行政或民事诉讼及（或）提交至DOJ进行平行的刑事检控。如果决定提起民事诉讼，SEC会向被调查公司发出韦尔斯通知，明确表示准备对公司及（或）选定的个人提起民事诉讼。撤销的立案将不会被披露，也不会出现在样本中。SEC最初发布关于案件的信息时，部分强制措施会同时完成，但是大部分措施是在多项监管程序之后才实施的。SEC会对公司和个人提起全部行政诉讼和大部分民事诉讼，而DOJ则会提起余下的民事诉讼和所有的刑事诉讼。

[①] 更多信息，请参见SEC（1973）、Lucas（1997）、Cox等（2003）或Karpoff等（2008a）文章。

此表总结了从1978年1月1日至2006年9月30日所有对财务虚假陈述执行的788个强制措施样本中公司、个人、案件、SEC公告的数字。所有违规行为包括涉及账簿和会计记录、内部控制或回避1934年《证券交易法》条款的行为,1934年《证券交易法》根据1977年的《海外反腐败法》修订。强制措施主要针对788家发生虚假陈述的"目标公司"。大部分强制措施涉及针对多个案件都实行过的处罚,板块B列出了单独实行的行政诉讼、民事诉讼和刑事诉讼的个数。板块C的数据说明,每个案件都有一名或多名被认定的责任人(公司或个人)。板块D列示了SEC公告中关于强制措施的公众公告的数量。

表 14–1　　　　　　　　　　对财务虚假陈述的强制监管措施

	N
板块A：强制措施	
强制措施总数	788
由SEC执行	782
由DOJ执行	240
对账簿和会计记录违规的措施数【15USC §§78m（b）（2）（A）】	747
对内部控制违规的措施数【15USC §§78m（b）（2）（B）】	675
对回避违规的措施数【15USC yy 78m（b）（5）】	334
对欺诈违规的措施数	622
对内部交易违规的措施数	159
对萨班斯法案违规的措施数	40
板块B：SEC和DOJ的诉讼	
行政	1 157
民事	1 130
刑事	457
板块C：责任人	
被认定为责任人的公司数	916
对被认定为责任人的公司的措施数	607
被认定为责任人的子公司/母公司数	42
被认定为责任人的相关事务所数	267
被认定为责任人的个人数	3 164
员工数	2 206
CEO数	515
三个最高职位数（CEO，董事会主席，董事长）	723
所有执行董事数	1 433
非执行董事数	773
非员工数（代理人）	958
板块D：SEC关于强制措施的公告（总数＝3 130）	
行政公告	1 526
证券法案公告	189
交易法案公告	1 285
投资顾问法案公告	13
投资公司法案公告	8
公共事业持股公司法案公告	2
行政法法官公告	29
诉讼公告	1 604
接受重命名为会计审计强制公告（AAER）数	1 959

14 财务虚假陈述对经理人造成的后果

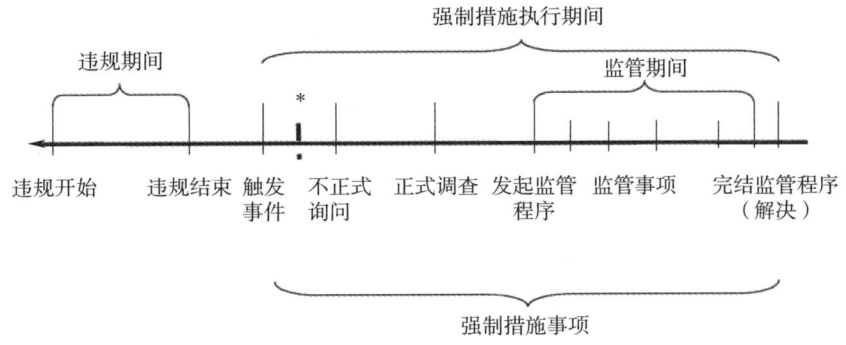

图14-1 强制措施的时间表 *私人诉讼的提起通常会紧跟在触发事件之后

我们通过多种渠道搜集了有关强制活动的信息。在律商联讯（Lexis-Nexis）公司的FEDSEC：SECREL信息库中查找了SEC证券强制措施的信息，在FEDSEC：CASES信息库中搜集了诉讼强制措施的信息，在学术商业新闻、普通新闻和法律案件信息库中搜集了有关每项强制措施的新闻公告信息（通常是由被告公司发布的）。第二类数据的来源为SEC网站，http：//www.sec.gov，该网站囊括了SEC自1995年9月19日以来所有有关强制措施的公告。第三类数据来源于DOJ，该机构进一步向我们提供了强制措施执行结果的数据。第四类数据，即关于几起影响较大的案件信息，来源于DOJ的企业欺诈专案组（Corporate Fraud Task Force）网页，http：//www.usdoj.gov。

对于每一项强制措施，我们都会在诉讼文件中收集下列信息：诉讼日期和类型，违规行为发生时期，违反的法律或规定，职务头衔、名字、年龄，所有被告的聘用日期，及对每个被告的全部刑罚和处罚。如果可在文件中查找，我们还会记录触发强制措施的事件。我们会通过搜索公司公开档案、律商联讯数据库中关于SEC和DOJ进行的非正式问询和正式调查的首次公告，以及接到韦尔斯通知的日期记录来进一步补充和完善数据。如果证券价格研究中心（the Center for Research in Security Prices）或电子计算机会计数据库（Compustat databases）中没有公司的相应资料，我们会从公司的SEC文件、《简洁信息披露》（*Compact Disclosure/SEC*）、监管程序和律商联讯数据库中人工搜集交易和财务信息。董事会数据、内部人持股数、股权状况等数据可在监管程序、股东授权委托书或SEC要求公司提供的10-K文件（译者注：10-K文件是指公司的年报）中搜集。

14.3.2 强制措施的数据

表14-1总结了SEC和DOJ对财务虚假陈述采取强制措施的全部样本。如板块

A 所示，共有 788 项强制措施，其中 SEC 进行了 782 项行政和民事诉讼，DOJ 进行了 240 项民事和刑事诉讼。大多数行为违反两项或三项关键条款，因财务虚假陈述的指控而触发；747 件违反了有关账簿和记录的条款；675 件违反了内部控制条款；334 件违反了规避条款；此外，622 件违反了 1933 年《证券法》或 1934 年《证券交易法》关于禁止欺诈的条款，欺诈指控是指监管者认为公司至少有一人故意虚假陈述财务情况；159 件违反了内部交易行为的条款。尽管 320 件（40.6%）针对的是萨班斯法案颁布后的违规行为，但只有 40 件（12.5%）触发了萨班斯法案的条款。

在 788 项强制措施中，大部分都涉及 SEC 和 DOJ 权力范围内一系列复杂的多项指控。表 14-1 中，板块 B 列明了 788 个强制措施中行政、民事和刑事诉讼的不同件数。平均来看，在每项强制措施中，SEC 和 DOJ 联合提起了 1.5 件行政诉讼、1.4 件民事诉讼和 0.6 件刑事诉讼。

在 788 项强制措施中，每一则都涉及多个违规公司或个人。如板块 C 显示，共有 916 家公司被认定违规，其中包括"目标公司"、子公司或母公司以及违规公司中非主要责任人，如审计师、经纪人、银行家、咨询师、律师、销售商、供应商和客户。在 788 个强制措施中只有 607 家"目标公司"被认定违规。因此，181 家没有被认定违规的"目标公司"是因为他们没有被认为有违法行为，或是因为他们最终以破产或被收购的方式停止营业。在 309 家被认定为违规但非"目标公司"中，42 家是"目标公司"的子公司或母公司，267 家是非关联代理公司。

共有 3 164 的个人被认定为违规者，其中包括"目标公司"中的 2 206 名员工和 958 名代理人（非员工）。后续分析将重点关注 2 206 名违规员工所承担的后果。在这些人中，515 人为首席执行官，723 人担任首席执行官、董事长或董事会主席中一项或多项职务。共有 1 433 名执行官（包括上述三项最高职务），733 名非执行官员工。

板块 D 分类记录了 3 130 份强制监管措施公告，这些公告也是 788 项强制措施中的一部分。其中 1 604 份诉讼公告（以 LR 为前缀命名）旨在披露涉及在联邦法院中由 SEC 提起民事诉讼的案件；1 526 份行政诉讼公告以 SEC 授权执行的多项法案为主要依据。行政诉讼共有六类：189 项违反了 1933 年《证券法》（Securities Act，以 33 为前缀命名）；1 285 项违反了 1934 年《证券交易法》（Securities Exchange Act，以 34 为前缀命名）；13 项违反了 1940 年《投资顾问法》（以 IA 为前缀命名）；8 项违反了 1940 年《投资公司法》（以 IC 为前缀命名）；2 项违反了 1935

年《公共事业控股公司法》（以 35 为前缀命名）。以多项法案为依据的公告可有多个公告号，主公告号由最早实行的法案通过日期决定。其余 29 项公告包括行政法官在有争议的行政诉讼中提出的意见和要求。[①]

自 1982 年起，SEC 开始将某些涉及会计师或审计师诉讼的强制执行公之于众，并对它们进行二级标记为"AAER"（《会计审计强制公告》）。[②]《会计审计强制公告》通常被用来构建虚假财务陈述的公司样本（如 Feroz,, E. H., Park,, K., & Pastena,, V. S., 1991；Bonner, S. E., Palmrose, Z. – V., & Young, S. M., 1998），但"AAER"这个二级标记并不局限于财务虚假陈述行为，也未被用于所有的财务虚假陈述行为。如表 14-1 中的板块 D 所示，在 3 130 份公告样本中，仅有 1 959 份使用了"AAER"标记（占比 63%）。在 788 项强制执行措施中，共有 107 项（14%）未标记"AAER"。由于 DOJ 不需遵守正式公告协议，所以对于 DOJ 发起的刑事诉讼，相关信息均来自新闻稿、地方法院文件、律商联讯或直接由 DOJ 提供。

14.4 违规个人的离职情况

14.4.1 违规者的描述性统计数据

表 14-2 总结了四组在最初实施虚假陈述行为时违规个人的年龄、任期、开始任职的时间信息。实施违规行为的最初时间以违规期（由 SEC 和 DOJ 确定）的最初时点和违规个人开始在公司任职的日期两者中靠后的一天为准。平均来看，被认定为违规者的 515 位 CEO 违规期开始时为 52 岁，已在公司工作 6.7 年，并担任 CEO 4.5 年。

在接下来的一栏中，我们在 CEO 的基础之上又增加了董事长和董事会主席，形成了其他学者研究的（如 Agrawal, A., Jaffe, J. F., & Karpoff, J. M., 1999；Desai, 2006）最高级别的三个职位。这组包括了 723 位首席执行官、董事长、董事会主席；平均年龄为 52 岁，平均任期为 6 年，担任现任职务平均为 4.2 年。在共计 1 433 位担任执行官的违规者中，平均年龄为 49.6 岁，平均任期为 4.5 年，担任现

---

① 包括但不局限于初始裁决、补充初始裁决、行政诉讼裁决、陈述、驳回重新审查申请的判令、即决认可和提出驳回重新审查申请的指令、发还复审诉讼的指令、否认委员会失职指令、修正指令、最终指令。

② 参见 AAER 第 AAER-1 号，1982 SEC LEXIS 2565，1982 年 5 月 17 日。

任职务平均 3.0 年。

表 14-2　SEC 和 DOJ 实施强制执行措施对象的年龄和工作年数

	CEO		最高三职位		所有执行官		非执行官员工		所有员工	
	平均数	中位数	平均数	中位数	平均数	中位数	平均数	中位数	平均数	中位数
总数	515		723		1 433		773		2 206	
年龄	51.9	51.0	52.0	51.0	49.6	49.0	44.9	44.0	48.3	48.0
公司内任职年数	6.7	4.5	6.0	4.0	4.5	2.3	1.5	0.0	3.4	0.9
其职位任职年数	4.5	2.6	4.2	1.8	3.0	0.8	0.9	0.0	2.3	0.0

该表总结了从 1978 年 1 月 1 日至 2006 年 9 月 30 日 SEC 和 DOJ 对财务虚假陈述强制执行的措施涉及的违规者个人的年龄和工作年数信息。年龄、公司内任职年数、其职位任职年数以违规期开始日期所在年份为测量时点。

其余 773 名非执行官违规者的任职历史数据并不完整，因为没有监管规定要求公司在法定文件（如股东授权委托书或 10K 报告）中披露有关非执行官的信息。这些信息有的可在法律文件和有关执行措施的诉讼公告中找到。当难以得到这类信息时，我们会通过其他新闻报道和公司文件来确定违规个人的年龄、公司任职年数以及在其职位上的任职年数（表 14-3）和离职情况。这 773 名非执行官员工的平均年龄为 44.9 岁，平均工作年数为 1.5 年，在现任职位的工作年数为 0.9 年。在有关非执行官作恶者的任职数据中，中位数为零，这反映了大部分非执行官作恶者是在虚假陈述已开始后才进入公司的。

14.4.2　离职率

表 14-3 中板块 A 的数据列示了四组违规员工的离职率。首先来看第一行"违规期间结束"。"CEO"一栏显示 515 位违规 CEO 中有 104 名（20.2%）在违规期结束前失业。56 名违规 CEO（10.9%）在触发事件发生时失业，另有 138 名在 SEC 介入调查时失业，另有 98 名在 SEC 或 DOJ 首次提起诉讼时失业。累计来看，515 名违规 CEO 中 76.9% 在 SEC 或 DOJ 在首次公告采取正式措施前离职。到最终监管程序实施时，88.4% 已被解雇。由于我们主要依靠季度性文件来获取离职率数据，所以新增"最终程序 +90 天"一栏来说明监管干预实施后的离职情况。但结果显示这样的处理并未产生显著差别。

职位越低的违规员工离职率越高。例如，在违规期结束前，21.9% 的违规首席执行官、董事长和董事会主席被解雇，22.3%的违规执行官被解雇，25.4%的违规非执行官员工被解雇。至执行最终诉讼程序时，89.9%的违规首席执行官、董事长和董事会主席被解雇，92.0%的违规执行官被解雇，95.9%的违规非执行官员工被解雇。

在板块 A 中，非执行官员工在每个时间点的累积离职率比执行官要高。为了从数据层面检验差别是否显著，我们计算了每组的生存函数（survivor function）。表 14-3 的板块 B 列示了对生存函数是否相等的对数秩检验（log-rank test，见 Cleves, M. A., Gould, W. M., & Gutierrez, R. G., 2004）结果。检验四组数据后，我们否定了生存函数相等的假设（p = 0.043）。但不能否定三组执行官生存函数相同的假设（p = 0.12）。这说明非执行官的生存率要低于执行官，但是执行官之间的生存率差别在正常水平范围内并不显著。

图 14-2 描述了违规执行官离职率的变化情况。该图片绘制了随着时间推移，在首次面临离职风险（时间点为 0）后 1 433 名执行官依然在任的比例趋势图。开始面临风险的时点为监管程序认定的违规期开始日，或执行官开始在公司任职的日期两者中靠后的日期。① 在时点 0 后的 12 个月内，1 283 名（89.5%）违规执行官仍然在公司任职，376 名（26.2%）在时点 0 后留任了 48 个月。

如图 14-2 所示，很大比例的违规经理人在触发事件发生前就已离职，在监管机构采取正式行动前离职的比例更多。如前文所述，这也解释了为什么前期研究会遗漏很多违规者的离职情况。

14.4.3　与未认定为违规的执行官的离职率对比

表 14-3 和图 14-2 显示，大部分违规经理人于违规期间和强制措施实施期间离职，但这些期间的时间跨度很长。表 14-3 "平均月数"一栏的数据显示，违规期间通常平均会持续 27.4 个月，于触发事件前平均 1.2 个月时结束。强制措施实施期间——从触发事件发生时到最终诉讼程序实施前——平均为 57.0 个月。如此长的期间可能会导致违规经理人的离职率（很高）与未被指控进行财务虚假陈述的经理人离职率相差不大。

为了检验这种可能性，我们使用高管薪酬资料库（ExecuComp）为经理人的常规离职率建立两个基准水平，并将此基准与被高管薪酬资料库跟踪的我们在本文中

---

① 1 433 名违规执行官中共有 402 名（28%）是在财务虚假陈述实施后加入公司的。对于这些执行官，离职风险开始于该员工加入公司的时点。

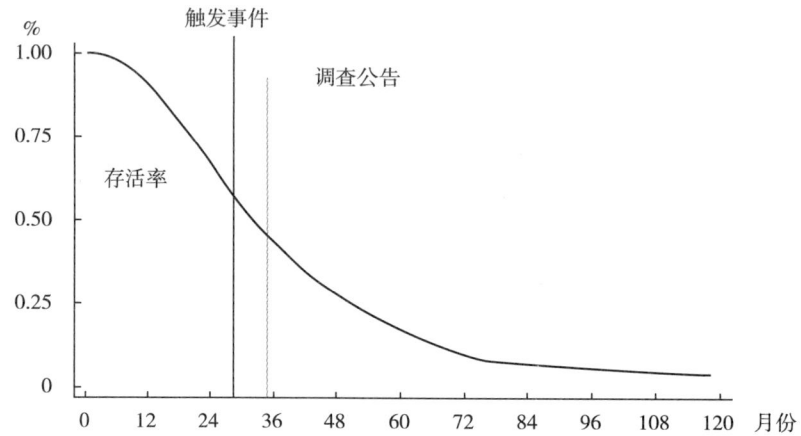

图 14-2 显示了从 1978 年 1 月 1 日到 2006 年 9 月 30 日，针对财务虚假陈述 SEC 执行的强制措施所调查的 1 433 名执行官的在职生存函数。时点 0 为违规期开始日期或员工最初任职时间两者中较晚的时点；执行官在一段时间内均可能因违规而离职，时点 0 代表了这个时间段的开始时点。我们在图上还标注了在强制措施执行过程中两个较为常见的事件：一是触发事件，即首次向公众公布可能存在违规情况，通常在时点 0 后平均 28.6 个月时发生；二是宣布开始调查，即首次向公众宣布公司为 SEC 非正式询问或正式调查的"目标公司"，通常在时点 0 后 34.6 个月时发生。

图 14-2　违规执行官的在职生存函数

研究的作恶的执行官这一子集进行比较。高管薪酬资料库仅包含我们样本中的 144 项强制执行措施和 145 名违规执行官。高管薪酬资料库中只有 134 名（92.4%）违规执行官离职日期的数据。

表 14-3　　对财务虚假陈述执行的强制措施认定的违规员工离职率

		CEO	最高三职位	所有执行官	非执行官员工	所有员工
版块 A：平均每月的离职率						
违规者人数		515	723	1 433	733	2 206
到下列时点为止的离职人数：						
违规期间结束	27.4	104	158	320	196	516
		20.2	21.9	22.3	25.4	23.4
		20.2	21.9	22.3	25.4	23.4
触发事件	28.6	56	79	164	84	248
		10.9	10.9	11.4	10.9	11.2
		31.1	32.8	33.8	36.2	34.6
SEC 调查日期	34.6	138	192	369	199	568
		26.8	26.6	25.8	25.7	25.8

续表

		CEO	最高三职位	所有执行官	非执行官员工	所有员工
		57.9	59.3	59.5	62.0	60.4
首次 SEC 或 DOJ 提起诉讼	54.7	98	139	310	188	498
		19.03	19.23	21.63	24.32	22.6
		76.9	78.6	81.2	86.3	83.0
最终程序	85.5	59	82	156	74	230
		11.5	11.3	10.9	9.6	10.4
		88.4	89.9	92.0	95.9	93.4
最终程序 +90 天	88.5	3	5	5	0	5
		0.6	0.7	0.4	0.0	0.2
		88.9	90.6	92.4	95.9	93.6
未离职人数	—	57	68	109	27	136
		10.7	9.4	7.6	3.5	6.2
		100.0	100.0	100.0	99.4	99.8
未知	—	0	0	0	5	5
		0.0	0.0	0.0	0.6	0.2
		100.0	100.0	100.0	100.0	100.0
合计	—	515	723	1 433	773	2 206

分组	失效观测值	失效预期值	失效观测值	失效预期值
板块 B：对生存函数是否相等的对数秩检验				
CEO	458	498.4	458	486.5
最高三职位	655	683.8	655	667.8
所有执行官	1 324	1 316.2	1 324	1 282.7
非执行官员工	741	714.2		
所有员工	2 065	2 030.4		
合计	5 243	5 243.0	2 437	2 437.0
	X^2 (3) =	8.14	X^2 (3) =	4.19
	$Pr > X^2$ =	0.043	$Pr > X^2$ =	0.123

本表格为从 1978 年 1 月 1 日到 2006 年 9 月 30 日，针对财务虚假陈述的强制执行措施所认定的 2 206 名员工的离职率。板块 A 中的每一数据单元均由在某给定事

项前离职的员工人数、在每列合计数中的占比和累积比例组成。"平均月数"指到某给定事项日期为止的平均数,以违规期开始日期或员工最初任职时间两者中较晚的时点开始测量。板块 B 列示了对生存函数是否相等的对数秩检验（log-rank test）。

这个子集的违规执行官离职率与我们全部样本的离职率基本一致。常规离职率的第一个基准水平为 144 家"目标公司"中没有受到指控的执行官离职率。第二个基准水平为高管薪酬资料库中非目标公司所有执行官的离职率。

为将违规执行官的离职率与两类基准水平相比,我们测算了从执行官开始在公司任职的日期到离职日期的时间跨度。图 14-3 描述了高管薪酬资料库中 145 名违规执行官的生存函数以及两个对照组的数据。

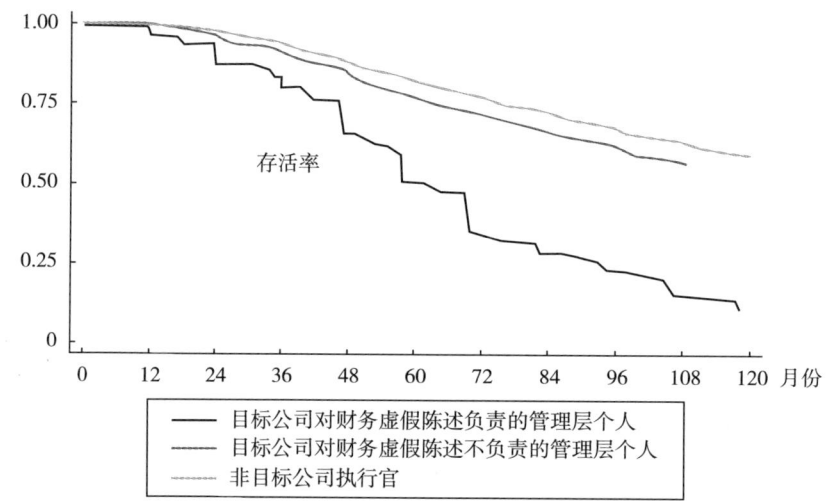

注：三组的生存函数均使用高管薪酬资料库中的数据。目标公司中的调查对象为高管薪酬资料库数据中 SEC 或（和）DOJ 认定为违规方的 145 名执行官。目标公司中未被认定为调查对象（没有受到指控的执行官）为高管薪酬资料库中与违规者在同一家公司任职的 1 895 名执行官。非目标执行官共有 28 194 名,出自高管薪酬资料库中未被 SEC 和 DOJ 因财务虚假陈述而执行强制措施的公司。

图 14-3　违规执行官和高管薪酬资料库中两个对照组的生存函数

第一个对照组由 144 家目标公司中 1 895 名没有受到指控的执行官组成。其中,437 名（23.1%）在高管薪酬资料库中有离职日期信息。如图 14-3 所示,在同一家公司中,违规执行官离职率要显著高于没有受到指控的执行官离职率。表 14-4 显示了针对这些生存函数所存在差别的非参数对数秩检验（log-rank test）。X^2 为 151.5（$p<0.0001$）,表示在同一家公司中,违规执行官离职率要显著高于没有受到指控的执行官。图 14-3 中最上方的线表示高管薪酬资料库中所有 2 560 家非目

标公司的 28 194 名执行官的生存函数。这些非目标公司执行官中共有 5 778 名 (21%) 在高管薪酬资料库中有离职日期的记录。如表 14-4 所示，非参数对数秩检验的 X^2 为 296.4（$p<0.0001$），表明在没有被 SEC 或 DOJ 针对违规执行官离职率要显著高于非目标公司（没有被 SEC 或 DOJ 针对财务虚假陈述执行强制措施）的执行官。上述结果表明，相比于同一公司的其他经理人以及同一行业的其他经理人，违规经理人离职的概率更高、频率更快。

表 14-4 的最后一列显示，在目标公司中没有受到指控的执行官离职率要显著高于非目标公司同等职位的执行官（$X^2=25.5$，$p<0.0001$）。此项结果表明在目标公司中，即使是没有受到指控的经理也面临着高于常规水平的离职率。这可以反映出没有被 SEC 和 DOJ 认定违规但依然负有责任的违规者的离职情况，同时也可显示出目标公司会发生较为剧烈的内部动荡和变革，以及接近不正当行为的污点所带来的影响。坎内拉（Cannella, 1995）、瑟马德里（Semadeni, 2008）等对上述污点进行过研究。

表 14-4 高管薪酬资料库中的离职率和对执行官生存函数是否相等的对数秩检验

测试组	N 离职率	对照组	N 离职率	$X^2 \Pr > X^2$
目标公司中被认定的违规执行官	145 134 92.4%	目标公司中未受到指控的执行官	1 895 437 23.1%	151.46 0.000
目标公司中被认定的违规执行官	145 134 92.4%	非目标公司（未因财务虚假陈述而被执行强制措施的公司）中的所有执行官	28 194 5 778 20.5%	296.43 0.000
目标公司中未受到指控的执行官	1 895 437 23.1%	非目标公司（未因财务虚假陈述而被执行强制措施的公司）中的所有执行官	28 194 5 778 20.5%	25.47[①] 0.000

注：①等同于对目标公司的执行官和非目标公司的执行官之间生存函数是否相等的分层对数秩检验。

高管薪酬资料库中的离职率和对三组执行官生存函数是否相等的成对的对数秩检验。第一组是"目标公司中被认定的违规执行官"，由 SEC 或 DOJ 因财务虚假陈述而执行的强制措施所认定的违规执行官组成（数据中的违规经理同时也包含在高管薪酬资料库。第二组由违规经理所在的同一公司中未受到指控的执行官组成。第三组由未被认定为财务虚假陈述的非目标公司中的所有执行官组成。第二组和第四组的每个单元列示了该组的执行官数、离职数和离职率。最后一组列示了对两组间生存函数是否相等的对秩数检验的结果。

14.4.4 离职理由

违规经理人的离职率较高,而且离职理由显示大部分都不是自愿离职。之所以能肯定这一点,是因为 SEC 的公告总结了违规者的任职历史情况以及离职原因。电子化数据收集、分析及检索系统(EDGAR)文件和律商联讯的文章披露了离职原因的其他信息。

表 14-5 总结了离职理由。515 名违规 CEO 中,300 名(58.3%)为强制性离职,例如被解雇。113 名 CEO(21.9%)辞职或退休,但这种情况无法断定他们是非自愿离职或退休(如退休是为了"有更多的时间陪伴家人",及其他委婉的离职说法)。另有 13 名在公司控制权变动时被辞退,29 名由于公司陷入财务危机而离职,3 名自杀或死亡。其他同期对照组的比例也类似。在所有违规员工中,62% 被解雇,22% 辞职或退休,8 名死亡,36 名在公司控制权交易中离职,144 名由于公司财务危机而失业。为了便于比较,我们首先回顾其他研究者认为的离职原因。沃纳(Warner,1988)等调查了股价大幅变动后 CEO、董事会主席和董事长的离职率,发现 230 名离职执行官中只有一名是被辞退的,还有 10 名是由于"业绩表现较差"而离职,5 名是由于"政策差异"而离职。在沃纳(Warner)、瓦特(Watts)和鲁克(Wruck)列出的其他原因中,没有证据显示执行官是非自愿离职的,因此,230 名中只有 16 名(7%)是非自愿离职的。韦斯巴赫(Weisbach,1988)也调查了 CEO 的辞职情况并披露了相似的数据,286 名中只有 21 名(7%)是因对 CEO 业绩产生消极影响而离职的(其中 4 名因"丑闻"而离职)。

表 14-5 因财务虚假陈述而执行的强制措施所认定的违规者的离职原因

N	CEO	最高三职位	所有执行官	非执行官员工	所有员工
出现下列情况的违规者的数字					
未离职	57 (11.1%)	68 (9.4%)	109 (7.6%)	32 (4.1%)	141 (6.4%)
强制离职	300 (58.3%)	434 (60.0%)	856 (59.7%)	512 (66.2%)	1 368 (62.0%)
辞职或退休	113 (21.9%)	159 (22.0%)	343 (23.9%)	146 (18.9%)	489 (22.2%)
死亡	3 (0.6%)	4 (0.6%)	6 (0.4%)	2 (0.3%)	8 (0.4%)

续表

N	CEO	最高三职位	所有执行官	非执行官员工	所有员工
公司控制权变化	13 (2.5%)	15 (2.1%)	22 (1.5%)	14 (1.8%)	36 (1.6%)
财务危机	29 (5.6%)	43 (6.0%)	93 (6.5%)	51 (6.6%)	144 (6.5%)
未知	0 —	0 —	4 (0.3%)	16 (2.1%)	20 (0.9%)

注：1978年1月1日至2006年9月30日因财务虚假陈述执行的强制措施所认定的2 206名违规员工离职原因。每个单元列示了因某项原因而离职的员工数量及占该列总数字的比例。观察期间为违规期开始到最终程序执行日期后的90日，从违规期初开始测算离职率（而不是任职初）。强制离职包括解雇、强制辞职或退休和（很小比例的）降职或重新委派。因控制权变化而辞职包括由于企业合并、代理权之争和过半数股权的变化而引起的辞职。财务危机包括由于破产、清算、没收、破产管理、解散、中止和撤销登记而引起的辞职。

相比之下，表14-5的数据显示，大部分被揭露篡改报表的执行官离职的直接原因是不正当行为，且他们中大部分并非自愿离职。

总的来说，在SEC和DOJ认定为违规方的所有执行官与非执行官违规员工中，分别有92.4%和95.9%在最终监管程序执行日期之后的90日内离职，比例远大于之前的研究。这是因为我们跟踪了监管机构认定为财务虚假陈述所有违规者的工作状态，很大程度上避免了之前研究中的分类失误（第一类失误和第二类失误）。违规执行官的离职率显著高于同一公司中其他经理人和常规情况下的执行官，而且大部分违规经理人已被辞退。该证据表明被揭露粉饰报表的经理人肯定有失业的倾向，他们的离职与不正当行为直接相关。

14.5 留任和离职的横截面数据差别

14.5.1 留任和离职的违规经理的单变量检验比较

如表14-3和表14-5所示，并非所有违规经理人都已失业，共有109名违规执行官（包括57名违规CEO）在最后监管程序执行日期之后的90日内仍然留在公司。这些经理人为什么未离职呢？

假设影响违规执行官离职的因素有如下几方面：（1）财务虚假陈述带来的危害大小；（2）公司监管；（3）其他公司特征；（4）违规特征。表14-6列示了109名留任和1 324名离职的执行官有上述特征的单变量检验结果比较。表14-7列示了使用上述变量对留任情况的多元"Logistic"回归分析结果。

（1）危害大小：假设经理人失业的可能性随着外部股东承受代价的增加而增加。为了评估代价的大小，我们使用"可证明损失"，在集体诉讼中，"可证明损失"常被用于测定判罚金额（见 Karpoff, J. M., Lee, D. S., & Martin, G. S., 2008b）。在研究中，可证明损失 = -1 × 公司市值百分数变化，即自违规期内公司市值最高时点至披露可能存在违规行为的新闻发布第一天的百分数变化（乘以 -1 是为了将可证明损失变为正数）。

在几种可用于测量外部股东损失的方法中，可证明损失法只是其中的一种。在所有可测量得到的结果中我们发现，对于 10-b 集体诉讼案，可证明损失法测量的外部股东损失与监管机构估计的损失更接近，接近度高于卡尔顿（Carleton, 1996）等人和达意隆（Dyl, 1999）提出的其他测算方法测算的损失。不管怎样，所呈现的实证研究结果对我们选用何种方法测算股东损失并不敏感。[①] 表 14-6 的板块 A 显示的内容，与预期一致，离职执行官的平均可证明损失（66%）要大于留任的执行官（57%）。无论是参数 T 检验还是非参数威尔科森（氏）秩和检验（Wilcoxon rank-sum test），该差别在 0.001 数据水平上较为显著。

（2）公司监管：大多数评论家认为，董事会的监督质量会随着董事会规模的增大而降低，随着独立性增强而提高，且在 CEO 兼任董事会主席时较低（参见如 Jensen, 1993; Yermack, 1996; Boone 等, 2007）。这表明违规经理人离职的可能性与董事会独立性正相关，与董事会规模和"CEO 兼任董事会主席"双重指标变量负相关。但是表 14-6 的板块 B 中单变量检验的比较结果显示只有董事会独立性与违规经理人离职的可能性相关。在违规 CEO 中，相比于离职的 CEO（69%），未离职的 CEO 兼任董事会主席的比例更大（76%）。但在未受到指控且兼任董事会主席的 CEO 中，上述联系是相反的；不过这种区别在通常的统计水平上并不显著，所以我们将这些变量的讨论放在多变量检验之后进行研究。此外，我们还观测了四种所有权份额对测量的影响。如表 14-6 的板块 B 所示，留任执行官的平均持股比例要高于离职执行官（17% 对比 9%）。在执行官留任的公司中，未认定为违规的大股东所有权份额较低（20% 对比 34%），未认定为违规的内部持股人所有权份额也较低（8% 对比 16%）。上述结果表明当违规执行官持有股份较多、外部大股东和

[①] Hall 和 Lazear（2000）和 Barclay、Torchio（2001）也讨论了替代测量指标。我们非常感谢对测算股东损失的不同指标意见的评判人。我们在将研究期间截止于最终监管程序之后的 90 日是因为在实际离职日期的 90 日内季报才会披露执行官的离职。截止于最终监管程序日对于结果也没有显著影响，因为在 90 日延展期内只有五名执行官离职。《财富》杂志，2002 年 3 月 18 日封面及相应文章题目。

其他内部持股人持有股份较少时，违规执行官更容易留任，但是在留任违规经理人和离职违规经理人中，其他违规者（如其他违规经理人）的持股比例是相同的。

（3）公司特征：表14-6的板块C为留任执行官和离职执行官所在的公司规模。公司规模以违规期开始日前一天市值的自然对数来表示。留任执行官所在公司的规模的平均数较大（但在统计上并不显著），中位数较小。在违规期开始日到最终程序执行日期间，违规经理人离职的公司宣告破产的比例要高出许多（46%对比16%），这与吉尔森（Gilson，1989）的发现一致，即财务困境与执行官离职之间正相关。监管机构声称，为了获取财务操纵的证据，他们特别细致地审查了微型公司。表明这类公司的经理人接受的监管更为严厉。我们发现在离职经理人组别中，处于发展阶段或通过反向合并而上市的公司相当常见（14%对比9%），但差别并不显著。

（4）违规特征：表14-6的板块D显示违规特征显著影响了违规经理人离职的可能性。相比于留任经理人，离职经理人中对欺诈的指控更常见（91%对比80%），对内部交易的指控也同样常见（32%对比15%）。仅面临行政措施而不是更为严重的民事或刑事指控的留任经理人比例要高于离职经理人（24%对比13%）。尽管撤诉很少发生，但是留任经理人中所有诉讼均被撤销的比例要高于离职经理人（4.6%对比0.5%）。

表14-6　留任和离职执行官的单变量检验比较

	统计类型	留任（N=109）	离职（N=1 324）	T值	P值
板块A：危害大小					
可证明损失%	平均数	57.3	66.4	-5.05	<0.001
	中位数	57.2	72.2	-4.73	<0.001
板块B：治理特征					
董事会规模	平均数	7.0	7.1	-0.10	0.921
	中位数	6.0	6.0	-0.34	0.733
董事独立性%	平均数	34.4	40.3	-2.30	0.022
	中位数	33.3	42.9	-2.62	0.009
CEO兼任董事会主席	N	83	916		
	总体的%	76.2	69.2	1.52	0.128
未受指控的CEO且兼任董事会主席	N	10	196		

续表

	统计类型	留任（N＝109）	离职（N＝1 324）	T值	P值
	总体的%	9.2	14.8	－1.61	0.107
违规者所有权份额%	平均数	17.1	9.1	4.81	＜0.001
	中位数	7.8	1.0	5.05	0.001
其他违规者所有权份额%	平均数	14.5	14.2	0.16	0.874
	中位数	4.1	4.7	－0.36	0.719
非违规者大股东所有权份额%	平均数	20.4	33.7	－5.19	＜0.001
	中位数	11.8	29.0	－5.61	＜0.001
非违规者内部所有权份额%	平均数	7.5	15.9	－4.25	＜0.001
	中位数	3.6	8.1	－4.68	＜0.001
板块C：公司特征					
市值（$百万）	平均数	2 197.0	1 803.1	0.40	0.690
	中位数	29.0	50.6	－1.73	0.089
发展阶段/反向合并公司	N	10	189		
	总体的%	9.2	14.3	－1.48	0.139
违规期间或强制措施执行期间公司宣告破产	N	17	613		
	总体的%	15.6	46.3	－6.21	＜0.001
板块D：违规特征					
包含对欺诈的指控	N	87	1 199		
	总体的%	79.8	90.6	－3.55	＜0.001
包含对内部交易的指控	N	16	430		
	总体的%	14.7	32.5	－3.86	＜0.001
只提起行政诉讼	N	26	168		
	总体的%	23.9	12.7	3.27	0.001
撤诉	N	5	6		
	总体的%	4.6	0.5	4.75	＜0.001

　　109名未被公司辞退的执行官和1 324名离职的执行官之间单变量检验的比较。"T值"列显示了对两组样本的比例和平均值是否相等的参数t检验结果，"中位数"行为威尔科森（氏）秩和检验（Wilcoxon rank – sum test）的T值。可证明损失%是指公司市场市值从违规期间的最高点至公开披露可能存在违规行为的日期的减幅。CEO兼任董事会主席是指CEO也是董事会主席。未受指控的CEO且兼任董事会主席是否指CEO是董事会主席且未被认定为违规方。

表 14-7　篡改财务报表的执行官离职率的逻辑回归

		CEO	最高三职位	所有执行官
危害大小	可证明损失%	2.5081	3.3177	3.8039
		0.091*	0.020**	0.005***
公司治理特征	董事会规模	0.9593	0.9636	0.9396
		0.518	0.531	0.193
	董事独立性%	6.9359	8.2199	8.2850
	CEO兼任董事会主席	0.025**	0.012**	0.002***
		0.9987	0.9549	1.2026
		0.998	0.925	0.646
	未受指控的CEO且兼任董事会主席		1.6577	2.2871
			0.479	0.087*
	违规者所有权份额%	0.7265	0.4269	0.3595
		0.699	0.254	0.132
	其他违规者所有权份额%	0.5040	1.1231	1.4311
		0.560	0.916	0.652
	非违规者	5.5626	7.5321	3.5476
	大股东所有权份额%非违规者	0.078*	0.032**	0.088*
		11.4435	17.7341	50.7394
	内部所有权份额%	0.083*	0.062*	0.011**
公司特征	市值	0.9673	0.9738	1.0286
		0.694	0.760	0.712
	发展阶段/反向合并公司	2.6824	3.6823	2.1476
		0.084*	0.029**	0.137
	公司宣告破产	5.8581	5.6632	4.9351
		0.000***	0.000***	0.000***
违规特征	包含对欺诈的指控	2.2597	1.5604	1.5485
		0.070*	0.323	0.277
	包含对内部交易的指控	1.7360	1.9212	2.3240
		0.190	0.129	0.025**
	只提起行政诉讼	0.7273	0.6569	0.4673
		0.536	0.341	0.022**
	撤诉	0.1673	0.0996	0.1095

续表

		CEO	最高三职位	所有执行官
	常数项	0.039**	0.008***	0.002***
		0.5010	0.5782	0.5347
		0.494	0.546	0.422
统计值	N	515	723	1 433
	失效的 N	458	655	1 324
	分组 N	485	550	648
	对数似然函数值	−144.06	−175.73	−304.98
	伪 R^2	0.1960	0.2205	0.2090
	X^2	61.93	65.44	86.76
	P 值	0.000***	0.000***	0.000***

注：对从 1978 年 1 月 1 日到 2006 年 9 月 30 日 SEC 和 DOJ 因财务虚假陈述而执行的 788 项强制措施中因不正当行为而受到指控的执行官离职率的"Logistic"回归。如果被认定为责任人的执行官在违规期开始日到最终程序提交日期之后 90 日之间离职的话，则（未转换的）因变量等于 1。每个数据单元由差别率（odds ratio）（取幂后的系数）（exponentiated coefficient）和使用稳健标准误差后相应的 P 值组成。在公司层次上将观测值分类，以调整公司内关联关系的标准误差。变量定义请见表 14-6 和文字。***、** 和 * 分别表示在 0.10、0.05 和 0.01 水平上显著。

14.5.2 违规经理人离职率决定因素的多变量检验

表 14-7 列示了多变量"Logistic"回归结果，调查影响违规经理人离职的可能性因素。如果被认定为责任人的执行官在最终监管程序日期之后 90 日之内离职的话，则（未转换的）因变量等于 1。回归因子为表 14-6 中列示的变量，在 14.5.1 中已讨论。

表 14-7 第一列为在 SEC 强制措施中被认定为违规者的 515 位 CEO 的多变量检验结果。第二列为 723 名担任 CEO、董事会主席和董事长中任何一个职位的违规者。第三列为 1 433 名在公司担任执行官中任意一职的违规者。我们没有采用原始的系数，而是取用了每个回归因子的差别率（如取幂后的系数），同时列示了使用稳健标准误差后相应的 P 值。差别率大于 1 意味着回归因子与离职可能性正相关，如果差别率小于 1 则意味着回归因子与离职可能性负相关。考虑了公司内部执行官离职的关联关系，我们将观察值按监管措施类型进行了分类。

最终结果基本与单变量检验对比结果一致，危害大小和公司监管质量都会影响离职可能性。可证明损失的系数大于1且在数据中较为显著时,说明当股东损失非常高时离职的可能性增大。在公司监管变量中,离职可能性与董事会独立性正相关,而对于非CEO执行官来说,离职可能性与一名兼任董事会主席且较为强势的CEO正相关。离职可能性同时与外部大股东和未实施不正当行为的内部持股者的所有权份额正相关。表明当违规经理人使股东面临高额损失时,或面临来自董事、总经理、大股东和其他与财务虚假陈述行为无关的内部持股者的强烈问责时,他们更容易离职。

当公司宣告破产和处于发展阶段时,离职可能性相对较高。这说明当公司陷入财务困境或面临很多成长机遇时,更容易发生离职。尽管违规行为涉及欺诈时更容易发生离职,但违规特征并不那么重要。对所有执行官进行观察会发现,当存在对内部交易的指控时离职可能性增大,当违规只是引起了行政措施时离职可能性减小(不包括民事或刑事诉讼)。在所有的三个回归中,当对经理人的指控被撤销时,几乎不存在离职可能性。

14.5.3 稳健性分析

我们通过进行一系列的敏感性测试来探究这些结果的稳健性。金(King)和曾(Zeng,1999)指出,在使用稀有事件数据的"Logistic"回归中,参数估计和标准误差会有偏差。因为超过90%的违规经理人离职,所以留任(在我们的测试中标记为0)是小概率事件。为了调查出现偏差的可能性,通过在表14-7中使用数据管理统计绘图Stata软件中的"RELOGIT"命令(见Tomz, M., King, G., & Zeng, L., 1999),我们重新估计了回归。事实上,结果与表14-7相同。

我们同时调查了危害的大小和其他公司特征——如杠杆和公司的审计报告中是否包含持续经营的陈述——替代测量指标。除此之外,还研究了违规行为的其他特征,包括违反规定的数量、违规期的长度和强制措施执行期间长度。但这些特征与离职可能性并非显著相关,在回归中使用这些特征变量也不能从本质上改变表14-7的结果。

总体来说,这些结果说明当篡改财务报表行为的危害性较强,且未卷入不正当行为的强势集体(如独立董事、强势的CEO、特大股东和其他内部人员)坚持认为违规者应负责任时,这些被发现篡改财务报表的经理人更容易离职。尤其是当公司监管非常严厉时,违规经理人会面临公司内部监管的惩戒。

14.6 对违规经理人的法律处罚

14.6.1 非经济处罚和禁令

除了有可能失业外,违规经理人还面临由 SEC、DOJ 和私人诉讼施加的处罚措施。本节将描述由 SEC 和 DOJ 执行的非经济处罚,涵盖了从轻微处罚(如对某一活动的禁止令)到监禁的所有处罚。

表 14-8 的板块 A 总结了由 SEC 提起的民事诉讼对违规者执行的非经济处罚。在 723 名首席执行官、董事长和董事会主席职位中,134 名(18.5%)受到行政处罚。民事处罚从极其轻微的处罚到威胁职业生涯的禁令各不相同,如禁止以会计师、律师、经纪人、银行经理等身份出现在 SEC 监督范围内,或禁止介入上市证券的发行或推销工作。共有 627 名(86.7%)首席执行官、董事长和董事会主席被 SEC 提起过民事诉讼指控,由此引发的处罚力度一般较大。

禁令是一种具有实质性内容的民事处罚,因为这限制了个人今后在业已建立广大人脉的领域继续从事相关职业。共有 243 名(34%)首席执行官、董事长和董事会主席被禁止担任上市公司或在 SEC 下注册的公司的高级经理或董事,61 名(8.4%)还未确定是否被执行禁令,31 名(4.3%)为 CPA,被禁止以会计师身份在 SEC 监督范围内从业,39 名(5.4%)被禁止(或未确定被禁止)以律师、经纪人、银行经理或其他与证券有关的职业身份在 SEC 监督范围内从业。对 CEO、所有执行官和所有员工执行禁令的比例与首席执行官,董事长和董事会主席的比例基本相同。

前面章节的数据给我们提出了一个重要的后续问题,即被解雇的执行官能够较为容易地在其他公司找到类似的工作吗?而此处的数据为我们提供了启示。禁令的普遍实行说明,相当大的一部分(超过 40%)违规执行官均不能再就业。这些违规者被禁止在上市公司担任高级经理或董事职务。样本数据表明,之前担任执行官的违规者之后都在盈利能力相对较低的行业任职,如房地产或汽车销售。

14.6.2 刑事处罚

如表 14-8 板块 B 和板块 C 所示,大部分违规经理人均受到了刑事处罚。190 名首席执行官、董事长和董事会主席(占 723 名的 26.3%)和 617 名违规员工(占

2 206名的28.0%)受到指控。基本上所有受到刑事指控的违规者都被宣告有罪。190名首席执行官、董事长和董事会主席中仅有四名(2.1%)宣告无罪,而617名员工中仅有28名(4.5%)被判无罪。受到指控的首席执行官、董事长和董事会主席中的四名和所有员工中的十名在宣判前死亡(包括Kenneth Lay,Enron的前董事会主席兼CEO,在2006年6月刑事定罪后死亡)。等待审判的违规者包括24名首席执行官、董事长和董事会主席及105名员工。190名受到指控的首席执行官、董事长和董事会主席中共有157名向DOJ认罪或进行了认罪答辩,25名首席执行官、董事长和董事会主席的判决尚未确定,同时还有16名的刑事判决信息难以获得。

表14-8 对违规者的经济、民事、刑事处罚

	CEO	最高三职位执行官	所有执行官	非执行官员工	所有员工
违规者总人数	515	723	1 433	773	2 206
板块A:民事非经济处罚					
处罚类型					
行政	83	134	368	242	610
民事	457	627	1 175	554	1 729
禁止任职高级经理或董事	175	243	427	105	532
待定	46	61	135	26	161
禁止从事会计	12	31	161	80	241
待定			11	5	16
其他专业禁止	22	32	53	32	85
待定	7	7	11	2	13
板块B:刑事非经济处罚					
起诉	139	190	394	223	617
无罪释放	1	4	16	12	28
死亡	3	4	7	3	10
候审	18	24	66	39	105
认罪	117	157	302	167	469
判决待定	19	25	66	53	119
判决数据未知	11	16	25	15	40
已知的判决	87	116	211	99	310
板块C:判决					
监禁	83	102	168	66	234

续表

	CEO	最高三职位执行官	所有执行官	非执行官员工	所有员工
总年数	479.9	579.8	849.1	154.5	1 003.6
平均年数	5.8	5.7	5.1	2.3	4.3
缓刑	20	30	62	39	101
总年数	68.7	97.7	189.8	130.0	319.8
平均年数	23.4	3.3	3.1	3.3	3.2
过渡教习所	2	3	7	—	7
总年数	7	10	41	—	41
平均年数	3.5	3.3	5.9	—	5.9
软禁	4	7	23	13	36
总年数	26	47	138	72	210
平均年数	6.5	6.7	6.0	5.5	5.8
监外看管	10	14	29	13	42
总年数	312	420	840	408	1 248
平均年数	31.2	30.0	29.0	31.4	29.7
社区服务	5	10	16	8	24
总年数	3 500	5 100	8 500	7 300	15 800
平均年数	700.0	510.0	531.3	912.5	658.3
板块 D：经济处罚（以百万美元为单位）					
总罚金	214.0	1 798.9	2 049.1	15.8	2 064.9
追缴赃款	3 208.6	8 643.2	9 807.8	585.8	10 393.6
实施的经济处罚总额	3 422.6	10 442.1	11 856.9	601.6	12 458.5
每人平均	6.7	14.4	8.3	0.8	5.7

注：板块 A 列示了从 1978 年 1 月 1 日到 2006 年 9 月 30 日 SEC 和 DOJ 因财务虚假陈述对违规个人执行的所有 788 项所有强制措施中的经济处罚。板块 B 中列示了民事非经济处罚。板块 C 为刑事非经济处罚。板块 D 为相应判决的具体信息。

板块 C 总结了已知的判决信息。违规者将受到共计 1 003.6 年监禁，102 名首席执行官、董事长和董事会主席的平均监禁年数为 5.7 年，所有员工的平均监禁年数为 4.3 年。首席执行官、董事长和董事会主席的平均缓刑年数为 3.3 年，而所有员工的平均缓刑为 3.2 年。监禁的其他形式包括拘禁于过渡教习所、软禁、监外看管和强制社区服务。

14.6.3 经济处罚

表 14-8 中板块 D 列示了由监管者（包括 SEC、DOJ 和州检察长）实施的经济处罚。需要注意的是，2006 年 10 月 1 日，182 项（23.1%）有关强制措施的诉讼仍在进行，意味着可能还会产生其他处罚。

723 名首席执行官、董事长和董事会主席中，334 名受到监管者的罚款处罚。这些执行官共被罚款 18 亿美元，并上缴 86.4 亿美元的非法所得。723 名首席执行官、董事长和董事会主席的无条件罚款为平均每人 1 440 万美元。非执行官员工的罚款数额较低，平均每人 80 万美元。所有违规员工的无条件罚款总额为 570 万美元。

14.6.4 个人财富因持有股份价值变动受到的影响

除了监管当局、法院执行的处罚外，当财务虚假陈述被揭露后，违规者在目标公司中持有的股票价值也会折损。为估计损失大小，我们从监管者文件（10—K 年报、股东签署的委托书）和诉讼文件中收集了所有权信息。如表 14-9 所示，在最接近触发事件发生时，违规的首席执行官、董事长和董事会主席每人平均持有公司 17.5% 的股份（中位数为 10.0%）。违规的所有员工中平均每人持有公司 6.5% 的股份（中位数为 0.02%）。

我们对经理人财富损失的上下限进行了估算。"财富损失上限"与"可证明损失"（在表 14-7 列示的研究中曾使用）相关联，与联邦所提供的证券诉讼中的财富损失估算相符（见 Hall & Lazear, 2000）。财富损失上限等于经理人所有权份额乘以违规期内公司最高市值到公布可能存在违规行为新闻当天的市值的减幅。我们把它称为财富损失上限是因为该值假设经理人的股票是在由虚假陈述行为推高的股价处在最高值时买入的。根据市场调整的财富损失上限是将财富损失上限减去使用美国证券价格研究中心（CRSP）以价值为权重的股票指数计算的等额投资回报。使用此测量指标，首席执行官的财富损失平均数为 4 610 万美元，中位数为 560 万美元，首席执行官、董事长和董事会主席的平均数为 3 690 万美元，中位数为 390 万美元，所有执行官的平均数为 2 210 万美元，中位数为 100 万美元，所有员工的平均数为 1 450 万美元，中位数为 3 万美元。虽然假设违规者是在公司市值处在最高点的时候购买了全部股票不甚合理，但是这确实能够显示违规者因持有最高市值股票所遭受的损失。

除了"市值的变化是以违规期前最后一个交易日为时间点测量"这点不同外，"财富损失下限"的计算方法和"财富损失上限"类似。使用这种更保守的估计方法所计算的CEO财富损失平均数为1 310万美元，这是根据市场调整后得出的结论，中位数为170万美元，首席执行官、董事长和董事会主席的平均数为1 220万美元，中位数为100万美元，所有执行官的平均数为540万美元，中位数为10万美元，所有员工为360万美元，中位数为1万美元。

综上所述，表14-8和表14-9的数据显示，监管者的强制措施和诉讼使大部分违规经理人付出了代价。1 433名违规执行官中39%被禁止担任上市公司的高级经理或董事，27.5%面临着刑事诉讼。

对这些执行官的监管处罚平均金额为830万美元，我们估算他们所持有公司股票市值的平均损失为540万美元到2 210万美元。类似地，同期违规的首席执行官、董事长和董事会主席及非执行官员工均遭到了严厉的经济与非经济处罚。最后应注意到，这些仅仅是保守的结论，因为788项强制措施中依然还有180项（23%）诉讼未完结。

14.7 结论

之前研究表明，当公司因违规行为被控告时，股东会遭受巨额损失。本文研究证据显示，为违规行为承担责任的经理人同样承担了严重的后果。我们跟踪了从1978年1月1日到2006年9月30日2 206名员工的财富变化情况，根据SEC和DOJ发布的788项因财务虚假陈述而规定的强制措施，他们被认定为违规者。主要发现如下：

（1）大部分（93.6%）员工因被SEC或DOJ认定为财务报表违规责任人而失业，违规执行官离职比例为92.4%。在同一公司内，违规经理人的离职率要明显高于未受到指控的经理人，同时也高于其他"非目标公司"的经理人。大部分违规经理人被解雇——此结果与前期大部分研究经理人离职率的研究结论大相径庭，这些研究均认为很少有人被解雇。

（2）当违规经理人的行为对股东造成巨额损失，且面临严格的公司监管时，他们更容易失业。离职的可能性与董事会独立性、大股东和其他内部持股者的所有权份额正相关，而对于非CEO员工来说，当存在一位未参与违规行为的强势CEO时，离职可能性增大。当SEC撤诉时，违规经理人更容易保住职位。

表 14-9　　　　　　　　　　　　所有权份额和财富损失

	CEO		最高三职位执行官		所有执行官		非执行官员工		所有员工	
	平均数	中位数	平均数	中位数	平均数	中位数	平均数	中位数	平均数	中位数
N	515		723		1 433		773		2 206	
所有权份额%	20.1	12.9	17.5	10.0	9.7	1.1	0.5	0.0	6.5	0.0
监管处罚:										
N	243		334		615		294		909	
总额($百万)	3 422.6		10 442.1		11 856.9		601.6		12 458.5	
被罚款的违规者每人平均罚款额($百万)	14.1	0.2	31.3	0.2	19.3	0.1	2.1	0.0	13.7	0.1
所有违规者每人平均罚款额($百万)	6.7	0.0	14.4	0.0	8.3	0.0	0.8	0.0	5.7	0.0
财富损失($百万)										
上限	48.4	4.8	38.7	3.5	23.4	0.8	0.4	0.0	15.3	0.0
下限	5.8	0.6	5.7	0.4	1.8	0.0	0.1	0.0	1.2	0.0
根据市场调整的财富损失($百万)										
上限	46.1	5.6	36.9	3.9	22.1	1.0	0.4	0.0	14.5	0.0
下限	13.1	1.7	12.2	1.0	5.4	0.1	0.3	0.0	3.6	0.0

注：本表列示了由财务虚假陈述行为而受到指控的违规员工的股票价值损失。所有权份额以最接近违规揭露日的所有权和破产前最后一次财务报告中列示的所有权两者中较早披露的数字为准。财富损失是指所有权份额乘以市值在揭露日的变化。根据市场调节后的财富损失是指财富损失减去将相同金额投资于以 CRSP 计算的指数为权重的投资组合所得收益的变化。揭露日为问题首先被公诸于众的日期和破产日两者中较早的日期。对于已经申请破产的公司，市值由股东的清算金额（如果有的话）来确定。测算财富损失上限时需要使用公司从违规期开始日至揭露日期间出现最高市值的日期。测算财富损失下限时需要使用违规期开始日的市值。计算根据市场调整后的财富损失时需要使用 CRSP 中所有股票的价值作为权重计算平均收益。测算财富损失上限的平均观察期为 13.6 个月，财富损失下限的平均观察期间为 31.9 个月。

（3）除了可能离职外，违规经理人还将面临法律制裁和股票价值的直接损失。每位违规执行官（共有 1 433 位）持有的公司权益份额平均为 9.7%，当误导行为被揭发时，他们所承受的股票市值损失从 180 万美元到 2 340 万美元不等。SEC 平均判处 830 万美元罚款，同时判处 562 位（39.2%）执行官禁止担任上市公司高级经理或董事，或正在批准该禁令。此外，394 位（27.5%）违规执行官已受到刑事指控。迄今为止，168 位违规者已经认罪，或被证明有罪，被判处平均 5.05 年监禁和 3.06 年缓刑。同时，类似比例的非执行官违规员工（共有 773 位）也面临着监管处罚和刑事处罚。

在文章开头,我们引用了《财富》杂志的一句话:"他们撒谎,欺诈,窃取,而且在很长一段时间内他们都侥幸逃脱。"然而,研究证据却与这种普遍的观点相悖。被揭露篡改公司财务报告的经理人会失业,会因持有公司的股票减值而遭受巨额财产损失。监管者还会对这些经理人执行其他的处罚措施,包括罚款、非经济制裁和刑事处罚。值得注意的是,在我们的样本中,788项强制措施中只有40项(5.1%)执行了萨班斯法案的规定。而在2002年萨班斯法案出台前,大部分财务虚假陈述行为是由公司的内部治理机制和SEC、DOJ来处罚的。简言之,《财富》杂志的那句话应这样表述更为精确:"一些经理人可能会撒谎、欺诈、窃取,但当行为败露时大部分人都会受到严厉的惩罚。"

14.8 当经理人因财务虚假陈述所付出的代价公布后,又会发生什么

我们的研究样本时间范围为1978年到2006年9月。之后,世界经济突然从非理性的繁荣跌至大萧条。

沃伦·巴菲特(Warren Buffett)的永恒智慧告诉我们:"只有在退潮的时候,你才能发现谁在裸泳。"在2008年的信贷危机中,资本的贪婪本性暴露无遗(如财务虚假陈述);在本研究开展后的几年内,平均每年对公司执行的强制措施几乎翻倍。对个人执行的强制措施数量也出现了类似的增长,2009年达到最高点42项。

最近几年内,监管机构和国会已经开始采取一些措施来更高效地配置有限的资源。通过《多德—弗兰克法案》(Dodder-Frank Act)的出台,国会强化了举报机制。SEC和DOJ通过承诺从宽处理来鼓励公司自我揭发和与SEC、DOJ合作。法尔斯(Files,2012)等的研究显示,因合作态度良好受到监管机构肯定,公司遭受的罚款能减少35%(相反地,不合作态度引起的罚款能增加53%)。而能够独立调查自身内部问题并将结果告知监管机构的公司还会有其他益处。

在本研究之后的几年内,《暂缓起诉协议》(Deferred Prosecution Agreements,DPAs)和《不起诉协议》(Non-Prosecution Agreements,NPAs)所发挥的作用日益增强,以鼓励公司改革、强化内部控制和合规计划、注重培训。这些举措背后的道理就在于,公司(尤其是公司的股东)不应该因为公司经理人的违规而遭受更大的损失。我们的研究证据明确指出,违规的犯罪者们付出了巨大的代价——他们遭受

了经济处罚、失业、谴责、监禁、追缴赃款和股票价值损失。DOJ 和 SEC 仍继续执行严酷的刑罚，2011 年一名被告被判处 15 年监禁，这也是迄今为止，根据《海外反腐败法》（FCPA）所判处的最重的处罚。

SEC 被指责在执行过程中存在由于政治和资源约束导致的不公平执法。信贷危机以后，资金不足的 SEC 已经要被那些"裸泳者"压垮了。崔（Choi，2012）等分析了媒体在一时之间宣泄出来对期权回溯的愤怒迫使 SEC 暂时将调查资源从影响更加恶劣的会计案件转向这些回溯调查。近些年，伯尼·马多夫（Bernie Madoff）、帆船集团（Galleon）对冲基金和其他臭名昭著的丑闻也引起了 SEC 对庞氏骗局、关联欺诈行为和内部交易的关注。

我们的研究基于那些违反 1977 年《海外反腐败法》（简称 FCPA）的案例。正如这部法案的标题所示，FCPA 禁止外国高管的贿赂行为，但有三项条款抵制滥用财务报告。截至 2011 年底，FCPA 已对 1 099 家上市公司提起了财务虚假陈述行为的指控。之前，FCPA 关于贿赂的条款很少被激活。直至最近，SEC 显著加大了 FCPA 中反贿赂条款的执行力度。1977 年到 2011 年，共有 115 项申诉是根据 FCPA 贿赂条款提起的，其中超过一半（66 项）发生在过去五年中（Karpoff, J. M., Lee, D. S., & Martin, G. S., 2012）。这股反贿赂的强制措施执行大潮恰巧与欧洲、拉丁美洲国家实行的类似反贿赂措施不谋而合。SEC 与其他国家的监管机构紧密合作，以加强对像西门子这样的国际巨头的监管。SEC 的资源约束意味着提高了对贿赂行为的关注度，这势必会降低对如财务虚假陈述等其他领域的警惕性。事实上，随着 SEC 对其他领域的投入，其对财务虚假陈述执行的强制措施已急剧下降。

参考文献

Agrawal, A., & Cooper, T. (2007). Corporate governance consequences of accounting scandals: Evidence from top management, CFO and Auditor Turnover. Unpublished Working Paper. University of Alabama.

Agrawal, A., Jaffe, J. F., & Karpoff, J. M. (1999). Management turnover and governance changes following the revelation of fraud. *Journal of Law and Economics*, 42 (1), 309–342.

Alexander, C. R. (2007). The market consequences of financial reporting frauds: toward a reputation–rebuilding hypothesis. Unpublished Working Paper. Securities and Exchange Commission.

Alexander, C. R. (1999). On the nature of the reputational penalty for corporate crime: evidence. *Journal of Law and Economics*, 42 (1), 489–526.

Arlen, J. H. (2007). Public versus private enforcement of securities fraud. Unpublished Working Paper. New York University.

Arlen, J. H. , & Carney, W. J. (1992). Vicarious liability for fraud on securities markets: theory and evidence. *University of Illinois Law Review*, pp. 691 – 740.

Arlen, J. , & Kraakman, R. (1997). Controlling corporate misconduct: An analysis of corporate liability regimes. *NYU Law Review*, 72, 687 – 779.

Arthaud – Day, M. L. , Certo, S. T. , Dalton, C. M. , & Dalton, D. R. (2006). A changing of the guard: executive and director turnover following corporate financial restatements. *Academy of Management Journal*, 49, 1119 – 1136.

Atkins, P. S. (2005). Speech by SEC Commissioner: Remarks before the Atlanta Chapter of the National Association of Corporate Directors. www. sec. gov/news/speech/spch022305psa. htm.

Barclay, M. , & Torchio, F. C. (2001). A comparison of trading models used for calculating aggregate damages in securities litigation. *Law and Contemporary Problems*, 64, 105 – 136.

Beneish, M. D. (1999). Incentives and penalties related to earnings overstatements that violate GAAP. *Accounting Review*, 74 (4), 425 – 457.

Bonner, S. E. , Palmrose, Z. – V. , & Young, S. M. (1998). Fraud type and auditor litigation: an analysis of SEC accounting and auditing enforcement releases. *Accounting Review*, 73 (4), 503 – 532.

Boone, A. L. , Field, L. C. , Karpoff, J. M. , & Raheja, C. G. (2007). The determinants of corporate board size and composition: an empirical analysis. *Journal of Financial Economics*, 85, 66 – 101.

Cannella, A. A, Jr, Fraser, D. R. , & Lee, D. S. (1995). Firm failure and managerial labor markets: evidence from Texas banking. *Journal of Financial Economics*, 38, 185 – 210.

Carleton, W. T. , Weisbach, M. S. , & Weiss, E. J. (1996). Securities class action lawsuits: a descriptive study. *Arizona Law Review*, 38, 491.

Choi, S. J. , Pritchard, A. C. , & Wiechman, A. C. (2012). Scandal enforcement at the SEC: salience and the arc of the option backdating investigations (March 6, 2012). ssrn. com/abstract = 1974976.

Cleves, M. A. , Gould, W. M. , & Gutierrez, R. G. (2004). *An Introduction to Survival Analysis Using Stata*. Stata Press, College Station, TX.

Cox, J. D. , Thomas, R. S. , Kiku, D. , 2003. SEC enforcement heuristics: An empirical inquiry. *Duke Law Journal*, 53, 737 – 779.

Desai, H. , Hogan, C. E. , & Wilkins, M. S. (2006). The reputational penalty for aggressive accounting: earnings restatements and management turnover. *Accounting Review*, 81 (1), 83 – 112.

Dyck, I. , Morse, J. A. , & Zingales, A. L. (2007). Who blows the whistle on corporate fraud? Unpublished Working Paper, University of Toronto, University of Michigan, and University of Chicago.

Dyl, E. A. (1999). Estimating economic damages in class action securities fraud litigation. *Journal of Forensic Economics*, 12, 1 – 11.

Feroz, E. H. , Park, K. , & Pastena, V. S. (1991). The financial and market effects of the SEC's accounting and auditing enforcement releases. *Journal of Accounting Research*, 29, 107 – 142.

Fich, E. M., & Shivdasani, A. (2007). Financial fraud, director reputation, and shareholder wealth. *Journal of Financial Economics Forthcoming*, 86, 306 – 336.

Files, R., Martin, G. S., & Rasmussen, S. J. (2012). The monetary benefit of cooperation in regulatory enforcement actions for financial misrepresentation (March 19, 2012). http://ssrn.com/abstract=2026282.

Gilson, S. C. (1989). Management turnover and financial distress. *Journal of Financial Economics*, 25, 241 – 262.

Hall, R. E., & Lazear, V. A. (2000). Reference guide on estimation of economic losses in damage awards. Reference Manual on Scientific Evidence, second ed. Federal Judicial Center, Washington www.niatec.net/Publications/wyndrose/CASMAT/EVID/SCIEV/10DAM.pdf, pp. 471 – 523.

Helland, E. (2006). Reputational penalties and the merits of class action securities litigation. *Journal of Law and Economics*, 49 (2006), 365 – 396.

Jackson, H. E., & Roe, M. J. (2007). Public enforcement of securities laws: preliminary evidence. Unpublished Working Paper. Harvard Law School.

Jensen, M. C. (1993). The modern industrial revolution, exit, and the failure of internal control systems. *Journal of Finance*, 48, 831 – 880.

Karpoff, J. M., & Lott, J. R, Jr. (1993). The reputational penalty firms bear from committing criminal fraud. *Journal of Law and Economics*, 36, 757 – 802.

Karpoff, J. M., Lee, D. S. & Martin, G. S. (2008a). The cost to firms of cooking the books. *Journal of Financial and Quantitative Analysis ssrn.com/abstract*, 43, 581 – 612.

Karpoff, J. M., Lee, D. S., & Martin, G. S. (2008b). The legal penalties for financial misrepresentation (May 2, 2007). papers.ssrn.com/sol3/papers.cfm?abstract_id=933333.

Karpoff, J. M., Lee, D. S., & Martin, G. S. (2012). The economics of bribery: Evidence from FCPA enforcement actions (July 29, 2013). http://ssrn.com/abstract=1573222. 374 J. M. Karpoff et al.

King, G., & Zeng, L. (1999). Logistic regression in rare events data. Unpublished Working Paper. Department of Government, Harvard University. http://gking.harvard.edu.

LaPorta, R., Lopez – de – Silanes, F., & Shleifer, A. (2006). What works in securities laws? *Journal of Finance*, 61, 1 – 32.

Lucas, W. R. (1997). A practitioners guide to the SEC's investigative and enforcement process. *Temple Law Review*, 53, 53 – 70.

Polinsky, A. M., & Shavell, S. (1993). Should employees be subject to fines and imprisonment given the existence of corporate liability? *International Review of Law and Economics*, 13, 239 – 257.

Semadeni, M. B., Cannella, A. A, Jr, Fraser, D. R., & Lee, D. S. (2008). Fight or flight: Managing stigma in executive careers. *Strategic Management Journal*, 29, 557 – 567.

Tomz, M., King, G., & Zeng, L. (1999). ReLogit: Rare Events Logistic Regression, Version 1.1. Harvard University, Cambridge, MA http://gking.harvard.edu/ (Oct. 1). US General Accounting Office (GAO), (2002). Financial Statement Restatements: Trends, Market Impacts, Regulatory Responses, and Remaining Challenges. GAO – 03 – 138. US Government Accountability Office, Washington, DC. www.gao.gov/new.items/d03138.pdf.

US General Accounting Office (GAO), (2003). Financial Statement Restatement Database. GAO – 03 – 395R. US Government Accountability Office, Washington, DC. www.gao.gov/new.items/d03395r.pdf.

US Securities and Exchange Commission, (1973). Commencement of Enforcement Proceedings and Termination of Staff Investigations Release No. 5310 (Feb. 28).

Warner, J. B., Watts, R. L., & Wruck, K. H. (1988). Stock prices and top management changes. *Journal of Financial Economics*, 20, 461 – 492.

Weisbach, M. S. (1988). Outside directors and CEO turnover. Journal of Financial Economics, 20, 431 – 460.

Yermack, D. (1996). Higher market valuation of companies with a smaller board of directors. *Journal of Financial Economics*, 40, 185 – 211.

15 国家准则制定者的游说：游说行为在 IFRS 2 应循程序中的作用分析

贝格纳·金内尔（Begoña Giner）　米格尔·阿尔凯（Miguel Arce）[①]

摘要：随着国际会计准则理事会（以下简称 IASB）的应循程序持续运行，国家准则制定者们在国际财务报告准则（以下简称 IFRS）的发展中发挥着关键作用。但他们的游说行为、所使用的论据及游说时间等诸多问题仍需探讨。在 IFRS 2 准则发布之前，股份支付缺乏监管，本章将着重关注该问题。为弄清此类利益相关者的游说行为，我们对 27 封意见函进行了内容分析，这些意见函针对的是 IFRS 2 发布前由 G4＋1 和 IASB 共同发布的文件。与制度理论一致，我们对国家准则制定者游说行为的分析显示，这种行为的参与度在程序结束时会有所提升，尽管最初他们并不是持全力支持的态度，但他们对 IASB 的最终提案均表示赞同。

15.1 引言[②]

本文主要研究由利益相关者群体，即国家准则制定者（以下简称 NSS）发起的针对 IASB 推进 IFRS 2，即《股份支付》的游说行为。萨顿（Sutton，1984）认为，游说行为包括"利益当事人采取的行动对规则制定团体的影响"。

在 IASB 实际上已成为全球会计准则制定者的新型国际背景下，出台准则程序的复杂性大幅增加。除了公司经理、投资者、审计师这些传统的利益群体外，

[①] B. Giner M. Arce
联系地址：Universitat de València. Facultat d'Economia. Dpt. de Comptabilitat,
　　　　　Valencia, Spain
电子邮箱：begona.giner@uv.es
M. Arce
电子邮箱：miguel.arce@uv.es

[②] 本论文的早期版本受益于在锡耶纳举行的第三届会计监管研讨会以及在里斯本举行的第 30 届欧洲会计协会代表大会。

还应考虑一个特殊却又很重要的群体——NSS。[①] 尽管他们不负责制定准则，但在 IASB 准则制定过程中的积极参与对于实现高质量的全球会计准则非常必要。由于十分了解国内机构的现状，他们能够较为便捷地掌握准则在当地理解和运用的情况；比如实施调研，利用管辖权鼓励利益相关者表达自己的意见，并及时发现新的问题等，简言之，他们就是 IASB 和其他利益相关者之间的桥梁。最近，在 IFRS 委员会关于建立会计准则咨询论坛（ASAF）的提案中，[②] 明确地承认了 NSS 这个角色的重要性。此外，由于 IFRS 的变化可能会给 NSS 施加调整国内特定准则的压力，因此 NSS 也会受到影响。特别是在欧盟内部，由于准则必须被签署认可后才能在全欧洲实施，欧洲委员会（EC）和其他相关团体（主要是欧洲财务报告咨询委员会，以下简称 EFRAG）也广泛参与制定过程。本研究也将着重关注上述团体。

　　IASB 的应循程序经过广泛征询，包括以意见函的方式正式邀请公众就讨论部分（简称 DP）和征求意见稿（简称 ED）提出意见（IASCF，2006）。根据洛茨（Leuz，2004）等的观点，准则的合理性建立在受影响群体的参与度上，因此参与度的缺乏意味着制定过程的失败。本章假设提交意见函即视为参与。在这方面，我们的研究涉及 NSS 的游说活动、游说发生的时间以及他们所采用的论据。

　　之前研究游说的一些文献分析了参与制定过程群体的动机和特点（Tandy & Wilburn，1992；Kenny & Larson，1993、1995；Tutticci，I，Dunstan，K.，& Holmes，S.，1994，Jupe，2000；Larson & Brown，2001；Stenka & Taylor，2010），还有其他文献主要研究某一类参与群体，如学者（Tandy & Wilburn，1996）、审计师（Puro，1984；Meier，H. H.，Alam，P.，& Pearson，M. A.，1993）或报表填制者（Watts & Zimmerman，1978；McArthur，1988、1996；Guenther & Hussein，1995；Schalow，1995；Larson，1997；Ang，N.，Gallery，N.，& Sidhu，B. K.，2000；Georgiou，2002、2004），并特别关注了有关报表填制者反对《财务会计准则公告》（SFAS 123）的游说行为（Dechow，P. M.，Hutton，A. P.，& Sloan，R. G. 1996；Hill，N. T.，Shelton，S. W.，& Stevens，K. T.，2002）。目前尚未发现有关准则制定者游说行为的文献，这是可以理解

　　[①] 我们分析了金纳尔与阿尔凯 2012 年研究成果中所有利益团体的游说程序。本文将作为上述分析的延伸，着重关注 NSS。

　　[②] 参见《关于筹建会计准则咨询论坛的提案》的评论邀请函（IFRS 基金会，2012）。邀请函中也提到，这项提案背后的主要原因为：一是 FASB 趋同计划的结束；二是 IFRS 在全球范围的广泛使用，这两点使得 NSS 委员会和国内机构之间的关系合理化变得非常必要。

15 国家准则制定者的游说：游说行为在 IFRS 2 应循程序中的作用分析

的，因为相对新型的监管体系才使他们成为了潜在的游说团体。一些早期文献还关注了提交意见的具体内容，本文也会予以研究（McArthur，1988；Kenny & Larson，1993；Tutticci, I., Dunstan, K., & Holmes, S., 1994；Ang, N., Gallery, N., & Sidhu, B. K., 2000；Jupe 2000；Stenka & Taylor, 2010）。

尽管大部分早期文献都站在国家的层面上研究了准则制定过程，但有些研究还是侧重于游说国际会计团体，如古恩瑟和侯赛因（Guenther & Hussein，1995）、拉尔森（Larson，1997）、麦克阿瑟（MacArthur，1996）、郭（Kwok）和夏普（Sharp，2005）的关注对象为国际会计准则委员会（IASC）。最近，更多的研究开始关注 IASB，如乔治奥（Georgiou，2010）探究了准则使用者的态度，奥林斯（Orens，2011）等研究了报表填制者，而约里森（Jorissen，2012）等、金内尔与阿尔凯（Giner & Arce, 2012）则分析了所有利益相关者的参与情况。再者，拉尔森（Larson，2007）考虑去游说 IASB 的国际财务报告准则解释委员会（International Financial Reporting Interpretations Committee，简称 IFRIC）。

我们采用单案例方法来强调游说行为中一些被忽视的内容。尽管这种类型的分析难以代表游说行为的一般情况，但可以更深入地探究利益集团提出的评论的意义。这样便可避免沃克和罗宾森（Walker & Robinson，1993）提到的一些限制因素，如将提交意见视为"投票"，忽略了提供的论据与选择倾向之间的转换。

在20世纪八九十年代，股份支付（指企业通过支付股份或期权的形式从其他实体获得货物和服务的交易）的会计监管在美国引起了前所未有的争论，财务会计准则委员会（以下简称FASB）坚持"不认同支出"的政策。同时，在其他国家，股份支付也不要求确认费用。但在2001年，IASB将此项计划提上日程，并在三年后通过了 IFRS 2，要求承认股份支付作为一项费用。

在本研究中，我们将分析在2004年2月 IFRS 2 被采纳前 NSS 的游说行为。为此我们分析了2000年以来利益相关群体针对前期文件所签署的27封意见函。IFRS 2 要求不论支付的形式（股票或现金）和支付对象（员工或其他），企业应将所有股份支付确认为费用。将 IFRS 2 选为研究对象的原因如下：第一，它涉及的会计基础概念——资产与费用、负债与权益——（正如前文所述）发布前还没有统一的标准。第二，该项准则会对净利润和权益产生较大的影响。第三，美国提出的关于该项议题的讨论最终以多方妥协允许公司不承认股票基础给付为费用而结束，这表明 IASB 面临着艰难的抉择，也为游说策略的研究提供了理想的背景。第四，该项计划有三个征询阶段，因为讨论部分（以下简称DP）最初是 G4+1 在2000年发布的，① 接着 IASB 采纳了该项 DP 并在 2001 年进行了重新发布，后来 IASB 又在 2002 年发布了 ED2（征求意见稿）。值得注意的是，DP 的二次发布使得我们能够根据发布者不同的状态来探究游说者的态度。我们认为游说者的关注会因为新准则的影响而增加，而当 IFRS 具有强制性时，这种影响更加明显。此外，利益团体的积极参与也证实了 IFRS 2 的相关性。②

我们主要通过对会计确认、估价标准和估价日期这三个重要问题的内容分析来检验意见函，并进一步鉴别有关这三个问题的潜在概念和经济论据。与多数之前文献一致，本研究主要使用的是由萨顿（Sutton, 1984）开创的游说行为理性选择模型，该模型能够解释游说者的预期收益超过游说成本时的参与程度。然而，制度理论也非常关键。确如肯尼和拉尔斯（Kenny & Larson, 1995, 第 288 页）所述："在某种制度背景下，游说行为可能证明被游说组织的感知重要性或可行性"；ED2 发布后，NSS 的积极参与与该理论的观点不谋而合。该理论同时预测，"如果可以在不严重损害企业利益的前提下提高企业的接受态度"，准则制定者"会尽力满足参与者最强烈的愿望"（Kenny & Larson, 1993, 第 214 页）。所以我们将结合制度理论和理性选择模型来进行研究。

为更好地了解 IASB 的态度，需对 IASB 的章程和概念框架加以考虑。章程的第二段（IFRSF 2010）指出，IFRS 的目标是向世界资本市场的投资者和其他参与方（及其他使用者）提供高质量、透明的、具有可比性的信息，帮助他们做出经济决策。不能否认，会计信息会产生经济效应，但如果公众都认为信息应当是中立的，那么当决定如何记录经济交易时就应该忽略这些信息。换句话说，尽管所有人都认为不同的会计处理方法会在竞争者之间产生不同的影响，但在推动制定准则的过程中仅应考虑概念和技术问题。用韦丁顿（Whittington's, 2005, 第 152 页）的话来说："归根结底，市场需要完整的、透明的信息，这些信息不应受既得利益的影响。IASB 正在通过实现'本应有的面貌'的最终目标来满足这个需求。"在这种观点的支持下，1993 年，在参议院银行、住房和城市事务委员会下属证券小组委员会的听证会上，当讨论 FASB 关于股票期权会计的提案时，FASB 时任副主席詹姆斯（James. J Leisering，IFRS 2 通过时兼任 IASB 成员）宣称："我们认为最好是通过补贴、税收政策等类似途径直接实现经济目标；但另一方面，最好是通过无偏见的财

---

① G4 + 1 是指由澳大利亚、加拿大、新西兰、英国和美国的会计准则制定主体组成的组织。IASC 以观察者的身份参与其中。在 2001 年时，随着 IASC 变革为 IASB，G4 + 1 解散。

② 在 2002 年到 2006 年，IASB 平均每份文件会收到 103 封意见函；IFRS 6 号收到的意见函最少（24），股份支付的征求意见稿收到的最多（281）。

务报告来发挥资本市场作用,这种财务报告的设计是为了向决策制定者提供信息,而不是推动决策出台。简言之,决策制定者需要那些能够简要说明事实真相的财务报告。"(见 Zeff,2002,第 181 页中的引用内容)

本研究对标准制定策略补充了可参考的文献。研究主要关注 IASB 的应循程序,鉴于 IASB 全球准则制定者的地位,深入研究准则制定程序中 IASB 和 NSS 的情况有重大意义。在当前 IASB 作为准则制定者制定超国家准则,NSS 扮演利益集团角色的背景下尤为如此。进一步来说,正如应循程序手册(IFRSF 2012)所述,NSS 与 IASB 的相互作用在 IFRS 的推进过程中非常关键,并且现在的发展趋势也印证了这一点。

本章结构如下:15.2 一节简要总结制度发展;15.3 一节主要讨论 IFRS 2 的发展历程;15.4 一节主要描述研究问题、数据和研究结果;15.5 一节得出主要结论。

15.2 制度发展

虽然本研究的主要目的是分析 IFRS 2 发布前的游说行为,但我们认为提供一些背景材料有助于更好地理解最新的制度安排,当前 IASB 被赋予了广泛的认可度和权威性,换言之,新的制度安排赋予了 IASB 权力,这种权力同时具备权威性与合法性(Hope & Gray,1982)。分析与制度理论一致,即认为像 IASB 这样的组织机构,必须被支持者接受才可以立足;肯尼和拉尔森(Kenny & Larson,1993)将这种理论框架应用到对 IASB 的前身,即 IASC 的研究中,福格蒂(Fogarty,1992)则应用到了对 FASB 的研究中。前一项研究解释了 1989 年发生的变化,当时 IASC 启动了一项公开的应循程序,并在其中应用了类似于 FASB 的制度影响解释机制(DiMaggio & Powell,1983)。肯尼和拉尔森(Kenny & Larson,1993)认为,IASC 试图模仿 FASB,因为 FASB 的模式被认为是最成功和最具法律效应的。尽管在 2001 年 IASB 取代了 IASC 存在巨大争议,一派支持"两种模式并用"的解决方案,另一派支持单一模式,但最终后者胜出。IASB 的架构与 FASB 的架构非常相似(Stevenson,2007)。

IASB 成员对于准则制定负有独立责任,这与之前 IASC 的个人投票制是不同的。关于委员会的组成,章程设置了一些地域标准来确保委员会的全球参与基础,同时受托人会必须确保这个群体能够提供审计师、报表填制者、使用者和学者的最新实践经验。IASB 将会同 IFRS 咨询委员会召开常规会议,这个咨询委员会的成员是由受托人会从不同国家和不同的背景中选拔出来的。在将某个议项加入委员会的日程前，咨询委员会会提供建议，并对委员会正在进行的工作进行评论。除此之外，IASB 还与 NSS、国际组织（如国际证监会组织（IOSCO）和欧洲财务报告咨询小组（EFRAG）等）保持定期联系。各国 NSS 共同建立了年会制度，这样可以加深 IASB 在全球范围内的联系。简言之，这些不同级别的磋商可为 IASB 的各项活动提供合法地位。2007 年成立的监督委员会为受托人会和政府当局之间建立了正式的联络渠道。

在公布一项 IFRS 之前，IASB 开展的公开应循程序同样与制度理论框架一致。在这个过程中委员会将商议并最终确定准则的内容；当商议准则时，该程序允许所有的利益团体提出各自的看法。"一项恰当的应循程序能够确保所有议题得到正确理解、论点的所有方面都被看到并得到了恰当的考虑、最终定论背后的基本原理已通过检验。因此，最终结论的可信度与权威性非常重要"（EFRAG 2005，第 3 段 19 行）。确实，这是获取利益相关者意见的一种方法，可以更好地理解可能存在的所有观点，使决策更有效；但这也是在准则制定过程中引起参与者关注的一种尝试；是有助于确立组织合法地位的一种策略。应循程序的另一个重要方面是其公开性；理查森和埃伯莱因（Richardson & Eberlein，2011，第 219 页）认为："这可以限制 IASB 权力的滥用，而且更重要的是，将会影响关联的企业实体对 IASB 施加影响，使其发展为一个公共平台。"

IASB 的应循程序提供了很多参与的机会：作为咨询委员会的成员，可以发表看法、加入咨询小组、向 IFRIC 提供议题、提交有关 DP 和 ED 的意见函、参加公开圆桌会议、实地访问和现场测试。[①] 参与该过程的人员渴望其意见获得关注，并影响出台的准则，因此他们通常会拿出论据来支持自己的观点。对于研究人员来说，意见函可从 IASB 网站上获得，因此意见函可能是研究游说行为的最有效途径。正如沃克和罗宾森（Walker & Robinson，1993，第 15 页）所述，这样可以"确保规则制定者对决策的制定过程负责"。此外，这些意见函和委员会会议的公开将使准则的形成过程更加透明。

一旦某个议项提上日程并被视为重点议题，IASB 的应循程序将会从 DP 的公布开始。通常在约 120 天的征求意见时间之后，技术人员将会起草一份 ED，这时需要 9 名委员会成员投票通过（当少于 16 名成员时）或 10 名成员投票通过（当为 16

---

① IASB 同时会公布由 IFRIC 编辑的解释。IFRIC 成员由受托人会指定。

名成员时）。① ED 公布后，经历同样的征求意见期，在充分考虑反馈意见的基础上，将向委员会提交准则的最终草案（如果需要的话，还会召开公开听证会并现场核查），此举需要票数相同才可通过。因此，在整个过程中，说客需要决定是否游说、何时游说与怎样游说。通常我们假设在决定是否游说时，说客要同时考虑可得利益和相关成本。根据 FASB 的框架，福格蒂（Fogarty，1992）提出，应循程序、均衡的成员背景和努力与公众保持紧密联系是确立 FASB 合法地位的三个要素。但 IASB 的框架确实没有完全包括这三方面。

尽管之前研究通过分析游说行为，探究了在会计准则推进过程中策略的影响程度，但沃克和罗宾森（Walker & Robinson，1993）指出，为了解释正在进行的政治程序，应该关注准则制定者承担责任的方式或委托代理的方式；因此，我们认为，在总结对现行准则制定背景的分析前，有必要对赋予 IASB 权力的举措进行研究。IASB 本身并没有直接的权力，所以需要说服那些拥有监管和强制执行权的机构批准国际准则的使用。很多国家和地区对 IFRS 的认可赋予了 IASB 在国际会计准则制定方面的主导地位（至 2002 年，欧盟、澳大利亚和新西兰已经明确表示将采用 IFRS），尽管一些特定的组织才拥有认可准则的权利。例如，欧洲之前通过发布指令来统一各个国家的标准，现在改为采用委员会认可的 IFRS（这直接对大约 8 000 个实体②产生影响）。认可机制是一个双层结构，涉及 EFRAG（2001 年建立的独立私人机构）提供的专业指导，同时也是对会计监管委员会（以下简称 ARC）（在遵照欧盟专家委员会通常的决策程序前提下设立，并且其结果在欧洲委员会决策时通常会被采纳）的政治协商。最终，由欧洲委员会和 EFRAG 的意见决定这些准则是否能在欧盟强制实施，所以这两者成为了相互关联的利益集团。值得注意的是，获批的准则都需有益于"欧洲公共利益"——即不会对欧洲公司造成不利的竞争形势。

15.3 股票期权会计：IFRS 2 发展历程

IASB 很早就将股份支付纳入议程，这可清晰地表明其致力于在没有国家标准的领域建立高质量准则。时任 IASB 委员会成员的韦丁顿（Whittington，2005）谈及了股份支付项目，将其视做 IASB 为目标努力的显著例证。我们发现委员会制定

---

① 2005 年，IASB 章程的改革引入了绝对多数制规则。目的在于使委员会成员更团结，以增加准则的可接受度。

② 这是对编制合并报表的上市公司的估计数。如果欧洲成员国使用了 1606/2002 条例规定的选择权，允许或不得不对个别科目和为了合并非上市公司采用已通过的 IFRS，那么还会产生间接但也很重要的影响。

的首批新规针对的就是这一有争议的会计学问题。

SFAS123 号（FASB 1995）的历史演变足以证明股票期权会计是一项非常棘手的议题。尤其是高科技行业的强烈反对阻碍了 FASB 针对该议题进一步制定准则的进程。最终，FASB 选择妥协，没有将这类支付确认为费用，而是采取了一个折中的解决办法——允许公司不确认费用（Dechow, P. M., Hutton, A. P., & Sloan, R. G., 1996）。关于股票期权费用化的决定必定会产生经济后果，不仅会直接影响公司，而且会影响更多事项，如人力资源管理等。有些观点表明，承诺期权计划费用不利于公司引入基于股票或期权的薪酬计划，甚至导致公司完全抛弃后者。但是这"与存在即合理的这一观点不一致，因为如果一致的话，则会计政策的变化就不会影响期权的授予了"（Murphy, 2003，第 144 页）。

但据认为，IASB 面临的困难可能少于 NSS。高诺斯和贝隆（Crouzet & Veron, 2004，第 12 页）认为，"相比于 FASB，IASB 的优势主要在于它对公司的游说行为具有较强的免疫力，这在根本上会大大提升准则的质量"。全球准则的制定比某一具体国家准则的制定更不易受阻力的影响。用韦丁顿（Whittington）的话来说（2005，第 134 页）："IASB 作为国际准则制定者，具有不易受'公平竞争环境'这种论调影响的优势。这种论调认为，相比于制度不严厉的海外公司，严厉的国内准则将会使国内公司处于劣势地位。但由于国际准则没有在美国这一世界最大的经济体中得到使用，如果国际准则与美国准则趋同，它的优势就没有预期那么明显。在美国上市的欧洲公司对这个事项尤其敏感。"

正如前文所述，IFRS 准则如果想通过欧盟审查机制，那么该准则必须是有益于"欧洲公共利益"的。毫无疑问股份支付是非常敏感的话题。不过在 2005 年 1 月，也就是 IFRS 2 发布后的第一年，欧洲委员会在 EFRAG 的支持下通过了该准则。下文会解释在我们分析的时间段内，EFRAG 的立场发生了变化，即从拒绝到接受。为了理解这种立场的变化，还应考虑美国的态度也发生过类似的转变，所以经常被欧洲成员国用来反对确认费用的竞争劣势理论已不再适用（Giner & Arce, 2012）。因此，2003 年 3 月，FASB 将该议项列入日程，① 一年之后发布 ED，其大部分内容与 IFRS 2 趋同，2004 年末发布了 SFAS 123 号（修订版）。这是避免或减少以竞争劣势为基础的反对意见的重要一步。

股份支付的重要性源于股份交易的快速发展。当 DP 发布时，托尔斯佩林

---

① IFRS 2 号据此得出结论的理论基础解释了 FASB 2003 年 3 月将评价美国股份支付会计要求的项目列入日程之后，IASB 与 FASB 共同合作的现象。

15　国家准则制定者的游说：游说行为在 IFRS 2 应循程序中的作用分析

（Towers Perrin，2000）表示，观察销售收入超过 5 亿的公司会发现，德国年薪的 20% 为股票期权，瑞典和英国的这一比例为 40%（比利时为 25%，法国为 32%，西班牙和荷兰为 35%），但如此比例甚至比美国一半的公司还低。2000 年，标准普尔 500 指数中的公司有 99% 向员工授予了股票期权，但只有 2 家登记了费用，所以利润被高估了 12%。这些薪酬计划的重要性因行业而异。墨菲（Mruphy，2003）提供了关于新兴行业和传统行业公司的数据。通过观察 1999 年的税前利润，他指出新兴行业公司的 45% 和传统行业公司的 16% 在这项指标上都是负数（如果不考虑薪酬计划，则为 23% 和 13%）。①

在学界更为统一的观点（Aboody，1996；Garvey 和 Milbourn，2001）是，不健全的会计准则在一定程度上推动了员工期权计划的实施，并且缺失适当会计处理在一定程度上也支持了员工期权计划。当期权的公允价值被确认为费用时，公司倾向于回避确认该项费用、披露受此影响的利润。如果市场能够有效地估计出所披露的期权的价值，那么关于确认和披露的讨论就被认为是无关紧要的。但是，实证研究得出的结论却与上述理论不同。SFAS 123 号"股票薪酬计划会计"发布后，美国做了大量研究，发现股票期权的价值与公司披露的期权成本信息不符（Aboody，D.，Barth，M.，& Kasznik，R.，2001），这使我们怀疑未考虑此项费用的会计利润数据的准确性。其他研究显示，投资者只了解一部分真相（Garvey & Milbourn，2001）；也就是说，直到到期日，市场都可能会低估派发的期权成本，这意味着授予大量期权的公司价值可能都被高估了。加维和墨尔本（Garvey & Milbourn，2001，第 14 页）断言："大量使用员工股票期权可能意味着财富由长期股东转向短期股东"。由此可以认为，20 世纪 90 年代大量使用为得到认可的、以业绩为基础、与股价相关的薪酬计划推动了股市的繁荣，而股市暴涨也进一步加速了这些计划的推广。但相反地，21 世纪初的股市危机可能是促成 IFRS 2 应用的原因。这与政治进程中出现的事件和危机之间的因果关系相一致（Watts，1977；Nobes，1991）。在 IASB 启动股份支付项目的时候，在整个市场和会计系统也出现了大的信任危机。

2004 年，IFRS 2 发布。四年前该议项以 G4+1 DP 的形式启动，这份 DP 共收到 29 份意见函，其中 4 份来自 NSS。2001 年 9 月，新建立的 IASB 收回 DP 并重新发布此章。根据它的应循程序，IASB 开始征求意见，收到的反馈数量远远

---

① 由于会计处理方法的变化，美国公司减少了对股票期权的使用。Towers Perrin（2004）的报告显示，很多美国公司重新设计了激励计划：2004 年，长期激励的价值减少了 16%，现金薪酬有所增加。根据 Bear、Stearns 和 Co（2004），股票期权对标准普尔 500 指数和纳斯达克 100 指数中公司利润的影响分别为 5% 和 22%。

超过了之前，共收到281份意见函（83%来自报表填制者），但其中只有4份来自NSS。来自不同国家和行业（投资、企业、审计、学界、薪酬咨询、评估、监管团体等）的人组成的咨询小组协助委员会有力地推动了ED和ED2的出台。同时，2002年7月，专家们在纽约专题讨论会上也给予了很大帮助。之后，2003年10月，IASB发布了ED2并收到229封意见函（53%来自报表填制者），其中19封来自NSS。而在2004年2月准则被发布，且14名委员会成员全部支持。至此，该项目最终完成。

图15-1是这项准则产生过程的时间序列表，上面标有当时发生的一些相关事件，例如2000年6月里斯本委员会会议后，欧洲委员会发布公告采纳了IAS；2002年达成《诺沃克协议》（Norwalk Agreement）。

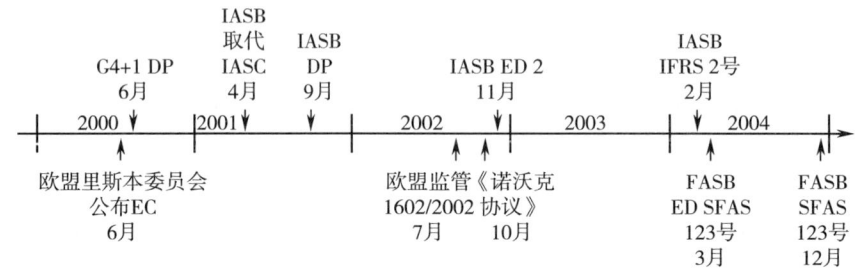

图15-1 准则产生过程的时间序列表和其他相关事件

表15-1给出本研究中关于会计确认、估价、估价日期这三个利益问题所分析文件的细节，并将这些细节与SFAS 123号对比。值得注意的是，这三个所选事项在DP和SFAS 123号（初稿）中有不同的会计处理方法。

股份支付的基本理念是公司与他方交易过程中以股票或股票期权的形式支付的对价应该作为股东权益计入资产负债表，相应地将获得的产品或服务价值作为费用计入利润表。三份文件都坚持了这个基本原则。SFAS 123号没有要求确认固定期权计划（在美国较为常见），这在DP中并不存在，修订后的SFAS 123号删除了该规定。对于估价，DP确立权益工具应使用公允价值来计量，并且在大多数情况下，应使用期权定价模型。但SFAS 123号允许在使用期权定价模型确定的公允价值以及获得货物和服务的公允价值这两者中选择更能够可靠计量的一个。之后ED2也允许这样做，但是不能使用后种方式（获得货物和服务的公允价值）支付员工股份。所以，ED2对员工股份支付和提供货物以及其他服务的供应商的股份支付要求是不同的；对于前者，ED2 的标准是统一的；而对于后者，ED2 对货物和服务的公允价值的假设值得怀疑。IFRS 2 同样也保留了两者的区别。对于计量日，根据 DP 的要求，[①] 应在到期日计量股票或期权的公允价值，而 SFAS 123 号则要求在授予日计量。[②] ED2 修改了上述标准，明确应在授予日参考权益工具来确定公允价值，而当公允价值需要参考货物和服务的价值时，应考虑企业获得货物和服务的日期，IFRS 2 并没有引入这方面的修改。

表 15−1　　　　SFAS 123、DP、ED2 和 IFRS 2 的比较

	SFAS 123（1995）	DP	ED2	IFRS 2
确认为费用	是	是	是	是
不确认为费用	固定计划①	无	无	无
使用收到货物和服务的公允价值	是	不是	是，但对员工不是	是，但对员工不是
使用股份支付工具的公允价值	是	是	是	是
估价日期	授予日	到期日	授予日，但有例外	授予日，但有例外

注：①修订后的 SFAS 123 号（2004）删去了此项例外。来源于 Giner 和 Arce（2012，第 660 页）。

15.4　实证研究

本研究将对 NSS 提交的公开意见函进行深入分析，同时还会将能够规范经济活动不同方面的其他机构纳入分析。乔治奥（Georgiou，2004，第 230 页）认为，"所有的意见函似乎都是游说方式的隐性代名词。"确实，在前期对游说行为的研究中，研究人员也经常使用意见函（Tutticci, I., Dunstan, K., & Holmes, S., 1994；Kwok & Sharp, 2005；Jorissen, A., Lybaert, N., Orens, R., & Van der Tas, L. 2012；Giner & Arce, 2012）。但书面形式的游说行为研究已引起了争议，因为研究常将提交行为解读为"投票"，而忽略了意见函中提供的论据（Walker & Robinson, 1993）。不过 FASB 前成员布朗（Brown，1982），坚持认为反馈者的观点及反馈的力度会影响准则制定者。鉴于此，我们将具体分析相关观点。

---

① 到期日是指提供所有服务或提供所有货物的一方无条件获得期权或股票的日期。
② 授予日是指企业与其他方共同订立合同的日期。

15.4.1 研究问题和方法

此处研究的问题为 NSS 的游说策略。第一个问题关注 NSS 是否在 IFRS 2 的三个征求意见期内参与评论。萨顿（Sutton，1984）提出的游说行为理性选择模型认为，如果收益（根据游说行为能够改变准则制定者最终定论的可能性而调整）超过游说行为的成本时，团体就会采取游说行动。

NSS 的立场也可以用利己主义的观点来解释，即它们与其支持者的立场紧密相连（Puro，1984）。金内尔和阿尔凯（Giner & Arce，2012）认为，可以用政治因素、经济因素或社会因素来解释一个国家准则制定者的立场，因为它们需要通过维持各方的角色和立场来获得尊重和声望。IASB 章程的第 28 段（IFRSF，2010）确认了它们的特殊地位，并期待建立和维持与 NSS 之间的联系，以推动 IFRS 的发展和 NSS 与 IFRS 之间的趋同。此外，引言部分已述及 IASB 旨在建立一个新的组织 ASAF，以强化与 NSS 之间的联系。

股份支付项目的推进过程中有三个征求意见期，使得我们就可以关注 IFRS 2 的问世和 DP、ED 的两个公布阶段，这样就可以更好地研究游说者的参与时间选择。萨顿（Sutton，1984）的模型表明，相比于征求意见稿发布之后，在征求意见的过程中（如 DP 正在讨论阶段）更容易影响决策制定者。根据这个推理，反馈者更倾向于在程序的第一阶段提出意见，因为他们可能会认为在这个时间点提出意见，影响最后结果的可能性更大。从发布者的性质看，DP 会发布两次——第一次由 G4＋1 公布，第二次由 IASB 公布——意味着 DP 的强制执行情况发生了变化。在此背景下，对于报表填制者来说，不遵守会计提案并不是明智的选择，NSS 在其管辖权内能够非常方便地掌握各方态度；反言之，不遵守 IASB 规定的成本也较高。模型同时指出，不遵守规定则需要更努力地游说，因为由此得来的收益要更大。因此，在第二次公布 DP 后，一旦欧盟和其他国家和地区宣布采纳 IFRS，游说行为就会增多。

总的来说，这种推论引出了我们的第一个研究问题：NSS 关于 IFRS 2 的游说行为在征求意见期是均匀分布的吗？为了回答这个问题，我们按照反馈的时间将意见函进行分类，并使用 X^2 来比较不同时间段的反馈。

第二个与决策有关的问题是拿什么来论证，我们可以把使用论证来佐证意见函中的观点的方法视作一种游说策略。在这方面，之前研究对概念性论据和基于经济后果的论据进行了区分（Tutticci, I., Dunstan, K., & Holmes, S., 1994；Jupe,

2000）。概念性论据主要是指与概念框架有关的会计概念，以及与议题有关的技术问题。基于经济后果的论据主要是指与准则提案有关的经济变化及变化的影响。由于经济论据与 NSS 专业化、客观性的形象相冲突（Stenka & Taylor，2010），因此在使用该类论据时 NSS 会比较慎重，倾向于使用更专业的概念性论据。

之前研究没有检验利益集团在表达是否同意会计准则提案时的行为（Tutticci，I.，Dunstan，K.，& Holmes，S.，1994；Giner & Arce，2012）。假设与会计准则提案的反对者相比，同意方提供支持性论据的动机较弱，因此我们提出了第二个问题：在表达支持或反对提案的立场时，NSS 是否会在意见函中使用不同的论据来论证自己的观点？

如朱普（Jupe，2000）、斯登卡和泰勒（Stenka & Taylor，2010）所述，检验游说策略需要分析意见函的内容。正如前文所述，在每封意见函中我们都鉴别了需要考虑的问题（确认、估价和估价日期）、立场（赞成、反对、弃权）和使用的论据（概念性后果、经济性后果、两者皆有、两者皆无，Giner & Arce，2012）。

对意见函的深入解读不可避免地存在一定程度的主观性，我们已经通过关注三个问题和仔细检查意见函的内容来尽量避免。卡巴统计量关于注解者间一致性的检验（Cohen，1960）（Kappa statistic）显示在所分析的三个问题中，两个注解者没有显著差异。尽管如此，需承认在三个关键问题的筛选上确实存在主观性，不过我们已综合考虑了包含在 DP 中的评论邀请、反馈，还有其他在我们看来可能对于这些交易的会计计量有重要影响的方面。三个问题的选定还受 DP 和原版的 SFAS 123 会计处理方法不同的局限，这一点也很重要。

15.4.2 数据

如表 15-2 所示，共有 14 个国家的 NSS 参加了游说，分别是澳大利亚、加拿大、法国、德国、日本、马来西亚、荷兰、挪威、波兰、新加坡、韩国、西班牙、瑞典和泰国。在这组研究样本中，我们还加入了 EC 和 EFRAG，因为如前文所述，这两者对 IFRS 获得欧盟的许可起到了非常重要的作用。我们还考虑了能够规范不同方面经济活动的其他机构的反馈，如来自国际证监会组织和巴塞尔委员会（Basel Committee）、某美国国会成员小组、新西兰证券委员会以及日本经济产业省（the Ministry of Economy，Trade and Industry of Japan，METI）的反馈。共有 21 名不同的反馈方被认定为 NSS。

我们从 IASB 网站上搜集了意见函。由于一些反馈者回复了不止一封意见函，因此 21 个反馈者共提交 27 封意见函。表 15-2 表明，两个阶段都参与的（没有三个阶段都参与的反馈者）共有六名反馈方（欧洲委员会、EFRAG、法国、德国、荷兰、和西班牙的准则制定者），占所有反馈方比重的 28.5%。这个比例要小于一些对照组，如专业人士组为 45%，但同时也高于另外一些对照组，如报表使用者组为 21%，报表填制者组为 9%（Giner & Arce, 2012）。

超过半数的意见函（17 封）来自强制执行 IFRS 的欧盟、澳大利亚及新西兰地区。值得注意的是来自亚洲的意见函数量很多。但解读这些数字时应当非常谨慎，因为 NSS 提交的评论数量较少，这代表该组中潜在反馈者的比例很高。

15.4.3 研究结果

表 15-2 提供了详细的反馈清单，并按照地域对样本进行了分组。为了进行对比，在最后一行我们统计了所有意见函数量。这为问题 1（它们决定何时游说）提供了证据。当 DP1 发布时，IASC 收到 4 份反馈；当 DP2 发布时，IASB 又收到 4 份；而 ED2 发布后收到 19 份。X^2 结果显示，NSS 的参与度在三个阶段是显著不同的（0.001 水平）。真纳和阿尔刻（Giner & Arce, 2012）表示，其他组的反馈者也反映了这样的差别。在统计上，X^2 证实了从 DP1 的发布到 DP2 的发布以及从 DP2 的发布到 ED2 的发布，不同组反馈者的参与度存在差异。"但分阶段检验发现，NSS 呈现出与其他组反馈者不同的模式。

准则制定者在 ED2 的征求意见期所提交的意见函数量是 DP 征求意见期的五倍（前者 19 份，后者 4 份），这种结果与萨顿（Sutton）的观点大相径庭。萨顿认为在程序的前期阶段，由于游说更有效，所以反应会更强烈。相反，该结果与沃克和罗宾森（Walker & Robinson, 1993）的观点一致，他们指出游说者只是在表明支持管理机构所有活动的态度。之后我们会解释，结果似乎呈现出后一种状况，因为大部分 ED2 的反馈都支持 IASB 的提案。这种解读也符合制度理论，因为可以将其视为"提高透明度并增强另一组织（即 IASC）生存能力的策略"（Kenny & Larson, 1995, 第 298 页），IASB 的情况同理。

表 15-2　　　　　　　　　　　　反馈者

地域	名字（机构）		DP1	DP2	ED2
国际范围	巴塞尔银行监管委员会				×
	国际证券监管委员会组织				×

15 国家准则制定者的游说：游说行为在 IFRS 2 应循程序中的作用分析

续表

亚洲					
日本	日本会计准则理事会	NSS[①]			×
日本	日本经济产业省		×		
马来西亚	马来西亚会计准则理事会	NSS			×
新加坡	公司信息披露与治理理事会	NSS			×
韩国	韩国会计准则理事会	NSS			×
泰国	泰国会计准则理事会	NSS			×
澳大利亚—新西兰					
澳大利亚	澳大利亚会计准则理事会	NSS			×
新西兰	证券委员会				
欧洲					
	欧洲委员会		×	×	
	EFRAG			×	×
法国	国家会计委员会	NSS		×	×
德国	德国会计准则理事会	NSS	×		×
荷兰	荷兰年度报告理事会	NSS	×		
挪威	挪威会计准则理事会（RegnskapsStiftelse）	NSS			×
波兰	波兰会计准则理事会	NSS			
西班牙	西班牙审计会计研究所（Instituto de Contabilidad y Auditoría de Cuentas）	NSS		×	×
瑞典	瑞典财务会计准则理事会	NSS			×
美国—加拿大					
加拿大	会计准则理事会	NSS			×
美国	美国国会成员				×
	NSS 反馈总计		4	4	19
	反馈总计		29	281	229

注：①NSS：国家的会计准则制定者。

之后，我们检验了关于向员工支付股票期权会计的三个问题（会计确认、估价和估价日期），而这些问题还处于磋商阶段。如表 15-3 的板块 A 所示，大部分意见函（21 份）讨论的都是这些关键问题。其他组也是如此，如专业人士组和使用者组，然而报告填制者和顾问组则通常只关注会计确认问题（Giner & Arce，2012）。尽管如此，欧洲委员会对 DP 的反馈和日本的会计准则理事会（简称 ASB）提交给 ED 2 的意见函中却都没有直接致力于任何特定问题。然而，它们对会计政策发表了总评。日本 ASB 说到："我们很关心以下两方面问题间的一致性：一是在 IASB 的一些重要项目中采用资产/负债法……二是与 ED 结论部分所展示框架保持一致的解释。我们对 ED 的提案保留意见……然而，我们希望借此机会对如何使用框架表达观点,因为我们相信这在其他相关项目中也是非常重要的问题"(ED 2 意见函第 75 页)。

在表示支持的论据中,我们区分出两种类型:概念性论据和基于经济后果的论据。表 15-3 的板块 B 总结了这两种类型。虽然大部分反馈者都没有论证自己的观点,但当他们在论证自己观点时,使用的主要是概念性论据,尤其是在他们同意提案的时候更是如此。据金内尔和阿尔凯(Giner & Arce,2012)所述,NSS 的表现与专业人士以及报表使用者类似,而与频繁使用基于经济后果论据的报表填制者和顾问不同。我们发现通常 NSS 采取支持态度时不会提供论据,其他组的策略也是如此(Tutticci,I.,Dunstan,K.,& Holmes,S. 1994;Giner & Arce,2012)。

虽然利己主义理论意味着游说者会更倾向于使用基于经济后果的论据,这些经济后果通常是由准则的非预期效果导致的,但他们可能不情愿提供这类论据,以防被视为谋求私利从而不被监管者采纳(Jupe,2000)。考虑到 IASB 的任务为"满足资本市场各参与方的信息需求"(IASB 2010,第 BC 1.23 段),反馈者可能会意识到 IASB 不愿意考虑代表既定的论据——尤其是论据所支持的观点与报表使用者的利益相悖时——因为这些可能会严重损害机构的公信力。① 此外,我们认为,2002 年《诺沃克协议》后,IASB 与 FASB 的趋同政策将使基于经济后果的论据处于不利地位。正如所预期的,在 ED2 发布后,NSS 的反馈中没有使用基于经济后果的论据。接下来我们将对三个已知问题的反馈以及由反馈者所提供的观点进行更加具体的分析。

表 15-3　　板块 A:意见函提到关键问题的数量(0、1、2 或 3)
　　　　　　板块 B:根据所处立场,意见函针对三个问题所使用的论据

板块 A					
关键问题	0	1	2	3	合计
意见函	2	3	1	21	27
板块 B					
		同意		不同意	合计
概念性论据		8		3	11
基于经济后果的论据		1		2	3
两者皆有		2		1	3
无论据		47		4	51
合计		58		10	68①

注:①如果一封意见函内讨论了所有三个问题,我们会计三次。因此最大计数本应是 81。

---

①　但是 2008 年 IAS 39 号和 IFRS 7 号的变化调整质疑了该假设。参见 *The Minutes of Evidence*,David Tweedie,IASB 主席,该文曾提交给英国议会下议院财政委员会(2008 年 11 月 11 日,周二)。

15 国家准则制定者的游说：游说行为在 IFRS 2 应循程序中的作用分析

15.4.3.1 会计确认

在 DP 收到的关于会计确认的意见（共收到 8 份意见函）中，有 4 份支持，3 份反对，1 份没有明确的态度。因此，DP 得到了德国会计准则委员会、荷兰年度报告委员会（Council for Annual Reporting，RJ）、西班牙审计会计研究所（ICAC）的全力支持。日本 METI 同样表示支持，但认为 DP 不应用于风险投资公司、未上市公司和最近新上市的公司（DP 1 意见函，第 29 条）。METI 提出这个观点的理由为：一是需要鼓励这类型公司的发展，而该提案可能带来的不利影响；二是考虑到了在测算权益工具公允价值时所涉及的困难。甚至 RJ 担忧相关监管法则对本国企业盈余产生负面影响这一不利经济后果，特别是当这项法则不在全球范围内使用时（DP 1 意见函，第 20 条）。

IASB 公布 DP 后，法国国家会计委员会（CNC）持反对态度，它主要使用的是概念性论据，认为这项准则与 IASB 概念框架中关于费用的定义不一致（DP 2 意见函，第 113 条）。真纳和阿尔刻（Giner & Arce，2012）在研究中也发现，除了 NSS 之外，还有其他反馈者基于可靠性要求、将股票期权费用化处理的公司的竞争劣势、利于维持公平竞争环境的立场，拒绝股票期权费用化的提案。

欧洲委员会就 DP 两次做出回复：第一次回复中并没有表明明确立场，但在第二次回复中持反对态度，并建议"将这项提案转化为双轨项目，一方面关注概念性的、会计确认、计量和实际操作的事项，另一方面关注信息披露"（DP2 意见函，注释 279）。EFRAG 给在 DP2 的回复当中承认股份支付是一项费用，但是鉴于 DP2 与概念框架的冲突问题，其建议最好还是引入披露标准作为一项过渡性措施。此外，EFRAG 还着重强调了全球会计实践趋同的必要性（DP 2 意见函，第 146 条）。

但是，除了日本会计准则理事会没有直接参与讨论外，ED 2 的反馈者均同意费用化确认标准。应注意到 EFRAG 观点的变化，即它在意见函中提到的《诺沃克协议》对 FASB 日程趋同及变化的支持（ED 2 意见函，注释 136）。尽管如此，EFRAG 还是对计量结果的可信度提出了质疑，并强调一些 EFRAG 评论员①强烈希望可以在会计确认和测算方面实现全球趋同。CNC 也支持这个确认标准，但提到这个标准与 IASB 框架相悖，并且存在竞争劣势。

15.4.3.2 估价

关于估价标准，NSS 接受 DP 和 ED2 中的会计处理方法。只有 CNC 对两者都表

---

① 当 EFRAG 起草意见函时，也在遵循一个既定程序，在最终定稿前会征求各方意见。

示反对，因为"这样的计量会造成较大的困难，其中之一就是计量结果的可信度"（ED 2 意见函，注释 147）。真纳和阿尔刻（Giner & Arce，2012）分析了其他组在反对"使用期权定价模型来计量这些交易"过程中使用的论据，如员工期权的特殊性和对税的影响。他们同时也发现很多反馈者提案使用 SFAS 123 中提到的内在价值。

15.4.3.3　估价日期

关于估价日期，除了西班牙 ICAC 在对 DP 和 ED2 的反馈中均支持使用到期日外，所有 NSS 都更倾向于授予日。西班牙 ICAC 在意见函中表示，"由于授予日和到期日之间公司的业绩会发生变化，企业应考虑使用一个应计项目来对这段期间的交易量做出最好的估计"（ED2 意见函，注释 31）。但是，反对使用到期日的概念性原因是：（1）权益工具发行和义务承担的时点在授予日；（2）合同价值的确定按照授予日计算；（3）概念框架和标准的使用之间的不一致，因为授予日需要重新计量权益。真纳和阿尔刻（Giner & Arce，2012）在反馈中还指出，当讨论是否使用到期日来作为估价日期时，一些反馈者考虑了收益的波动性。

总体来看，在多次回复的反馈者中，大部分人所持的观点都发生了转变，而对 ED2 的支持不仅是因为这些变化，还因为有 13 名新反馈者在程序的最后阶段表示支持 IASB 的提案。根据制度理论，这可以看做是确认 IASB 作为全球准则制定者地位的体现。

15.5　结论

本章将 IFRS 2 的推进过程作为研究案例，深入分析了 IASB 的应循程序，同时讨论了赋予 IASB 广泛认可度和权威性的制度安排。这样的制度安排提供了一个能够理解 IASB 目前作为全球准则制定者身份的框架。正如福格蒂（Fogarty，1992）提出，应循程序、均衡的成员背景以及公关努力是确立准则制定者合法地位的三个要素；我们对 IASB 结构和工作方法的分析显示，IASB 现行的框架包含了全部三个要素。

IASB 的应循程序以广泛征询为基础，包括邀请大众对 DP 和 ED 提交意见函的正式程序。本章假设，参与程序的结果是提交意见函。从这个方面来看，我们的研究深入地分析了 NSS 的游说活动、游说活动开始的时间和游说论据。

由于 NSS 是一个非常特殊又很重要的游说团体，因此我们重点关注了它们。它们非常了解当地机构的情况,因此可以很方便地了解准则在当地是怎样被理解和运用的;他们同时也会进行调研,利用管辖权鼓励利益相关者提出自己的看法,并及时发现可能出现的问题,总而言之它们充当了 IASB 与其他利益相关者之间的桥梁。对于这种角色最明显的认可就是 IFRS 基金会近期宣布会建立亚洲证券分析家协会(ASAF)的提案。

在本研究中,我们分析了 2004 年 2 月正式采纳 IFRS 2 前的游说活动。为此我们分析了针对前期文件(DP 和 ED2)提交的 27 份意见函。需要注意的是 DP 发布过两次,第一次由 IASC 发布,之后由 IASB 再次发布,因此本项目一共经历了三个征求意见期。准则要求公司将所有股份支付确认为费用,而不考虑支付的形式(股票或现金)和支付对象(员工或其他)。在采纳这项准则前,在任何区域内这类交易都没有被确认为费用;事实上,由于阻力较大,FASB 在 20 世纪 90 年代仍然没有强制将其确认为费用。

对意见函的研究包括如下三个重要问题的内容分析:会计确认、估价标准和估价日期。研究证实大部分反馈者都对这三个问题进行了讨论。我们的分析旨在进一步认识和发掘概念性论据和基于经济后果的论据,这两个论据可以证明反馈者对以上三个问题的立场。我们发现,反馈者在支持提案时通常不会使用论据,但当不同意提案时主要使用概念性论据。在 ED2 发布后,没有任何一份反馈使用了基于经济后果的论据,我们认为这主要是由经济后果论据逐渐失去地位的事实造成的,而这一事实是 IASB 和 FASB 在 2002 年《诺沃克协议》后实行趋同政策的结果。

如大多数前期文献一样,本研究以游说的理性选择模型为基础,它可以恰当地解释当游说主体预期的收益超过游说成本时它们参与程序的情况(Sutton,1984)。不过,制度理论与研究主题也是紧密关联的,因为游说行为可以体现被游说组织的重要性或生存能力(Kenny & Larson,1995);本文的研究结果显示 ED 2 发布后,NSS 的广泛参与和对制度理论的理解是一致的,而且大部分反馈者仅参与了最后的程序以示支持。

综上所述,本研究与制度理论相符,即只有被公众接受的组织,如 IASB,才可继续立足。我们的观点是,可以将 NSS 在 IFRS 2 应循程序中所表现的态度视为支持 IASB 担任全球准则制定者的标志。

参考文献

Aboody, D. (1996). Market valuation of employee stock options. *Journal of Accounting and Economics*,

22, 357 – 392.

Aboody, D., Barth, M., & Kasznik, R. (2001). *SFAS 123 stock – based compensation expense and equity market values*. Working Paper, University of California, Los Angeles.

Ang, N., Gallery, N., & Sidhu, B. K. (2000). The incentives of Australian public companies lobbying against proposed superannuation accounting standards. *Abacus*, 36 (1), 40 – 70.

Brown, P. R. (1982). FASB Responsiveness to corporate input. *Journal of Accounting Auditing and Finance*, 282 – 90. (Summer).

Cohen, J. (1960). A coefficient of agreement for nominal scales. *Educational and Psychological Measurement*, 20, 37 – 46.

Crouzet, P., & Veron, N. (2004). *Accounting for globalisation—The Accounting Standards Battle*, En Temps Réel—Cahier 3 bis, Sept 2004 (English version of La *mondialisation en partie double—la bataille des normes comptables*, Trans.). En Temps Réel—Cahier in April, 2002.

Dechow, P. M., Hutton, A. P., & Sloan, R. G. (1996). Economic consequences of accounting for stock – based compensation. *Journal of Accounting Research*, 34 (3), 1 – 20.

DiMaggio, P. J., & Powell, W. W. (1983). The Iron Cage revisited: institutional isomorphism and collective rationality in organizational fields. *American Sociological Review*, 48, 147 – 160.

EFRAG (European Financial Reporting Advisory Group). (2005). Achieving consistent application of IFRS in the EU: A discussion paper, EFRAG, Available at: www. efrag. org.

FASB (Financial Accounting Standards Board). (1995). *Statement of financial accounting standard No. 123: Accounting for stock – based compensation*. Stamford, Connecticut: FASB.

FASB (Financial Accounting Standards Board). (2004). *Statement of financial accounting standard No. 123: Accounting for stock – based compensation* (revised). Stamford, CT: FASB.

Fogarty, T. J. (1992). Financial accounting standard setting as an institutionalized action field: constraints, opportunities and dilemmas. *Journal of Accounting and Public Policy*, 11, 331 – 355.

Garvey, G. T., & Milbourn, T. T. (2001). *Do stock prices incorporate the potential dilution of employee stock options*? Working Paper, Claremont Graduate University, Claremont.

Georgiou, G. (2002). Corporate non – participation in the ASB standard – setting process. *European Accounting Review*, 11 (4), 699 – 722.

Georgiou, G. (2004). Corporate lobbying on accounting standards: methods, timing and perceived effectiveness. *Abacus*, 40 (2), 219 – 237.

Georgiou, G. (2010). The IASB standard – setting process: Participation and perceptions of financial statement users. *The British Accounting Review*, 42 (2), 103 – 118.

Giner, B., & Arce, M. (2012). Lobbying on accounting standards: Evidence from IFRS 2 on share – based payments. *European Accounting Review*, 21 (4), 655 – 691.

Guenther, D., & Hussein, M. E. A. (1995). Accounting standards and national tax laws: The IASC and the ban on LIFO. *Journal of Accounting and Public Policy*, 14(2), 115–141.

Hill, N. T., Shelton, S. W., & Stevens, K. T. (2002). Corporate lobbying behaviour on accounting for stock-based compensation: Venue and format choices. *Abacus*, 38(1), 78–90.

Hope, A., & Gray, R. (1982). Power and policy making: the development of an R&D standard. *Journal of Business Finance and Accounting*, 9(4), 531–558.

IASB (International Accounting Standards Board). (2002). ED 2: *Share-based payments*. London: IASCF.

IASB (International Accounting Standards Board). (2004). IFRS 2: *Share-based payments*. London: IASCF.

IASB (International Accounting Standards Board). (2010). *The conceptual framework for financial reporting* 2010. London: IFRSF.

IASC (International Accounting Standards Committee). (2000). *G4+1 position paper: Accounting for share-based payment*. London: IASC.

IASCF (International Accounting Standards Committee Foundation). (2006). *Due process handbook for the international accounting standards board*. London: IASCF.

IFRS Foundation. (2012). *IASB and IRFS interpretations committee due process handbook*. IFRS Foundation.

IFRSF (International Financial Reporting Standards Foundation). (2010). *Constitution*. London: IFRSF.

Jorissen, A., Lybaert, N., Orens, R., & Van der Tas, L. (2012). Formal participation in the IASB's due process of standard setting: a multi-issue/multi-period analysis. *European Accounting Review*, 21(4), 693–729.

Jupe, R. (2000). Self-referential lobbing of accounting standards board: The case of financial reporting standard No. 1. *Critical Perspectives on Accounting*, 11(3), 337–359.

Kenny, S., & Larson, R. K. (1993). Lobbying behaviour and the development of international accounting standards: The case of the IASC's joint venture project. *European Accounting Review*, 2(3), 531–534.

Kenny, S., & Larson, R. K. (1995). The development of international accounting standards: An analysis of constituent participation in standard setting. *The International Journal of Accounting*, 30(4), 283–301.

Kwok, W. C. C., & Sharp, D. (2005). Power and international accounting standard setting. Evidence from segment reporting and intangible assets projects. *Accounting, Auditing and Accountability Journal*, 18(1), 74–99.

Larson, R. K. (1997). Corporate lobbying of the international standards committee. *Journal of International Financial Management and Accounting*, 8(3), 175–203.

Larson, R. K. (2007). Constituent participation and the IASB's international financial reporting interpretations committee. *Accounting in Europe*, 4 (2), 207 – 254.

Larson, R. K., & Brown, K. L. (2001). Lobbying of the international accounting standards committee: The case of construction contracts. *Advances in International Accounting*, 14, 47 – 73.

Leuz, C., Pfaff, D., & Hopwood, A. (2004). *The economics and politics of accounting*. Oxford: Oxford University Press.

MacArthur, J. B. (1988). An analysis of the content of corporate submissions on proposed accounting standards in the UK. *Accounting and Business Research*, 18 (71), 213 – 226.

MacArthur, J. B. (1996). An investigation into the influence of cultural factors in the international lobbying of the international accounting standards committee: The case of E32, comparability of financial statements. *The International Journal of Accounting*, 31 (2), 213 – 237.

Meier, H. H., Alam, P., & Pearson, M. A. (1993). Auditor lobbying for accounting standards: the case of banks and savings and loan associations. *Accounting and Business Research*, 23 (92), 477 – 487.

Murphy, K. J. (2003). Stock – based pay in new economy firms. *Journal of Accounting and Economics*, 34 (1 – 3), 129 – 147.

Nobes, C. (1991). Cycles in UK standard setting. *Accounting and Business Research*, 21 (83), 265 – 274.

Orens, R., Jorissen, A., Lybaert, N., & Van DerTas, L. (2011). Corporate lobbying in private accounting standard setting: does the IASB have to reckon with national differences? *Accounting in Europe*, 8 (2), 211 – 232.

Puro, M. (1984). Audit firm lobbying before the financial accounting standards board: An empirical study. *Journal of Accounting Research*, 22 (2), 624 – 646.

Richardson, A. J., & Eberlein, B. (2011). Legitimating transnational standard – setting: The case of the international accounting standards board. *Journal of Business Ethics*, 98, 217 – 245.

Schalow, C. M. (1995). Participation choice: The exposure draft for postretirement benefits other than pensions. *Accounting Horizons*, 9 (1), 27 – 41.

Stenka, R., & Taylor, P. (2010). Setting UK standards on the concept of control: An analysis of lobbying behaviour. *Accounting and Business Research*, 40 (2), 109 – 130.

Stevenson, K. M. (2007). The IASB: Some personal reflections. In J. M. Godfrey & K. Chalmers (Eds.), *Globalisation of accounting standards*, Edward Elgar, London.

Sutton, T. G. (1984). Lobbying of accounting standard setting bodies in the UK and the USA: A dowsian analysis. *Accounting, Organizations and Society*, 9 (1), 81 – 95.

Tandy, P. R., & Wilburn, N. L. (1992). Constituent participation in standard setting: The FASB's first 100 statements. *Accounting Horizons*, 6 (2), 47 – 58.

Tandy, P. R., & Wilburn, N. L. (1996). The academic community's participation in standards – setting: Submission of comment letters on SFAS Nos. 1 – 117. *Accounting Horizons*, 10 (3), 92 – 111.

Perrin, T. (2000). *Worldwide total remuneration.*

Perrin, T. (2004). Companies pursuing major changes in executive pay strategies http://www.towersperrin.com/hrservices/global/default.htm.

Tutticci, I., Dunstan, K., & Holmes, S. (1994). Respondent lobbying in the Australian accounting standard setting process: ED49. *Accounting, Auditing and Accountability Journal*, 7 (2), 86 – 104.

Walker, R. G., & Robinson, P. (1993). A critical assessment of the literature on political activity and accounting regulation. *Research in Accounting Regulation*, 7, 3 – 40.

Watts, R. L. (1977). Corporate financial statements, a product of the market and political processes. *Australian Journal of Management*, 2, 0.

Watts, R. L., & Zimmerman, J. L. (1978). Towards a positive theory of the determination of accounting standards. *Accounting Review*, 53 (1), 112 – 134.

Whittington, G. (2005). The adoption of international accounting standards in the European union. *European Accounting Review*, 14 (1), 127 – 153.

Zeff, S. (2002). Political lobbying on proposed standards: A challenge to the IASB. *Accounting Horizons*, 16 (1), 43 – 54.

16 总评：对国际财务报告准则（IFRS）现状与未来挑战的一些看法

贝格纳·金内尔（Begoña Giner）[①]

16.1 引言

首先要恭喜并感谢罗伯特、斯图尔特和乔舒亚（Roberto & Stuart & Joshua），他们将这本颇具价值又合当前时宜的、关于会计监管的书籍带入公众视野。事实上不论是对会计从业人员还是对于整个社会来说，会计监管都非常重要。虽说重要，但我经常感觉到对于会计监管的含义，以及它与构成真实经济的其他制度体系间的联系，人们仍然缺乏理解。此外，对于会计准则和财务会计在经济领域中的作用问题，当前的经济危机凸显出人们不同的见解。这两者是应当以金融市场为导向呢？还是应当成为确保经济和金融稳定的另一种工具呢？

我也非常荣幸能有机会来为该研究写一篇短论。当然，短论应契合本书的主题，这是我非常愿意研究的领域（毕竟也是我科研和教学活动的核心内容）。因此，我准备就当前现状和未来会计监管面临的挑战，尤其针对国际财务报告准则（IFRS），分享一些我个人的看法。

IFRS 基金会在其章程中规定，其主要目标为提供高质量的准则，以便于编制能够满足使用者需求的信息（IFRSF 2010）；它主要关注的是一群用户，即投资方，尤其是资本提供者的需求。然而，似乎在讨论 IFRS 的作用和成绩时，这点总是被忽略或被遗忘。考虑到这一想法，我们便制定了以原则为导向的准则，而且有些管辖区域已经开始主动采纳这些准则。如我们经常所说的那样，以原则为导向的准则是把双刃剑。在经理人获得传输一些非公开信息自主权的同时，其他一些动机因素也会开始发挥作用。

[①] B. Giner
联系地址：Universitat de València. Facultat d'Economia. Dpt. de Comptabilitat, Valencia, Spain
电子邮箱：begona.giner@uv.es

铭记这一点，接下来我将就之前的论述从两个方面进行探索：准则的发展过程和采纳这些准则的决策；之后，我将继续论述使上述目标得以实现的两个相关方面：实施和强制执行；最后为结束语部分。

16.2 IFRS 的发展过程

制定准则是国际会计准则理事会（IASB）的责任，因为这是它的主要任务。为了完成这项任务，委员会组建了出色且有主见的专家团队，而这些专家由 IFRS 基金会的受托人选出。该团队对由资本市场监管局和其他监管机构组成的监督委员会公开负责；同时还建立了一套非常严格的应循程序来保障准则制定过程，并且使之对准则制定者和其他参与者（他们既是经费的提供者又是准则的反馈者）均透明可见。尽管报表填制者一直以来在制定标准的应循程序中都很积极（出于其游说目的），但其他利益相关者对此却缺乏兴趣（Dechow, P. M., Hutton, A. P., & Sloan, R. G., 1996; Ang, N., Gallery, N., & Sidhu, B. K., 2000; Jorissen, A., Lybaert, N., Orens, R., & Van der Tas, L., 2012; Giner & Arce, 2012）。

在此，我想特别指出学术界参与的不足，尽管这已经不是什么令人吃惊的事情了，因为其他准则制定者的境况同样如此。在这种情况下没有能够激励学者去参与的机制，相反地，学者们更多关注如何在排名更靠前的期刊上发表文章，所以将时间花费在其他活动上通常会被认为是在浪费时间。尽管如此，或者说正是出于上述原因，IFRS 基金会的受托人在战略评估中建议建立或提供便利条件来建立一个研究团队，整合内部与外部智力资源，使学术界更广泛地参与进来。这可以使 IASB 参考研究证据进行决策，并说服那些使用 IFRS 的地区：在推进准则制定的过程中，IASB 会在备选方案中做出正确的选择。

的确，考虑到学者是研究活动中的主要专家，那么依靠我们来完成这项任务是最自然不过的了。拉尔森（Larson, 2011）等的研究详细说明了在准则发展过程中学术研究的作用，并鼓励我们参与 IFRS 的推进过程。虽然是否对准则制定过程做出回应并参与其中——应邀对讨论稿或征求意见稿做出回应，或者愿意担任 IFRS 基金会需要的临时性职务（如学者或研究员）——取决于个人，但也能够以一种更有组织的方式行动，这正是欧洲会计协会—财务报告准则委员会（EAA FRSC）正在做的事情。委员会一直以意见函的形式向 IASB 和欧洲财务报告咨询组（EFRAG）提供意见，但也同时与 IASB、EFRAG 保持稳定联系——现在我们通过两名联络员与这两个组织保持长久的往来。

另一组值得特别关注的利益团体为准则制定者；我们已在第 13 章详述他们的职能（Giner & Arce，2013），但这里笔者想重点介绍由 IASB 刚刚创立的新团体——会计准则咨询论坛（以下简称 ASAF）的作用。ASAF 的主要目的是为 IASB 提供技术帮助。在会计事项上，国家准则制定者和区域性机构确实较为专业，但在笔者看来他们还从另外一个方面对准则制定过程施加着重要影响力。基于他们对自己领域制度安排的熟悉度，以及所提议的准则对他们的影响程度，他们在评估准则变化所产生的影响方面发挥着独特作用。因此，分享这些信息可以帮助 IASB 做出更有根据的决策。

尽管有之前的评论，但牢记 IASB 作为准则制定者的角色和 IFRS 为资本市场提供高质量信息的目标是非常重要的。所以准则实施的意外后果不应该阻碍对准则的讨论，也不应搁浅决策的进程。笔者认为，论坛的作用，就是促进当地机构与利益相关者的接洽，进而推动当地采纳和使用 IFRS，实现 IASB 的目标。从某种意义上，笔者相信可以使他们真正感觉到对准则的拥有感，而且这些机构拥有批准权。ASAF 还有助于促进 IFRS 的应用，避免遇到分歧或推迟等情况。之后笔者会进一步强调这些问题。

16.3 实施 IFRS 的决策

采用 IFRS 的决策是在国家或司法层面上制定的，因为 IASB 既没有权力强制推行其准则，也没有权力约束准则的适时应用。一些学者指出，这是一种"信心大跳跃"，即采纳 IFRS 将会产生改进的决策制定所预期的效果。当然，第一批采纳者也确实取得了这样的成效，如欧盟、澳大利亚、新西兰等。波普和麦克利（Pope & McLeay，2011，第 211 页）认为欧盟委员会充分相信下放准则执行权的效果，此举可以带来普遍高质量的财务报告。这让我深刻认识到强制措施和每个国家机构在规范财务信息内容方面的作用。但在此之前，我想简短地评论一下会计准则制定过程中的策略。

布什曼和兰兹曼（Bushman & Landsman，2010）认为，经济衰退使人们深刻意识到，对公司信息披露的监管只是监管架构的一部分。谨慎的监管者、金融机构和国内准则制定者将重点放在实施准则可能产生的意外后果上，他们施加的压力可能会影响 IASB 制定准则的能力——推动公司信息透明化、支持市场约束和资本合理配置。事实上，IASB 在满足谨慎监管者的要求方面确实面临着很大的压力，但这与 IASB 章程相矛盾。此外，这样的讨论使决定采用 IFRS 的当局对自己决策到底能够产生多大的影响产生了质疑。这些我在引言部分已经提到，说明对于会计监管的含义及其与影响实体经济的其他机构之间的联系方面，我们的认识仍然不足；而且资本市场透明化与谨慎性这两个目标能否同时实现也尚不明确。

16.4 IFRS 的实施和强制执行

伦茨（Leuz, 2010）、布朗（Brown, 2011）和其他学者均认为，实施和强制执行是提高全球会计信息质量的关键因素。在一定程度上，现在主要的困难不是制定高水平的会计准则，而是如何确保这些准则得到恰当地使用和执行。尽管 IASB 难以控制这些问题，但在某种程度上这也是评价 IASB 是否成功的重要标准。话虽如此，我们仍然不能忽略这一点：要提高信息的质量，首先是要制定高质量的标准。

现在，很多地区都已采纳 IFRS。现任委员会成员菲利普·丹茹（Philip Danjou, 2013）最近证实，超过 100 个国家或地区要求或允许在财务报告中采用 IFRS，三分之二的 G20 成员国已经采用了 IFRS。但各国采纳 IFRS 的形式和方法都不尽相同。在一些国家，如南非，可直接应用准则，而有些地区，如欧盟，要经过批准许可程序后再使用准则。这使得一些国家没有使用既定的准则，或者不能使用准则中的某些段落（如 IAS 39 号中的分歧），推迟了批准许可程序（如 IFRS 9 号）或者使用某项准则（如 IFRS 10 号、11 号和 12 号，及 IAS 27 号、28 号）。在一些国家，只有特定的几种公司和账目强制实施 IFRS，如欧盟只在上市公司中的合并账目中强制实施，而在另一些国家，如澳大利亚，不仅在非合并账目中会采用 IFRS，在非上市公司中也会强制实施。此外，一些国家允许外资公司采用 IFRS，如日本和美国。虽然其他国家有趋同计划，但这些国家与真正完全强制实施的国家之间差距太大，因为他们最终强制实施的内容与 IFRS 的完整内容相去甚远。笔者并不是说这些行为毫无作用，将国内会计准则与 IFRS 结合在一起可以推动并辅助 IFRS 的应用，这是 IFRS 的另一个目标。这些情况使得 IFRS 在全球的完全应用受到严重质疑。确实，IFRS 的普及是 IASB 及其前身 IASC 的一项巨大成就，但是我们仍需保持清醒并仔细研究 IFRS 的实际使用情况。

尽管已有一组研究证明，IFRS 的使用在提升资本市场运作效率、促进跨境投资等方面具有优势，但同时有一些人认为，IFRS 要有一个框架配合运作才能发挥优势，这个框架包括法律保护、资深专家、完善到位的监管和强制性措施（见Tarca，2012，对近些年研究的概述）。鉴于此，越来越多的文献质疑如果制度（Hail, L., Leuz, C., & Wysocki, P., 2010；Leuz, 2010；Walker, 2010；Isidro & Raonic, 2012）未进一步改革，是否还能取得预期的成果。他们认为，由于国家制度建设的作用，仅会计准则的单方面变化（如采用IFRS）可能不会产生预期的效果。事实上，兰兹曼（Landsman, 2012）等的研究发现，使用IFRS的非美国公司的会计数据，要比使用国内准则时得出的数据更具可比性（此处的可比性是指将非美国公司的会计数据与美国公司的相比）。然而，强制采纳IFRS的公司、合乎习惯法的公司、实施严厉强制措施的国家的公司，其会计数据的可比性更高。波普和麦克利（Pope & McLeay, 2011）认为，即便是在最和谐的大环境中，如欧盟，虽然由于透明度提升，已经体现出一些优势，但结果离达成一致的目标仍然相距甚远，因为成员国之间报表编制者的动机、强制措施执行机制均各不相同。

基于这些观点，维索茨基（Wysocki, 2011）称，在多种准则制度并存的国家中，因缺乏必要机制来保障全球统一准则的实施和强制执行，IFRS并未体现出对当地准则的明显优势。此外，巴勒（Ball, 2006）认为，如果报表编制者和执法者都只关注地方利益，那么他们完全有理由质疑准则的统一实施。如此说来，虽然支持者们也希望推动准则的使用和严格执行，但这对IASB依然是真正的挑战。考虑到有些地区缺乏足够的强制执行力，如何实现目标就是一种挑战。如前文所述，可行的策略之一就是创立ASAF以协助实现目标。

16.5 全文评论

最后，我想重申前文曾述及的观点。第一，制定IFRS是为提升财务信息的透明度并为投资者提供帮助，所以在讨论其他的目标和财务信息意外结果时，不宜过分纠缠。第二，如果不进一步改革其他制度，使用IFRS并不会带来预期的结果，对于欧盟来说，最紧要的改革当属强制执行。如果欧洲没有采取更加统一的强制执行措施的话，人们就会感觉是在浪费大量的时间和精力。

参考文献

Ang, N., Gallery, N., & Sidhu, B. K. (2000). The incentives of Australian public companies lobbying against proposed superannuation accounting standards. *Abacus*, 36 (1), 40–70.

Brown, P. (2011). International financial reporting standards: What are the benefits? *Accounting and Business Research*, 41 (3), 269 – 285.

Bushman, R., & Landsman, W. R. (2010). The pros and cons of regulating corporate reporting: A critical review of the arguments. *Accounting and Business Research*, 40 (3), 259 – 273.

Danjou, P. (2013). An update on international financial reporting standards (IFRS). 1 Feb, Available at: http://www.ifrs.org/Features/Pages/An-Update-on-IFRSs-by-Philippe-Danjou.aspx.

Dechow, P. M., Hutton, A. P., & Sloan, R. G. (1996). Economic consequences of accounting for stock-based compensation. *Journal of Accounting Research*, 34 (3), 1 – 20.

Giner, B., & Arce, M. (2012). Lobbying on accounting standards: Evidence from IFRS 2 on share-based payments. *European Accounting Review*, 21 (4), 655 – 691.

Giner, B., & Arce, M. (2013). National standard-setters' lobbying: An analysis of its role in the IFRS 2 due process. In: R. Di Pietra, S. McLeay, J. Ronen (Eds.), *Accounting regulation* (pp. 311 – 332).

Hail, L., Leuz, C., & Wysocki, P. (2010). Global accounting convergence and the potential adoption of IFRS by the U.S. (Part I): conceptual underpinnings and economic analysis. *Accounting Horizons*, 24 (3), 355 – 394.

Hill, N. T., Shelton, S. W., & Stevens, K. T. (2002). Corporate lobbying behaviour on accounting for stock-based compensation: Venue and format choices'. *Abacus*, 38 (1), 78 – 90.

IFRSF (International Financial Reporting Standards Foundation). (2010). *Constitution*. London: IFRSF.

Isidro, H., & Raonic, I. (2012). Firm incentives, institutional complexity and the quality of "harmonized" accounting numberss. *The International Journal of Accounting*, 47, 407 – 436.

Jorissen, A., Lybaert, N., Orens, R., & Van der Tas, L. (2012). Formal participation in the IASB's due process of standard setting: a multi-issue/multi-period analysis. *European Accounting Review*, 21 (4), 693 – 729.

Landsman, W. R., Maydew, E. L., & Thornock, J. R. (2012). The information content of annual earnings announcements and mandatory adoption of IFRS. *Journal of Accounting and Economics*, 53, 34 – 54.

Larson, R. K., Herz, P. J., & York Kenny, S. (2011). Academics and the development of IFRS: An invitation to participate. *Journal of International Accounting Research*, 10 (2), 97 – 103.

Leuz, C. (2010). Different approaches to corporate reporting regulation: How jurisdictions differ and why. *Accounting and Business Research*, 40 (3), 229 – 256.

Pope, P., & McLeay, S. (2011). The European IFRS experiment: Objectives, research challenges and some early evidence. *Accounting and Business Research*, 41 (3), 233 – 266.

Tarca, A. (2012). The case for global accounting standards: Arguments and evidence. Available at: http://www.ifrs.org/search/Pages/Results.aspx?k=tarca.

Walker, M. (2010). Accounting for varieties of capitalism: The case against a single set of global accounting standards. *The British Accounting Review*, 42, 137–152.

Wysocki, P. (2011). New institutional accounting and IFRS. *Accounting and Business Research*, 41(3), 309–328.

后　　记

本书由中国人民银行会计财务司组织编译，杨伟中司长、任咏梅副司长负责审定书稿，会计财务司王习武、王恺，长春中支林丽妍、李晓明负责校对和总纂，南京分行马先勇、杨川，海口中支张翠珍、颜蕾，长沙中支刘聪伟、龙婷，太原中支梁慧、王韵参与翻译。会计财务司陈铀、李赞也参与了本书相关工作。

本书力求翻译准确、表述清晰。因编译人员水平有限，书中若有错漏之处，敬请广大读者指正。